主　编　冯兴俊
副主编　季小琴

BUSINESS LAW AND
ENTERPRISE
FINANCIAL ACCOUNTING

商法与企业财务会计

法律出版社
LAW PRESS · CHINA
北京

图书在版编目(CIP)数据

商法与企业财务会计 / 冯兴俊主编 ; 季小琴副主编
. -- 北京 : 法律出版社, 2023
ISBN 978 - 7 - 5197 - 7920 - 7

Ⅰ. ①商… Ⅱ. ①冯… ②季… Ⅲ. ①商法 - 研究 - 中国②企业管理 - 财务会计 Ⅳ. ①D923.994②F275.2

中国国家版本馆 CIP 数据核字(2023)第 082440 号

商法与企业财务会计
SHANGFA YU QIYE CAIWU KUAIJI

冯兴俊 主　编
季小琴 副主编

责任编辑 宋丽娜
装帧设计 鲍龙卉

出版发行 法律出版社
编辑统筹 法律教育出版分社
责任校对 王晓萍　王语童
责任印制 刘晓伟
经　　销 新华书店

开本 710 毫米 × 1000 毫米　1/16
印张 23.5　　**字数** 372 千
版本 2023 年 8 月第 1 版
印次 2023 年 8 月第 1 次印刷
印刷 永清县金鑫印刷有限公司

地址:北京市丰台区莲花池西里 7 号(100073)
网址:www. lawpress. com. cn
投稿邮箱:info@ lawpress. com. cn
举报盗版邮箱:jbwq@ lawpress. com. cn

销售电话:010 - 83938349
客服电话:010 - 83938350
咨询电话:010 - 63939796

书号:ISBN 978 - 7 - 5197 - 7920 - 7　　**定价**:72.00 元

凡购买本社图书,如有印装错误,我社负责退换。电话:010 - 83938349

作者简介与分工

冯兴俊　贵州贵阳人，法学博士，中南财经政法大学法学院副教授；硕士研究生导师；中国商法学研究会理事、湖北省商法学研究会常务理事、湖北省破产法学会常务理事、最高人民检察院民事行政案件咨询专家。主要从事商法、信托法、公司法的教学与理论研究。

季小琴　浙江义乌人，中南财经政法大学会计学院副教授、硕士研究生导师，管理学（会计学）博士；三亚学院高层次引进人才。中国注册会计师（非执业会员），中国会计学会资深会员。荷兰 Tilburg 大学访问学者。兼任湖北省欧美同学会理事，多家上市公司独立董事。主要从事财务会计、国际会计的教学和理论研究。

夏　频　湖北鄂州人，管理学博士，高级审计师，副教授。曾在湖北省审计厅、湖北安永信会计师事务有限公司、湖北大学等多家机构任职，现为致同会计师事务所（特殊普通合伙）审计合伙人。

万建华　湖北武汉人，中南财经政法大学法学院副教授、硕士研究生导师；中国银行法学研究会理事、湖北省商法学研究会常务理事、最高人民检察院民事行政案件咨询专家。主要从事商法、金融法、银行法和票据法的教学和理论研究。

第一、二、四、六、七、八章由冯兴俊撰写。
第三章由季小琴撰写。
第五章由夏频撰写。
第九章由万建华、冯兴俊共同撰写。

序

从发达国家的商法历史看,企业财务会计制度一直是商事成文法的重要内容,从西欧封建社会晚期至近代,会计史的绝大部分内容源于商法史。在大陆法系,1673年的法国《商事敕令》就集中规定了账簿设置、财产目录编制、破产清算、会计档案保管与使用等有关商人财务会计的内容。直到现在,有关商事账簿的规则依然占据法国《商法典》与德国《商法典》的重要篇幅,从而开创了“法典式会计”的会计制度模式。在英美法系,1844年的英国《股份公司法》中就有关于账簿设置、资产负债表编制并提交股东大会、账目与报表的监督审查等内容。英国《2006年公司法》中第15部分账目和报告、第16部分审计以及第24部分公司年度申报表也分别规定了公司财务会计制度的相关内容。因此,研究会计史的会计学者认为,大陆法系会计法律制度体系的主体结构是宪法、民法与商法,英美法系会计法律制度的主体结构则是宪法、公司法与破产法。

我国在改革开放后才逐渐出现了各类市场主体,而核算政府经济活动的官厅会计制度已经建成并使用多年,1985年的《会计法》适用对象甚至仅有国有企业,直到1993年12月29日,与《公司法》同一天公布的《会计法》修正案才将企业作为《会计法》的适用对象。正是由于我国商法的产生远远滞后于会计法这一历史原因,我国商事法律制度与企业财务会计制度几乎处于割裂状态,很少有商法学者研究企业财务会计制度,商法教材只有题为“商事账簿”的简单内容,也鲜有商法老师会详细讲解这部分内容。这使得法学院培养的专业人才难以满足市场经济与法律实务在这方面的需求,亟需将商法教学研究拓展至企业财务会计领域。

中南财经政法大学在“双一流”建设中,始终坚持财经政法融通的办学定位和学科学术发展战略。我校法学院商法教研室主任冯兴俊副教授一直致力于商法学与会计法学的交叉研究,由其主编的《商法与企业财务会计》教材以法律人熟悉的认知与分析模式诠释了企业财务会计,梳理了公司法与金融法中的相关财务会计制度,并构建起商法研习及实务应掌握的企业财务会计知识体系与相关商法理论上的逻辑框架,对我国商法学的教学改革与探索具有较强的指导意义与借鉴价值。

雷兴虎

2022年11月12日

编 者 言

2015 年,我国提出了要培养“富有创新精神和实践能力的各类创新型、应用型、复合型优秀人才”的高等教育目标,编者所在单位也于 2017 年以“法与经济学科群建设”进入国家双一流学科建设名单。就法学专业而言,实践领域对复合型人才的需求多集中于财务会计与金融、经济等有关企业经营管理的学科。编者在实践中也发现,掌握一定程度财务会计知识对提升法律服务水平极为必要,基础会计知识不仅使我们专业实践更加得心应手,还能实质性提升对公司法、证券法、保险法等法律的理解与应用,更重要的是,这种提升难以用其他手段替代。就业市场上,掌握财务会计知识的毕业生更受欢迎这一现象也印证了前述判断。

关于商法学习与实践必须掌握一定程度的企业财务会计知识这一点,美国法学院的知行比我们早了半个多世纪。编者的一项研究表明,几乎所有美国法学院都开设了“给律师的会计课”这一课程。美国法律界已达成了这样的共识:每个胜任的商业律师都应该掌握基本会计原则。〔1〕2013 年,哈佛法学院的三位教授调查了近 10 年来聘用哈佛毕业生最多的 11 家律师事务所及 124 名执业律师,要求调查对象对哈佛法学院 7 种商业类课程的有用性进行评分,执业律师给“会计和财务报告”打了最高分;当要求选择三门最重要的商业课程时,“会计和财务报告”在企业律师、交易律师和诉讼律师中也排名第一。〔2〕

金融领域的法律业务中,律师必须掌握一定程度财务知识,其重要性甚至不亚于法律人的“老本行”。以 IPO(Initial Public Offering,首次公开募股)为例,律师需要对企业 IPO 进行尽职调查,并就其是否符合《证券法》规定的 IPO 条件发表独立意见。在上海市律师协会制定的《律师从事首次公开发行股票并上市法律业务查

---

〔1〕 至于其是否属于律师的职业责任,则有争议。See Lawrence A. Cunningham, *Sharing Accounting's Burden: Business Lawyers in Enron's Dark Shadows* (April 26,2002), https://scholarship. law. gwu. edu/cgi/viewcontent. cgi? article = 1542& context = faculty_publications.

〔2〕 See John C. Coates, Jesse M. Fried & Kathryn Spier, *What Courses Should Law Students Take? Lessons from Harvard's BigLaw Survey*, https://clp. law. harvard. edu/wp - content/uploads/2022/10/What - Courses - Should - Law - Students - Take_ - Lesson.

验工作指引(试行)》(2014 年)中,共有 14 个条文要求律师尽调时收集被调查者财务报告或财务资料。要从这些财务资料中读出法律专业判断所需信息,并找到相应证据做工作底稿,必须以相应财务会计知识为支撑。而且,从近几年爆出的上市公司 IPO 财务造假案例看,因未能发现财务造假,律师事务所及签字律师无一例外皆被处罚。更为糟糕的是,律师对发行人财务状况的实质审查义务已被司法确认。2017 年 6 月,因欣泰电气 IPO 造假被处罚的北京东易律师事务所起诉证监会,认为律师事务所不具有对审计报告进行财务核查的义务,律师有权直接以审计报告为基础做法律判断。但法院判决认为,发行人的财务状况是律师事务所尽职调查必须包含的内容,而且应当是查验重点,审计报告也不能成为免除律师事务所勤勉义务的依据。[1]且不论该判决观点是否恰当,行政机关与司法机关均要求律师必须对 IPO 发行人财务状况负责,已是法律实务界必须面对的现实。

约在 10 年前,编者在实务中深感法律人不懂会计的苦恼,开始学习并尝试在自己的商法、公司法、商法实务等课堂上讲授财务会计知识及其实务应用,坚持了这些年还算有些心得,于 2020 年年底开始写作本书。

本书致力于以法律人熟悉的认知与分析模式诠释企业财务会计知识与会计法,并系统梳理了公司法与金融法中的相关制度,全书共九章,框架上可分为两大部分。第一章至第七章为第一大部分,逻辑主线为会计信息,第一章主旨为会计信息的法律价值,第二章为会计信息生产及其质量控制涉及的成文法体系,第三章为会计人员生成会计信息时使用的基础逻辑“会计假设与会计程序”,第四章为会计信息的最小单位“会计科目”,第五章为会计信息的对外载体“财务会计报告”,第六章为会计信息系统构成、会计信息的形成与法律目的获取,第七章为会计信息的质量控制制度,具体内容主要源于会计理论、会计法与审计法规范。第八章与第九章为第二大部分,分别是公司法上的财务会计制度与金融法上的财务会计制度,具体内容分别源于公司法与金融监管法。

本书主要适合于两类法科生:一是专业方向为民商法或经济法的法科生,或者有志学好商法的其他方向法科生;二是有意参加 CPA 考试的法科生。跨学科研究的优势在于注重整体理解,本书对会计整体逻辑的整理与归纳,可为理解细节性会计知识提供一个高效的逻辑框架。此外,本书也适合于从事商法研究与教学的读者,以及从事企业法律服务的实务工作者。

由于本书跨法律、会计与金融等领域,可资借鉴的资料偏少,加之编者才学见

---

〔1〕 北京市第一中级人民法院行政判决书,(2018)京 01 行初 354 号。

识皆很有限,如有疏漏或错误之处,请不吝赐教。另外,编者实务经验不多,对会计知识在商法实务中的应用尤其在实例方面所知较寡陋,律师朋友有适当案例的,敬请赐教。编者邮箱:125477433@qq.com。

最后,感谢中南财经政法大学商法学科带头人雷兴虎教授,雷老师的支持、鼓励与督促是完成本书编写的最大动力！感谢本书副主编中南财经政法大学会计学院副教授季小琴博士,以及武汉致同会计师事务所合伙人夏频博士、中南财经政法大学法学院万建华副教授,你们的参与保证了本书会计与金融相关内容的质量,也是编者编写本书的底气！法律出版社编辑为本书刊正了不少错误,为顺利出版付出很多心血,感谢你们！硕士研究生李建聪、许经纬、欧阳泽铭为本书制作了部分图表,感谢你们！

目　录

第一章　商法、企业会计与会计信息

导　读

本章共三节，旨在使读者理解企业会计的核心逻辑，以此为基础，理解会计之于商法的重要性，同时建立本书解构会计信息所使用的法律专业逻辑。

第一节介绍基础的会计知识，包括会计的法律界定、会计的法定职能，以及由企业营利目的决定的会计对象、会计要素的特殊性。会计首先是一种信息系统，同时也是管理活动，还是一种专业技能。会计具有核算职能与监督职能。企业因其营利目的而与非营利主体的会计而不同，其核算的经济活动包括筹资、投资与经营活动，其会计对象为企业资金运动，其会计要素为资产、负债、所有者权益、收入、费用与利润。

第二节介绍会计信息，包括会计信息的概念、形成过程、内容与其载体。会计信息是因经济交易或事项而发生的、通过会计核算行为而形成的、反映会计主体经济状况的有关会计要素的量化信息。形成会计信息的基本程序包括四个环节：会计确认、会计计量、会计记录与会计报告。会计信息的宏观内容是关于企业资产、负债、所有者权益、收入、费用与利润等六大会计要素的量化信息，反映了企业的财务状况与经营业绩；微观内容是企业具体会计科目的量化信息。会计信息有会计凭证、会计账簿与财务会计报告三大类载体。法律对企业会计信息有八大要求：真实性与可靠性、相关性、可理解性、可比性、实质重于形式、重要性、稳健性、及时性。会计信息的使用者包括权益投资者与潜在权益投资者、经营管理者、债权人或潜在债权人，以及政府相关经济管理部门。

第三节总结企业会计、会计信息与商法的关系。历史上，企业财务会计制度一直是商法的组成部分。从法律角度看，根据资金运动是否发生在不同主体之间并引发相应法律关系，可以将会计信息分为经济交易类会计信息和经济事项类会计信息。交易类会计信息反映了交易事实、交易关系以及交易合同履行的过程，此类会计信息的形成以法律事实为基础。事项类会计信息中，损益类信息是判断企业投资者权益及其数额的重要法律事实，权利形成类信息反映的是企业财产形成及其具体价值的法律事实。

第一节　会计与企业会计

一、会计的概念

从法律角度看，会计是以货币为计量单位、以反映特定主体经济活动中的资金运动为内容的一种行为。

会计学界对会计的性质有不同认识，比较普遍接受的理论有两种：一是信息系统论，即认为会计是一个服务于会计信息使用者的信息系统；二是管理工具或管理活动论，即认为会计是人类经济活动的一种管理工具或管理活动。还有学者提出，会计是一种提供经济活动信息的专业技艺。[1]从对专业全面理解的角度来看，应综合这三个方面去理解“会计”这一概念。

（一）信息系统论

信息系统论认为，会计是一个服务于会计信息使用者的信息系统。把会计看成一个经济信息系统，这是会计界的基本共识。[2]会计作为一个信息系统，其主要特征是将企业经济活动的各种数据转换为货币化的会计信息（价值信息），这些信息是企业内部管理者和外部利益相关者进行相关经济决策的主要依据。[3]因此，会计的首要功能就是提供会计信息。根据会计信息使用者的不同，会计学将会计分为财务会计与管理会计。财务会计是运用簿记系统的专门方法，以通用的会计原则为指导，对企业的生产经营过程进行反映和控制，旨在为所有者、债权人及其他利益相关者提供会计信息。[4]管理会计则是企业管理者通过对财务会计信息的深加工与再利用，以实现对经营过程的预测、决策、规划、控制和经营考核。[5]

（二）管理工具或管理活动论

管理工具或管理活动论认为，会计是人类经济活动的一种管理工具或管理活

---

〔1〕 邵瑞庆主编：《会计学原理》（第3版），立信会计出版社2011年版，第2－3页。

〔2〕 葛家澍：《会计·信息·文化》，载《会计研究》2012年第8期。

〔3〕 唐国平主编：《会计学基础》（第3版），高等教育出版社2017年版，第9页。

〔4〕 刘永泽、陈文铭主编：《会计学》（第4版），东北财经大学出版社2015年版，第3页。

〔5〕 在会计学上，管理会计有广义与狭义之分，广义的管理会计包括财务会计。参见王华主编：《管理会计》，中国财政经济出版社2019年版，第6页。

动。会计是以货币为计量单位,反映和监督一个单位经济活动的一种经济管理工作。[1]在社会生产过程中,由于经济资源的有限性,为达到资源配置的效率最大化,必须对产生过程及其经济效果进行管理,其中一种专业工具及相关管理活动即为会计。因此,在学科分类上会计学属于管理学的一个分支。通过长期实践,人们逐渐认识到将生产活动的内容量化并记录下来的必要性,以便合理安排生产资源和劳动时间,实现以最小资源消耗取得最大经济效果的目的。随着生产力发展、生产规模不断扩大与生产过程日益复杂化,会计逐渐从生产职能中分离出来,成为一项独立的社会职能以及由专业人员从事的一项经济管理活动。此即会计理论界对会计的理解之一 ——"管理工具论"或"管理活动论"。

(三)专业技能说

专业技能说认为,会计是一种提供经济活动信息的专业技艺。通过会计专业人员的确认、计量、记录与报告等行为,会计实现了对生产活动的管理。社会生产需要投入劳动力、物质资源、技术及资本等各种生产要素,会计的工作就是确认这些生产要素的投入,再将其以一定单位数量分类记录下来,再汇总一定时段的投入与产出之差额,使其成为层次清晰、数量明确的会计信息,并报告给会计信息的使用者。这种方法与技术就是会计技艺,在高度分工的现代社会属专业化程度较高的一种技能。由于会计工作的强专业性,《会计法》规定,会计人员应当具备从事会计工作所需要的专业能力;负有会计义务的主体应当根据会计业务的需要设置会计机构,或者在有关机构中设置会计人员并指定会计主管人员,不具备设置条件的,应当委托经批准设立从事会计代理记账业务的中介机构代理记账,国有的和国有资产占控股地位或者主导地位的大、中型企业还必须设置总会计师。

会计工作一般由国家或行业认可的专业人员从事,通常称为"会计"。2017 年我国修改《会计法》之前,从事会计工作需要取得会计从业资格证书,《会计法》修改后取消了这一要求。根据 1986 年颁布的《会计专业职务试行条例》规定,会计从业人员的职务名称定为高级会计师、会计师、助理会计师、会计员,其中,高级会计师为高级职务,会计师为中级职务,助理会计师、会计员为初级职务。会计师在我国称为注册会计师,简称 CPA(Certified Public Accountant),根据《注册会计师法》规定,注册会计师是依法取得注册会计师证书并接受委托从事审计和会计咨询、会计服务业务的执业人员。注册会计师在美国亦称为注册会计师,在英国称为特许会计师

---

〔1〕 中国注册会计师协会编写:《会计》,中国财政经济出版社 2020 年版,第 1 页。

(Chartered Accountant),在日本称为公认会计师。根据《注册会计师法》的规定,取得注册会计师证书应先通过注册会计师全国统一考试,考试成绩合格并从事审计业务工作2年以上的,经向省、自治区、直辖市注册会计师协会申请注册后成为注册会计师。

二、会计的功能

会计是一种管理工具,具有不可替代的社会功能。会计功能又被称为会计职能,或者会计的作用,在会计学上是个颇有争议的问题。基于法律本位,我们应从两个层面去理解会计的职能,一是法定职能,二是非法定职能。

(一)会计的法定职能

我国《会计法》规定,会计机构、会计人员依照该法规定进行会计核算,实行会计监督;共7章的《会计法》,除第1章"总则"与第7章"附则"外,会计核算与会计监督占了3章,分别是第2章"会计核算"、第3章"公司、企业会计核算的特别规定"与第4章"会计监督"。从该规定及《会计法》的篇章结构,可以将会计的法定职能界定为会计核算与会计监督,这也是会计学界普遍认可的会计基本职能。

1. 会计核算

会计核算是指会计以货币为主要计量单位,对会计主体的经济活动的过程和结果进行连续、系统、全面、综合地记录、计算、加工、整理、汇总、编报并输出会计信息的行为或过程,包括建账、记账与算账三大环节。建账是指设置会计科目及其相应会计账簿以启动会计核算的准备行为。记账是指采用一定记账方法,以货币为主要计量单位将会计主体已经发生的经济活动记录于相关会计账簿中的过程或行为。在企业类会计主体中,算账是指在记账基础上,对一定时期的收入、费用、利润和一定日期的资产、负债、所有者权益进行计算,在非企业类会计主体中算账则是指对一定时间的收入、支出结余和一定日期的资产、负债、净资产进行计算,并将计算结果向企业管理者和投资者报告。

《会计法》规定,国家机关、社会团体、公司、企业、事业单位和其他组织等负有会计核算义务的主体必须根据实际发生的经济业务事项进行会计核算,填制会计凭证,登记会计账簿[1],并编制财务会计报告;应当进行会计核算的经济业务事项

---

[1] 本书使用"账簿"替代法律条文中的"帐簿"(直接引用除外),理由是:"账"是"帐"的分化字;古人常把账目记于布帛上悬挂起来以利保存,故称日用的账目为"帐";后来为了与帷帐分开,另造形声字"账",表示与钱财有关。参见李富金:《"账簿"还是"账簿"?》,载搜狐网,http://roll.sohu.com/20140423/n398669294.shtml。

包括：(1)款项和有价证券的收付；(2)财物的收发、增减和使用；(3)债权债务的发生和结算；(4)资本、基金的增减；(5)收入、支出、费用、成本的计算；(6)财务成果的计算和处理；(7)需要办理会计手续、进行会计核算的其他事项。

2. 会计监督

提及会计监督职能，会计学界多侧重于会计主体的内部监督，认为其是指会计人员在进行会计核算的同时，对特定主体经济活动的合法性、合理性进行审查。合法性审查是指保证各项经济业务符合国家有关法律法规，遵守财经纪律，执行国家的各项方针政策等；合理性审查是指检查各项财务收支是否符合特定对象的财务收支计划，是否有利于预算目标的实现，是否有奢侈浪费行为，是否有违背内部控制制度要求等现象。[1]内部会计监督在《会计法》第27条中有明确规定："各单位应当建立、健全本单位内部会计监督制度。单位内部会计监督制度应当符合下列要求：(一)记帐人员与经济业务事项和会计事项的审批人员、经办人员、财物保管人员的职责权限应当明确，并相互分离、相互制约；(二)重大对外投资、资产处置、资金调度和其他重要经济业务事项的决策和执行的相互监督、相互制约程序应当明确；(三)财产清查的范围、期限和组织程序应当明确；(四)对会计资料定期进行内部审计的办法和程序应当明确。"

结合我国《会计法》第4章"会计监督"相关规定，会计的监管职能不应仅限于内部监督，还应包括外部监督。《会计法》第4章规定，会计的外部监督包括注册会计师的外部审计、政府财政部门的会计行为及会计资料合法性监督，以及财政、审计、税务、人民银行、证券监管、保险监管等部门对其相应监管对象的会计资料监督。

注册会计师的审计监督限于依法必须进行审计的会计主体。例如，根据《证券法》规定，上市公司的年度财务会计报告必须经过注册会计师审计，这是上市公司监管的重要手段，也是信息披露制度的重要内容。

我国各级政府的财政部门既是企业会计行为的监管者，也是会计行业的监管者。根据《会计法》规定，财政部门应对各类会计主体的会计行为和会计资料合法性进行监督。对会计行为的监督包括：(1)是否依法设置会计账簿；(2)会计凭证、会计账簿、财务会计报告和其他会计资料是否真实、完整；(3)会计核算是否符合《会计法》和国家统一的会计制度的规定；(4)从事会计工作的人员是否具备专业能力、遵守职业道德。作为会计行业的监管者，根据《注册会计师法》规定，政府财政部门依法对注册会计师、会计师事务所和注册会计师协会进行监督与指导。

---

[1] 罗云芳、赵利、张华英主编：《会计学原理》，清华大学出版社2018年版，第4页；郭松克、彭婷、杨烁丹编著：《会计学原理》(第2版)，北京大学出版社2019年版，第11页。

外部监督主体还包括审计、税务、人民银行、证券监管、保险监管等政府部门。根据《会计法》规定，前述部门应当依照有关法律、行政法规规定的职责，对有关单位的会计资料实施监督检查。审计部门的监管依据是《审计法》，其监督对象是“国务院各部门和地方各级人民政府及其各部门的财政收支，国有的金融机构和企业事业组织的财务收支，以及其他依照本法规定应当接受审计的财政收支、财务收支”。《税收征收管理法》（以下简称《税收征管法》）规定，纳税人、扣缴义务人应当按照有关法律、行政法规和国务院财政、税务主管部门的规定设置账簿，根据合法、有效凭证记账进行核算，纳税人应将其财务、会计制度，财务、会计处理办法和会计核算软件报送税务机关备案。最后一类会计外部监督者为金融业监管机构，依法律规定，它们负有对商业银行、保险公司、证券公司与上市公司等监管对象的会计资料实施监管的职责。

（二）会计的非法定职能

会计的非法定职能主要指其管理职能。关于会计的管理职能，会计学目前有广义与狭义两种观点。广义的会计管理职能一般指会计作为一种管理工具的管理职能，具有代表性的观点如“反映经济活动，评价经营业绩”“预测经营前景，参与管理决策”“控制经济过程，监督经济业务”〔1〕，或者“提供决策有用信息，提高企业透明度，规范企业行为”“加强经营管理，提高经济效益，促进企业可持续发展”“考核企业管理层经济责任的履行情况”〔2〕。狭义的会计管理职能相对于财务会计而言，主要是指会计主体的管理者以会计核算形成的信息为依据，通过对企业财务状况、收入与成本费用的分析，发现企业在生产经营中存在的问题，以便采取措施改善经营状况，提高营利效率。狭义的会计管理职能不同于会计核算、监督职能的会计类型，会计界称之为“管理会计”，或者“决策与控制会计”。

管理会计的目的是为企业会计信息内部使用者提供有助于进行正确经营决策及改善经营管理所需的管理信息。其与财务会计的不同之处在于，财务会计主要是为企业外部使用者提供财务信息的会计，主要是一种对外报告会计；而管理会计则是直接为企业内部使用者提供管理信息的会计，主要是一种对内报告会计。因此，管理会计属于企业管理信息系统的一个子系统。〔3〕这一管理职能属于企业的内部经营管理活动，法律一般不予调整，故本书将其定位于非法定职能。

---

〔1〕 魏明海、龚凯颂主编：《会计理论》（第4版），东北财经大学出版社2014年版，第11－12页。

〔2〕 中国注册会计师协会编写：《会计》，中国财政经济出版社2020年版，第1－2页。

〔3〕 魏明海、龚凯颂主编：《会计理论》（第4版），东北财经大学出版社2014年版，第274－275页。

三、企业会计

根据《会计法》规定，负有会计义务的主体主要有两类：一是企业，二是企业以外的其他主体，如国家机关、社会团体、事业单位和其他组织等。

（一）企业的营利目的

企业是以营利为目的的经济组织。根据我国《民法典》第76条对营利法人的规定，“营利”是指取得利润并分配给投资者的行为。具体而言，企业是指以营利为目的，运用各种生产要素（土地、劳动力、资本、技术和经营者才能等），向市场提供商品或服务，实行自主经营、自负盈亏、独立核算的社会经济组织。与企业相反，如政府、公益组织等非企业主体没有营利目的，维持其运转的资金来自财政拨款或者会员、社会捐助。目的决定行为，由于企业与非企业在组织目标上的核心区别，企业与非企业存在较大差异。因此，根据会计主体的不同，会计在理论上分为企业会计与非企业会计，其中非企业会计包括非营利组织会计与政府会计。

企业会计是指以企业为会计主体的会计。市场经济中，企业是最主要的市场主体，企业会计最有代表性，所以会计类教材都以企业会计为主要内容，商法领域涉及的也主要是企业财务会计。

企业首先追求获取利润，其次需要将利润分配给其投资者，企业行为基本上围绕这两个目标展开。为了获取利润，企业必须向市场销售产品或提供服务，这是企业获取利润的唯二手段。为准备可供销售的产品或服务，企业必须投入各种生产要素，这些投入在会计上就会形成企业成本与费用，销售产品或服务后形成的营业收入减去全部成本与费用，其余额即为利润总额。经财务会计报告确认的净利润，根据法律规定或投资者约定的分配规则和程序，即可进行利润分配。

（二）企业的经济活动

企业实现营利目的必须先取得营业收入，营业收入必须依赖于向市场销售产品或提供服务，至于生产何种产品或提供何种服务，这是企业经营战略或经营目标问题，通常由企业的权益投资者（如公司股东、合伙企业合伙人）决定。围绕既定的经营战略或经营目标，企业的经济活动通常可以分为三类，即筹资活动、投资活动和经营活动。

1. 筹资活动

根据《企业财务会计报告条例》规定，筹资活动是指导致企业资本及债务规模和构成发生变化的活动。

以餐饮服务业为例，甲乙二人决定投资经营餐饮服务企业，据他们测算，投资一家达到预期标准的餐厅需要资金如表 1－1 所示。

表 1－1　开办餐厅预期资金

资金用途	金额/万元
1 年门面租金	50
门面装修	100
厨房设备等	10
备用流动资金	20
合计资金需求	180

面对总计 180 万元的资金需求，他们首先面临的问题是"钱从哪里来"。一般情况下只有两个来源：甲乙二人作为投资者自己出资，或者找债权人借钱。二人决定，甲出资 60 万元，乙出资 40 万元，以此 100 万元作为实收资本，设立某 A 餐饮管理有限公司（以下简称某 A 公司），其余 80 万元资金于公司设立后向银行贷款。这就是企业的筹资活动。当然，筹资活动不只发生在企业设立之初，企业设立后经营中的任何时期，都有可能需要筹资。

2. 投资活动

根据《企业财务会计报告条例》规定，投资活动是指企业长期资产的购建和不包括在现金等价物范围内的投资及其处置活动。

前述某 A 公司投资款筹集到位后，需要花钱置办各种生产要素，使企业具备经营能力，对这些资金的使用称为投资活动。在开业筹备期间，某 A 公司进行了如下交易：

第一，签订门面租赁合同，租期 5 年，每年租金 50 万元，并先付 1 年租金；

第二，签订门面装修服务合同，含装修设计、施工及桌椅等设备购置安装等费用，总价 100 万元；

第三，购买厨房生产设备 10 万元；

第四，购买原材料 5 万元。

前述投资活动完成后，形成了某 A 公司货币以外的其他资产，其资产结构发生了变化：账户只剩下 15 万元资金；减少的 165 万元变成了货币以外的资产，包括初始价值 50 万元的承租房屋使用权、初始价值 100 万元装修及设备、初始价值 10 万元的厨房设备以及价值 5 万元的食材。

3. 经营活动

根据《企业财务会计报告条例》规定，经营活动是指企业投资活动和筹资活动以外的所有交易和事项。

招聘员工 10 人后，从事餐饮服务所需条件和资源已全部具备，前述某 A 公司开始营业。采购人员采购各种食材，经过厨房加工变成美味佳肴，经服务员传送到餐桌，食客买单形成当日营业收入。如此日复一日，资金不断循环流转。

（三）企业的会计对象

会计对象是指会计核算与监督的内容。会计学界一般认为，会计对象指会计主体的资金运动。《企业会计准则——基本准则》（以下简称《基本准则》）规定，企业应当对其本身发生的交易或者事项进行会计确认、计量和报告；因能够进行会计核算的交易或事项均反映了资金运动，故此条中的“发生的交易或者事项”也可理解为企业的会计对象。会计核算将此“发生的交易或者事项”进一步具体化为会计要素。

1. 资金运动及其过程

企业的资金运动包括两层含义：一是客观存在的资金本身；二是客观存在的资金的运动过程。相对于特定企业来说，与其资金相关联的有两个重大问题：一是企业在特定时日的资金以何种方式取得（资金来源）；二是企业在特定时日的资金以何种具体形式存在（资金占用）[1]。资金运动过程包括三个环节：资金投入、资金运用与资金退出。[2]资金投入是资金运动的起点，包括企业权益投资者（如公司股东）投入的资金和债权人投入的资金。资金运用是指企业将资金用于经营的过程，在制造业体现在供应、生产和销售三个阶段，在商业主要体现在商品购进和商品销售两个阶段，最后资金都通过销售又回到资金形态，这一过程即为资金循环或周转。资金退出是指企业偿还债务、依法纳税或对投资者分配利润的过程。

以从事餐饮业的企业为例，其资金运动一般是：先通过权益性筹资和债务性筹资使企业获得资金；履行租赁、装修、买卖、劳动等合同后，因支付租金、门面装修费用、设备与原材料购买和支付员工工资，相应资金从其账面消失，演变为实物资产与法律权利；经过食材加工，作为消耗物的原材料因使用而账面价值归于消灭；租金、装修、设备等固定资产因时间经过或使用而价值减少，即折旧；通过支付工资而

---

〔1〕 唐国平主编：《会计学基础》（第 3 版），高等教育出版社 2017 年版，第 45 页。

〔2〕 郭松克、彭婷、杨烁丹编著：《会计学原理》（第 2 版），北京大学出版社 2019 年版，第 6－8 页。

取得的劳动合同债权也因劳动时间经过而日益消灭;通过企业经营活动,这些消失的资产形成了其餐饮产品与相关服务;最后,通过顾客消费后付款,形成企业营业收入,资金带着利润或亏损又回到账面。

2. 会计对象的真实性要求

关于会计对象,我国《会计法》《企业财务会计报告条例》均提出了真实性的要求。《会计法》规定,各会计主体必须根据实际发生的经济业务事项进行会计核算,填制会计凭证,登记会计账簿,编制财务会计报告,不得以虚假的经济业务事项或者资料进行会计核算。《企业财务会计报告条例》再次强调,企业编制财务会计报告应当根据真实的交易、事项以及完整、准确的账簿记录等资料。

(四)会计要素与企业会计要素

1. 会计要素

会计要素是指根据交易或者事项的经济特征所确定的财务会计对象的基本分类。[1]会计要素是会计核算和监督的具体对象和内容,也是对会计对象的具体化。不同的会计主体有不同的会计要素。《会计法》规定:下列经济业务事项,应当办理会计手续,进行会计核算:(1)款项和有价证券的收付;(2)财物的收发、增减和使用;(3)债权债务的发生和结算;(4)资本、基金的增减;(5)收入、支出、费用、成本的计算;(6)财务成果的计算和处理;(7)需要办理会计手续、进行会计核算的其他事项。这可看作对所有会计主体的会计要素的规定。

2. 企业会计要素

会计要素应按照会计主体相关交易或者事项的经济特征来确定。由于企业不同于其他会计主体的营利目的,其经济活动的内容也不同于行政机关或事业单位等非营利机构,会计要素也有所不同。

会计通说认为,企业的会计要素包括资产、负债、所有者权益、收入、费用和利润等六大类别。基于企业前述三类不同于非企业会计主体的经济活动及其营利目的,《会计法》规定,公司、企业必须根据实际发生的经济业务事项,按照国家统一的会计制度的规定确认、计量和记录资产、负债、所有者权益、收入、费用、成本和利润。《基本准则》将费用与成本统一称为“费用”,规定企业会计要素包括资产、负债、所有者权益、收入、费用和利润。与企业的会计要素相比,根据财政部《政府会计准则——基本准则》,政府会计由预算会计和财务会计构成,预算会计要素包括预算

---

〔1〕 中国注册会计师协会编写:《会计》,中国财政经济出版社2020年版,第11页。

收入、预算支出与预算结余,财务会计的要素包括资产、负债、净资产、收入和费用。

企业的会计要素同时也是企业财务报表的报告要素。六大会计要素中,资产、负债与所有者权益是资产负债表的报告要素,它反映企业的经济资源、经济关系以及总体财务状况;收入、费用和利润是利润表的报告要素,收入和费用反映企业的经营业务,利润反映会计汇集收支业务后核算出来的企业经营成果。

第二节　会计信息

一、会计信息的概念

会计信息被誉为通用的商业语言,可以揭示企业包括财务状况和经营成果在内的经济活动情况;生成并报告这种通用语言,是会计的首要功能。

(一)会计信息概念的内涵与外延

1. 会计信息的内涵

会计学上的会计信息包括两层含义:一是指会计信息意欲说明的企业经济活动(主要是财务活动)情况;二是指"财务报表信息",即借助于财务报表这种物质形式所披露的信息。[1]从法律理解的角度,可以把会计信息界定为:因经济交易或事项而发生的、通过会计核算行为而形成的、反映会计主体经济状况的有关会计要素的量化信息。

2. 会计信息的外延

关于会计信息的外延,会计学通说认为,它是由财务会计报告或财务报表所披露的会计信息。但是,从法律专业理论与实践角度看,我们所需要的会计信息来源不能仅限于财务报表或财务会计报告,还应当包括企业会计账簿和会计凭证所载会计信息。为方便行文和理解,本书将财务会计报告或财务报表所载会计信息称为狭义的会计信息,将财务会计报告或财务报表、会计账簿与会计凭证所载会计信息称为广义的会计信息。

(二)会计信息的形成

对具体经济交易或事项进行核算后,通过会计确认、计量、记录、报告等环节,即

[1] 唐国平主编:《会计学基础》(第3版),高等教育出版社2017年版,第22页。

形成相应会计信息，每个环节形成的会计信息汇总，即成为会计信息系统；确认、计量、记录和报告，在会计学上被称为会计基本程序。[1]

1. 会计确认

所谓会计确认，是指对经济事项是否作为会计要素正式加以记录和报告所做的认定。就企业而言，会计确认是针对企业所发生的各项经济活动进行识别、判断，确定其是否应当进入会计系统（是否作为会计上的经济交易或事项进行处理），并确定其在哪些特定会计账户中进行记录、是否在财务报表中予以披露。[2]

2. 会计计量

会计计量是指从会计的角度，运用会计上特定的计量标准，对经济活动中财产物资的价值变化进行计算和衡量[3]；简单地说，就是对具体会计要素按货币量度进行量化的程序[4]。会计信息反映了企业价值运动的过程及结果，故其所提供的是使用货币单位予以量化后的财务信息。《会计法》规定，我国会计核算以人民币为记账本位币，故我国企业的会计信息在形式上一般表现为人民币计量的数额。

3. 会计记录

确认与计量之后，就当予以记录。所谓会计记录，是指对经过确认应当予以会计处理的会计要素量化后的数据，按复式记账法（借贷记账法）的要求，将原始凭证所反映的经济信息在相关会计账户中登记借方及贷方金额的行为或过程。会计记录的过程有二，第一步是分录记录，第二步是账户记录。分录记录是对经济交易或事项的会计确认和计量结果进行初步记载，将该笔交易包括数额在内的重要信息记载到相应会计科目名下形成记账凭证，连同确认该交易必须依据的原始凭证共同组成会计凭证。账户记录则是将相关数据记载到相应会计科目的会计账户中，使该会计科目的记录保持连续性和整体性，由此形成各会计科目的会计账簿。

4. 会计报告

会计报告是指将经过会计确认、计量并记录所形成的财务信息传递给信息使用者的行为。通过会计分录和账户记录的会计信息，仍然分散不成体系，不足以满足信息者的需求，必须进一步归纳整理。尤其是在所有权与经营权分离的企业，作为受托经营企业的经营管理者应定期向投资者报告经营情况，以便未参与经营管

---

[1] 关于会计确认、会计计量、会计记录与会计报告，本书第三章第二节“会计程序与会计循环”中还有更详细说明。

[2] 唐国平主编：《会计学基础》（第3版），高等教育出版社2017年版，第91页。

[3] 唐国平主编：《会计学基础》（第3版），高等教育出版社2017年版，第91页。

[4] 吴水澎主编：《会计学原理》，经济科学出版社2011年版，第42页。

理的投资者能及时了解经济状况，消除投资者与经营者之间的信息不对称。另外，企业所得税的征收以企业利润总额为征税基础，故其应该向税务机关定期报告企业所得情况，因此，《税收征管法》规定，纳税人在办理纳税申报时，应向税务机关报送含财务会计报表在内的各种资料。因此，企业对内对外都有报告会计信息的义务。实际上，整体会计信息系统就是为生成符合会计信息使用者要求的财务报表而设计和运转的。[1]

（三）会计信息的内容

1. 会计要素的量化信息

在内容上，会计信息是关于企业资产、负债、所有者权益、收入、费用（成本）与利润六大会计要素的量化信息，分别反映企业的财务状况与经营成果。财务状况是指企业在某一时日资产、负债与所有者权益等的分布与结构状况，此类会计信息通过企业的资产负债表反映。经营成果是指企业在一定会计期间所取得的经营结果，通过利润表中的特定会计期间取得的收入、发生的费用以及两者的余额反映。

2. 会计科目的具体信息

会计科目是对会计要素更具体更详细的分类，是会计核算的最基础工具。基于资产、负债、所有者权益、收入、费用（成本）、利润分类等所体现的会计信息，抽象程度比较高，只是企业经济活动及其资金运动具体内容的一种框架[2]，更具体的会计信息体现在对前述要素细分后的会计科目与会计账户中。资产、负债等会计要素必须进一步细化，才能体现会计核算的价值。例如，对于资产类要素，根据资产流动性强弱，需要先将其分为流动资产与非流动资产，再根据其形态、经营与管理价值等不同，将流动资产再分为货币资金、短期投资、应收票据、应收账款和存货等，非流动资产分为到期投资、长期应收款、长期股权投资、工程物资、投资性房地产、固定资产、在建工程、无形资产等，这些更为具体的资产类别即为资产类会计科目。

会计科目项下经济业务的不断发生而引起的增减变动情况及其结果的连续记录，即形成该会计科目的会计账户。会计账户是指具有一定格式，用来分类、连续地记录经济业务，反映会计要素增减变动及其结果的一种核算工具。[3]会计账户根据会计科目设置。以资产中的银行存款为例，"银行存款"即为会计科目，银行存款

---

〔1〕 唐国平主编：《会计学基础》（第3版），高等教育出版社2017年版，第209页。

〔2〕 唐国平主编：《会计学基础》（第3版），高等教育出版社2017年版，第62页。

〔3〕 郭松克、彭婷、杨烁丹编著：《会计学原理》（第2版），北京大学出版社2019年版，第42页。

数额变动的连续记录即形成了银行存款账户。其中记录的银行存款增减时间、数额及发生增减的原因等,即为可能影响法律判断的会计信息(见图1-1)。

银行存款日记账

20××年		凭证		摘要	收入(元)					支出(元)					结余(元)
月	日	收款	付款		现金	应收账款	实收资本		合计	现金	材料采购	应付账款		合计	
8	1			月初余额											30,000.00
	2		银付1号	提现备用						400					29,600.00
	5	现收1号		收回贷款		20,000									49,600.00
	15		银付1号	付秦华公司贷款								32,000			17,600.00

图1-1　银行存款日记账范例

(四)会计信息的载体

企业会计信息的载体在商法上称为商事账簿,包括会计凭证、会计账簿与财务会计报告等三个层次的财务会计资料。关于商事账簿,本书第五章、第六章有专章内容,此处仅从会计信息载体的角度简单介绍。

1. 会计凭证

会计凭证是指在会计工作中记录经济交易或事项、据以登记账簿的书面证明文件,具有实现会计监督与控制、明确经济责任、提供原始资料连通经济信息与会计信息、提供登记账簿依据等作用。会计凭证分为原始凭证和记账凭证。原始凭证是指在经济交易或事项发生时取得或填制的、用于记录并证明经济交易或事项具体内容的书面证明。原始凭证由经济交易或事项的经办人员填制或取得,是编制会计分录的依据。记账凭证是指对原始凭证的归类、整理,运用复式记账法和会计科目确定会计分录而编制的书面文件。根据经办人提交的原始凭证,企业会计人员对相关交易或事项进行确认、计量后,使用复式记账法将相关经济活动记录到相应会计科目中,形成一份作为登记账户依据的书面文件,即记账凭证。

2. 会计账簿

会计账簿简称"账簿"或"账",是以会计凭证为依据,连续、系统、分类地记录各种经济交易或事项的簿籍。[1]填制会计凭证之后,由于凭证数量多且分散,不能全面、连续、系统地反映和监督会计主体一定时期内的某一类或全部经济业务活动情

〔1〕 唐国平主编:《会计学基础》(第3版),高等教育出版社2017年版,第188页。

况，还需要将相关会计科目增减变动信息记录到预先设置好的账簿中。会计账簿由一定格式、相互联系的账页组成。会计账簿是会计账户的表现形式，账户存在于账簿之中，账簿中的每一账页就是账户的存在形式和载体[1]。会计账户的内容是特定会计科目的增减变动情况与结果，记录企业全部会计科目增减变动情况及其结果的外在书面表现形式就组成了会计账簿与会计账簿系统。

3. 财务会计报告

财务会计报告是指企业对外提供的反映企业某一特定日期的财务状况和某一会计期间的经营成果、现金流量等会计信息的文件，包括财务报表和其他应当在财务会计报告中披露的相关信息和资料。[2]会计实务中，财务会计报告由财务报表及其附注构成。财务报表是财务会计报告的主要内容，是企业向投资者、债权人等提供的有关企业财务状况、经营业绩和现金流量等会计信息的表格类文件，包括资产负债表、利润表、现金流量表与所有者权益变动表。财务报表附注是对资产负债表、利润表、现金流量表、所有者权益变动表中列示项目的文字描述或明细资料，以及对未能在这些报表中列示项目的说明等。[3]

二、会计信息的质量要求

作为通用的商业语言，会计信息必须符合一定质量标准，才能保证使用者从中获取可靠的信息，并据以做出正确的决策。因此，《基本准则》第 2 章专章规定了企业会计信息的八项质量要求，作为会计确认、计量、记录和报告等行为的实施标准。

（一）真实性或可靠性

根据《基本准则》规定，真实性或可靠性是法律对会计信息质量的首要关切，它是指企业应当以实际发生的交易或者事项为依据进行会计确认、计量和报告，如实反映符合确认和计量要求的各项会计要素及其他相关信息，保证会计信息真实可靠、内容完整。会计信息的主要作用在于满足其使用者正确决策的需要，如果企业会计核算不是以真实发生的交易或事项为依据，没有如实反映企业财务状况和经营成果，会计工作也就失去了存在的意义。会计信息的真实性要求企业以客观、公正、中立的立场来披露其财务会计信息，而不以某一利益相关者的意志为转移。

真实性是会计法律、法规、规章以及其他规范性文件反复强调的会计最重要的

[1] 罗云芳、赵利、张华英主编：《会计学原理》，清华大学出版社 2018 年版，第 128 页。
[2] 中国注册会计师协会编写：《会计》，中国财政经济出版社 2020 年版，第 444 页。
[3] 蒋敏周、叶正桂主编：《会计学基础》，清华大学出版社 2017 年版，第 169 页。

原则。《会计法》第 9 条规定，“各单位必须根据实际发生的经济业务事项进行会计核算，填制会计凭证，登记会计帐簿，编制财务会计报告。任何单位不得以虚假的经济业务事项或者资料进行会计核算”。《企业财务会计报告条例》第 17 条第 1 款规定，“企业编制财务会计报告，应当根据真实的交易、事项以及完整、准确的账簿记录等资料，并按照国家统一的会计制度规定的编制基础、编制依据、编制原则和方法”。

为确保会计信息真实性，《会计法》规定，单位负责人对本单位的会计工作和会计资料的真实性、完整性负责，任何单位或者个人不得以任何方式授意、指使、强令会计机构、会计人员伪造、变造会计凭证、会计账簿和其他会计资料或提供虚假财务会计报告，以确保会计机构及其工作人员的独立性；《企业财务会计报告条例》还规定，企业不得编制和对外提供虚假的或者隐瞒重要事实的财务会计报告，任何组织或者个人不得授意、指使、强令企业编制和对外提供虚假的或者隐瞒重要事实的财务会计报告。《会计法》与《企业财务会计报告条例》对危及会计信息真实性的行为设置了行政处罚，《刑法》也设置了两个相关罪名，即违规披露、不披露重要信息罪与隐匿、故意销毁会计凭证、会计账簿、财务会计报告罪；《刑法》第 161 条第 1 款规定，“依法负有信息披露义务的公司、企业向股东和社会公众提供虚假的或者隐瞒重要事实的财务会计报告，或者对依法应当披露的其他重要信息不按照规定披露，严重损害股东或者其他人利益，或者有其他严重情节的，对其直接负责的主管人员和其他直接责任人员，处五年以下有期徒刑或者拘役，并处或者单处罚金；情节特别严重的，处五年以上十年以下有期徒刑，并处罚金”；第 162 条之一规定，“隐匿或者故意销毁依法应当保存的会计凭证、会计帐簿、财务会计报告，情节严重的，处五年以下有期徒刑或者拘役，并处或者单处二万元以上二十万元以下罚金。单位犯前款罪的，对单位判处罚金，并对其直接负责的主管人员和其他直接责任人员，依照前款的规定处罚”。

（二）相关性

根据《基本准则》，会计信息的相关性是指企业所提供的会计信息与信息使用者的决策需要相关，有助于财务会计报告使用者对企业过去、现在或者未来的情况作出评价或者预测。会计信息是否具有相关性有两个基本的判断标准：一是会计信息能否帮助使信息使用者对过去、现在或未来的经济事项进行评价，并影响信息使用者的相关决策行为；二是会计信息能否证实或纠正信息使用者过去已经做出的判断或评价，并影响信息使用者的相关决策行为。[1]

会计信息的相关性取决于信息的预测价值、反馈价值与及时性。[2]会计信息是关于企业资产、负债、所有者权益、收入、费用（成本）、利润六大会计要素的信息，反映了企业财务状况及经营成果，对企业未来经营走向具有预测价值。以现金流量信息为例，通过经营现金流、投资现金流与筹资现金流的净流量及其结构，债权人能够判断标的企业的债务偿还能力，以预测己方债权得到清偿可能面临的风险；管理者能够据此预测企业未来现金流量，为即将到期的债务做资金准备；潜在投资者能据此分析企业收益的质量，判断企业股权价值或债券价值，以决定是否对其投资。会计信息还具有反馈价值，通过与制定决策时所预测的结果相比较，决策者能够评价过去预测的正确程度，并据以调整未来决策。

会计信息相关性要求针对的是整个信息使用者群体，而非某类特定使用者。由于决策内容与决策目的不同，使用者对会计信息的需求也不尽相同，例如，权益投资者最关注企业的盈利能力，债权人则最关心企业偿债能力。即使如此，企业也不能为不同的使用者提供不同的会计信息，应当统一标准。

（三）可理解性

可理解性也被称为“明晰性”或“可读性”；根据《基本准则》，会计信息的可理解性是指企业提供的会计信息应当清晰明了，便于财务会计报告使用者理解和使用。当然，会计信息的“可理解性”，针对的是具有一定经济管理与会计知识的使用者。

使用者在决策时使用会计信息的前提是他能理解会计信息。因此，会计信息在全面完整地反映企业财务状况、经营业绩和现金流情况的前提下，应当准确、清晰、简洁，易于理解。在会计处理和编制财务会计报告的各个环节和阶段，有关会计凭证、账簿或表册上的记录缺乏层次性、系统性与简洁性，会直接影响会计核算的质量，进而削弱会计信息的价值。因此，会计人员应根据企业营业内容、营业规模与会计核算业务量等因素，结合有关会计法律法规的要求，设计和选择合适的会计凭证、账册和记账程序，以保证会计记录和财务会计报告的明晰性。

（四）可比性

《基本准则》规定，企业提供的会计信息应当具有可比性。会计信息的可比性

---

〔1〕 唐国平主编：《会计学基础》（第3版），高等教育出版社2017年版，第31-32页。

〔2〕 邵瑞庆主编：《会计学原理》（第3版），立信会计出版社2011年版，第28页。

具有两层含义:一是同一企业不同时期因相同或者相似的交易或者事项发生的会计信息应当具有可比性,也被称为会计信息的“一致性”或“一贯性”;二是不同企业因相同或者相似的交易或者事项发生的会计信息应当具有可比性。

第一个层次的可比性可理解为时间上的可比性,它要求企业不得随意变更会计政策。因使用的会计政策不同,同一会计科目会得出不同的计量数额。例如,确认因存货的发放或领用而产生的成本时,可以采用先进先出法、加权平均法或者个别计价法等方法,固定资产折旧为成本时,可选择年限平均法、工作量法、双倍余额递减法和年数总和法等方法,采用不同的会计方法会得出不同的计量结果。如果企业在不同会计期间采用不同会计政策,将不利于使用者对同一企业不同时期财务状况与经营成果的比较。实践中,通过变更会计政策以实现披露虚假信息的目的,是比较常见的会计操纵手段。《企业会计准则第 28 号——会计政策、会计估计变更和差错更正》专设“会计政策”一章,以规范企业的会计政策变更行为。该准则规定,企业应当对相同或相似的交易或者事项采用相同的会计政策进行处理;企业采用的会计政策在每一会计期间和前后各期应当保持一致,不得随意变更;如企业为了提供更可靠、更相关的会计信息而变更会计政策,应当采用追溯调整法处理,使当期和前期的会计信息具有可比性。而且,企业变更会计政策的,应当在财务会计报告中揭示,以引起会计信息使用者的注意。

第二个层次的可比性可以理解为空间上的可比性,它要求不同企业发生的相同或相似的交易或事项应当采用规定的会计政策,确保不同企业的会计信息口径一致,相互可比。这个层次的可比性要求保证了不同企业的会计信息可进行有意义的比较,有助于信息使用者据以作出正确的决策。但是,这并不意味着强制所有企业采用相同的会计处理程序和方法,而是要求不同企业在规定范围内采用相同或类似的会计政策,使其会计信息具有共同或类似的特征,从而具有比较的基础。

(五)实质重于形式

根据《基本准则》规定,实质重于形式是指企业应当按照交易或者事项的经济实质进行会计确认、计量和报告,不应仅以交易或者事项的法律形式为依据。实质重于形式的要求,其目的在于确保会计信息真实准确地反映企业的财务状况、经营业绩和现金流情况。

以融资租赁交易为例,根据融资租赁合同约定,租赁期间承租人不享有租赁标的财产的所有权,承租人按期向租赁方支付租金,会计学界认为该交易的法律形式是租赁,但其本质是融资并购买资产,应当作为融资交易与资产购买交易予以会计处理。因此,《企业会计准则第 21 号——租赁》第 36 条规定,一项租赁属于融资租赁还是经营租赁取决于交易的实质,而不是合同的形式。如果一项租赁实质上转移了与租赁资产所有权有关的几乎全部风险和报酬,出租人应当将该项租赁分类为融资租赁。据此,融资租赁的会计处理方式为:一方面,租赁方通过借款融入一笔资金,其资产负债表上的负债端增加了相应债务金额,负债金额为最低租赁付款额;另一方面,融资方用借来的资金购买了"承租资产",资产负债表上的资产端增加了相应的资产,其原始入账价值根据租赁开始日的公允价值与最低付款额现值两者中的较低者确定。相应地,在出租人资产负债表上,虽然根据合同约定其拥有出租资产的所有权,但其资产负债表上的资产端记载应是一笔应收账款债权,而不应是固定资产。只有这样做会计处理,才能真正反映该笔交易的经济实质。

除融资租赁这样的特殊交易导致法律形式与经济实质不一致外,实践中故意使用某种法律形式以美化财务报表已成为常见的操纵手段。例如,为实现借新还旧但当期账面又不增加负债以美化资产负债表的目的,有些企业会采用"固定资产销售后回购"交易模式。其操作手法为:企业与交易对方签订一份固定资产销售合同,以资产销售对价的名义获得一笔收入,同时又与对方在资产销售合同中签订回购条款,或签订单独的回购协议,约定卖方负有到期以约定价格回购该资产的义务,回购价格高于销售对价,差额即为销售对价加一定比例的利息。对于此种交易,按照《企业会计准则第 14 号——收入》(以下简称《收入准则》)要求,企业应当将其作为租赁交易或融资交易进行相应的会计处理;其中,回购价格低于原售价的,应当视为租赁交易,按照《企业会计准则第 21 号——租赁》的相关规定进行会计处理;回购价格不低于原售价的,应当视为融资交易,在收到客户款项时确认金融负债,并将该款项和回购价格的差额在回购期间内确认为利息费用等。据此,虽然企业在合同中将资产所有权转移给了交易对方,但其会计处理仍应确认这笔资产为企业资产,在相关会计账簿和资产负债表上反映其存在,同时将销售价款在资产负债表的负债端计为新增的债务数额。在不少企业经营管理者有会计舞弊动机的背景下,实质重于形式的会计信息要求尤显其制度价值。

(六)重要性

根据《基本准则》,所谓会计信息的重要性要求,是指企业提供的会计信息应当反映与企业财务状况、经营成果和现金流量等有关的所有重要交易或者事项。依据这个规定,企业每项经济交易或事项都必须进行记录和报告,但记录和报告的方法和形式具有一定的可选择性。对于重要的交易或事项,企业应当严格采用规定的会计方法进行处理，并在财务会计报告中予以准确充分地披露。对于次要的事项或交易，在不影响会计信息可靠性和不至于误导会计信息使用者的前提下，可以采用简单的会计处理。

会计信息是否重要，在很大程度取决于会计人员的职业判断。[1]通常的判断标准是：如果某信息被遗漏或误报，会影响通用目的财务报告主要使用者基于该报告所作出的决策，该信息即为重要。[2]会计学界认为，对资产、负债、利润等有较大影响进而影响会计信息使用者据以做出合理判断的交易或事项，属于重要会计事项。在会计实务中，企业一般根据交易或事项对资产总额或利润总额的影响幅度来判断其是否重要。[3]例如，根据《企业会计准则第 4 号——固定资产》（以下简称《固定资产准则》）的规定，使用寿命超过一个会计年度的资产为固定资产，应当进入固定资产账户，并予以折旧处理，使该资产的成本分摊到预计使用年限的每个年度，而不是一次性全部确认为当期成本。但是，如果可长期使用的资产购入价格很低，如一把 10 元的锤子，会计就不会将这 10 元成本在多个会计年度内分摊，而是在其被领用时一次性确认为当期费用，因为该资产价值太小，一次性确认或多年内分摊对企业成本并无实质性影响，对会计信息的使用者也无决策意义。相反，如果购买的是价值比较高的生产设备，将其一次性确认为当期成本而不是作为固定资产逐年分摊，将不能最真实地反映当期及后期的经营成果，这会导致确认当期的成本不真实得畸高，而真实受益于该项资产的后期经营成本则畸低。

（七）稳健性

会计信息的稳健性又称为“谨慎性”或“审慎性”。根据《基本准则》，会计信息的稳健性是指企业对交易或者事项进行会计确认、计量和报告应当保持应有的谨慎，不应高估资产或者收益、低估负债或者费用。企业的生产经营充满各种不确定性，强调会计信息的谨慎性、稳健性要求，就是要求会计人员做职业判断时，保持必要的谨慎，充分估计企业可能发生的风险和损失，不高估资产或收益，不低估负债或费用，尽可能选择不虚增资产和收益的会计计量与信息披露方法，使所提供的会计信息不因过分乐观而存在水分，以避免会计信息的使用者对企业财务状况和经营成果产生错误判断。

---

〔1〕 郭松克等编著：《会计学原理》（第 2 版），北京大学出版社 2019 年版，第 16 页。

〔2〕 国际会计准则理事会（International Accounting Standards Board，IASB）：《财务报告概念框架》（中文版），钱逢胜、乔元芳译，载《新会计》2018 年第 5 期。

〔3〕 唐国平主编：《会计学基础》（第 3 版），高等教育出版社 2017 年版，第 34 页。

会计信息质量的谨慎性要求，体现在对资产要素的会计计量中，主要有两个方面：一是确认和计量企业可能发生的损失和费用，如应收账款债权可能面临的坏账损失、受市场影响而产生的资产减值等；二是选用可以低估资产价值的计量方法，如按加速折旧法计提固定资产折旧等。[1]对资产要素中的存货，《企业会计准则第1号——存货》（以下简称《存货准则》）规定，为生产而持有的材料等，用其生产的产成品的可变现净值高于成本的，该材料仍然应当按照成本计量；材料价格的下降表明产成品的可变现净值低于成本的，该材料应当按照可变现净值计量。据此，如果企业库存原材料的市场价格上涨，在确认该原材料账面价值时，以较低的成本价计量；如市场价格低于成本价，则应计提跌价准备，以较低的市场价格对该原材料进行计量。

（八）及时性

根据《基本准则》，会计信息的及时性是指企业对于已经发生的交易或者事项，应当及时进行会计确认、计量和报告，不得提前或者延后。信息的价值受时效的限制，如果信息不及时，无论其多么真实可靠，都不能满足信息使用人的决策要求。会计信息的及时性要求体现在三个方面：一是及时确认；二是及时计量；三是及时报告。

为保证企业会计信息的及时性，《企业财务会计报告条例》规定，企业应当依照有关法律、行政法规和条例规定的结账日进行结账，不得提前或者延迟。年度结账日为公历年度每年的12月31日；半年度、季度、月度结账日分别为公历年度每半年、每季、每月的最后一天。企业应当依照法律、行政法规和国家统一的会计制度有关财务会计报告提供期限的规定，及时对外提供财务会计报告。《企业会计制度》[2]规定，月度中期财务会计报告应当于月度终了后6天内（节假日顺延，下同）对外提供；季度中期财务会计报告应当于季度终了后15天内对外提供；半年度中期财务会计报告应当于年度中期结束后60天内（相当于两个连续的月份）对外提供；年度财务会计报告应当于年度终了后4个月内对外提供。

三、会计信息的使用者

企业会计信息的使用者通常是企业利益相关者。会计信息是反映企业财务状况和经营成果最直接与最高效的媒介，被誉为通用的商业语言，企业利益相关者做

---

[1] 唐国平主编：《会计学基础》（第3版），高等教育出版社2017年版，第36页。

[2] 该制度是由财政部颁布的部门规范性文件。

出经济决策的依据之一就是会计信息。在会计信息满足质量要求的前提下,使用者必然能从中了解企业财务状况和经营成果,从而找到相关决策的支撑。因此,会计信息通常是企业商业秘密,只有企业负责人和财务会计岗位工作人员才能获得或有机会接触到。除非有法律规定或者合约安排,否则相关主体没有获得并使用企业会计信息的权利。根据信息使用者是否为企业内部人,我们可以将其分为内部信息使用者和外部信息使用者。

(一)权益投资者与潜在权益投资者

1. 权益投资者

这里的投资者指的是权益性投资者,即 equity investor。权益性投资是投资学上的概念,是指为获取企业的权益或净资产所进行的投资。“权益”译自英文 equity,指企业资产负债表上的所有者权益;由于资产负债表上的所有者权益英文为 equity,故将投资后享有企业所有者权益的投资者称为权益投资者。比较常见的权益投资者主要是公司股东以及合伙企业合伙人。潜在投资者是指可能会对企业进行权益投资从而成为其权益投资者的人。投资者与潜在投资者都必须使用企业会计信息,会计信息对其有其他信息所不能替代的独特价值。

投资者与潜在投资者在会计信息的使用上存在两个差别。第一个差别是会计信息使用的目的不同,潜在投资者使用标的企业会计信息的目的是投资决策,成为真正投资者后,其使用会计信息的目的则是实现投资收益和评价经营管理者。第二个差别在于,作为企业的内部人,投资者获取会计信息的权利通常有法律强制性规定保障,而潜在投资者获取目标企业的会计信息只能依赖于合同约定或者企业单方自愿提供,除非目标企业是上市公司。例如,根据《公司法》相关规定,有限责任公司股东有权查阅公司的财务会计报告和会计账簿,股份有限公司股东有权查阅公司财务会计报告,有限责任公司应当依照公司章程规定的期限将财务会计报告送交各股东,股份有限公司的财务会计报告应当在召开股东大会年会的 20 日前置备于本公司,供股东查阅;根据《合伙企业法》规定,合伙人有权查阅合伙企业会计账簿等财务资料。潜在投资者在没有成为真正投资者之前,不能依据这些法律享有企业会计信息的相关请求权,能否获得企业会计信息取决于目标企业的单方意思。为了获取投资,一般情况下,企业都会主动提供会计信息,或者配合投资方包括财务尽调在内的尽职调查。

2. 潜在投资者使用会计信息的目的

从“权益投资者”这一概念就可得知,其投资目的在于拥有企业所有者权益,即企业资产扣减负债后由所有者享有的剩余权益，他们使用会计信息的目的围绕企业所有者权益和利润展开。从实践中看，潜在投资者使用目标企业会计信息的核心目的是投资决策，具体有二：一是是否投资，二是以什么价格投资。

通常情况下，股东、合伙人这类权益投资者拥有的企业权利的价值由三个方面决定，一是企业净资产价值；二是企业的盈利能力；三是企业获取经营现金流的能力。净资产为企业资产负债表上的总资产减去总负债后的余额，账面上表现为资产负债表上的所有者权益。根据《基本准则》规定，所有者权益的来源包括所有者投入的资本、直接计入所有者权益的利得和损失、留存收益等，所有者权益金额取决于资产和负债的计量。盈利能力指经营管理者使用企业资产进行经营以获取利润的能力。《基本准则》规定，利润是指企业在一定会计期间的经营成果，包括收入减去费用后的净额、直接计入当期利润的利得和损失等；利润金额取决于收入和费用、直接计入当期利润的利得和损失金额的计量。可以说，目前对企业权益估值的方法基本围绕前述净资产、营业收入、利润及现金流等设计，估值的计算以有关这些会计要素的会计信息为基础。

因此，潜在权益投资者在做出是否投资、以何价格投资等决策之前，必须根据企业提供的会计信息对目标企业的净资产状况和盈利能力进行分析，并以此作为投资决策的主要考量因素之一。

3. 投资者使用会计信息的目的

第一，为企业重大决策使用会计信息。投资行为完成后，潜在投资者成为企业的真正投资者，他们主要通过企业的获利能力、股利支付能力、未来现金流等情况来判断投资风险与投资报酬。因此，需要企业提供营业收入、净利润、总资产、总负债、净资产、现金流量等会计信息，通过系列财务分析后作为投资决策的依据之一。例如，根据《公司法》关于股东会职责的规定，公司投资计划由股东会决策。当某公司股东需要做出是否再投资建设一条生产线的决策时，必须考虑投资回报率、资金来源等问题，投资回报率需要根据现有生产利润率测算，资金来源必须结合公司过去的现金流状况规划，生产利润率、现金流等决策所需均为会计信息。

第二，为实现投资收益使用会计信息。投资完成后，潜在投资者成为企业所有者权益的真正权利人，其利益的实现主要有两种途径，一是从企业获取利润分配，二是将其对企业拥有的权利转让。如通过第一种途径实现利益，首先需企业通过会计核算确定企业当期利润，再根据法律或企业章程、合伙协议的规定进行分配。如通过第二种途径实现利益，受让方作为潜在投资者，又回到了前述关于企业权益投资的决策。也就是说，投资者无论是持有期间通过利润分配获取资本收益，还是通过转让对企业的权益性权利实现投资收益,都必须以企业会计核算所形成的会计信息为前提。

第三,为评价企业经营管理者使用会计信息。企业营利目的的实现必须依赖于经营行为,即通过向市场提供商品或服务以获取营业收入,有的企业由投资者(所有者)自己经营,而现代企业一般都由职业经理人负责日常经营。在这种所有与经营相分离的情况之下,投资者需要对经营管理者进行绩效评价,而绩效评价体系中的指标主要围绕企业利润设计,如净资产收益率(净利润/净资产)、销售利润率(利润总额 /产品销售净额)、总资产报酬率(利润总额加上利息支出后除以平均资产总额)、资本收益率(净利润/实收资本)、资本保值增值率(期末所有者权益总额/期初所有者权益总额)、利润增长率(当期利润减去前期利润后的余额除以前期利润)等。所以,企业投资者评价经营管理者必须使用通过会计核算形成的会计信息。

(二)经营管理者

1. 经营管理者的概念

企业经营管理是指对企业整个生产经营活动进行决策、计划、组织、实施、控制、协调等一系列为实现其营利目标而开展的行为的总称。企业营利目标的实现,必须以实现营业收入为前提,而营业收入目的的实现必须借助于向市场提供商品或服务。如企业主营业务是提供商品,则无论是自己生产的制造业还是低买高卖的贸易业,都必须有人组织实施采购、制造与销售等经营活动。如企业主营业务是提供服务,则需要组织各种资源以形成服务,并进行销售。

“经营管理者”即指为企业利益实施前述经营管理行为的群体,在这里采广义的说法;以公司为例,经营管理者既包括公司董事,也包括《公司法》规定为高级管理人员的经理、副经理、财务负责人,以及公司章程规定的其他高级管理人员。为节约成本,小微企业通常由投资者(所有者)自己经营,但企业规模达到一定程度,为提高经营效率,就需要引入职业经理人。

2. 经营管理者使用会计信息的目的

经营管理者使用会计信息的目的主要有三:一是履行经营管理者责任;二是提高企业经营效率;三是实现自身利益。

第一,为适当履职而使用会计信息。以公司董事履职为例,根据《公司法》规定,董事必须掌握企业会计信息才能履行以下职责:决定公司的经营计划和投资方案,制订公司的年度财务预算方案、决算方案,制订公司的利润分配方案和弥补亏损方案,制订公司增加或者减少注册资本以及发行公司债券的方案,制订公司合并、分立、解散或者变更公司形式的方案等。为履行前述职责,公司董事必须全面掌握反映公司财务状况与经营成果的会计信息,包括资产及其流动性、负债与财务费用率、净资产、主营业务收入、利润与利润率、现金流量等。以投资方案为例,董事会制定的投资方案里应该包括投资资金的筹集,这需要全面了解公司的现金流状况,如果仅靠经营净现金流难以支撑投资资金需求,就需要考虑融资;是增加注册资本引进新股东,还是以债权方式融资,则需要全面了解公司财务费用成本、净资产收益率等指标。董事在不掌握重要会计信息情况下做出决策,如果导致公司损失,就有可能因为未尽勤勉义务而承担相应责任。

第二,为提高企业经营效率(高效履职)而使用会计信息。董事、高管等职业经理人的存在价值在于:他们比投资者在企业经营管理方面更具专业性,由他们管理企业更能提高经营效率,更能实现营利最大化。职业经理人提高企业经营管理效率的手段之一是财务管理,正是基于这个需求,会计学上产生了以成本控制为主要内容的初级阶段管理会计,进而产生了以预测、决策为特征的中级阶段管理会计。以企业成本管理为例,通过对产品成本进行归集、分配并进行成本计算,经营管理者得以对产品进行合理定价;再通过成本性态的分析,将产品成本分为固定成本、变动成本、混合成本等类型,为控制固定成本以外的成本设计相应绩效考核指标,以激励相关人员尽最大可能降低变动成本,以实现更高的利润目标。

第三,为实现自身利益而使用会计信息。为激发经营管理者的积极性,企业通常会建立经营管理者报酬与经营业绩相关联的激励制度。以期权为例,经最高权力机构决议,公司拿出一定比例的股权并设定相应行权条件,在行权条件成就时,将相应股权以低价出售甚至无偿赠送给激励对象。一般而言,行权主要条件是经营业绩,如主营业务收入、净利润增长率、净资产收益率、经营性现金流量、应收账款周转率、存货周转率等财务指标。即使在没有实施期权激励的企业,高管薪资一般也由固定工资和业绩奖励两部分构成,业绩奖励主要是销售收入、营业利润等财务指标。可见,经营管理者也需要为实现自身利益而使用会计信息。

(三)债权人或潜在债权人

1. 偿债能力分析

债权人或潜在债权人是企业会计信息最主要的外部使用者之一,因为债权人的利益实现系于债务人企业还本付息,而根据企业资产、负债、净资产、利润、现金流量等重要信息,债权人与潜在债权人可以判断企业未来的偿债能力。借由对偿债能力的分析,潜在债权人可以决定是否借款给标的企业,债权人可以决定是否对债务人采取特殊措施。所以,偿债能力分析是非常重要的企业财务分析内容。偿债能力是指企业偿还所欠债务的能力。偿债能力分析的主要目的是揭示企业偿债能力的大小,并判断其财务风险的高低。企业偿债能力由企业债务的构成内容和偿债所需资产决定,故而分析企业偿债能力需要将企业资产与负债进行分别核算,并在企业资产负债表上分别列示。在资产负债表上,企业资产首先分为流动资产与非流动资产,负债则分为短期负债与长期负债,偿债能力分析也因此分为短期偿债能力分析和长期偿债能力分析。

需要注意的是,并非仅有债权人或潜在债权人需要使用会计信息对企业进行偿债能力分析,企业投资者也需要评估企业持续发展能力,分析企业偿债能力,管理者为了确保经营资金周转与循环的畅通同样需要分析企业偿债能力。

2. 短期偿债能力分析

短期负债是指债务人 1 年内应当偿还的负债,偿还资金通常源于短期内或立即可以变现的流动资产,如货币资金、应收与预付款项、交易性金融资产、存货等。因此,债权人或潜在债权人通过考察企业流动资产与短期债务的比率关系来分析企业的短期偿债能力,一般涉及流动比率、速动比率、现金流动负债比率等财务指标。

流动比率是指流动资产与流动负债之间的比率,其计算方式为:流动比率 = 流动资产/流动负债 × 100% 。流动比率表示每元流动负债有多少流动资产作为支付保障,反映了流动资产在短期债务到期时可变现用于偿还流动负债的能力。流动比率越大,短期偿债能力越强;反之则越弱。一般认为,生产企业合理的流动比率是 2。[1] 这是因为流动资产中变现能力最差的存货资金通常约占流动资产总额的一半,剩下的流动性较强的流动资产至少要等于流动负债,企业的短期偿债能力才有保障。

速动比率是指速动资产与流动资产之间的比率,计算方式为:速动比率 = 速动资产/流动负债 × 100% 。其中,速动资产是指流动资产扣除存货后的资产。速动比率越大,短期偿债能力越强;反之则越弱。由于存货的变现速度慢,有些存货甚至已经失去市场价值或者市场价值大打折扣,在债权人不希望企业用变卖存货的方法还债的情况下,把存货从流动资产总额中减去而计算出的速动比率反映的短期偿债能力更加可靠。通常认为正常的速动比率为 1,低于 1 的速动比率被认为是短期偿债能力偏低。[2]

---

〔1〕 袁天荣主编:《财务分析》,中国财政经济出版社 2018 年版,第 137 页。

〔2〕 袁天荣主编:《财务分析》,中国财政经济出版社 2018 年版,第 139 页。

现金短期负债比率,又称为现金流动负债比率,是指现金类资产对流动负债的比率,包括现金比率、现金偿付比率、现金流量比率等。现金比率是指现金类资产与流动负债之间的比率,反映了企业现金类资产的直接支付能力,是从最保守的角度对企业短期偿债能力进行的分析。这里的现金类资产主要是指货币资金、交易性金融资产等。现金比率表明企业即时的流动性,比率过低说明企业不能即刻支付应付款项。现金偿付比率是指经营活动净现金流量与利息费用之间的比率,反映企业以经营活动产生的净现金偿还利息的能力。现金流量比率也称为经营活动净现金比率,是指经营活动的现金流量净额与流动负债的比率,反映企业的流动负债用经营活动获得的现金来保障的程度。

3. 长期偿债能力分析

长期偿债能力分析是指企业按期支付长期债务利息以及到期偿还本金的能力;其中,长期债务是指偿还时间在 1 年或 1 年以上的债务。债务人能否清偿长期债务取决于企业的资产状况及盈利能力,故实践中一般从企业资产负债规模、盈利能力等因素考察企业长期偿债能力。

资产负债规模中最重要的指标是资产负债率。资产负债率也称为债务比例,是指企业债务总额与资产总额的比率,表示企业从债权人处筹集的资金占企业全部资产的比重,计算公式为:资产负债率 = 负债总额/资产总额 ×100% 。企业资产是清偿长期债务的最终物质保障,故考察企业资产负债率具有决策参考价值,资产负债率越高则债权人风险越大。一般认为,资产负债率的适宜水平是 40% ~60% 。[1]

盈利能力是清偿长期负债的经营收益保障,企业利润越多,可用于偿还债务的资金就越多,偿债能力就越强。从盈利能力角度分析企业长期偿债能力的主要指标是利息保障倍数。利息保障倍数是指企业息税前利润与利息费用的比率,用以衡量企业偿付借款利息的能力,其计算方式为:利息保障倍数 = 息税前利润/利息费用 ×100% 。息税前利润指企业缴纳企业所得税之前的利润,表现为利润表中的利润总额。实践中,一般至少应计算未来 5 年的利息保障倍数来判断企业长期偿债能力。

(四)政府相关经济管理部门

会计信息的另一主要外部使用者是政府相关经济管理部门,主要包括税务机

---

〔1〕 池国华等编著:《财务分析》,中国人民大学出版社 2015 年版,第 240 页。

关，经济统计部门，商业银行、证券、保险等金融机构，上市公司，国有企业以及其他国民经济重要行业的监管机构。

1. 税务机关

税务机关需要使用会计信息对企业征收所得税。税务机关对于企业所得税的征收方式有两种：一是核定征收；二是查账征收。对于具备会计核算能力的纳税人，采查账征收；只有对无会计账簿或可靠会计资料供查账征收的纳税人，才采核定征收。税务机关在进行查账征收时，首先要使用的会计信息就是收入、费用和利润总额。因此，《企业所得税法》规定，企业应当自年度终了之日起 5 个月内，向税务机关报送年度企业所得税纳税申报表，并同时按照规定附送财务会计报告和其他有关资料。

2. 国民经济统计部门

统计部门需要使用企业会计信息以统计国民经济运行情况。根据国家统计局制定的相关规范，规模以上工业企业需要定期报送的信息主要经济指标源于企业资产负债表和利润表的相关指标，包括资产、产成品、流动资产平均余额、负债、主营业务收入、管理费用、应缴增值税等；规模以上服务业企业需要定期报送资产、营业收入、主营业务收入、税金及附加会计信息。

3. 特殊行业与特殊企业的监管机构

特殊行业与特殊企业的监管机构行使监管职能需要使用企业会计信息。特殊行业主要指银行、证券、保险等金融行业，以及主管部门确定的其他国民经济重要行业；特殊企业主要是上市公司。

财务监管一直是金融监管机构采取的重要监管措施。以商业银行为例，《商业银行法》规定，商业银行应当按照规定向国务院银行业监督管理机构、中国人民银行报送资产负债表、利润表以及其他财务会计、统计报表和资料。根据银行业经营的特点，监管机构建立了一整套以核心资本、资产质量为基础的财务监管指标体系。

其他国民经济重要行业的监管也需要使用企业会计信息。以房地产行业为例，围绕房地产企业的资产、负债等会计信息，2020 年行业主管部门联合中国人民银行制定了房地产融资的三个监管指标：房地产企业剔除预收款后的资产负债率不得大于 70%，净负债率〔1〕不得大于 100%，现金短期负债比率〔2〕不得小于 1。

---

〔1〕 净负债率是指企业的有息负债减去货币资金后对所有者权益的比例，是一种能反映企业财务结构的指标。

〔2〕 现金短债比率是指在流动资产超过流动负债的情况下企业短期内负债能力指标值。

这三个指标被称为“三条红线”；根据不同企业的触线情况，监管机构将房地产企业分为四档予以监管。如果三条红线都触碰到了，则不得新增有息负债；如果触碰到两条线，负债年增速不得超过5%；触碰到一条线，负债年增速不得超过10%；三条线都未触碰到，负债年增速不得超过15%。

包括证券监督管理部门和证券交易所在内的上市公司监管机构需要使用企业会计信息。根据我国《证券法》的规定，上市公司首次公开发行以及在交易所挂牌期间，应该按照规定向证券监督管理机构和证券交易场所报送财务会计报告，并向社会公开。证券监督管理部门依据上市公司报送的会计信息判断其是否满足首次公开发行并上市的要求，并在其上市后进行信息披露监管。证券交易所也需要使用利润、营业收入等会计信息，从而对拟在该交易所挂牌的上市公司是否符合挂牌条件进行判断和日常监管。例如，《上海证券交易所科创板股票上市规则》规定，在科创板上市的企业市值及财务指标应当至少符合下列标准中的一项：(1)预计市值不低于人民币10亿元，最近2年净利润均为正且累计净利润不低于人民币5000万元，或者预计市值不低于人民币10亿元，最近1年净利润为正且营业收入不低于人民币1亿元；(2)预计市值不低于人民币15亿元，最近1年营业收入不低于人民币2亿元，且最近3年累计研发投入占最近3年累计营业收入的比例不低于15%；(3)预计市值不低于人民币20亿元，最近1年营业收入不低于人民币3亿元，且最近3年经营活动产生的现金流量净额累计不低于人民币1亿元；(4)预计市值不低于人民币30亿元，且最近1年营业收入不低于人民币3亿元；(5)预计市值不低于人民币40亿元，主要业务或产品需经国家有关部门批准，市场空间大，目前已取得阶段性成果。医药行业企业需至少有一项核心产品获准开展二期临床试验，其他符合科创板定位的企业需具备明显的技术优势并满足相应条件。

第三节　企业会计与商法的关系

一、企业会计制度是商法的重要组成部分

会计史学者认为，从原始社会开始，会计法律制度的起源就与整个经济法律制度起源完全一致。[1]在欧美国家，从封建社会晚期至近代，会计史的大部分内容同时也是商法史。1673年法国《商事敕令》中，第3章集中规定了账簿设置、财产目录

---

〔1〕 郭道扬：《会计史研究：历史·现时·未来》(第2卷)，中国财政经济出版社2004年版，第23页。

编制、破产清算、会计档案保管与使用等有关商人财务会计的内容，开创了较为系统地把会计制度写进商法的先河，对其后大陆法系国家“法典式会计制度”与“法典式审计制度”格局的形成具有直接的影响，并显示了会计资料的司法特性。[1]1808年发布的法国《商法典》第一编第2章为“商事账簿”，规定了商业账簿设置的种类及资产负债表与损益账的编制和报送，强调商业账簿在法律上的证据力，把商业账簿与报表当成公司不可分割的一部分，确认了“账簿誓”的法律效力，初步奠定了“法典式会计制度”的基础。[2]在德国封建社会末期商法中，也有商人账簿设置的规定，1785年至1794年发布的《德意志通行商法》使会计制度在法律上得以确立。[3] 1897年的德国《商法典》第一编第4章规定了商事账簿设置及应用原则、账目处理原则、财产目录编制、资产负债表编制、会计文件保管以及商事账簿的证据力账簿制度，现行德国《商法典》将“商事账簿”单列为五编中的第三编，全编共102条，重点规定了资合公司与康采恩的年度财务会计报告与经营报告。在日本，有关企业财务会计的制度也起源于1890年的日本《商法典》中的“商业账簿”。[4]在英美法系，世界第一部成文的公司法——1844年的英国《股份公司法》中就有关于账目处理、报表编制以及审计等相关会计制度的内容；从此，财务会计制度一直是英国成文公司法的重要内容之一。从会计史角度看，大陆法系的会计法律制度体系的主体结构是宪法、民法与商法，英美法系的会计法律制度的主体结构则是宪法、公司法与破产法。[5]

因此，有学者认为会计法是商行为法的构成部分，[6]不无道理。

二、会计信息的法律分类

企业会计信息体现了资产、负债、所有者权益、收入、费用及利润六大会计要素的增减变化，本质上反映了企业资金或价值的流入流出运动以及资金价值形态的内部变化。引发资金运动或其价值形态变化的原因多种多样，会计学上将其抽象

---

〔1〕 郭道扬：《会计史研究：历史·现时·未来》（第2卷），中国财政经济出版社2004年版，第158－159页。

〔2〕 郭道扬：《会计史研究：历史·现时·未来》（第2卷），中国财政经济出版社2004年版，第288－289页。

〔3〕 郭道扬：《会计史研究：历史·现时·未来》（第2卷），中国财政经济出版社2004年版，第161－162页。

〔4〕 郭道扬：《会计史研究：历史·现时·未来》（第2卷），中国财政经济出版社2004年版，第324页。

〔5〕 郭道扬：《论两大法系的会计法律制度》，载《会计论坛》2002年第1期。

〔6〕 范伟红：《商事司法会计研究》，中国时代经济出版社2011年版，第4页。

为经济交易或事项,即第一节中所述“会计对象”。界定会计信息的法律本质,仅到“经济交易或事项”的程度还不足够,必须结合商法的基本逻辑和法律人的思维模式进行更深入分析,分析起点在于将会计信息进行具有法律价值的分类。

在法律界,有的学者将会计信息分为财务会计信息和管理会计信息、事实性会计信息和分析性会计信息、初始会计信息和最终会计信息等类别〔1〕,有的学者从会计事实分类的角度,将会计事实分为会计核算事实和会计监督事实、简单会计事实与复杂会计事实等〔2〕。这种分类于法律分析的作用较为有限。法律人的基本思维模式是法律事实与法律关系,为达到从法律角度分析会计信息的目的,应该将法律事实与法律关系的主体、客体、内容三要素作为会计信息的解析工具。

从法律本位,根据资金运动是否发生在不同主体之间并引发相应法律关系,可以将会计信息分为两类,一是经济交易类会计信息,二是经济事项类会计信息。资金运动或价值运动发生在不同会计主体之间,不同主体之间由此产生相应法律关系的,为经济交易类会计信息;资金运动或价值运动发生在会计主体内部,未引发法律关系的,则为经济事项类会计信息。

三、交易类会计信息的私法价值

(一)交易导致不同主体间资金或价值转移

企业会计的对象之一是引发资金运动或价值运动的经济交易。会计学认为,经济交易是指企业与其他经济实体之间发生的商品或劳务交换、资产转移、款项结算等经济活动。〔3〕从法律角度看,经济交易是资金或价值借助当事人之间的交易行为从一个主体转移到另一个主体的经济活动,企业的交易类会计信息指企业以与其他主体的交易行为引发的会计要素增减变化为依据予以核算而形成的会计信息。当然,资金或价值在不同主体之间转移的行为并非全是交易行为(如企业捐赠行为),但绝大部分是交易行为。

以某家具生产企业A木材采购为例。依据与供应商B签订的长期供货合同,A以电子邮件方式下单,在交付货物后一个月内以转账方式将货款付至B账户。某次,A下单要求购买价值1万元的某种木材,B依约将相应木材交付运输,该批木材运到了A库房,质检员检测合格后出具《检验合格单》,仓库保管员凭《送货单》《检

〔1〕 胡显莉:《我国会计信息监管法律制度研究》,经济管理出版社2020年版,第19页。

〔2〕 范伟红:《商事司法会计研究》,中国时代经济出版社2011年版,第23页。

〔3〕 唐国平主编:《会计学基础》(第3版),高等教育出版社2017年版,第53页。

验合格单》填写入库单后，接受了 B 交货义务的履行。此后，A 库房多出了这笔价值 1 万元的原材料资产[1]，也意味着这 1 万元的价值从 B 转移到了 A，A 和 B 都应对该笔交易进行会计处理。

依照复式记账法(借贷记账法)的要求，A 应该在两个会计账户反映这笔交易，一是存货资产(总分类账户)中的原材料账户(明细分类账户)，二是应付账款账户(负债)，即原材料账户增加 1 万元，相应地，因为 A 尚未支付货款，故在应付账款负债账户增加债务 1 万元。通过前述会计处理，我们会在企业当期资产负债表(在该原材料尚未被用于生产产品前，作为原材料数额中的组成部分)、原材料账簿、应付账款账簿以及相应的会计凭证所载会计信息中看到这笔交易的存在。

B 也应对该笔交易予以会计处理，方式为：存货账户(存货资产)减少 1 万元，应收账款账户(债权资产)增加 1 万元。同理，我们也可以在其相应期间的资产负债表、存货账簿、应收账款账簿以及相应会计凭证所载会计信息中看到这笔交易的存在。

(二)交易类会计信息反映相应法律关系

平等主体间发生合法的资金或价值运动，其动因通常情况下是当事人的意思自治，即当交易各方意思表示达成一致、形成契约并至少一方实际履行契约主要义务时，才可能导致不同主体间合法的资金或价值运动。因此，交易类会计信息所体现的资金或价值运动，是交易各方履行契约义务的后果。在法律上，契约行为被认为是以意思表示为核心要素的法律行为，属于能引起法律关系产生、变更、消灭的法律事实之一。因此，本书认为，交易类会计信息的法律本质是契约行为这类法律事实经过会计核算技术处理的结果，或者说，交易类会计信息是法律事实经过会计核算技术处理后形成的信息。

静态地看，交易类会计信息意味着企业通过交易行为取得了私法权利，如所有权、债权、股权或合伙企业份额等所有者权益，会计信息的法律本质为契约履行的阶段性或终局性结果。动态地看，交易类会计信息在法律上反映了交易各方建立了契约关系，并至少有一方实质性履行了主契约义务。

---

[1] 根据《存货准则》第 6 条的规定，存货的账面价值依据采购成本计量，采购成本包括购买价款、相关税费、运输费、装卸费、保险费以及其他可归属于存货采购成本的费用。为行文方便，此处账面成本只记购买价款 1 万元，不记相关税费、运输费、装卸费、保险费等。

四、事项类会计信息的商法价值

（一）事项类会计信息

1. 事项类会计信息的界定

为准确反映企业财务状况和经营成果，交易以外的经济事项也是会计信息系统处理的对象。与交易相对应，引起资金运动或代表资金运动的经济事项发生于企业内部，而非不同主体之间。根据企业是否主动追求经济事项的发生，可以将其再分为两类：一是企业主动实施经营管理行为导致的经济事项；二是非因企业行为发生、企业只能被动接受的经济事项。因此，可以把事项类会计信息界定为：以引发会计要素增减变化的企业内部经营管理活动或者其他客观情况的发生为依据进行会计核算后形成的会计信息。

2. 主动事项引发的会计信息

企业内部的主动行为主要是企业经营行为与管理行为，经营行为如产品生产、投资建造新厂房、研发新产品或新技术等，管理行为如资产减值、利润核算与分配等。以前述家具制造企业 A 为例，在该批木材没有进入生产环节之前，将以原材料形式存在于企业库房及相应会计账册；生产需要使用该木材时，车间相关岗位员工到库房办理原材料领用手续，仓库保管员办理出库手续并填写《出库单》，《出库单》上载明了规格、型号、数量、领用时间、领用人等信息，将《出库单》记账联交车间统计岗位人员；然后，以该《出库单》存根联为依据，在库房原材料账簿上注销该批木材；月底，将该《出库单》记账联交财务部门进行会计处理。

在这一企业内部活动中，该批木材所代表的 1 万元价值从仓储进入了生产环节，其存在形式也发生了变化，演变成了形态各异的家具或家具部件。在企业经营管理中，不仅这批木材所表现的 1 万元价值形态发生了变化，而且该价值形态变化还代表企业内部进行了主营业务的生产活动，因该批木材附加了其他原料成本（包括其他原材料、生产工具折旧、电力等）和工人的劳动，价值数额也产生了变化（通常是增加），对于企业经营管理有重要意义，应当进行会计处理，由此产生相应会计信息。

3. 被动接受事项引发的会计信息

被动接受的事项是指非企业主动追求而导致企业会计要素发生增减变化的客观情况，如依法缴纳税费、自然灾害导致存货毁损灭失、诉讼或仲裁判决支付赔偿金或违约金、资产被盗、债务人破产等。对于这类事项，会计处理的意义在于确认其对企业的经济影响，相关会计信息反映这些事项的经济结果。从商法角度看，其只对企业利润核算有间接影响,不予单独论述。

(二)主动事项类会计信息的商法价值

从私法角度分析,企业内部经营管理活动可能会导致两类具有法律价值的结果:一是企业因经营管理活动而产生利润或亏损;二是企业经营活动导致资产的权利类型发生变化。总的来说,企业主动的、以经营或管理为目的的经济事项,就其是否属于能够引起法律关系的产生、变更、消灭的法律事实,可以分为两类,一是具有法律事实价值的会计信息,二是不具有法律事实价值的会计信息。其中,具有法律事实方面价值的会计信息主要有两种,一是损益类会计信息,二是权利形成类会计信息。

1. 损益类会计信息

损益类会计信息是指反映企业利润核算过程和期末利润总额、净利润与可分配利润的会计信息。在具体私法条文中,它们具有依法能够引起法律关系产生、变更或消灭的功能,应被定性为民事法律事实。根据民法法理,民事法律事实包括人的行为与自然事实两类,自然事实又分为“事件”与“状态”。损益类会计信息应属于自然事实中的“状态”。

具体而言,企业依照国家统一的会计制度规定的方法与程序核算确认某期间的收入和费用,然后通过利润表确认当年利润总额、净利润以及可供投资者分配的利润数额,从而形成“有利润”这一状态。其中,利润总额具有公法上的价值,它是企业履行缴税义务的所得税数额之计算基础。净利润与可供投资者分配的利润则具有私法价值,它们是企业当年进行分配利润的前提条件,属于具有商事组织法意义的法律事实。但是,利润本身的存在并非产生相关法律关系或者权利的充分要件。根据《公司法》关于利润分配的规则,仅有利润产生这一事实,并不足以使公司对股东产生利润分配的义务,股东不能仅以公司有利润为依据请求分配利润,必须结合分配利润的股东会决议这一法律行为,才能使股东的利润分配请求权得以成立。因此,利润属于公司股东利润分配请求权产生的法律事实之一,在私法理论上属于法律事实构成。

利润不仅有组织法价值,在商业实践中还具有重要的交易法价值。例如,在股权投资协议中,为防范交易风险,投资方普遍会在协议中设置有关利润的对赌条款,如被投资公司相应会计期间的利润没有达到约定的数额或增长目标,将由公司或原股东对投资方予以补偿。在期权协议中,达到一定利润增长目标通常为行权条件之一,如利润未达标,则不能依期权协议行权。

2. 权利形成类会计信息

权利形成类会计信息主要是反映企业通过加工、制造、建设等事实行为而原始取得相应民事权利的会计信息。例如，前述家具制造企业 A 购买的 1 万元原料木材出库后，通过车间的加工，附加了车间工人的劳动、机器设备折旧、辅料（如油漆、五金件）、车间水电费等，制造成了 4 个成品衣柜。假设除 1 万元原料木材外的其他成本为 1 万元，会计人员对这一生产制造过程进行会计核算后，其资产负债表上的原材料存货将减少 1 万元（辅料成本忽略不计），产成品存货增加 2 万元。资产负债表上的这 2 万元产成品存货信息，反映了 A 通过制造而原始取得的 4 个衣柜的动产所有权，相应会计信息反映了该企业 4 个衣柜形成及其具体价值的法律事实。

依据国家统一的会计制度，有些事项企业必须进行会计处理，从而形成相应会计信息。以资产减值为例，资产的主要特征之一是它能为企业带来经济利益流入，资产进入企业资产账目后，如果发生资产不能够为企业带来经济利益或者带来的经济利益低于其账面价值的情形〔1〕，该资产就不能再予确认或按原账面价值确认，应当进行减值处理。虽然这类会计信息由企业自主行为形成，但其与被动事项有相同之处，即会计处理的意义在于确认对企业的经济影响，相关会计信息是这些事项的经济结果，对企业利润核算有间接影响。

思考题

1. 对会计的全面理解包括哪些方面？会计的法定职能是什么？
2. 企业与其他主体不同的基础性原因是什么？企业的资金运动与会计要素有何特别之处？
3. 会计信息的形成需要经过哪些环节或程序？
4. 会计信息的载体包括哪些？
5. 从商法角度，会计信息应当如何分类？不同类别的会计信息分别具有怎样的商法价值？

〔1〕《企业会计准则第 8 号——资产减值》第 5 条规定："存在下列迹象的，表明资产可能发生了减值：（一）资产的市价当期大幅度下跌，其跌幅明显高于因时间的推移或者正常使用而预计的下跌。（二）企业经营所处的经济、技术或者法律等环境以及资产所处的市场在当期或者将在近期发生重大变化，从而对企业产生不利影响。（三）市场利率或者其他市场投资报酬率在当期已经提高，从而影响企业计算资产预计未来现金流量现值的折现率，导致资产可收回金额大幅度降低。（四）有证据表明资产已经陈旧过时或者其实体已经损坏。（五）资产已经或者将被闲置、终止使用或者计划提前处置。（六）企业内部报告的证据表明资产的经济绩效已经低于或者将低于预期，如资产所创造的净现金流量或者实现的营业利润（或者亏损）远远低于（或者高于）预计金额等。（七）其他表明资产可能已经发生减值的迹象。"

第二章　企业会计行为及其监督的法律体系

导　读

本章共三节，介绍我国有关企业会计的法律、行政法规、部门规章、重要行政规范性文件以及其核心内容，使我们概括地了解企业会计行为及其监督涉及的成文法。

第一节介绍企业会计的规范体系。会计学上的“会计规范”不等于法学意义上的“会计法”，广义的“会计规范”包括会计主体制定的内部会计管理规范，“会计法”仅指由国家制定的、具有普遍性与强制性的会计行为规范与关系调整规范。关于企业会计的法律可分为两类，一类是有关企业会计行为的法律规范，即会计法，另一类是有关企业会计行为监督的法律规范，主要是审计法。

第二节介绍企业会计行为的主要成文法，包括《会计法》、《企业财务会计报告条例》、《会计基础工作规范》、企业会计准则与《企业财务通则》。《会计法》《会计基础工作规范》适用于包括企业在内的全部会计主体，《企业财务会计报告条例》以及企业会计准则适用于全部企业，《企业财务通则》适用于具备法人资格的、金融企业以外的国有及国有控股企业，其他企业参照适用。

第三节介绍企业会计外部监督的主要成文法，包括《审计法》《审计法实施条例》《会计法》中的会计行政监管规范、《财政部门实施会计监督办法》、《中国注册会计师鉴证业务基本准则》以及审计准则。《审计法》与《审计法实施条例》规定的审计是国家审计，主要适用于国有企业、国有金融机构和国有资本占控股地位或者主导地位的企业、金融机构。《会计法》明确了财政部门的会计监管权，包括企业在内的会计主体应接受财政部的会计行政监督，为此财政部制定了《财政部门实施会计监督办法》。审计准则分为国家审计准则与注册会计师审计准则，国家审计准则由审计署制定，注册会计师审计准则由中国注册会计师协会制订，经财政部批准后实施。

第一节　企业会计的规范体系

一、会计规范与会计法

会计作为确认、记录、传递企业经营活动信息的信息系统和计量系统，要使企业提供的信息满足相关性、可靠性、可比性等法定要求，使会计核算与会计监督的功能或目标得以实现，一套具有强制约束力的行为规则必不可少。在会计领域，这套行为规则被称为会计规范或会计法规，法律领域称之为会计法（广义层面）。

（一）会计规范

关于会计规范，会计学界有两种解释，本书暂且称之为广义的会计规范和狭义的会计规范。广义的会计规范是指关于经济组织（或单位）会计行为的标准；根据规范内容或对象的不同，可分为关于会计组织的规范、关于会计人员素质的规范、关于会计信息加工与披露的规范、关于会计职业道德的规范；根据规范形式不同，可分为从会计实践中自发形成的规范和通过一定形式制定的规范；根据规范制约方式不同，可分为强制性会计规范、自律性会计规范以及自律他律相结合的会计规范；其核心是由会计行政主管部门制定的会计准则。[1]狭义的会计规范是指国家用来指导和约束会计工作和会计从业人员的会计法律、条例、规章、章程、制度等的总称。[2]

两种解释的区别主要在于这一概念的外延，即会计规范的表现形式是否涵摄会计主体自己制定的内部相关制度。持狭义观点的会计学者认为，会计规范包括会计法律、会计法规、会计准则和中国证监会的规定；[3]持广义观点的会计学者则认为，会计规范包括会计基本法律、会计行政法规、会计准则、综合性会计规范和单位内部会计制度。[4]

（二）会计法

法学界关于会计法的理解也存在两种观点：一种观点认为会计法是调整会计

---

〔1〕 唐国平主编：《会计学基础》（第 3 版），高等教育出版社 2017 年版，第 257 页。

〔2〕 蒋敏周、叶正桂主编：《会计学基础》，清华大学出版社 2017 年版，第 193 页。

〔3〕 唐国平主编：《会计学基础》（第 3 版），高等教育出版社 2017 年版，第 257 页。

〔4〕 唐国平主编：《会计学基础》（第 3 版），高等教育出版社 2017 年版，第 258－259 页。

行为与会计关系的法律规范的总称,[1]另一种观点认为会计法是调整会计机构、会计人员办理会计事务以及国家管理会计工作过程中所发生的社会关系的法律规范的总称。[2]第一种观点认为会计法的调整对象包括会计行为与会计关系,可称之为"二元说";第二种观点认为会计法的调整对象是会计关系,可称之为"一元说"。

从表面上看,"一元说"与"二元说"存在是否将"规范会计行为"纳入会计法概念内容的差别,实则殊途同归。受会计准则等规范的具体会计核算行为虽然是企业内部行为,但会计主管机关——财政部——有权对会计主体的核算行为进行监管,会计核算行为引发了会计监管的公法关系,故"一元说"的"调整会计关系"可涵盖"规范会计行为"。不过,持"一元说"的学者将会计关系分为会计核算关系和会计监督关系,并认为会计核算关系是指会计主体中各类经济业务在会计处理时所体现的社会关系,包括筹集资金时与投资人发生的投资与被投资关系、资金运用时与外部单位结算业务体现的商品交换关系或债权债务关系、与财政税务部门之间的资金缴拨关系、与内部职工因工资结算体现的分配关系等。[3]这种说法不够准确,因为投资、商品交换、缴税、结算工资等导致企业资金运动的行为,性质上分别属于股东与公司(或合伙企业与合伙人)、买卖合同、税务、劳动等法律关系,由相应部门法予以调整,而不是会计法。

总的来说,本书认为,会计法是规范会计行为和调整会计关系的法律规范的总称,包括企业财务会计行为规范法与企业会计外部监督法。所谓会计行为,既包括会计主体的会计核算、会计报告与会计资料保管,也包括政府机关的会计监管。所谓会计关系,是指基于会计监管机构对会计行业与会计行为进行监督管理的公法关系,以及会计主体内部财务会计治理与对外的报告会计信息等行为所产生的公私法关系。

(三)会计法与会计规范的关系

无论是"一元说"还是"二元说",会计法的外延都不包括会计主体制定的内部会计管理制度,故会计学上广义的会计规范之外延大于会计法。"二元说"的会计法,实质等于狭义的会计规范,这也是本书立场。

---

〔1〕 刘燕:《会计法》,北京大学出版社2001年版,第72页。

〔2〕 陈少英主编:《会计法学》,格致出版社、上海人民出版社2009年版,第7页。

〔3〕 陈少英主编:《会计法学》,格致出版社、上海人民出版社2009年版,第7-8页。

二、涉及企业财务会计的成文法

(一)法律

在全国人大及其常委会制定的法律中,涉及企业会计行为或会计关系主要有:《会计法》《公司法》《企业破产法》《商业银行法》《证券法》《保险法》《企业所得税法》《刑法》等。

1.《会计法》

我国《会计法》于1985年由第六届全国人民代表大会常务委员会第九次会议通过,自1985年5月1日起施行,其后于1993年、1999年、2017年三次修改。需要注意的是,《会计法》第2条规定,该法的适用范围为"单位",包括国家机关、社会团体、公司、企业、事业单位和其他组织,针对企业会计核算的特殊性,专门设计了第3章"公司、企业会计核算的特别规定",用于规范企业的会计核算行为。

2. 商事单行法

商事单行法不同程度地涉及企业的财务会计制度。

《公司法》不仅涉及公司财务治理,还涉及公司会计核算的特殊规则。涉及财务治理的有股东查阅财务会计报告和会计账簿的权利,投资计划与投资方案、财务预算方案与决算方案、利润分配方案、弥补亏损方案的制订与决定权在董事会与股东会之间的分配,董事会的财务负责人任命与报酬决定权,经理的财务负责人提名权,公司公开募集股份的财务会计信息披露,上市公司的财务会计信息披露;涉及公司会计核算的主要是盈余公积金与资本公积金的会计核算,以及公司财务会计报告虚假记载的行政法律责任,等等。《个人独资企业法》《合伙企业法》《农民专业合作社法》简单规定了企业应当遵守国家统一的会计制度。

《企业破产法》规定了破产申请、受理或重整计划执行等程序中的债务人财务会计报告与账簿的提交与保管,以及财务状况的报告。例如,在破产申请阶段,债务人必须向法院提交财务会计报告;破产受理后,债务人应妥善保管其占有和管理的账簿,并移交法院指定的管理人接管;在破产重整计划规定的监督期内,债务人应当向管理人报告重整计划执行情况和债务人财务状况;如债务人拒不向人民法院提交或者提交不真实的财务会计报告,或者拒不向管理人移交账簿等资料,承担相应法律责任。

《商业银行法》中,除第5章专章规定商业银行的财务会计制度外,其他条文规定了商业银行"统一核算、统一调度资金、分级管理"的银行内部财务管理制度,以及商业银行提供虚假或者隐瞒重要事实的财务会计报告、报表的法律责任。

《证券法》中主要是上市公司财务会计报告提交及财务会计信息披露的规定。例如,“证券发行”一章规定,公司首次公开发行与增发新股都需要向证券主管部门提交财务会计报告;“禁止的交易行为”一节将尚未公开的财务信息界定为内幕信息,要求上市公司在依法披露前予以保密;“信息披露”一章规定,上市公司应定期披露公司年度财务会计报告与包括半年度财务报告的中期报告。

《保险法》规定保险公司应当按照监管机构的规定真实、准确、完整地披露财务会计报告。

3. 财税法

《企业所得税法》的相关条文涉及企业的会计核算与会计报告行为。该法规定,在计算应纳税所得额时,企业财务、会计处理办法与税收法律、行政法规的规定不一致的,应当依照税收法律、行政法规的规定计算。另外,企业在报送企业所得税纳税申报表时,应当按照规定附送财务会计报告和其他有关资料。

4.《刑法》

《刑法》规定了如下严重财务会计违法行为的刑事责任:

(1)《刑法》规定了违规披露、不披露重要信息罪,“重要信息”主要是财务会计信息。相关条文规定,依法负有信息披露义务的公司、企业向股东和社会公众提供虚假的或者隐瞒重要事实的财务会计报告,或者对依法应当披露的其他重要信息不按照规定披露,严重损害股东或者其他人利益,或者有其他严重情节的,对其直接负责的主管人员和其他直接责任人员,处 5 年以下有期徒刑或者拘役,并处或者单处罚金;情节特别严重的,处 5 年以上 10 年以下有期徒刑,并处罚金;控股股东、实际控制人实施或者组织、指使实施前述行为的,或者隐瞒相关事项导致前述规定的情形发生的,按前述规定处罚。控股股东、实际控制人是单位的,对单位判处罚金,并对其直接负责的主管人员和其他直接责任人员,依照前述规定处罚。

(2)《刑法》规定了以对财务报表或其他会计资料作虚伪记载为手段的妨害清算罪。相关条文规定,公司或企业进行清算时,隐匿财产,对资产负债表或者财产清单作虚伪记载或者在未清偿债务前分配公司、企业财产,严重损害债权人或者其他人利益的,对其直接负责的主管人员和其他直接责任人员,处 5 年以下有期徒刑或者拘役,并处或者单处 2 万元以上 20 万元以下罚金。

(3)《刑法》规定了隐匿、故意销毁会计凭证、会计账簿、财务会计报告罪。包括企业在内的会计主体,如有隐匿或者故意销毁依法应当保存的会计凭证、会计账簿、财务会计报告,情节严重的,处 5 年以下有期徒刑或者拘役,并处或者单处 2 万元以上 20 万元以下罚金。单位犯前述罪的,对单位判处罚金,并对其直接负责的主管人员和其他直接责任人员，依照前述的规定处罚。

(4)《刑法》规定了提供虚假证明文件罪，犯罪主体包括验资、会计、审计等机构的专业人员，主观要件为故意或重大过失。该条规定，承担资产评估、验资、验证、会计、审计、法律服务、保荐、安全评价、环境影响评价、环境监测等职责的中介组织的人员故意提供虚假证明文件，情节严重的，处5年以下有期徒刑或者拘役，并处罚金；有下列情形之一的，处5年以上10年以下有期徒刑，并处罚金：提供与证券发行相关的虚假的资产评估、会计、审计、法律服务、保荐等证明文件，情节特别严重的；提供与重大资产交易相关的虚假的资产评估、会计、审计等证明文件，情节特别严重的；在涉及公共安全的重大工程、项目中提供虚假的安全评价、环境影响评价等证明文件，致使公共财产、国家和人民利益遭受特别重大损失的。有前述行为，同时索取他人财物或者非法收受他人财物构成犯罪的，依照处罚较重的规定定罪处罚。前述人员严重不负责任，出具的证明文件有重大失实，造成严重后果的，处3年以下有期徒刑或者拘役，并处或者单处罚金。

（二）行政法规

与企业财务会计有关的行政法规主要是《企业财务会计报告条例》与《总会计师条例》，《商事特许经营管理条例》部分条文涉及企业财务报告的对外提供。

《企业财务会计报告条例》由国务院于2000年6月发布，用于规范企业编制和对外提供财务会计报告的行为，具体内容见本章第二节。

《总会计师条例》于1990年12月发布，并于2011年1月予以修订，立法目的在于确定总会计师的职权和地位，发挥总会计师在加强国有企业经济管理的功能。[1]根据该条例，总会计师是全民所有制大、中型企业的行政领导成员，协助单位主要行政领导人工作，直接对单位主要行政领导人负责。总会计师的职责是领导本单位的财务管理、成本管理、预算管理、会计核算和会计监督等方面的工作，参与本单位重要经济问题的分析和决策。其中，财务管理职责（权）主要包括建立健全经济核算制度，利用财务会计资料进行经济活动分析；对财会机构的设置和会计人员的配备、会计专业职务的设置和聘任提出方案，对财会机构负责人或者会计主管人员的人选进行业务考核，组织会计人员的业务培训和考核，以及对会计人员的任用、晋升、调动、奖惩提出意见；协助本单位主要行政领导人对生产经营作出决策；参与新产品开发、技术改造、科技研究、商品（劳务）价格和工资奖金等方案的制定；参与

[1] 《总会计师条例》第2条规定，事业单位和业务主管部门根据需要，经批准可以设置总会计师。

重大经济合同和经济协议的研究、审查。成本管理具体指进行成本费用预测、计划、控制、核算、分析和考核,督促本单位降低消耗、节约费用。预算管理具体指编制和执行预算、财务收支计划、信贷计划,拟订资金筹措和使用方案。会计核算指组织本单位各职能部门与直属基层组织的经济核算。会计监督具体包括:主管财务收支的审批,以及授权指定其他人审批;对违反国家财经法律、法规、方针、政策、制度和有可能在经济上造成损失或浪费的行为予以制止或者纠正。

《商事特许经营管理条例》规定,特许人应当向被特许人提供最近 2 年的经会计师事务所审计的财务会计报告摘要和审计报告摘要。

(三)部门规章

根据《会计法》规定,我国实行国家统一的会计制度:关于会计核算、会计监督、会计机构和会计人员以及会计工作管理的制度,主要由国务院财政部门制定或审批,统一适用于我国所有会计主体。因此,我国关于企业会计的成文法规范主要是财政部制定的部门规章。[1]财政部规章由财政部部务会议审议通过,以"财政部令"的形式公布。目前,涉及企业会计的财政部规章主要是《会计基础工作规范》《代理记账管理办法》《财政部门实施会计监督办法》,其详细内容见本章第二节与第三节。

中国证监会制定的规章《上市公司信息披露管理办法》涉及上市公司的会计信息对外报告行为,相关条文规定了会计信息的定期报告、预告以及临时报告。根据该办法相关规定,年度报告应当记载包括主要会计数据和财务指标,以及财务会计报告和审计报告全文,中期报告应包括财务会计报告。《上市公司信息披露管理办法》规定,上市公司预计经营业绩发生亏损或者发生大幅变动的,应当及时进行业绩预告。根据该办法,应当临时披露的重大事件中,涉及财务会计的有:公司计提大额资产减值准备;公司出现股东权益为负值;公司主要债务人出现资不抵债或者进入破产程序,公司对相应债权未提取足额坏账准备;上市公司预计经营业绩发生亏损或者发生大幅变动;获得对当期损益产生重大影响的额外收益,可能对公司的资产、负债、权益或者经营成果产生重要影响;聘任或者解聘为公司审计的会计师事务所;会计政策、会计估计重大自主变更。

---

〔1〕 实践中,极少数地方制定了地方性法规,如《辽宁省会计管理条例》《深圳经济特区会计管理条例》《深圳经济特区注册会计师管理条例》。

(四)行政规范性文件

会计类行政规范性文件是指由我国财政部依法发布的、规范企业会计行为、具有普遍效力但非以部门规章形式发布的行为规则。为规范企业的会计核算行为与会计监督行为,根据行政监管的需要,财政部发布了大量会计规范性文件,其中最重要的是规范企业会计确认与计量行为的企业会计具体准则及其解释,详细内容见本章第二节。

三、企业会计外部监督法

根据规范内容不同,我国企业会计外部监督的法律规范可分为两大类型:企业审计监督的法律规范与审计行业的行政监管规范。企业审计监督分为两种:一是国家审计监督,适用于国有企业的资产、负债与损益以及国有资本占控股地位或者主导地位的企业与金融机构;二是民间审计或社会审计,由会计师事务所执行,目前主要适用于上市公司。与企业会计行为的法律规范体系相同,外部监督的规范体系也涉及法律、行政法规、部门规章与行政规范性文件四个效力等级,其详细内容见本章第三节。

第二节　企业财务会计规范法

一、《会计法》

(一)《会计法》的制定与修改

《会计法》于 1985 年 1 月由第六届全国人大常委会第九次会议通过,自 1985 年 5 月 1 日施行,并分别于 1993 年 12 月、1999 年 10 月、2017 年 11 月三次修改。

1979 年 8 月,恢复不久的财政部会计制度司起草了我国第一份会计法草稿,该草稿共 7 章 38 条,是现行《会计法》的雏形。1981 年 12 月,财政部原部长王丙乾在第五届全国人大第四次会议上正式提出需要制定《会计法》。1983 年 2 月,财政部提请国务院审议《会计法》草案。1984 年 7 月,国务院提请全国人大常委会审议《会计法》草案。1985 年 1 月 21 日,《会计法》经第六届全国人大常委会第九次会议审议通过,以第 21 号国家主席令发布。《会计法》实施后,随着我国经济体制改革的全面推进,城乡集体企业、私营企业、外资企业等非国有经济得到了逐步发展,推动了我国经济结构的重大变化。1992 年，党的十四大确立了建立社会主义市场经济体制的改革目标，加速了我国改革开放进程。由于发展社会主义市场经济对会计法制提出了新要求，财政部于 1991 年向国务院提出修改《会计法》的建议，国务院将其列入 1992 年的立法计划，财政部于 1993 年 8 月向国务院上报修改草案稿，同年 10 月，国务院提请第八届全国人大常委会审议修正案草案。1993 年 12 月 29 日，第八届全国人大常委会第五次会议通过了《关于修改〈中华人民共和国会计法〉的决定》，并同时通过了 1993 年《公司法》（其第 6 章"公司财务、会计"由财政部起草）。2017 年修改中，与企业财务会计最直接相关的主要内容是：将《会计法》的适用范围由原来的"国营企业事业单位、国家机关、社会团体、军队"扩大到"国家机关、社会团体、企业、事业单位、个体工商户和其他组织"，并根据企业财务会计的特点增加了部分内容。

随着所有制结构变化、企业投资主体多元化与筹资活动多样化，管理者、投资者、债权人、社会公众以及政府部门在改善经营管理、评价财务状况、考核经营业绩、作出投资决策、加强宏观调控等方面都注重运用会计信息，对会计信息的质量、范围、时效等需求大大增加，这对我国《会计法》提出了新的要求。实践中，假账泛滥、会计信息严重失真、会计造假丑闻等时有发生，迫切要求《会计法》予以回应。在此背景下，1999 年 10 月全国人大常委会通过了修订后的《会计法》，并在 1999 年 12 月通过的《刑法修正案》中增加了隐匿或者故意销毁应当保存的会计凭证、会计账簿、财务会计报告罪。本次《会计法》修改增加了 30 条，修改了 21 条，删除或合并了 8 条，未作修改的仅 1 条，并增加了第 3 章"公司、企业会计核算的特别规定"。制度内容上，修订后的《会计法》将立法宗旨定位于"规范会计行为，保证会计资料真实、完整，加强经济管理和财务管理，提高经济效益，维护社会主义市场经济秩序"，确立了一系列旨在规范会计行为、提高会计信息质量的具体规范和要求，包括单位负责人和会计人员的责任、会计核算规则、公司和企业会计核算的特别规定、会计监督的基本要求、从业人员的基本要求与法律责任等。〔1〕

2017 年 11 月，全国人大常委会通过了第三次修改的《会计法》。这次修改主要是为了推进会计领域的简政放权改革，取消了从事会计工作必须取得从业资格（通过会计从业资格考试而取得）的要求，修改为"具备从事会计工作所需要的专业能力"，并依此修改了其他相关条文。

〔1〕 第一、二次修改的相关资料主要来源于高一斌：《我国〈会计法〉的制定与发展》，载《会计研究》2005 年第 8 期。

(二)关于企业会计核算行为的主要内容

现行《会计法》共7章52条,适用于国家机关、社会团体、公司、企业、事业单位和其他组织等全部会计主体,涉及企业会计核算的主要是第2章“会计核算”与第3章“公司、企业会计核算的特别规定”。

“会计核算”一章主要规定了会计核算真实性要求、会计核算的对象,以及会计凭证、会计账簿、财务会计报告等财务资料的实质与形式要求。

关于会计核算真实性要求与会计核算对象,《会计法》规定,必须根据实际发生的经济业务事项进行会计核算,包括款项和有价证券的收付,财物的收发、增减和使用,债权债务的发生和结算,资本、基金的增减,收入、支出、费用、成本的计算,财务成果的计算和处理,以及其他需要办理会计手续、进行会计核算的事项。

关于会计凭证,《会计法》规定,会计凭证包括原始凭证和记账凭证;原始凭证必须真实、合法、准确、完整,不得涂改,记账凭证依据经过审核的原始凭证及有关资料编制。

根据《会计法》规定,会计账簿包括总账、明细账、日记账和其他辅助性账簿,其登记必须以经过审核的会计凭证为依据,按照连续编号的页码顺序登记,并符合国家统一的会计制度[1]的规定;单位应定期将会计账簿记录与实物、款项及有关资料相互核对,确保账物相符、账账相符、账表相符;会计处理方法前后各期应当一致,不得随意变更;确有必要变更的,应当按照国家统一的会计制度的规定变更,并将变更的原因、情况及影响在财务会计报告中说明。

关于财务会计报告,《会计法》规定,其由会计报表、会计报表附注和财务情况说明书组成,以经过审核的会计账簿记录和有关资料为依据编制,由单位负责人和会计工作负责人、会计机构负责人(会计主管人员)签名并盖章;设置总会计师的单位,还须由总会计师签名并盖章;向不同的会计资料使用者提供的财务会计报告,其编制依据应当一致;担保、未决诉讼等或有事项应在财务会计报告中予以说明。

“公司、企业会计核算的特别规定”一章特别规定了企业类会计主体的会计要素及禁止性行为。该章规定,企业的会计要素包括资产、负债、所有者权益、收入、费用(成本)和利润。企业会计核算禁止以下行为:随意改变资产、负债、所有者权益的确认标准或者计量方法,虚列、多列、不列或者少列资产、负债、所有者权益;虚列或者隐瞒收入,推迟或者提前确认收入;随意改变费用、成本的确认标准或者计量

---

[1] 《会计法》第50条第2项规定,国家统一的会计制度是指国务院财政部门依法制定的关于会计核算、会计监督、会计机构和会计人员以及会计工作管理的制度。

方法,虚列、多列、不列或者少列费用、成本;随意调整利润的计算、分配方法,编造虚假利润或者隐瞒利润;其他违反国家统一的会计制度规定的行为。

(三)关于企业会计对内监督的主要内容

《会计法》第4章规定了会计对内执行监督职能的相关规则,适用于包括企业在内的所有会计主体。

1. 会计的内部监督职能

会计的内部监督,是指在处理会计事务的过程中,会计机构与会计人员应对会计主体内部其他机构或个人实施监督。《会计法》规定,会计机构与会计人员的基础职能除会计核算,还包括会计监督。会计主体应当建立健全符合要求的内部会计监督制度,具体要求包括:(1)记账人员与经济业务事项和会计事项的审批人员、经办人员、财物保管人员的职责权限应当明确,并相互分离、相互制约。(2)重大对外投资、资产处置、资金调度和其他重要经济业务事项的决策和执行的相互监督、相互制约程序应当明确。(3)财产清查的范围、期限和组织程序应当明确。(4)对会计资料定期进行内部审计的办法和程序应当明确。会计机构、会计人员发现会计账簿记录与实物、款项及有关资料不相符的,按照国家统一的会计制度的规定有权自行处理的,应当及时处理;无权处理的,应当立即向单位负责人报告,请求查明原因,作出处理。

2. 会计机构与会计人员的独立性

为保障会计对内监督职能的执行,《会计法》明确了会计机构与会计人员的独立性。该法规定,单位负责人应当保证会计机构、会计人员依法履行职责,不得授意、指使、强令会计机构、会计人员违法办理会计事项;会计机构、会计人员对违反该法和国家统一的会计制度规定的会计事项,有权拒绝办理或者按照职权予以纠正。

(四)关于会计事务管理的相关制度

1. 会计机构的设置

《会计法》规定,包括企业在内的会计主体应当根据会计业务的需要,设置会计机构,或者在有关机构中设置会计人员并指定会计主管人员;不具备设置条件的,应当委托经批准设立从事会计代理记账业务的中介机构代理记账;国有的和国有资产占控股地位或者主导地位的大、中型企业必须设置总会计师。

2. 会计人员的任职要求

《会计法》规定,会计人员应当具备从事会计工作所需要的专业能力;担任会计机构负责人（会计主管人员）的，应当具备会计师以上专业技术职务资格或者从事会计工作3年以上经历。因有提供虚假财务会计报告，做假账，隐匿或者故意销毁会计凭证、会计账簿、财务会计报告，贪污，挪用公款，职务侵占等与会计职务有关的违法行为被依法追究刑事责任的人员，不得再从事会计工作。

3. 其他会计事务管理的要求

《会计法》规定，会计机构内部应当建立稽核制度；出纳人员不得兼任稽核、会计档案保管和收入、支出、费用、债权债务账目的登记工作。会计人员调动工作或者离职，必须与接管人员办清交接手续；一般会计人员办理交接手续，由会计机构负责人（会计主管人员）监交；会计机构负责人（会计主管人员）办理交接手续，由单位负责人监交，必要时主管单位可以派人会同监交。

二、《企业财务会计报告条例》

为了配合1999年10月修改的《会计法》的贯彻执行、规范企业会计行为并确保会计信息质量，国务院于2000年6月发布《企业财务会计报告条例》。《企业财务会计报告条例》共6章46条，各章分别为总则、财务会计报告的构成、财务会计报告的编制、财务会计报告的对外提供、法律责任及附则。

（一）财务会计报告的构成

1. 企业财务会计报告的类型及其构成

根据《企业财务会计报告条例》第2章规定，企业财务会计报告类型有年度报告、半年度报告、季度报告和月度报告；年度、半年度财务会计报告应当包括会计报表、会计报表附注与财务情况说明书[1]；其中，会计报表包括资产负债表、利润表、现金流量表及相关附表，季度、月度财务会计报告通常仅指由资产负债表和利润表构成的会计报表。资产负债表是反映企业在某一特定日期财务状况的报表，按照资产、负债和所有者权益（或者股东权益）分类分项列示。利润表是反映企业在一定会计期间经营成果的报表，按照各项收入、费用以及构成利润的各个项目分类分项列示。现金流量表是反映企业一定会计期间现金和现金等价物流入和流出的报表，按照经营活动、投资活动和筹资活动的现金流量分类分项列示。会计报表附注是为便于会计报表使用者理解会计报表的内容而对会计报表的编制基础、编制依据、编制原则和方法及主要项目等所作的解释。财务情况说明书至少应当对企业

〔1〕 关于财务会计报告的构成，会计实务中已发展为财务报表与其附注。对此，本书第五章第一节有详细解释。

生产经营的基本情况、利润实现和分配情况、资金增减和周转情况以及对企业财务状况、经营成果和现金流量有重大影响的其他事项进行说明。

2. 企业的会计要素及其列示方法

《企业财务会计报告条例》明确了企业的六大会计要素,即资产、负债、所有者权益、收入、费用与利润,并对其含义予以界定。根据该条例的规定,资产指过去的交易、事项形成并由企业拥有或者控制的资源,该资源预期会给企业带来经济利益;在资产负债表中按照流动性分类分项列示,包括流动资产、长期投资、固定资产、无形资产及其他资产。负债指过去的交易、事项形成的现时义务,履行该义务预期会导致经济利益流出企业;在资产负债表中按照流动性分类分项列示,包括流动负债、长期负债等。所有者权益指所有者在企业资产中享有的经济利益,其金额为资产减去负债后的余额;在资产负债表中按照实收资本(或者股本)、资本公积、盈余公积、未分配利润等项目分项列示。收入指企业在销售商品、提供劳务及让渡资产使用权等日常活动中所形成的经济利益的总流入,但不包括为第三方或者客户代收的款项;在利润表中按照重要性分项列示。费用指企业为销售商品、提供劳务等日常活动所发生的经济利益的流出;在利润表中按照性质分项列示。利润指企业在一定会计期间的经营成果;在利润表中按照营业利润、利润总额和净利润等利润的构成分类分项列示。

(二)财务会计报告的编制

1. 企业财务会计报告的编制依据

《企业财务会计报告条例》规定,企业编制财务会计报告应当按照国家统一的会计制度规定的编制基础、编制依据、编制原则和方法对真实的交易、事项进行会计处理,不得随意改变财务会计报告的编制基础、编制依据、编制原则和方法。企业应当依照该条例和国家统一的会计制度规定对会计报表中各项会计要素进行合理的确认和计量,不得随意改变确认或计量标准。企业应当按照国家统一的会计制度规定的会计报表格式和内容,根据登记完整、核对无误的会计账簿记录和其他有关资料编制会计报表,做到内容完整、数字真实、计算准确,不得漏报或者任意取舍。会计报表附注和财务情况说明书应依据该条例和国家统一的会计制度的规定,对会计报表中需要说明的事项作出真实、完整、清楚的说明。

2. 企业财务会计报告的编制程序

《企业财务会计报告条例》第 3 章规定了企业编制年度会计报告的程序,主要包括财产清查和会计检查。

根据《企业财务会计报告条例》规定，企业在编制年度财务会计报告前，应当全面清查各类资产的实存数量与账面数量是否一致，并核查债权类资产的拖欠情况及其原因、材料物资的实际储备情况、各项投资是否达到预期目的、固定资产的使用情况及其完好程度等情况，同时核实应付款项与应交税金等债务。企业清查、核实后，应当将清查、核实的结果及其处理办法向企业的董事会或者相应机构报告，并根据国家统一的会计制度的规定进行相应的会计处理。

《企业财务会计报告条例》规定，除全面财产清查，企业在编制财务会计报告前，还应当进行会计检查，具体包括：核对各会计账簿记录与会计凭证的内容、金额等是否一致，记账方向是否相符；依照该条例规定的结账日[1]进行结账，结出有关会计账簿的余额和发生额，并核对各会计账簿之间的余额；检查相关的会计核算是否按照国家统一的会计制度的规定进行；对于国家统一的会计制度没有规定统一核算方法的交易、事项，检查其是否按照会计核算的一般原则进行确认和计量以及相关账务处理是否合理；检查是否存在因会计差错、会计政策变更等原因需要调整前期或者本期相关项目。会计检查发现问题的，应当按照国家统一的会计制度的规定进行处理。

（三）财务会计报告的对外提供

1. 企业财务会计报告提供义务的权利主体

根据《企业财务会计报告条例》第 4 章规定，企业应当依照企业章程规定向投资者提供财务会计报告；国务院派出监事会的国有重点大型企业、国有重点金融机构和省、自治区、直辖市人民政府派出监事会的国有企业，应当依法定期向监事会提供财务会计报告。依据法律、行政法规或者国务院的规定，政府有关部门或者机构要求企业提供部分或者全部财务会计报告及其有关数据的，应当向企业出示依据，并不得要求企业改变财务会计报告有关数据的会计口径。国有企业、国有控股的或者占主导地位的企业，应当至少每年一次向该企业的职工代表大会公布财务会计报告，并重点说明下列事项：(1)反映与职工利益密切相关的信息，包括管理费用的构成情况，企业管理人员工资、福利和职工工资、福利费用的发放、使用和结余情况，公益金的提取及使用情况，利润分配的情况以及其他与职工利益相关的信息；(2)内部审计发现的问题及纠正情况；(3)注册会计师审计的情况；(4)国家审

---

[1] 《企业财务会计报告条例》第 19 条规定，企业应当依照有关法律、行政法规和该条例规定的结账日进行结账，不得提前或者延迟。年度结账日为公历年度每年的 12 月 31 日；半年度、季度、月度结账日分别为公历年度每半年、每季、每月的最后一天。

计机关发现的问题及纠正情况；(5)重大的投资、融资和资产处置决策及其原因的说明；(6)需要说明的其他重要事项。

《企业财务会计报告条例》规定，非依照法律、行政法规或者国务院的规定，任何组织或者个人不得要求企业提供部分或者全部财务会计报告及其有关数据；违反该条例规定要求企业提供部分或者全部财务会计报告及其有关数据的，企业有权拒绝。

2. 企业财务会计报告提供的标准

在实质标准方面，《企业财务会计报告条例》规定，企业提供的财务会计报告反映的会计信息应当真实、完整；企业向有关各方提供的财务会计报告，其编制基础、编制依据、编制原则和方法应当一致，不得提供编制基础、编制依据、编制原则和方法不同的财务会计报告。

在形式标准方面，《企业财务会计报告条例》规定，企业对外提供的财务会计报告应当依次编定页数，加具封面，装订成册，加盖公章；封面上应当注明企业名称、企业统一代码、组织形式、地址、报表所属年度或者月份、报出日期，并由企业负责人和主管会计工作的负责人、会计机构负责人(会计主管人员)签名并盖章；设置总会计师的企业，还应当由总会计师签名并盖章。

三、《会计基础工作规范》

《会计法》规定了有关会计核算、会计监督、会计机构和会计人员的基本法律制度，但需要更具操作性的规范予以补充。1996 年 6 月，财政部以部门规章的形式发布了《会计基础工作规范》(以下简称《工作规范》)，并于 2019 年 3 月修改。《工作规范》由总则、会计机构和会计人员、会计核算、会计监督、内部会计管理制度与附则 6 章组成，共 100 条，适用于包括企业在内的全部会计主体。

(一)关于会计机构和会计人员

《工作规范》第 2 章“会计机构和会计人员”第 1 节“会计机构设置和会计人员配备”规定，会计主体应当根据会计业务的需要设置会计机构或者配备专职会计人员，或者根据《代理记账管理办法》的规定委托代理记账机构代理记账；根据业务需要设置会计工作岗位，并有计划地进行轮岗；会计人员应当具备必要的专业知识和专业技能，熟悉国家有关法律、法规、规章和国家统一会计制度，遵守职业道德；国家机关、国有企业、事业单位任用会计人员应当实行回避制度，单位领导人的直系亲属不得担任本单位的会计机构负责人、会计主管人员。第 2 节“会计人员职业道德”规定，会计人员应当遵守职业道德，熟悉财经法律、法规、规章和国家统一会计制度，熟悉本单位的生产经营和业务管理情况，并保守本单位的商业秘密。第3节“会计工作交接”规定会计人员工作调动或离职并必须办理会计工作移交手续，没有办清交接前不得调动或离职，并规定了移交的内容、程序与形式等具体内容。

（二）关于会计核算

《工作规范》第3章“会计核算”分别规定了“会计核算一般要求”、“填制会计凭证”及“登记会计账簿与编制财务报告”三节。根据“会计核算一般要求”一节规定，会计主体在遵守国家统一会计制度要求且不影响会计核算要求、会计报表指标汇总和对外统一会计报表的前提下，可以根据实际情况自行设置和使用会计科目。“填制会计凭证”一节主要规定了原始凭证与记账凭证的基本要求，以及会计凭证的填制与保管要求。“登记会计账簿”一节规定，会计主体应当按照国家统一会计制度的规定和会计业务的需要设置会计账簿，会计账簿包括总账、明细账、日记账和其他辅助性账簿，该节还规定了现金日记账、银行存款日记账、电子账簿及纸质账簿等会计账簿的形式要求，以及登账、对账、结账等行为的具体要求。“编制财务报告”一节则规定了财务会计报告的编制与提供相关内容。

（三）关于会计监督的主要内容

《工作规范》第4章“会计监督”规定了会计机构、会计人员对本单位的经济活动的会计监督职责，具体体现为对会计原始凭证、账簿违法行为、实物与款项、财务报告行为、财务收支行为、违反内部制度的行为以及预算、计划等执行情况的监督。

《工作规范》规定，会计机构、会计人员对不真实、不合法的原始凭证不予受理，对弄虚作假、严重违法的原始凭证，在不予受理的同时还应扣留，并及时向单位领导人报告，请求查明原因，追究行为人责任。对伪造、变造、故意毁灭会计账簿或者账外设账行为应当制止和纠正；制止和纠正无效的，应当向上级主管单位报告并请求处理。会计机构、会计人员应当对实物、款项进行监督，督促建立并严格执行财产清查制度；发现账簿记录与实物、款项不符时，应当按照国家有关规定进行处理；超出职权范围的，应当立即向本单位领导报告，请求查明原因并处理。对指使、强令编造、篡改财务报告行为应当制止和纠正；制止和纠正无效的，应当向上级主管单位报告并请求处理。对违法违规财务收支行为应采取相应监督措施。对违反单位内部会计管理制度的经济活动，应当制止和纠正；制止和纠正无效的，向单位领导人报告,请求处理。会计机构、会计人员应当对单位制定的预算、财务计划、经济计划、业务计划的执行情况进行监督。

(四)关于会计事务内部管理

《工作规范》第5章规定,会计主体应当根据《会计法》和国家统一的会计制度规定,结合单位类型和内容管理的需要,建立健全相应的内部会计管理制度,并建立内部会计管理体系。内部会计管理制度包括会计人员岗位责任、账务处理程序、内部牵制、稽核、原始记录管理、定额管理、计量验收、财产清查、财务收支审批、成本核算、财务会计分析等制度。内部会计管理体系的主要内容包括:单位领导人、总会计师对会计工作的领导职责,会计部门及其会计机构负责人、会计主管人员的职责、权限,会计部门与其他职能部门的关系,会计核算的组织形式等。

四、企业会计准则体系

(一)企业会计准则

企业会计准则是企业对经济交易或事项进行会计要素的确认、计量,以及财务会计报告编制应当遵循的技术性标准。以会计准则作为企业会计信息处理依据的做法始于20世纪30年代的美国。[1]这些技术标准的来源有两种模式,基本可以概括为大陆法系模式与英美法系模式。在以中国、德国、法国等为代表的大陆法系模式中,会计准则由政府机关制定,具有普遍适用的效力。英美法系模式中,会计准则由会计民间职业团体制定,除非得到法律或有权机关的认可,并不具有普遍适用的强制性,企业可以自由选择。

1929年大萧条之后,美国证券市场认识到统一会计标准对规范上市公司会计行为和提高会计信息质量的重要性,美国1933年的《证券法》和1934年的《证券交易法》明确规定,上市公司必须提供统一标准的会计信息,并授权证券交易委员会(Securities and Exchange Commission, SEC)制定统一的会计准则。但在实践中,SEC将会计准则的制定权授权给了会计民间职业团体——美国会计师协会(American Institute of Accountants, AIA),自己保留了会计准则的认可权。1973年,美国成立了一个独立的会计准则制定机构——财务会计准则委员会(Financial Accounting Standards Board, FASB),取代了隶属于美国注册公共会计师协会(American Institu-

---

〔1〕 唐国平主编:《会计学基础》(第3版),高等教育出版社2017年版,第264页。

te of Certified Public Accountants, AICPA)[1]的会计原则委员会(Accounting Principles Board, APB)。财务会计准则委员会由7位专职委员组成,其中4位成员必须是注册公共会计师,委员由美国财务会计基金会(Financial Accounting Foundation, FAF)任命。由于FAF只负责任命财务会计准则委员会委员和提供资金,并不干预会计准则的制定,故该委员会实际上是美国会计准则制定的最高权力机构,由其制定的会计准则被称为"公认会计原则"(Generally Accepted Accounting Principle, GAAP)。因有SEC的认可,上市公司披露的财务会计信息必须以GAAP为依据,故GAAP普遍适用于美国的上市公司,但对其他类型的公司没有强制效力。

我国会计准则规范体系成形于2006年,此前,起相同作用的规则被称为会计制度。2006年2月,财政部发布了《基本准则》、38项具体准则以及相关准则应用指南。我国企业会计准则相关规范由财政部制定,具体由财政部会计准则委员会负责。企业会计准则体系主要由《基本准则》、具体准则、应用指南与解释构成。其中,《基本准则》是企业会计准则体系的基础,是具体准则、应用指南和解释等制定的依据。

(二)《基本准则》

《基本准则》是财政部制定的部门规章,于2006年2月公布,自2007年1月1日起施行,并于2014年7月修改。《基本准则》共11章,分别为总则、会计信息质量要求、资产、负债、所有者权益、收入、费用、利润、会计计量、财务会计报告、附则,共50条,核心内容是有关会计信息质量要求、企业六大会计要素的确认以及计量的规则。

关于会计信息质量要求。《基本准则》规定了企业会计信息的八大质量要求,分别是真实性(可靠性)、相关性、可理解性、可比性、实质重于形式、重要性、稳健性与及时性。

关于会计要素的确认。《基本准则》在《企业财务会计报告条例》界定的基础上对企业资产、负债、所有者权益、收入、费用与利润六大会计要素进行了解释,并规定了会计确认的基本原则。

关于会计要素的计量。《基本准则》第9章规定了会计要素的计量属性,主要包括历史成本、重置成本、可变现净值、现值、公允价值五种,并规定一般应当采用历史成本进行会计计量,采用重置成本、可变现净值、现值、公允价值计量的,应当保证

---

[1] 1957年,美国会计师协会更名为美国注册公共会计师协会。

所确定的会计要素金额能够取得并可靠计量。

(三)具体准则、应用指南与解释

截至2022年10月,财政部共发布了42项具体准则及配套应用指南,用于规范企业的会计确认、计量与报告行为。财政部还以“企业会计准则解释第×号”的形式发布会计准则的解释,以问答方式回应准则在实施过程中出现的疑问,目前已发布至第16号。

42项具体准则的名称如下:

1.《企业会计准则第1号——存货》

2.《企业会计准则第2号——长期股权投资》(以下简称《长期股权投资准则》)

3.《企业会计准则第3号——投资性房地产》

4.《企业会计准则第4号——固定资产》

5.《企业会计准则第5号——生物资产》(以下简称《生物资产准则》)

6.《企业会计准则第6号——无形资产》(以下简称《无形资产准则》)

7.《企业会计准则第7号——非货币性资产交换》

8.《企业会计准则第8号——资产减值》(以下简称《资产减值准则》)

9.《企业会计准则第9号——职工薪酬》

10.《企业会计准则第10号——企业年金基金》

11.《企业会计准则第11号——股份支付》

12.《企业会计准则第12号——债务重组》

13.《企业会计准则第13号——或有事项》

14.《企业会计准则第14号——收入》

15.《企业会计准则第15号——建造合同》

16.《企业会计准则第16号——政府补助》

17.《企业会计准则第17号——借款费用》(以下简称《借款费用准则》)

18.《企业会计准则第18号——所得税》

19.《企业会计准则第19号——外币折算》

20.《企业会计准则第20号——企业合并》

21.《企业会计准则第21号——租赁》(以下简称《租赁准则》)

22.《企业会计准则第22号——金融工具确认和计量》(以下简称《金融工具确认和计量准则》)

23.《企业会计准则第23号——金融资产转移》

24.《企业会计准则第 24 号——套期会计》(以下简称《套期会计准则》)
25.《企业会计准则第 25 号——保险合同》
26.《企业会计准则第 26 号——再保险合同》
27.《企业会计准则第 27 号——石油天然气开采》(以下简称《石油天然气开采准则》)
28.《企业会计准则第 28 号——会计政策、会计估计变更和差错更正》
29.《企业会计准则第 29 号——资产负债表日后事项》
30.《企业会计准则第 30 号——财务报表列报》(以下简称《列报准则》)
31.《企业会计准则第 31 号——现金流量表》
32.《企业会计准则第 32 号——中期财务报告》
33.《企业会计准则第 33 号——合并财务报表》
34.《企业会计准则第 34 号——每股收益》
35.《企业会计准则第 35 号——分部报告》
36.《企业会计准则第 36 号——关联方披露》
37.《企业会计准则第 37 号——金融工具列报》
38.《企业会计准则第 38 号——首次执行企业会计准则》
39.《企业会计准则第 39 号——公允价值计量》
40.《企业会计准则第 40 号——合营安排》
41.《企业会计准则第 41 号——在其他主体中权益的披露》
42.《企业会计准则第 42 号——持有待售的非流动资产、处置组和终止经营》

五、《企业财务通则》

现行有效的《企业财务通则》最初是由财政部于 1992 年制定的行政法规，于 2006 年随企业财务会计制度大规模修订时修改，修订后为部门规章，适用于我国境内依法设立的、具备法人资格的、金融企业以外的国有及国有控股企业，其他企业参照适用，实行企业化管理的事业单位比照适用，2007 年 1 月 1 日起施行。不过，2021 年 4 月财政部公开的《企业财务通则(公开征求意见稿)》中，适用范围被表述为“在中华人民共和国境内依法设立的具备法人资格的企业”。

《企业财务通则》共 10 章，分别为总则、企业财务管理体制、资金筹集、资产营运、成本控制、收益分配、重组清算、信息管理、财务监督与附则。公开征求意见稿中，第 2 章“企业财务管理体制”被表述为“财务治理结构”。

第三节 企业会计外部监督法

一、企业审计监督法律规范

(一)《审计法》及其实施条例

1994 年 8 月,第八届全国人民代表大会常务委员会第九次会议通过了《审计法》;现行《审计法》为 2021 年 10 月的修订版。根据《审计法》规定,该法适用于国务院各部门和地方各级人民政府及其各部门的财政收支,国有的金融机构和企业事业组织的财务收支与其他依法应当接受审计的财政收支、财务收支的审计监督。1997 年 10 月,国务院公布了《审计法实施条例》,并于 2010 年 2 月修订。

《审计法》及《审计法实施条例》中,与企业审计监督有关的内容主要是:

1. 规定了应当接受国家审计监督的企业类型。根据《审计法》规定,审计机关对国有企业、国有金融机构和国有资本占控股地位或者主导地位的企业、金融机构的资产、负债、损益以及其他财务收支情况,进行审计监督。遇有涉及国家财政金融重大利益情形,为维护国家经济安全,经国务院批准,审计署可以对前款规定以外的金融机构进行专项审计调查或者审计。

根据《审计法实施条例》,国有资本占控股地位或者主导地位的企业、金融机构包括:(1)国有资本占企业、金融机构资本(股本)总额的比例超过 50% 的;(2)国有资本占企业、金融机构资本(股本)总额的比例在 50% 以下,但国有资本投资主体拥有实际控制权的。

2. 明确了审计机关及其权限。《审计法》规定,国务院设立审计署,各级地方政府也应设立自己的审计机关。审计机关有权要求被审计单位提交审计机关规定的资料,并由被审计单位负责人对本单位提供的财务会计资料的真实性和完整性负责;有权检查被审计单位的会计凭证、会计账簿、财务会计报告和运用电子计算机管理财政收支、财务收支电子数据的系统,以及其他与财政收支、财务收支有关的资料和资产;有权就审计事项的有关问题向有关单位和个人进行调查;经县级以上人民政府审计机关主要负责人批准,有权查询被审计单位在金融机构的账户,或被审计单位以个人名义在金融机构存储的公款;可以提请公安、财政、税务、海关、价格、市场监督管理等机关予以协助履行审计监督职责。该法第 6 章“法律责任”规定,在职权范围内的,审计机关有行政处罚权;属于其他机关职责范围的,审计机关有行政处罚建议权。

3. 明确了审计程序。根据《审计法》第 5 章规定，审计程序主要包括制定审计计划；成立审计组；送达审计通知书；执行审计计划，包括审查会计凭证、会计账簿与财务会计报告，查阅相关文件和资料，检查现金、实物与有价证券，向相关单位和个人调查等，并取得证明材料；征求被审计对象的意见；审计组向审计机关提出审计报告与被审计对象书面意见；审计机关按照规定程序对审计组的审计报告进行审议，对被审计对象的意见予以研究后，提出审计机关的审计报告；对违法违规行为在法定职权范围内作出审计决定，或者向有关主管机关提出处理、处罚的意见；将审计机关的审计报告和审计决定送达被审计单位和有关主管机关、单位，并报上一级审计机关。

（二）其他法律中的企业审计监督规定

1.《公司法》规定。根据《公司法》规定，一人有限责任公司实行强制审计制度，应当在每一会计年度终了时编制财务会计报告，并经会计师事务所审计。其他公司的财务会计报告应依法经会计师事务所审计。

2.《证券法》规定。根据《证券法》规定，证券交易场所、证券公司、证券登记结算机构、证券监督管理机构等应当依法接受国家审计机关的审计监督。公司首次公开发行新股，其最近 3 年财务会计报告应当接受会计师事务所审计，并被出具无保留意见审计报告。上市公司、公司债券上市交易的公司、股票在国务院批准的其他全国性证券交易场所交易的公司依法报送和公告的年度财务会计报告，应当经符合该法规定的会计师事务所审计。国务院证券监督管理机构认为有必要时，可以委托会计师事务所、资产评估机构对证券公司的财务状况、内部控制状况、资产价值进行审计或者评估。

《证券法》还规定，会计师事务所作为证券服务机构，为证券的发行、上市、交易等证券业务活动制作、出具审计报告及其他鉴证报告，应当勤勉尽责，对所依据的文件资料内容的真实性、准确性、完整性进行核查和验证。其制作、出具的文件有虚假记载、误导性陈述或者重大遗漏，给他人造成损失的，应当与委托人承担连带赔偿责任，但是能够证明自己没有过错的除外。

3.《商业银行法》规定。《商业银行法》规定，商业银行应当于每一会计年度终了 3 个月内，按照监管机构的要求公布其上一年度的经营业绩和审计报告。

4.《刑法》规定。如前所述，《刑法》规定了提供虚假证明文件罪，规定了包括承担审计职责的中介组织的人员故意提供虚假证明文件的刑事责任。

二、企业会计的行政监管规范

(一)《会计法》中的会计监管

《会计法》授予了财政部门对包括企业在内的会计监管权。该法规定,财政部门对各单位的下列情况实施监督:(1)是否依法设置会计账簿;(2)会计凭证、会计账簿、财务会计报告和其他会计资料是否真实、完整;(3)会计核算是否符合该法和国家统一的会计制度的规定;(4)从事会计工作的人员是否具备专业能力、遵守职业道德。除财政部门以外,审计、税务、人民银行、证券监管、保险监管等部门也应当依照有关法律、行政法规规定的职责,对有关单位的会计资料实施监督检查。

(二)《财政部门实施会计监督办法》中的会计监管

2001 年 2 月,财政部发布了《财政部门实施会计监督办法》,以规范财政部门的会计监督工作。该办法以财政部令的形式发布,性质为部门规章,共 5 章 65 条,适用于国务院财政部门及其派出机构和县级以上地方各级人民政府财政部门对国家机关、社会团体、公司、企业、事业单位和其他组织执行《会计法》和国家统一的会计制度的行为实施监督检查,以及对违法会计行为实施行政处罚。其核心内容如下:

1. 明确了各级财政部门的会计监管权限内容。该办法规定,县级以上财政部门负责本行政区域的会计监督检查,并依法对违法会计行为实施行政处罚。财政部门应当在内部指定专门的机构或者在相关机构中指定专门的人员负责会计监督检查和违法会计行为案件的立案、审理、执行、移送和案卷管理等工作。

2. 明确了会计监督检查的内容与形式。根据该办法,会计监督检查的内容包括会计账簿设置情况;会计凭证、会计账簿、财务会计报告和其他会计资料的真实性、完整性;会计核算情况;会计档案的建立、保管和销毁;公司、企业执行《会计法》相关条文的情况[1];会计人员任用情况;会计师事务所出具的审计报告的程序和内容。

---

〔1〕《会计法》第 25 条规定,公司、企业必须根据实际发生的经济业务事项,按照国家统一的会计制度的规定确认、计量和记录资产、负债、所有者权益、收入、费用、成本和利润。第 26 条规定,公司、企业进行会计核算不得有下列行为:(1)随意改变资产、负债、所有者权益的确认标准或者计量方法,虚列、多列、不列或者少列资产、负债、所有者权益;(2)虚列或者隐瞒收入,推迟或者提前确认收入;(3)随意改变费用、成本的确认标准或者计量方法,虚列、多列、不列或者少列费用、成本;(4)随意调整利润的计算、分配方法,编造虚假利润或者隐瞒利润;(5)违反国家统一的会计制度规定的其他行为。

该办法规定,会计监督检查可以采用下列形式:(1)对单位遵守《会计法》、会计行政法规和国家统一的会计制度情况进行全面检查;(2)对单位会计基础工作、从事会计工作的人员持有会计从业资格证书、会计人员从业情况进行专项检查或者抽查;(3)对有检举线索或者在财政管理工作中发现有违法嫌疑的单位进行重点检查;(4)对经注册会计师审计的财务会计报告进行定期抽查;(5)对会计师事务所出具的审计报告进行抽查;(6)依法实施其他形式的会计监督检查。

3. 明确了会计违法行为的调查程序与处理措施。根据该办法,对于违法会计行为,财政部门在经过立案、实施会计监督检查、审理等程序后,依相关规定作出处理决定:(1)违法事实不能成立的,不得给予行政处罚;(2)违法会计行为轻微,依法不予行政处罚的,不予行政处罚;(3)违法事实成立,依法应当给予行政处罚的,作出行政处罚决定;(4)违法会计行为应当给予行政处分的,将有关材料移送其所在单位或者有关单位,并提出给予行政处分的具体建议;(5)按照有关法律、行政法规和规章的规定,违法行为应当由其他部门实施行政处罚的,将有关材料移送有关部门处理;(6)认为违法行为构成犯罪的,将违法案件有关材料移送司法机关处理。

三、审计准则

与会计人员为会计行为应遵守会计准则相同,审计人员为审计行为也应当遵守审计的技术性规范,即审计准则。我国的审计准则有两类,一是由审计署制定的国家审计准则,二是由注册会计师协会制定、财政部批准的中国注册会计师系列审计准则。

(一)国家审计准则

国家审计准则是规范国家审计机关和审计人员履职尽责的行为规范,通过确定审计机关和审计人员的资格条件和执行审计业务的程序及措施,提供最低的职业要求和实务指导,保障高质量地实施审计和做出结论。[1]

现行《国家审计准则》由国家审计署以第8号令的形式于2010年9月公布,性质为部门规章。该规章共7章,分别为总则、审计机关和审计人员、审计计划、审计实施、审计报告、审计质量控制和责任与附则,总计200条,适用于审计机关及其审计人员的审计业务执行,以及受审计机关委托或聘用的其他组织或者人员承办或

〔1〕 王彪华:《中国国家审计准则变迁研究》,中国财政科学研究院2015年博士学位论文,第16页。

者参加审计业务，是审计机关和审计人员履行法定审计职责的行为规范、执行审计业务的职业标准及评价审计质量的基本尺度，于2011年1月1日开始实施。

（二）行业审计准则

行业审计准则指注册会计师执行审计业务应遵守的行业规范。我国行业审计准则由该行业的自律组织——中国注册会计师协会——制订，经国家会计主管机构——财政部——批准后实施，法律位阶为行政规范性文件。2006年2月，财政部发布了48项注册会计师审计准则，这标志着我国适应社会主义市场经济发展要求、顺应国际趋同大势的注册会计师审计准则体系的建立。现行注册会计师审计准则曾于2010年11月、2016年12月、2019年2月三次较大规模修改。[1]注册会计师审计准则规范体系与会计准则类似，也分为基本准则与具体准则，基本准则全称为《中国注册会计师鉴证业务基本准则》，具体准则共52项，具体如下：

1.《中国注册会计师审计准则第1101号——注册会计师的总体目标和审计工作的基本要求》

2.《中国注册会计师审计准则第1111号——就审计业务约定条款达成一致意见》

3.《中国注册会计师审计准则第1121号——对财务报表审计实施的质量控制》

4.《中国注册会计师审计准则第1131号——审计工作底稿》

5.《中国注册会计师审计准则第1141号——财务报表审计中与舞弊相关的责任》

6.《中国注册会计师审计准则第1142号——财务报表审计中对法律法规的考虑》

7.《中国注册会计师审计准则第1151号——与治理层的沟通》

8.《中国注册会计师审计准则1152号——向治理层和管理层通报内部控制缺陷》

9.《中国注册会计师审计准则1153号——前任注册会计师和后任注册会计师的沟通》

10.《中国注册会计师审计准则第1201号——计划审计工作》

11.《中国注册会计师审计准则第1211号——重大错报风险的识别和评估》

---

〔1〕 2022年财政部发布了12项新准则，但仅为文字表达上的一致性修订，不涉及实质内容修改。

（2022 年修订，2023 年 7 月 1 日施行）

12.《中国注册会计师审计准则第 1221 号——计划和执行审计工作时的重要性》

13.《中国注册会计师审计准则第 1231 号——针对评估的重大错报风险采取的应对措施》

14.《中国注册会计师审计准则 1241 号——对被审计单位使用服务机构的考虑》

15.《中国注册会计师审计准则第 1251 号——评价审计过程中识别出的错报》

16.《中国注册会计师审计准则第 1301 号——审计证据》

17.《中国注册会计师审计准则第 1311 号——对存货、诉讼和索赔、分部信息等特定项目获取审计证据的具体考虑》

18.《中国注册会计师审计准则 1312 号——函证》

19.《中国注册会计师审计准则 1313 号——分析程序》

20.《中国注册会计师审计准则 1314 号——审计抽样》

21.《中国注册会计师审计准则 1321 号—— 会计估计和相关披露的审计》（2022 年修订，2023 年 7 月 1 日施行）

22.《中国注册会计师审计准则 1323 号——关联方》

23.《中国注册会计师审计准则第 1324 号——持续经营》

24.《中国注册会计师审计准则第 1331 号——首次审计业务涉及的期初余额》

25.《中国注册会计师审计准则第 1332 号——期后事项》

26.《中国注册会计师审计准则第 1341 号——书面声明》

27.《中国注册会计师审计准则第 1401 号——对集团财务报表审计的特殊考虑》

28.《中国注册会计师审计准则第 1411 号——利用内部审计人员的工作》

29.《中国注册会计师审计准则第 1421 号——利用专家的工作》

30.《中国注册会计师审计准则第 1501 号——对财务报表形成审计意见和出具审计报告》

31.《中国注册会计师审计准则第 1502 号——在审计报告中发表非无保留意见》

32.《中国注册会计师审计准则第 1503 号——在审计报告中增加强调事项段和其他事项段》

33.《中国注册会计师审计准则第 1504 号——在审计报告中沟通关键审计

事项》

34.《中国注册会计师审计准则第1511号——比较信息：对应数据和比较财务报表》

35.《中国注册会计师审计准则第1521号——注册会计师对其他信息的责任》

36.《中国注册会计师审计准则第1601号——审计特殊目的财务报表的特殊考虑》

37.《中国注册会计师审计准则第1602号——验资》

38.《中国注册会计师审计准则第1603号——对单一财务报表和财务报表特定要素审计的特殊考虑》

39.《中国注册会计师审计准则第1604号——对简要财务报表出具报告的业务》

40.《中国注册会计师审计准则第1611号——商业银行财务报表审计》

41.《中国注册会计师审计准则第1612号——银行间函证程序》

42.《中国注册会计师审计准则第1613号——与银行监管机构的关系》

43.《中国注册会计师审计准则第1631号——财务报表审计中对环境事项的考虑》

44.《中国注册会计师审计准则第1632号——衍生金融工具的审计》

45.《中国注册会计师审计准则第1633号——电子商务对财务报表审计的影响》

46.《中国注册会计师审阅准则第2101号——财务报表审阅》

47.《中国注册会计师其他鉴证业务准则第3101号——历史财务信息审计或审阅以外的鉴证业务》

48.《中国注册会计师其他鉴证业务准则第3111号——预测性财务信息的审核》

49.《中国注册会计师相关服务准则第4101号——对财务信息执行商定程序》

50.《中国注册会计师相关服务准则第4111号——代编财务信息》

51.《会计师事务所质量管理准则第5101号——业务质量管理》

52.《会计师事务所质量管理准则第5102号——项目质量复核》

思考题

1. 会计学上的“会计规范”与会计法是否为同一概念？二者的主要区别是什么？

2. 有关企业会计的成文法价值在于规范企业会计行为与调整企业会计关系，基于会计学与法学不同专业视角,这两个学科各自关注的价值分别是什么?

3.《企业财务会计报告条例》的主要内容有哪些?

4. 在我国,审计分为哪两种类型?根据现行法规定,国家审计的适用对象与社会审计的适用对象有何不同?

第三章　会计信息的生产

——会计假设与会计程序

导　读

本章共两节，旨在使法律人理解并掌握会计信息生产的基础逻辑与基本程序，包括会计假设、会计基础与会计程序。

第一节介绍会计假设与会计基础。会计是一门商业语言，会计制度是会计的语法规则，会计假设和会计基础则是最基本的会计语法规则。为了使会计能够连续、系统、全面、综合地反映企业的资金运动过程及其结果，为信息使用者提供经济决策支持的会计信息，必须对会计核算所处的时间、空间环境等做出合理的假定，即会计假设。会计假设包括会计主体、持续经营、会计期间与货币计量。会计基础指会计确认收入与费用的时间基础，有权责发生制与收付实现制两种。企业应当使用权责发生制，即企业应当以取得收入的"权利"是否形成为标志确认收入，应当以承担费用的"责任"是否发生为标志确认费用。

第二节介绍会计程序与会计循环。会计信息系统的运行过程，从会计方法运用的角度看，就是企业对其经济活动进行确认、计量、记录和报告的完整过程。从特定会计期间看，该过程就是一个会计循环。从技术层面看，会计信息系统主要由会计记录和会计报告过程组成，一般称为会计核算程序或账务处理程序。

第一节　会计假设与会计基础

一、会计假设

（一）会计假设含义

企业经济中的企业活动极其复杂，也具有很多不确定性。为了使会计能够连续、系统、全面、综合地反映企业的资金运动过程及其结果，为信息使用者提供经济决策所需要的会计信息,必须对会计核算的环境予以合理假定,否则会计核算无从谈起。会计假设又称会计基本假设,是对会计核算所处时间、空间环境等作出的合理设定。[1]

(二)会计假设的内容

会计的基本假设包括会计主体、持续经营、会计期间、货币计量四项。

1. 会计主体假设

会计主体假设,也称会计实体假设,是指假定核算和报告会计信息的特定单位或组织。从形式上看,会计主体既可以是一个完整的经济组织,也可以是经济组织的分支机构或下属单位。

《基本准则》第5条规定:"企业应当对其本身发生的交易或者事项进行会计确认、计量和报告。"这一规定意味着,就企业而言,某一特定企业的会计确认、计量和报告,应该也只能是该企业"本身"发生的交易或事项,而不应该包含该企业之外的其他任何个人或组织发生的交易或事项,无论这些个人或组织与企业有多密切的联系。会计主体假设的意义在于将企业与其投资者和其他主体区分开来。也就是说,对会计主体本身的交易或事项的记录与报告,要严格地与企业投资者的交易或事项及其他会计主体的交易或事项区别开。这就是通常所指的会计主体独立性。会计主体独立性要求:该会计主体应当与其投资者区分开;该会计主体与其他会计主体要区分开,不能混淆。除独立性要求外,会计主体还有完整性要求,即会计主体应该核算其在某一期间发生的所有交易或事项,不能出于某种目的或需要而遗漏任何的交易或事项。

明确会计主体是开展会计确认、计量、记录和报告等工作的重要前提,会计主体假定的实际意义在于界定了会计核算的空间范围。会计的各种要素,包括资产、负债、收入、费用等,都同特定的会计主体相联系,一切会计核算都是在特定会计主体立场上进行的。如果主体不明确,资产、负债就难以界定,收入和费用便无法衡量,由此反映企业在特定日期财务状况的资产负债表以及反映企业在某一期间的经营成果的利润表就无法编制。因此,在特定企业的会计记录中,只记录应当列入该企业财务报表的经济交易与事项。

例如,甲、乙公司是两个不同的企业,甲公司拥有乙公司60%的股权,甲公司对乙公司有控制权,二者属于母子公司关系。但是,作为两个不同的会计主体,乙公司

---

[1] 中国注册会计师协会编写:《会计》,中国财政经济出版社2020年版,第6页。

的会计人员只应记录乙公司所发生的经济交易或事项，甲公司本身发生的经济交易与事项应当由甲公司会计人员予以记录；乙公司从甲公司赊购商品时，乙公司会计人员应当将未来要支付的货款记录为一项对甲公司的债务，相应地，甲公司会计人员则应当将其记录为一项未来应收的债权。

需要注意的是，会计主体与法律上的法人不是一个概念。虽然法人在经济上必然独立，法人应该是会计主体，但是构成会计主体的并不一定都是法人。例如，独资企业和合伙企业不具有法人资格，但是，独资和合伙企业都是会计主体，在会计处理上应把企业的财务活动与所有者个人的财务活动截然分开。例如，某独资企业的所有者从企业出纳处取走500元现金用于个人消费，就该所有者而言，虽然只是将该笔现金从“左口袋”搬到“右口袋”，其个人财富数额没有发生任何变化（假设没有税收因素），但就该企业而言，它的账面现金减少了500元，企业会计需要将“现金因所有者取走而减少500元”这一事项予以会计记录。又如，分公司、企业集团、企业年金基金都不是独立法人，但它们都是或可能是会计主体。依《公司法》规定，分公司不具有法人资格，其民事责任由公司承担，但在会计事项上，总公司为管理并考核分公司，需要分公司成为一个相对独立的会计主体，有其自身的账簿记录和财务报表。不过，由于分公司不是独立的法律主体，其财务报表一般不直接对外报送，而是由总公司汇总自己与各分公司的会计报表，编制成总公司的财务会计报告后对外报送。企业集团是由母子公司等若干独立法人（复合而成的非法律主体），由于母公司对子公司拥有控制权，从经济实质上看是一个经济主体，为了全面反映该经济实体的财务状况、经营成果和现金流量，根据“实质重于形式”的会计原则，有必要将企业集团作为一个会计主体，编制合并财务会计报告。

2. 持续经营假设

持续经营，是指企业将在未来无限期地经营下去。持续经营会计假设，是假定在可以预见的未来企业的生产经营活动将按现状正常、无限期地进行下去，既不会大规模削减业务，也不会因清算或破产而停业，除非有明确的证据表明并非如此。《基本准则》规定，企业会计确认、计量和报告应当以持续经营为前提。持续经营假设的目的是界定会计核算与报告的时间范围。在持续经营前提下，会计的日常核算以及财务会计报告的编制都要以企业持续的、正常的生产经营活动为前提。持续经营假设是在会计主体假设之下引申出来的。也就是说，组织企业核算工作，首先必须明确核算主体，解决为谁核算的问题；其次还必须明确时间范围，确保在该时间范围内核算主体是持续不断经营的，否则，组织会计核算就失去了必要性。

持续经营假设是会计核算与财务报表编制的基础，其价值在于：它为资产计价方法及相关费用的确认与计量方法等奠定了理论基础。以持续经营假设为前提，会计才能够以历史成本作为企业资产的计价基础，固定资产等长期资产的成本才可以在多个会计期间内分摊入成本或各期费用，从而才有折旧的概念和各种折旧计量方法。没有持续经营这一假设，企业区分流动与非流动资产以及负债便缺乏依据，也毫无意义。

实践中，企业面临激烈的市场竞争，因兼并、破产或清算等而中断或终止经营屡见不鲜，持续经营假设面临"非持续经营"现实的挑战。一旦进入破产清算状态，企业的持续经营假设已被否定，就不应再适用持续经营假设基础上的会计原则与会计方法，而应当采用破产会计、清算会计等特殊会计程序与方法。此种情形下，破产清算企业的资产计价不能再坚持历史成本原则，而应当改用清算价值计量其所拥有的经济资源；资产与负债没有必要划分为流动与非流动，也不应当再使用固定资产计提折旧、无形资产摊销等会计技术。

3. 会计期间假设

会计期间假设，也称会计分期假设，是指将一个企业持续经营的生产经营过程人为地划分为一个个连续的、长度相等的期间。根据持续经营假设，企业在可以预见的未来将是持续经营的。既然如此，如果不进行会计分期，将持续经营的企业的"无限"寿命划分为一个个相对较短的期间，则其经营成果和财务状况只能到终止营业时方可核算清楚。这对于数百年前的简单经济环境下的个体经营或合伙经营是可能的，但就现代企业而言，无论是股东、债权人等"外部人"，还是企业管理者等"内部人"，他们的决策都需要建立在及时的会计信息基础之上。这就需要将持续经营的过程人为地划分为一个个会计期间，分期核算和报告财务会计信息。因此，《基本准则》规定，企业应当划分会计期间，分期结算账目和编制财务会计报告。

根据《基本准则》规定，会计期间分为年度和中期；中期是指短于一个完整的会计年度的报告期间。总的来说，会计期间可以分为年度、半年度、季度和月度，世界上多数国家和地区均以年度为主要会计期间。在我国，《会计法》规定会计年度采用公历年度，即起始于每年公历 1 月 1 日，截止于每年公历 12 月 31 日。在会计实务中，企业管理者为了提高会计信息的使用效率，及时总结经营管理的经验与教训，都要求会计机构以月度为一个会计期间进行会计记录，并编制主要会计报表。对于上市公司，除年度报告以外，证券监督管理部门还要求公开披露"季度财务报告""半年度财务报告"等中期财务报告。

会计期间概念的确立，促进了"本期""前期""后期"等概念的形成，同时也为"跨期事项"（如跨期费用）的产生提供了条件。权责发生制会计原则的确立，就是以会计期间假设为前提。正因为存在会计期间假设,为了区分各个不同期间的经营成果,会计学需要运用“应计”“递延”“分配”“摊销”等特殊会计程序,处理同时涉及多个会计期间的跨期收入与跨期费用问题。

4. 货币计量假设

货币计量假设,是指会计以货币作为记录和报告会计主体的经济交易或事项的计量单位,并假设货币本身的价值保持稳定。对于特定企业而言,其经济资源多种多样,并且可以各自使用不同计量单位进行计量,如实物量、劳动量或价值量等。然而,会计信息既然是通用的商业语言,就必须有一个不同资源类型与不同企业都能使用的共同计量标准,如此,反映同一会计主体不同时期交易或事项的会计信息以及不同企业的会计信息才有可比价值。根据《会计法》规定,我国的会计核算以人民币为记账本位币。业务收支以人民币以外的货币为主的单位,可以确定其中一种货币为记账本位币,但是编报的财务会计报告应当折算为人民币。据此,我国企业的会计核算必须以人民币为基本计量单位;即使日常核算采用人民币以外的其他币种计量的企业,其财务会计报告的计量单位也应该是人民币。

财务会计系统以货币为计量单位来计量,其好处是可以综合反映企业的财务状况与经营成果。当然,统一货币计量也有不足之处,因为影响财务状况和经营成果的因素并不是都能用货币计量的,诸如企业经营战略、人力资源状况、产品竞争力状况、客户满意度、研发能力等。为了弥补这一不足,企业可以在财务会计报告之外采用一些非货币指标做补充性披露。

需要说明的是,货币计量假设是一种名义货币计量假设,并没有考虑货币购买力(通胀或通缩)的影响。所以,以名义货币为计量单位的假设实际上隐含了货币币值稳定的假设。所谓币值稳定,是指单位名义货币所代表的购买力是稳定不变的,或虽有上下波动,但幅度很小,可相互抵销,忽略不计。这样,不同时期的货币才能够相加减得出一个有意义的数值。否则,计量行为就无法正常进行。因为,如果用不同购买力的货币来计量一个物品,正如“用一把伸缩不定的尺子来度量同一个物体的长度”,得出的结果必然是不准确的。但是,一国的经济环境变化导致物价上涨或下降,特别是出现了通货膨胀的情况,币值稳定的前提已被否定,如果会计仍然以名义货币为计量单位,并且以历史成本为计量属性对经济业务进行会计核算,相应会计信息必然难以真实反映企业的财务状况和经营成果。因此,在通货膨胀比较严重的情况下,一些国家要求企业提供按价格指数调整或按现行成本反映的补充性会计信息。

二、会计基础

（一）会计基础的含义

会计基础，又称会计核算的基础，是指会计确认的时间基础。由于会计分期的存在，每一会计期间都要确定该会计期间的收入及费用，然后计算企业该期间的利润。这就产生了如下问题：哪些经济业务所产生的结果归属于本会计期间？是根据现金的流入与流出确定本期的收入和费用，还是根据经济业务所产生的权责来确定本期的收入和费用？回答前述问题，就需要确定收入和费用的收支期间和应归属期间的确认基础。

收入和费用的收支期间，是指收到了现款（库存现金或银行存款）和费用用现款（库存现金或银行存款）支付的会计期间。收入和费用的应归属期间，是指应确认收入和应负担费用的会计期间。在信用经济条件下，由于各种原因，业务发生的时间与相应的现金收支行为的发生时间不一致，因此会产生一些应收未收、应付未付的经济事项，如本期销售已经发货但款项尚未收到，或本期已经发生水电费但款项尚未支付等。在选择确认收入和费用的时间基础时，有两种方法：一是以收入和费用的应归属期间为标准来确认收入和费用，即权责发生制；二是以收入和费用的收支期间为标准确认收入和费用，即现金收付制。因此，会计确认、计量和报告的会计时间基础有两种，权责发生制与收付实现制。

（二）权责发生制

1. 权责发生制含义

权责发生制，又称应收应付制或应计制，是指企业在某一会计期间确认收入和费用时，应当以企业取得收入的“权利”是否形成为标志来确认收入，而不论其款项是否已经收到；同时，应当以企业承担费用的“责任”[1]是否发生为标志来确认费用，而不论款项是否已经支付。具体来说，凡是本期已经获得的收入和已经发生或应该负担的费用，不论相应的款项是否收付，都应该作为本期的收入和费用入账；相应地，凡是不应当归属于本期的收入和费用，即使其相应的款项已经在本期收取或支付，也不应该作为本期的收入和费用入账。总之，在权责发生制下，应该以导致收入实现和费用发生的“行为”的发生时间为准确认收入与费用，而不是以收款或付款时间为准。

---

〔1〕 权责发生制中的“责”，会计将其解释为“责任”，但应包括法律上的“义务”与“责任”。

权责发生制基础下产生的会计信息更能正确地反映企业各期间的经营成果，极大地提高会计信息的决策有用性，因此，企业会计一般以权责发生制为会计确认的时间基础，《基本准则》也明确规定，企业应当以权责发生制为基础进行会计确认、计量和报告。

2. 权责发生制的应用

如前所述，在会计核算中，由于权责发生制是根据经济业务发生与否来确认本期收入和费用，在会计期间假设下，为了区分不同期间的经营成果，会计上就需要运用“应计”“递延”“分配”“摊销”等特殊会计程序，从而在会计分期假定的基础上形成应计、预收、预付、摊销等会计事项。

(1)应计项目

应计是指不论款项是否实际收到或支付，只要其权责属于本期，就应确认收入或费用，具体包括应计收入和应计费用。例如，甲公司于 2021 年 12 月耗用水电费 4000 元，但依据水电供应合同约定，费用将于 2022 年 1 月支付；该 4000 元应由本期负担但尚未支付的费用，就是本月的应计费用。

(2)预收项目

预收是指款项已经实际收到，但与此相应的义务尚未履行(如尚未交付产品或提供劳务等)，该笔收入就不能作为已实现的收入予以确认，只能在以后期间企业已实际履行相应的义务时，才能作为收入确认。以企业预收货款为例，在预收款项时应当将其确认为一项负债，企业交付产品后，再把前述预收款负债冲销，相应金额结转为收入。例如，甲公司于 2021 年 12 月收取了承租人交付的 2022 年 1 ~ 6 月的租金 120,000 元，虽然租金已经收到，但因租赁房产相应期间的使用权尚未提供，不能将其确认为收入，而应当确认为预收款项，性质上属于甲公司负债；直到 2022 年 6 月，承租人在前述 120,000 元租金相对应的租赁期间使用了租赁房产，甲公司才能将此金额确认为 2022 年上半年度的租金收入。

(3)预付项目

预付是指款项已实际支付，但与此相应的费用尚未发生，该笔现金流出不能作为费用来确认，如预付保险费、预付租金、预付报刊费等。例如，甲公司于 2021 年 12 月支付下一年度的保险费 240,000 元，因尚未接受保险公司提供的相应保险服务，故不能将相应金额确认为 2021 年度的费用，而应确认为 2022 年度的费用；该已经支付的 240,000 元保险费，在甲公司 2021 年度的会计账目上是一笔预付款项债权。

(4)摊销项目

摊销是处理预付项目和递延项目的分配程序。对预付项目，如果企业已经受益,就应按实际受益期限对预付项目进行分期摊销;同理,对递延项目(包括递延收入和递延费用)也应按实际情况,把应属于各期间的收入和费用在各期间予以确认。例如,甲公司于2021年12月支付的2022年度前述120,000元保险费,应在2022年按月摊销。

(三)收付实现制

1. 收付实现制含义

收付实现制,也叫现金制,是以收到或支付现金的时间为准来确认收入与费用的一种会计基础。根据我国现行会计法规定,行政单位的会计核算采用收付实现制,事业单位除经营业务采用权责发生制外,其他业务核算也采用收付实现制。因此,行政单位收到财政拨款,无论这笔款项被规定用于哪个年度,都应当在收到时确认为收入。

在收付实现制下,由于不存在应收、应付的收入和费用,因而无须设置相应的递延收入或递延费用性质的账户,核算手续比较简单,但这种核算基础不能正确和均衡地反映各期间的财务成果。

2. 收付实现制应用

例如,某县级政府将闲置办公楼对外出租,于2021年12月收取了2022年1~6月的租金180,000元,虽然资产使用权当时尚未提供,但在收付实现制下,因其款项已经收到,因而在2021年12月应确认租金收入180,000元,而在2022年1~6月不再确认此项租金收入。

又如,某市房地产管理局于2021年12月支付了下一年度的保险费48,000元,虽然在2021年并未接受保险服务,但因其款项已经支付,故应将该笔保险费确认为2021年的费用,而不是2022年。

再如,某市中级人民法院于2021年12月支付了11月的水电费4000元,因现金流出在12月,故该4000元应作为12月的费用,而不是11月的费用。

(四)两种会计核算基础的比较

权责发生制和收付实现制最显著的区别在于收入与费用的确认时间不同,对企业的各期间财务成果有不同直接影响。就权责发生制而言,企业提供了产品或劳务,就取得了收取货款的债权,而费用是为了取得收入而发生的耗费,应当由获得有关收入的会计期间来负担。这样才能使相关收入和相关费用或成本形成可比关系,才能进一步计算出该期间的盈亏。这种将相关收入与费用相互配合、相互比较的计算程序,在会计上称为"配比"。也就是说,权责发生制能更合理地配比会计期间的收入和费用,因此能更正确地计算和反映企业的经营成果。

采用权责发生制的企业,在确定本期期末的收入和费用时,要根据账簿记录对前述预收收入、预付费用、应计收入和应计费用进行账项调整,工作量相对较大。收付实现制不存在预收收入、预付费用、应计收入、应计费用等项目,而是根据实际收到和付出的款项入账,所以期末不需要进行账项调整。因此,其会计处理手续较权责发生制更简便。

在会计核算中,如果某会计事项无论采权责发生制还是收付实现制均处于同一会计期间,那么两种基础确认的收入与费用是一致的。但是,企业许多会计事项所采用会计时间基础不同,确认收入与费用的会计期间也不同,特定会计期间的经营成果数额也会不同。假设前述采收付实现制的实例之会计主体是企业,收付实现制与权责发生制对其财务成果将产生较大差别,具体如表3-1所示。

表3-1　收付实现制与权责发生制结果比较

单位:元

序号	经济业务	2021年12月确认的收入		2021年12月确认的费用	
		收付实现制	权责发生制	收付实现制	权责发生制
1	本月收款下年让渡资产使用权	180,000	0		
2	本月销售商品下年收款	0	20,000		
3	本月支付下年负担的保险费			48,000	0
4	本月支付上月的水电费			2000	0
合计		180,000	20,000	50,000	0

第二节　会计程序与会计循环

一、会计程序

(一)会计程序的含义

会计程序通常是指会计记录、处理的过程。财务会计作为一个经济信息系统,从系统构造上看,原始信息输入、信息加工与转换以及会计信息输出是会计信息系统的基本环节。基于会计的特点,一般认为,会计程序由会计确认、会计计量、会计记录和会计报告四个环节构成。其中,会计确认是会计记录的基础,会计确认的核心问题是会计计量,财务报告则是会计信息的载体。因此,会计确认、会计计量、会计记录和会计报告有关内容的学习,是了解会计程序必须首先要研究的问题。

(二)会计程序的基本内容

1. 会计确认

会计确认,是指决定将交易或事项中的某一项目作为一项会计要素加以记录并列入财务报表的过程,是财务会计的首要程序。会计确认有三层含义,或者说,会计确认需要解决以下三个问题:(1) 应否确认,即决定是否应该对交易或事项中的某一项目进行记录;(2) 如何确认,即决定以什么会计要素予以记录;(3) 何时确认,即决定在什么时间予以记录。

从时间上看,会计确认应该包括在记录中的初始确认和在报表中的后续确认,前者是指在交易或事项发生时,决定将某一项目确定为资产、负债、所有者权益、收入、费用和利润等会计要素加以记录的过程;后者是指将记录过程中已确认的项目计列为财务报表中的某一项要素。例如,对于一项资产或负债,不仅要记录该项目的取得或发生,还要记录其后所发生的变动,包括在财务报表中的出现、消除和转移等。

每个项目的确认,都需要遵守财政部发布的相关会计准则,也就是说,按照相关会计准则规定的确认标准予以确认。《基本准则》对有关会计要素规定了具体的确认标准。概括起来,主要包括三个方面:(1) 符合某项要素的定义;(2) 有关的经济利益很可能流入或流出企业;(3)有关的经济利益的金额或相关的成本(或价值)能够可靠地计量。

2. 会计计量

在会计理论上,会计计量是为了在账户记录和财务报表中确认、计列有关财务报表要素而以货币或其他计量单位确定其货币金额的过程,主要是解决如何对会计要素进行记录和在报表中进行数量描述的问题。

财务会计的计量主要是以货币为基本计量单位。在采用货币计量时,有两种选择:一是采用名义货币,即不考虑货币币值或购买力的变动,一律按不同时期同种货币的面值作为计量单位;二是采用货币的不变购买力,即以某个时期货币的购买力为不变价格货币,以折算后的不变价格货币作为计量单位。按照国际会计惯例,计量单位通常采用各国法定的名义货币作为计量单位;而当一国发生恶性通货膨胀时(如3年累计的通货膨胀率接近或超过100%),也可采用不变购买力作为计量单位,以消除货币购买力的变化对企业财务信息产生的影响。

计量属性也称计量基础,是指会计要素可用货币计量的各种特性。可用于计量的属性主要有历史成本、重置成本、可变现净值、现值(未来现金流量的现值)、公允价值等。由于历史成本在使用中具有可靠性、简便性和可验证性等优点,所以,长期以来财务会计一直把历史成本作为其基本的计量属性。然而,由于历史成本在相关性方面具有明显缺陷,其近年来越来越受到会计职业界的批评。会计界陆续提出了重置成本、可变现净值、现值、公允价值等其他的计量属性。《基本准则》要求,企业在对会计要素进行计量时,一般应当采用历史成本。采用重置成本、可变现净值、现值或者公允价值的,应当保证所确定的会计要素的金额能够取得并可靠计量。

计量单位与计量属性的不同组合,便形成了不同的计量模式,主要有四种:历史成本/名义货币,历史成本/不变购买力,现行成本/名义货币,现行成本/不变购买力。历史成本/名义货币是当前财务会计通用的计量模式,也称历史成本会计模式。其他几种计量模式则是在物价发生剧烈变动时,才允许采用或应该采用的会计模式,一般称为物价变动会计模式,或者称为通货膨胀会计模式。

3. 会计记录

会计记录,是指将经过确认与计量的项目,运用复式记账法在账户中正式予以记载的过程。会计记录由若干程序组成,一般包括:(1)根据对交易或事项确认与计量的结果编制会计分录;(2)将会计分录记载的内容转记到相应账户;(3)期末按照权责发生制的要求编制调整分录,调整某些账户记录的内容;(4)期末结算出各账户的本期发生额及期末余额;(5)期末编制结账分录,将损益账户的余额减为零。

4. 会计报告

会计报告,是指以财务报表或其他财务报告的形式汇总日常确认、计量和记录的结果,向会计信息使用者提供反映企业财务状况、经营业绩和现金流量信息的过程。会计报告包括编制财务会计报告和对外报送或公告两个环节,前者是生成以财务信息为主的经济信息,后者是提供前述信息。

总的来说,财务会计的确认、计量、记录和报告四个环节共同构成财务会计的系统结构,它们相互之间的关系可概括为:确认是关键,计量是核心,记录是过程,报告是目的。

财务会计的系统结构如图3-1所示。

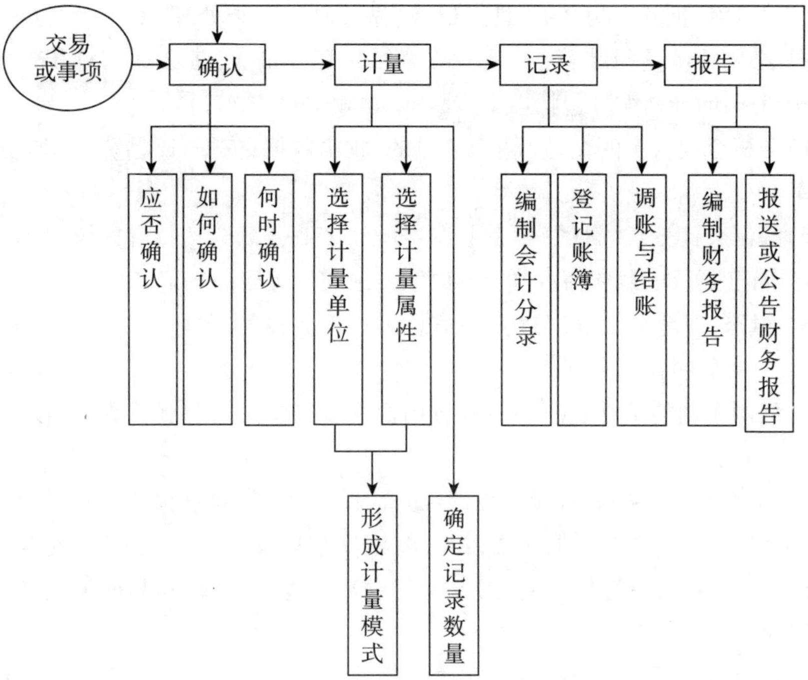

图3－1 财务会计的系统结构

二、会计循环

(一)会计循环含义与基本步骤

1. 会计循环的含义

从会计方法运用的角度看,会计信息系统的运行过程就是企业对其经济活动进行确认、计量、记录和报告的完整过程。从特定会计期间看,对企业经济交易或事项所进行的确认、计量、记录和报告,实际上是一个连续不断、周而复始的过程,该过程就是一个会计循环。简单地说,会计循环是将企业发生的经济活动转化为会计信息的过程,是将企业的资金状况与经营状况以会计特定的语言(分录、分类账和财务报表)表述出来的过程。具体地说,会计循环是将企业发生的经济业务通过一定程序和方法以财务报表的形式表现出来的过程,表现为编制财务报表的一系列程序。

2. 会计循环的基本步骤

当经济活动发生时,会计人员需要分析其所影响的资源(资产)与权益(负债及所有者权益),计量其影响金额,进行记录(做分录)、分类处理(登记分类账),然后经过一些必要的调整与结算,最后汇总编制为财务报表,将会计信息传递给使用者。一个完整的会计循环包括以下步骤:

(1)分析企业发生的交易或事项(目的:收集数据;依据:原始凭证,如发票、收据、出库单、入库单等)。

(2)编制会计分录(目的:将企业发生的经济业务以会计特有的语言形式表现出来,形成记账凭证;载体:我国的记账凭证,或美国等国的日记账)。

(3) 过账,即登记账簿(目的:将信息进行分类整理;载体:总分类账和明细分类账)。

(4)编制未调整试算表(目的:检查前面的步骤中是否存在错误;手段:看借贷是否平衡)。

(5)调整分录的编制与过账(目的:随着时间的推移,某些账户在性质上或金额上会产生变化,因此需要依据权责发生制,定期整理某些账户记录,以使各账户能正确反映实际情况,应计项目的记录、递延项目的终止、估计和其他无须新的原始凭证证明的事项调整)。

(6)编制调整后试算表(目的:在调整分录之后,再次检查是否存在错误)。

(7)编制财务报表(目的:将企业发生的经济业务的结果以会计报表的形式表述出来)。

(8)编制结账分录并过账(目的:由于损益类账户反映的是一个会计期间的经营成果,每个会计期末,都需要结清损益类账户,以便下一个会计期间重新登记损益事项,反映下一会计期间的经营成果。期末要将损益类账户的余额结转为零并将净收益金额转移到留存收益账户)。

(9)编制结账后试算表(目的:检查结账后的借贷平衡)。

在这九个步骤中,前三步构成企业会计的日常主要工作,即处理企业每天发生的经济业务;第四步到第九步一般发生在期末;前三个步骤与最终编制出财务报表的步骤(第六步到第九步)即构成一个简单的会计循环。

(二)会计循环具体步骤

1. 分析经济业务,审核原始凭证

经济业务的相关原始信息最初反映在发票、收据、出库单、入库单等原始单据或凭证上,所以首先应对原始凭证所记载发生的经济业务进行初步分析,并运用会计确认标准判断和决定是否应将其纳入会计信息系统予以反映。这就是会计上的

初始确认过程。初步认定后,还应当对那些应该被纳入会计信息系统的交易项目采用相应的会计计量方法进行价值计量,即审核原始凭证。

分析经济业务是一个对企业经济活动进行识别和判断的过程。企业所发生的经济活动是否应进入会计信息系统,对哪些会计要素产生影响,属于何种会计要素的哪一项目,应当记入什么账户,其导致的价值数量变化是多少,等等,都是分析经济业务时应当确定和解决的问题。对经济交易或事项进行分析和判断,是记录经济业务的前提和基础。

2. 记录经济业务,填制记账凭证,登记账簿

对经济交易或事项发生所导致的会计要素的变化结果,应当在会计账户中加以记录。会计实务中,每笔经济业务发生后,应该确定其应借记和贷记的账户及金额,编制会计分录。编制会计分录可以通过编制记账凭证来进行,也可以在日记账中进行。采用日记账可以逐日序时地把各项经济业务记录下来,在日记账中,分别确定了每笔经济业务的会计分录,成为记入分类账的依据。

对经济交易或事项的会计记录,包括分录记录和账户记录两个具体环节。分录记录是账户记录的基础。分录记录提供单项经济交易的详细信息,账户记录则将单项经济交易信息按会计要素的具体内容(会计账户)汇总,可以提供分类的、系统的经济活动信息。

3. 期末调整账户记录

为了正确计算期间损益,在期末结账前,按照权责发生制的要求,应当对日常会计记录中未能反映的收入和费用进行确认,并过入相应账户。通过这种期末账项调整,把那些应该由本期享有的收入或负担的费用计入本期的损益中去,而不论其是否已经实际收付。期末应当调整的收入与费用项目主要包括应计未付费用、应计未收收入、预付费用、递延收入分配等。

4. 期末核对账目

账户(账簿)记录资料是企业编制财务报表的直接依据,因此,为了确保财务报表提供的会计信息能够真实、可靠地反映企业的财务状况、经营业绩和现金流量,企业必须在会计期末对各类账户(账簿)记录的正确性进行检查。核对账目的主要内容包括"账证核对""账账核对""账实核对"。若发现错账,企业应采用规定的错账更正方法对原有会计记录进行调整、更正,使其能够准确反映企业经济活动的真实情况。

5. 期末结账

当账户(账簿)记录核对无误后,应对各个账户记录正式结账。结清收入、费用

等暂记性账户,将各收入、费用账户的余额转入“本年利润”账户,然后将“本年利润”账户的余额转入利润分配账户,这样,收入、费用账户及本年利润账户均不再有余额。编制的这些会计分录称为结账分录,目的是结清损益类账户和利润账户。实际上,结账是对各个账户所记录的经济活动情况进行分类总结,为编制财务报表提供资料来源。

6. 编制财务报表

各个账户(账簿)的本期发生额及余额计算确定以后,即可依据会计准则要求对账簿记录中的各类信息进行筛选、浓缩,并确定应当列入财务报表相关项目的内容与金额,编制财务报表。从会计确认的角度看,财务报表的编制包含会计再确认。

三、账务处理程序

账务处理程序,也称会计核算形式或会计核算组织程序,是会计凭证、会计账簿和财务报表相结合的程序,包括由原始凭证到编制记账凭证、登记明细分类账和总分类账、编制财务报表的工作程序和方法等。

按照登记总账的依据不同,财务处理程序可分为:记账凭证账务处理程序和科目汇总表账务处理程序。由于各企业的规模大小、业务性质、经济业务繁杂程度等方面存在差异,企业应根据企业会计准则要求,结合本单位实际情况和具体条件,选择适合自己的账务处理程序。

(一)记账凭证账务处理程序

记账凭证账务处理程序,是指对发生的经济业务事项首先根据原始凭证或汇总原始凭证编制记账凭证,然后直接根据记账凭证逐笔登记总分类账的一种账务处理程序。这是会计核算中最基本的账务处理程序形式,其他账务处理程序都是以它为基础、根据经济管理的需要发展而成的。在记账凭证账务处理程序下,记账凭证可以采用通用记账凭证格式,也可以采用收款凭证、付款凭证和转账凭证等专用记账凭证格式。

记账凭证账务处理程序流程如图 3 - 2 所示。

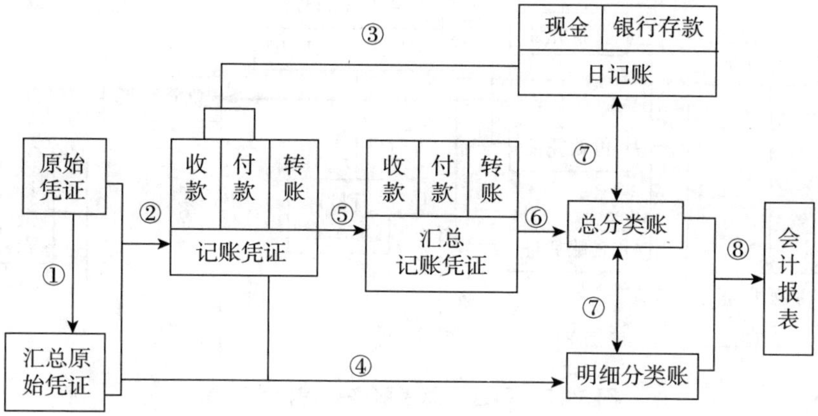

图 3－2　记账凭证账务处理程序流程

记账凭证账务处理程序的优点是直接根据记账凭证登记总账,简单明了,易于理解,总分类账可以较详细地反映经济业务的发生情况。其缺点是登记总分类账的工作量较大,对于经济业务较多、经营规模较大的企业,总分类账的登记工作过于繁重,因此,记账凭证账务处理程序适合规模较小、经济业务量较少的单位。

（二）科目汇总表账务处理程序

科目汇总表账务处理程序,指根据记账凭证定期编制科目汇总表,再根据科目汇总表登记总分类账的账务处理程序。

科目汇总表是根据一定时期（月、旬、天等）内的全部记账凭证,按相同科目归类,定期汇总每个会计科目的借方与贷方本期发生额的一种汇总表。编制科目汇总表时,要将一定时间内的全部记账凭证汇总,分别计算每一账户借方发生额合计数和贷方发生额合计数,填入科目汇总表的相应栏内,然后分别加总科目汇总表的借方、贷方金额栏。为了便于登记总账,科目汇总表上的科目排列应按总分类账上科目排列的顺序来定。科目汇总表的编制时间,应按各单位经济业务量多少而定,可以每日、每 3 日或每 5 日编制一张,也可以每 10 天、半月或 1 个月编制一张。

科目汇总表账务处理程序流程如图 3－3 所示。

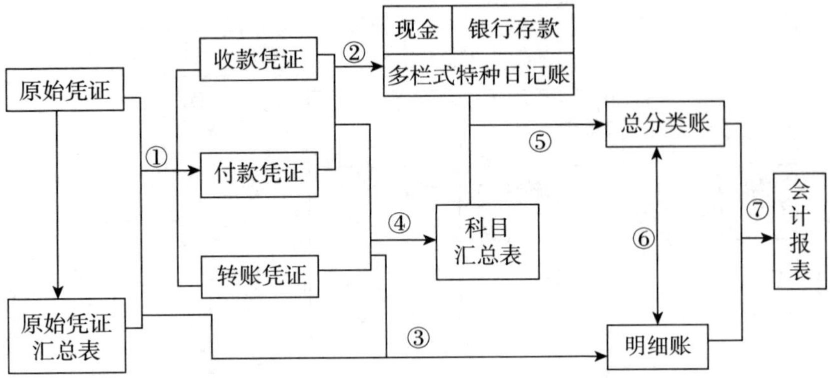

图 3-3 科目汇总表账务处理程序流程

科目汇总表账务处理程序的优点是可以简化总分类账的登记工作,减少了登记总分类账的工作量,并可做到试算平衡、简明易懂、方便易学,通常适用于经济业务较多的单位;缺点是科目汇总表不能反映账户对应关系,不便于查对账目。

思考题

1. 什么是会计假设?基本的会计假设包括哪些内容?
2. 什么是权责发生制?试评价权责发生制与收付实现制的优缺点。
3. 会计分期假设与权责发生制之间是否存在联系?请举例说明。
4. 什么是持续经营假定?持续经营假设在会计上有什么作用?
5. 什么是会计确认?会计确认有哪些标准?
6. 什么是会计计量?会计计量有哪些计量基础?
7. 什么是会计循环?简述会计循环的基本步骤。
8. 记账凭证账务处理程序有什么优缺点?

第四章　会计信息的分类处理工具
——会计科目

导　读

本章共三节，旨在使读者理解会计信息分类处理的基础工具——会计科目。会计科目是会计核算的基础工具，是企业会计信息系统的基础构件，法律人使用会计信息需要理解会计科目。会计科目可分为多个等级，一级科目应依国家统一的会计制度设置，二级及以下科目由企业根据自身核算需要自由设置。

第一节介绍资产类科目。对于资产类科目，首先应理解会计上的资产是一个技术性概念，与法律上的财产不完全相同；从法律角度看，会计上的资产多数为法律上的财产或财产权，具有经济价值，少数为无经济价值的会计技术性资产。有经济价值的资产可分为经营资产与金融资产，经营资产使用存货、固定资产、合同资产、预付账款、无形资产、油气资产、使用权资产、长期股权投资与投资性房地产九小类科目，普通企业使用的金融资产科目细分为库存现金与银行存款、应收、投资类金融资产三类，金融企业的金融资产有专用科目，本节分为金融业共用科目、银行业专用、证券业专用与保险业专用等四类介绍。会计技术性资产科目主要是商誉、长期待摊费用、合同成本、商品进销差价、待处理财产损益与递延所得税资产等一级科目。

第二节介绍负债类科目、共同类科目与所有者权益类科目。会计对负债的界定逻辑与资产类似，大部分为真正债务，少数科目核算的并非法律意义上的债务，本书将前者称为法律意义上的负债，将后者称为会计技术性负债。法律意义上的负债科目分为企业共用负债科目与金融业专用科目。会计技术性负债主要是递延收益、专项应付款、预计负债、递延所得税负债、保险企业的责任准备金。共同类科目指既可能是资产也可能是负债的科目，主要是清算资金往来、货币兑换与衍生金融工具类科目。所有者权益类科目有实收资本、资本公积、盈余公积、一般风险准备、本年利润、利润分配与库存股等一级科目。

第三节介绍成本类科目与损益类科目。理解成本类与损益类科目的首要任务是理解不同语境下成本与费用的具体含义，并理解费用与成本的不同核算逻辑与会计处理路径。成本类科目包括生产成本、制造费用、劳务成本、研发支出、工程施工、工程结算、机械作业等一级科目。损益类科目可分为收入类、费用类与其他利得或损失类三类科目，各自有若干一级科目。

第一节　资产类科目

一、资产、资产价值与资产类科目

（一）资产的理解

1. 资产的会计界定

《基本准则》规定，资产是指企业过去的交易或者事项形成的、由企业拥有或者控制的、预期会给企业带来经济利益的资源；其中，"企业过去的交易或者事项"包括购买、生产、建造行为或其他交易或者事项，预期在未来发生的交易或者事项不形成资产；"由企业拥有或者控制"是指企业享有某项资源的所有权，或者虽然不享有某项资源的所有权，但该资源能被企业所控制；"预期会给企业带来经济利益"是指直接或者间接导致现金和现金等价物流入企业的潜力。对于这种定性方式，会计理论将其称为"资产的经济利益观"，即凡能为企业带来未来经济利益、导致现金流入者为资产，反之则不为资产。[1]《基本准则》规定，确认资产应同时满足两个条件：(1)与该资源有关的经济利益很可能流入企业；(2)该资源的成本或者价值能够可靠地计量。

会计的本质之一是管理活动或管理工具，会计科目的分类与设置依据主要是相关信息的经营价值与管理价值；在经营价值上，资产被分为经营性资产与金融资产；在管理价值上，会计依资产流动性强弱将其分为流动资产与非流动资产，并将其作为财务会计报告的基本框架。

2. 资产的法律概念

传统私法没有"资产"这一概念，只有"财产"。根据民法理论及我国《民法典》规定，民法的调整对象是平等主体之间的人身关系和财产关系。其中，财产关系是指人们在产品的生产、分配、交换和消费过程中形成的具有经济内容的关系，包括财产归属关系和流转关系，归属关系是指财产所有人和其他权利人因占有、使用、

---

〔1〕 参见魏明海、龚凯颂主编：《会计理论》（第4版），东北财经大学出版社2014年版，第105页。

收益、处分财产而发生的社会关系,财产流转关系是指因财产的交换而发生的社会关系。[1] 财产关系中的"经济内容"可理解为经济利益,具体为:依特定社会的普遍标准,可通过一定价值尺度(一般等价物,现代社会中为以国家信用为基础发行的货币)衡量价值,并以价值和供求关系为基础形成价格后在不同主体间合法交换的经济利益。通常情况下,经济利益应有市场价值或交换价值。平等主体基于有市场价值或交换价值的载体所形成的利益关系,即私法上的财产关系。

但是,会计上的"资产"与法律上的财产不完全相同,因为有些其认为是资产的项目并不具有经济价值,只是会计上的技术性概念。以"长期待摊费用"为例,根据财政部《企业会计准则——应用指南》(部分失效)之附录《会计科目和主要账务处理》的解释,该科目核算企业已经发生但应由本期和以后各期负担的分摊期限在1年以上的各项费用。例如,对租入固定资产发生的改良支出,其期末余额反映企业尚未摊销完毕的长期待摊费用的摊余价值。具体来说,该资产科目账簿上记载的期初额是企业已经发生的改良租赁物的实际支出(如长期租用的设备维修),但因该支出的受益期间超过1年(只要企业还在使用该设备,就因前述维修支出而受益),如全部确认为当期费用(维修当年)进入当年利润表,将不能最真实地反映企业当期的经营成果(因一次性记入维修费用使得当年利润畸少),应将其根据受益年度分成若干份(假设受益年度确认为5年,则分为5份,由企业自己决定摊销年限)摊销,当年应摊销部分进入利润表成为当期费用,未摊销部分(借方余额)暂时确认为一项资产进入该企业资产负债表,待以后年度逐步摊销,直至为零。总之,这类科目虽然列入资产,但只是实际支出在未被确认为费用前的过渡性科目,其所指向的"资产"并不具有经济价值或者独立经济价值。

因此,从法律角度理解,以资产能否成为财产关系的客体为标准,可将会计上的资产分为有经济价值的资产和无经济价值的资产。从私法权利本位角度看,有经济价值的资产相关科目所核算的资产为受法律保护的各种私权,包括物权、债权、知识产权、股权、采矿权等财产权。为方便表述,本书将有经济价值的资产称为"资产",无经济价值的资产称为"会计技术性资产"。

3. 资产类科目

资产类科目是指对资产要素的具体内容进行分类核算的项目,如库存现金、银行存款、应收账款、原材料、固定资产等。与其他会计科目相同,资产类科目也分为总分类科目(一级科目)和明细分类科目(二级及以下科目)。常用资产总分类科目

[1] 参见《民法学》编写组编:《民法学》,高等教育出版社2019年版,第20页。

及其编号见表4-1。

表4-1 资产类一级科目及其编号

编号	科目名称	编号	科目名称
1001	库存现金	1402	在途物资
1002	银行存款	1403	原材料
1003	存放中央银行款项	1404	材料成本差异
1011	存放同业	1405	库存商品
1012	其他货币资金	1406	发出商品
1021	结算备付金	1407	商品进销差价
1031	存出保证金	1408	委托加工物资
1101	交易性金融资产	1411	周转材料
1111	买入返售金融资产	1421	消耗性生物资产
1121	应收票据	1431	贵金属
1122	应收账款	1441	抵债资产
1123	预付账款	1451	损余物资
1131	应收股利	1461	融资租赁资产
1132	应收利息	1471	存货跌价准备
1201	应收代位追偿款	1473	合同资产
1211	应收分保账款	1474	合同资产减值准备
1212	应收分保合同准备金	1475	合同履约成本
1221	其他应收款	1476	合同履约成本减值准备
1231	坏账准备	1477	合同取得成本
1301	贴现资产	1478	合同取得成本减值准备
1302	拆出资金	1481	使用权资产
1303	贷款	1485	应收退货成本
1304	贷款损失准备	1501	持有至到期投资
1311	代理兑付证券	1502	持有至到期投资减值准备
1321	代理业务资产	1503	可供出售金融资产
1401	材料采购	1511	长期股权投资

续表

编号	科目名称	编号	科目名称
1512	长期股权投资减值准备	1622	生产性生物资产累计折旧
1521	投资性房地产	1623	公益性生物资产
1531	长期应收款	1631	油气资产
1532	未实现融资收益	1632	累计折耗
1541	存出资本保证金	1701	无形资产
1601	固定资产	1702	累计摊销
1602	累计折旧	1703	无形资产减值准备
1603	固定资产减值准备	1711	商誉
1604	在建工程	1801	长期待摊费用
1605	工程物资	1811	递延所得税资产
1606	固定资产清理	1821	独立账户资产
1611	未担保余值	1901	待处理财产损溢
1621	生产性生物资产		

(二)资产价值

1.资产价值及其会计计量方法

会计上的资产价值,是指依据会计准则规定使用计量技术确定的、记载于相关会计账簿或财务报告的资产金额,并非资产的实际价值或市场价值。资产价值包括初始价值与账面价值;初始价值又称为原始价值,是指该项资产在初次入账时根据会计准则规定的计量方法确认的价值,一般是购买、制造(建造)或以其他方式取得资产时所发生的全部支出(计量基础为历史成本法);账面价值是指资产账面余额减去相关备抵项目后的净额,例如,应收账款账面余额减去相应的坏账准备后的净额,即为其账面价值。因此,实践中企业发生合并、分立、组织形式变更、股权转让等情形时,通常不以会计意义上的资产价值为交易定价依据,需要按市场价值重新估价。

资产账面价值通过会计计量确定。根据会计理论,资产的会计计量模式有五种:一是历史成本法,即企业在取得资产时实际支付的金额;二是现实成本法,也称重置成本法,即企业现实未取得现有相同资产所需要的交换价格;三是现行价值法,也称脱手价值法或现行市价法,即在不出现意外的情况下预计能够出售的价格;四是未来现金流量折现法,即按未来销售价格计量企业可以获得的未来现金流量之折现价格;五是公允价值法,即公平交易中信息对称的交易双方自愿进行资产交换的价格。对于各类资产,我国会计准则规定了应采用的计量方法,多数为以成本法为基础加一定变现价值的模式。例如,对应收账款提取坏账准备,本质上就是把账面历史成本转化为变现价值的计量模式。[1]

2. 资产后续计量与资产调整科目

资产的经济本质是企业投入再生产的各种生产要素,持有期限长的资产可能会因为市场贬值、损耗、企业经营状况或经营环境变更等产生价值变化,或者需要在受益年限内合理分摊已投入的成本或费用以更真实地反映企业经营成果,因此,需要在资产初始账面价值确定后,根据会计准则的要求进行后续计量。会计学上将对资产进行后续计量的科目称为资产调整科目,即核算调整资产账面数额的科目,它是对相应资产账户数额增减变化的单独反映,如累计折旧、坏账准备、减值准备、待处理财产损溢、累计摊销、累计折耗等科目。

(1)资产减值

有经济价值的资产可能因各种原因而贬值,根据会计谨慎性原则的要求,为避免资产价值虚高,应以资产减值准备或信用减值准备等科目反映。[2]根据《资产减值准则》的规定,资产减值是指资产的可收回金额低于其账面价值;企业应当在资产负债表日判断资产是否存在可能发生减值的迹象。存在下列迹象的,表明资产可能发生了减值:资产的市价当期大幅度下跌,其跌幅明显高于因时间的推移或者正常使用而预计的下跌;企业经营所处的经济、技术或者法律等环境以及资产所处的市场在当期或者将在近期发生重大变化,从而对企业产生不利影响;市场利率或者其他市场投资报酬率在当期已经提高,从而影响企业计算资产预计未来现金流量现值的折现率,导致资产可收回金额大幅度降低;有证据表明资产已经陈旧过时或者其实体已经损坏;资产已经或者将被闲置、终止使用或者计划提前处置;企业内部报告的证据表明资产的经济绩效已经低于或者将低于预期,如资产所创造的净现金流量或者实现的营业利润(或者亏损)远远低于(或者高于)预计金额等;其他表明资产可能已经发生减值的迹象。《资产减值准则》规定了资产组与商誉资产的减值处理,包括存货、投资性房地产、消耗性生物资产、建造合同形成的资产、递延

---

[1] 参见魏明海、龚凯颂主编:《会计理论》(第4版),东北财经大学出版社2014年版,第111-113页。

[2] 债权类资产属于资产范畴,但在核算技术上被归类于“金融工具”或“金融资产”,其减值不适用“资产减值准备”科目,而应适用“信用减值准备”科目。

所得税资产、融资租赁中出租方的未担保余值、金融资产、未探明石油天然气矿区权益资产等在内的其他资产减值分别适用相应资产会计处理的会计准则，如存货减值适用《存货准则》。

减值事实是否发生、减值损失的确定需要使用会计估计这一技术，也就是说，是否减值、减值数额多少等问题依会计人员的职业判断确定。已确定的资产减值损失或信用减值损失进入当期利润表，成为营业总成本的一部分，进而减少当期利润总额。

《资产减值准则》规定，企业应在财产报表附注中披露当期确认的各项资产减值损失金额与计提的各项资产减值准备累计金额；提供分部报告信息[1]的，应当披露每个报告分部当期确认的减值损失金额。发生重大资产减值损失的，还应披露导致每项重大资产减值损失的原因、当期确认的重大资产减值损失的金额以及可收回金额的确定方法。

(2)资产折旧、摊销与折耗

资产折旧，是指企业对长期(1 年以上)持有的实物类资产在使用寿命期间内分摊其成本的会计处理技术。会计之所以需要对长期资产进行折旧，其目的是更准确地反映企业的经营成果。因为长期资产一旦置办，企业因此而受益的期间并不仅限于置办当年，如将置办资产的代价全部计为置办当年的成本，将产生两个后果:一是使当年的利润不准确地减少;二是使后续受益期间的利润不准确地增加。因此，会计使用了资产折旧技术，使置办长期资产的成本以更合理的方式进入各个受益期间，从而实现更准确地反映企业各期利润的目的。

根据会计准则，固定资产、采成本法计量的投资性房地产、生产性生物资产、租赁资产等需要计提折旧。企业应根据有关的经济利益的预期实现方式选择合理的折旧方法，根据现有相关会计准则规定，有年限平均法(直线法)、工作量法、产量法、双倍余额递减法和年数总和法等。例如，固定资产折旧数额应根据用途计入相关资产的成本或者当期损益，符合资本化条件的计为相关资产成本(如用于生产的固定资产折旧数额进入存货成本，于存货实现销售时才成为营业成本)；不符合资本化条件(如销售用固定资产的折旧)则计为当期费用，进入当期损益。从总的经济效果看，折旧计为何种性质的营业成本对企业最终经济后果并无影响，但对经营管理层的当期评价却意义完全不同；因为生产性固定资产折旧不直接进入当期损

[1] 根据《企业会计准则第 35 号——分部报告》的规定，分部报告信息是指企业存在多种经营或跨地区经营的情形时、按该准则规定的标准应披露的业务分部报告信息或地区分部报告信息，如外地的分公司的报告信息。

益,而是作为产品的成本之一,跟随未实现销售的产品一起成为资产负债表上的存货;销售费用与管理费用则进入当期利润表,费用增加会直接减少当期利润总额。企业与经营管理层有利润考核等内部合同的,这将直接影响当事人的权利。

资产摊销,是指对企业长期(1 年以上)持有、使用寿命可以确定的非实物类资产以及不具有经济价值的技术性资产,按照一定方法分摊其购置成本的会计处理技术,类似于实物类资产的折旧。根据会计准则,无形资产(如土地使用权、软件、资本化研发支出)、合同资产、固定资产以外的其他经营租赁资产、长期待摊费用等需要在使用寿命内摊销,一般采用平均年限法或产量法。根据相关会计准则,摊销金额一般应当计入当期损益,但如果某项资产包含的经济利益通过所生产的产品或其他资产实现,其摊销金额应当计入相关资产的成本。例如,企业为获得采矿权而缴纳的采矿权使用费计为无形资产,在采矿权证记载的有效期内摊销,摊销金额计入存货资产的成本,在相关存货实现销售时确认为营业成本,影响企业的毛利率;购买管理软件所支出的价款也计入无形资产,在合同约定的使用年限内摊销,但摊销金额计为当期管理费用,影响企业的管理费用率。

折耗是《石油天然气开采准则》提出的概念,专用于油气资产的分摊,可理解为特殊无形资产的摊销。

二、有价值的资产及其会计科目

从法律角度看,有经济价值的资产,是指财务报告或会计账簿所记载的资产具有经济价值,可以成为财产所有关系与流转关系客体;为实现此类资产会计核算而使用的科目,即有经济价值的资产科目。

(一)经营资产及其科目

1. 存货类科目

《存货准则》规定,存货是指企业在日常活动中持有以备出售的产成品或商品、处在生产过程中的在产品、在生产过程或提供劳务过程中耗用的材料和物料。实践中,主要包括原材料、产品、半成品、产成品、商品、周转材料等法律上可理解为拥有动产所有权的财产。根据《会计科目和主要账务处理》,其核算使用材料采购、在途物资、原材料、材料成本差异、库存商品、发出商品、商品进销差价、委托加工物资、周转材料、消耗性生物资产、贵金属、存货跌价准备等总分类科目(一级科目)。《存货准则》规定,同时满足两个条件才能确认存货:与该存货有关的经济利益很可能流入企业;该存货的成本能够可靠地计量。

《存货准则》规定，存货应按照包括采购成本、加工成本和其他成本在内的成本进行初始计量。采购成本包括购买价款、相关税费、运输费、装卸费、保险费以及其他可归属于存货采购成本的费用，加工成本包括直接人工以及按照一定方法分配的制造费用（为生产产品和提供劳务而发生的各项间接费用），其他成本指除采购成本、加工成本以外的、使存货达到目前场所和状态所发生的其他支出。《存货准则》还规定，非正常消耗的直接材料、直接人工和制造费用，非生产过程必需的仓储费用，以及不能归属于使存货达到目前场所和状态的其他支出，应确认为当期损益，不能计入存货。

存货成本的计量一般采用计划成本法、实际成本法或售价金额法。制造业一般采计划成本法，其核算方法是：企业对每项存货制定计划成本，平时用计划成本记录已发存货的成本，期末再将计划成本调整为实际成本；实际成本以“材料采购”科目核算，采购材料办理入库手续后转为原材料或低值易耗品、包装物等相关科目；实际成本与计划成本有差额的，通过“材料成本差异”科目调整。年度内计划成本一般不作调整，但若发生特殊情况致使存货采购成本或运费发生重大变化，如市场供求关系突变、国家统一市场限价等，可以调整。流通业一般采售价金额法，其核算方法是：存货账面成本用销售价格计算，实现销售后使用“商品进销差价”科目计算进销差价，账面金额减去进销差价就是存货的购买成本。

(1)“材料采购”、“在途物资”与“委托加工物资”

采购合同的卖方发货后，实行计划成本法〔1〕的制造企业按计划成本、使用“材料采购”科目，对购入材料的采购成本进行日常核算。实行实际成本法计量的企业，则进入“在途物资”科目。

委托外单位加工的材料或商品，在“委托加工物资”科目核算。

从法律角度看，虽然此时企业未必已经取得相关标的的所有权，但这是取得所有权之前的暂时状态，会计也将其作为存货类科目，姑且将其归入所有权类资产范畴。

(2)“原材料”“周转材料”“材料成本差异”

采购物资办理入库手续后，相关标的从“材料采购”或“在途物资”等科目结转进入“原材料”或“周转材料”科目。实行计划成本法的企业，实际成本与计划成本的差额进入“材料成本差异”科目核算。

(3)“库存商品”与“商品进销差价”、“发出商品”

库存商品指企业已经完成全部生产过程并已验收入库可以作为商品直接对外

〔1〕 企业成本核算的不同方法，见本书第八章第一节。

出售的产品，以及企业从外部购入直接出售的商品，包括库存产成品、外购商品、存放在门市部准备出售的商品、发出展览的商品以及寄存在外的商品等。

制造环节需要使用原材料的，到仓库办理领用和出库手续，制造完成并办理成品入库手续后，原材料实际成本（计划成本经过“材料成本差异”科目调整后）与加工制造环节产生的制造费用一起结转，进入“库存商品”科目，从而确定库存商品的账面价值。

流通企业无加工制造环节，一般采用售价金额法核算库存商品价值。此种方法下，企业用销售价格计量库存商品的账面价值，并使用“商品进销差价”科目调整买入价格与销售价格之间的差额。

“发出商品”科目核算企业未满足收入确认条件但已发出商品的实际成本（或进价）或计划成本（或售价）。收入确认条件为销售合同约定的付款条件。

（4）“消耗性生物资产”“贵金属”

根据生物资产是否有经营性与消耗性，《生物资产准则》将生物资产分为消耗性生物资产、生产性生物资产和公益性生物资产。消耗性生物资产是指为出售而持有的或在将来收获为农产品的生物资产，包括生长中的大田作物、蔬菜、用材林以及存栏待售的牲畜等。企业拥有此类资产的所有权，作为存货的特殊类型使用“消耗性生物资产”科目核算。

“贵金属”科目核算企业（金融）持有的黄金、白银等贵金属存货的成本。

（5）“保险业专用所有权资产”

根据《会计科目和主要财务处理》规定，“损余物资”是保险业专用科目，用于核算保险企业在履行推定全损情形下赔付实际全损保险金义务后的经济后果——保险人承担赔偿保险金责任后取得的损余物资之成本，即损余物资的市场价值与所赔付保险金之间的差额。该科目涉及保险法上的推定全损制度，即当保险标的实际全损已不可避免，或者对其进行施救、修复、续运至目的地等费用之和超过其市场价值时，视为已经全损，保险人履行保险合同约定的赔付全损保险金后，取得残余保险标的的所有权。损余物资确认后又发生减值的，可以单独设置“损余物资跌价准备”科目，比照“存货跌价准备”科目进行处理。

（6）“抵债资产”

抵债资产，是指银行等金融企业依法行使债权或担保物权，从债务人、担保人或第三人处取得的实物资产或财产权利，通过“抵债资产”科目核算。金融企业依法取得并准备按有关规定进行处置的非实物抵债资产（不含股权投资），也通过本科目核算。抵债资产按其公允价值计量，可按抵债资产类别及借款人姓名或名称设置明细科目。科目期末借方余额,反映企业取得的尚未处置的实物抵债资产的成本。

抵债资产发生减值的,可以单独设置“抵债资产跌价准备”科目,比照“存货跌价准备”科目进行处理。取得抵债资产后转为自用的,应在相关手续办妥时,按转换日抵债资产的账面余额转入“固定资产”等科目。

(7)“存货跌价准备”

《存货准则》规定,在资产负债表日,存货应当按照成本与可变现净值孰低者计量。存货成本高于其可变现净值的,应将可变现净值低于成本的差额计入“资产减值损失”科目,以调整存货的账面价值。可变现净值,是指在日常活动中,存货的估计售价减去至完工时估计将要发生的成本、估计的销售费用以及相关税费后的金额。确定存货的可变现净值应当以取得的确凿证据为基础,并且考虑持有存货的目的、资产负债表日后事项的影响等因素。

2. 固定资产类科目

(1)“固定资产”科目与其折旧、减值、清理科目

根据《固定资产准则》的规定,固定资产是指使用寿命超过一个会计年度,为生产商品、提供劳务、出租或经营管理而持有的有形资产;使用寿命,是指企业使用固定资产的预计期间,或者该固定资产所能生产产品或提供劳务的数量。此类资产进入“固定资产”科目核算,其确认条件有二:一是与该固定资产有关的经济利益很可能流入企业;二是成本能够可靠地计量。与固定资产有关的后续支出,符合前述确认条件的,计入“固定资产”,不符合确认条件的,则在支出发生时计入当期损益。

固定资产按照成本进行初始计量。外购固定资产的成本包括购买价款、相关税费、使固定资产达到预定可使用状态前所发生的可归属于该项资产的运输费、装卸费、安装费和专业人员服务费等。自行建造固定资产的成本,由建造该项资产达到预定可使用状态前所发生的必要支出构成。可直接归属于固定资产、符合资本化条件的借款费用,也应计入固定资产。固定资产的更新改造与装修费用等后续支出一般符合固定资产确认条件,也计入固定资产成本。

《固定资产准则》规定,除已提足折旧仍继续使用的固定资产和单独计价入账的土地,企业应按月对所有固定资产计提折旧。折旧数额根据固定资产原价扣除其预计净残值后的金额计算,进入“固定资产折旧”科目,并按照确定的方法系统性分摊。企业应根据与固定资产有关的经济利益的预期实现方式合理选择折旧方法,包括年限平均法、工作量法、双倍余额递减法和年数总和法等。除实际使用寿命、净残值预计数与原先估计数有差异外,折旧方法确定后不得变更。

固定资产发生减值情形的,应计提减值准备计入“固定资产减值准备”科目。

固定资产清理,是指对因磨损、自然灾害或意外事故等原因丧失生产能力的固定资产进行鉴定、报废、处理残值、核销等工作的总称。丧失生产能力的固定资产应当处置,处置的经济后果通过“固定资产清理”科目核算,处置收益与账面价值的差额计为当期营业外支出或收入,并于“固定资产”科目核销其账面价值。

因为固定资产折旧技术的存在,可能产生这种现象:企业的资产负债表可能并未囊括其全部财产,因为有的财产已经折旧完成了,账面价值为零。以房产为例,依照相关税法规定,其折旧年限为20年;这一规则的会计意义是,企业可以将置办该房产的成本分摊,使其在20年分摊期内的费用都体现该项经营成本。但是,房产的使用期限远远不止20年,20年折旧完成后,该房产就不再进入企业的会计账簿、资产负债表,但其对该项房产的所有权仍然存在。

(2)“在建工程”“工程物资”

“在建工程”科目核算企业基建、更新改造等在建工程发生的支出。实践中,此类资产主要指企业购买、自行建设或发包建设但尚未达到可使用状态的固定资产,例如在建厂房、办公楼。在建工程发生减值的,可比照“固定资产减值准备”科目、通过“在建工程减值准备”科目处理。自然灾害等原因造成的在建工程报废或毁损,减去残料价值和过失人或保险公司等赔款后的净损失,计为当期营业外支出。达到预定可使用状态后,相关金额结转进入“固定资产”科目。

“工程物资”科目核算企业为在建工程准备的各种物资的成本,包括工程用材料、尚未安装的设备以及为生产准备的工器具[1]等。发生减值的,可比照“固定资产减值准备”科目、通过“工程物资减值准备”科目处理。工程物资被领用或者盘亏、报废及毁损的,相关数额计入固定资产。

(3)“生产性生物资产”“公益性生物资产”

《生物资产准则》规定,生产性生物资产,是指为产出农产品、提供劳务或出租等而持有的生物资产,包括经济林、薪炭林、产畜和役畜等,成本通过“生产性生物资产”科目核算。发生减值的,可比照“固定资产减值准备”科目、通过“生产性生物资产减值准备”科目处理。

公益性生物资产,是指以防护、环境保护为主要目的的生物资产,包括防风固沙林、水土保持林和水源涵养林等,通过“公益性生物资产”科目核算。

---

〔1〕 工器具指工业生产中使用的工具和器具。

3."合同资产"科目

"合同资产"是2017年修订的《收入准则》要求设置的新科目。《收入准则》规定,合同资产指企业已向客户转让商品而有权收取对价的权利,且该权利取决于时间流逝之外的其他因素;如企业向客户销售两项可明确区分的商品,企业因已交付其中一项商品而有权收取款项,但收取该款项还取决于企业交付另一项商品的,企业应当将该收款权利作为合同资产。根据前述规定,合同资产不同于应收账款:应收账款项下的金钱债权已经形成,只差债务人清偿即可实现,但合同资产项下的金融债权在商品交付后仍未形成,还需要卖方依照合同履行其他义务;卖方依约履行其他义务后,时间以外的付款条件全部成就,合同资产才能演变为应收账款。

例如,甲企业将一整套生产设备销售给乙企业,合同约定,甲企业还需要负责生产线的安装与调试,直至调试完成,乙企业才支付全部货款。在该批生产设备办理出库手续后,就不再属于甲企业的存货资产,但又因付款条件尚未完全成就,也还不是一项应收账款债权。因此,对处于这种状态的资产需要用"合同资产"科目予以核算。

合同资产发生减值的,按应减记的金额,借记"资产减值损失"科目。

4."预付账款""应收退货成本"及其减值准备科目

预付账款,是指买方按照合同约定、在对方尚未履行主合同义务时所支付的价款。此项资产一般发生在支付价款的一方负有先履行义务的交易中,即先付款后发货,买方已付款但卖方尚未交货时,买方会计上就会生成这项本质为债权的资产。因预付账款权利的内容不是收取现金或其他金融资产,而是经营所需的商品或服务,属于经营资产的范畴。"预付账款"科目核算企业按照合同约定预付的款项,可按供货单位进行明细核算[1],科目期末借方余额反映企业预付的款项。

销售产品时,买方根据法律规定或合同约定有退货权的,卖方应根据该产品退货率的历史数据预估可能发生的退货,预估的退货商品不应确认为合同资产或应收账款,而应确认为"应收退货成本"资产。"应收退货成本"科目核算销售商品时预期将退回商品的账面价值扣除收回该商品预计发生的成本后的余额,可按合同进行明细核算。科目期末借方余额反映预期将退回商品转让时的账面价值扣除预计成本后的余额,在资产负债表中计入"其他流动资产"或"其他非流动资产"项目。

---

[1] 所谓"明细核算",是指在"预付账款"之下设置二级及二级以下科目核算。例如,甲公司有A与B两个原材料供应商,都是先付款后交货模式,在甲向它们付款但未收到货前,产生一级科目或总分类账科目"预付账款",但为了方便与A、B分别对账,甲公司会计设置了二级科目"预付账款A""预付账款B",该二级科目即明细科目。以下"明细核算"均为此逻辑。

5. 无形资产类科目

(1)无形资产及相关会计科目

《无形资产准则》规定,无形资产是指企业拥有或者控制的没有实物形态的可辨认非货币性资产;所谓"可辨认"是指以下两种情形之一:一是能够从企业中分离或者划分出来,并能单独或者与相关合同、资产或负债一起,用于出售、转移、授予许可、租赁或者交换;二是源自合同性权利或其他法定权利,无论这些权利是否可以从企业或其他权利和义务中转移或者分离。同时满足以下两个条件才能确认为无形资产:与该无形资产有关的经济利益很可能流入企业;该无形资产的成本能够可靠地计量。无形资产应当按照成本进行初始计量。

根据《会计科目和主要账务处理》的解释,"无形资产"科目核算企业持有的无形资产成本,包括专利权、非专利技术、商标权、著作权、土地使用权等;可按无形资产项目进行明细核算,期末借方余额反映企业无形资产的成本。外购的无形资产按应计入无形资产成本的金额记初始金额;自行开发的无形资产,按应予资本化的支出金额记初始金额,未达到无形资产确认条件前记"开发支出"科目。无形资产预期不能为企业带来经济利益时,应增加累计摊销金额的计提,增加金额作为当期营业外支出。

企业应当于取得无形资产时分析判断其使用寿命,并对使用寿命确定的无形资产在使用寿命内系统合理摊销。"无形资产累计摊销"科目核算企业对使用寿命有限的无形资产计提的累计摊销;可按无形资产项目进行明细核算。摊销金额一般应当计入当期损益,但如果某项无形资产包含的经济利益通过所生产的产品或其他资产实现,其摊销金额应当计入相关资产的成本。科目期末贷方余额反映企业无形资产的累计摊销额。

在资产负债表日,无形资产发生减值情形的,应进入"无形资产减值准备"科目核算;可按无形资产项目进行明细核算。科目期末贷方余额反映企业已计提但尚未转销的无形资产减值准备。

(2)无形资产科目核算的私法权利

根据《无形资产准则》规定与会计实践,进入无形资产科目核算的私法权利主要是用益物权、知识产权与特许经营权。

《民法典》规定,国家所有或国家所有由集体使用以及法律规定属于集体所有的自然资源,组织、个人依法可以占有、使用、收益,并实行自然资源有偿使用制度。企业经营所需生产资料的相当部分就是这些自然资源,在缴纳使用费后,企业的资产形态发生变化,由银行存款等现金类资产变更为各种用益物权。除《民法典》明确规定的建设用地使用权、土地承包经营权、土地经营权外，还包括特别法所规定的采矿权、取水权、林业权以及养殖、捕捞等水域使用权。

不过，并非所有建设用地使用权都进入“无形资产”科目核算。根据《无形资产准则》应用指南，因房地产企业的产品是商品房，其用于建设商品房的建设用地使用权成本计入所建造的房屋建筑物成本，通过“存货”科目核算。建设用地使用权（单独或与其上建筑一起）用于赚取租金或资本增值而非自己使用的，应转为投资性房地产，通过“投资性房地产”科目核算。自行开发建造厂房等建筑物因可区分土地与建筑物各自成本，应将土地使用权与建筑物分别计入无形资产和固定资产类科目，但外购土地及建筑物价款难以在土地使用权与建筑物间合理分配的，应当全部作为固定资产处理。

另外，法律界一般将探矿权与采矿权统称为矿业权，均属于用益物权，但根据会计准则对资产的确认标准，两者的会计处理并不相同。确认资产的首要条件是“与该资源有关的经济利益很可能流入企业”，在取得探矿权、确认其初始成本时，能否勘探到矿产资源是不确定的，不应将其确认为无形资产，应使用“在建工程”“其他非流动资产”等过渡科目核算，待勘探结果明确后，将相关成本转入采矿权这项无形资产，或者直接确认为营业支出。

以“无形资产”核算的知识产权包括商标权、著作权、专利权与非专利技术。从法律角度看，知识产权的取得可分为原始取得与继受取得，这在会计上会影响无形资产的确认与计量。购买取得无形资产或其使用权的，可直接确认为无形资产，根据购买相关成本计量。自己开发的，能否确认为无形资产涉及费用资本化的会计技术，只有满足“利益很可能流入”与“成本能可靠计量”的双重标准，才能确认为无形资产。以研发性支出为例，根据《无形资产准则》要求，企业应将研发区分为研究阶段与开发阶段，研究是指为获得并理解新的科学或技术知识而进行的有独创性、计划性的调查，开发是指在进行商业性生产或使用前，将研究成果或其他知识应用于某项计划或设计，以生产出新的或具有实质性改进的材料、装置、产品等。企业内部研究开发项目研究阶段的支出，应当于发生时计入当期损益。开发阶段的支出同时满足下列条件的，才能确认为无形资产：①完成该无形资产以使其能够使用或出售在技术上具有可行性；②具有完成该无形资产并使用或出售的意图；③无形资产产生经济利益的方式，包括能够证明运用该无形资产生产的产品存在市场或无形资产自身存在市场，无形资产将在内部使用的，应当证明其有用性；④有足够的技术、财务资源和其他资源支持，以完成该无形资产的开发，并有能力使用或出售该无形资产；⑤归属于该无形资产开发阶段的支出能够可靠地计量。如采费用资本化技术，将开发支出确认为无形资产，相关支出将整体成为一项无形资产，只有摊销数额才会成为当期费用，从而当期利润因费用减少而得以增加。

特许经营权可简单区分为政府特许权与商业特许权。根据《企业会计准则解释第 14 号》的规定，在项目运营期间，根据 PPP 项目合同约定，社会资本方有权向获取公共产品和服务的对象收取费用但收费金额不确定的，应当在 PPP 项目资产达到预定可使用状态时，将相关 PPP 项目资产的对价金额或确认的建造收入金额确认为无形资产。通过加盟等方式获得商业特许经营权的，加盟费应确认为无形资产，并在加盟期间选择适当方法予以摊销。

6. 油气资产科目

根据《石油天然气开采准则》的规定，油气资产是指油气开采企业所拥有或控制的井及相关设施和矿区权益。从法律上理解，油气资产包括两类法律权利，一是油气资源的采矿权，二是企业在矿区的钻井勘探支出所拥有或控制的油井及相关设施。开采油气所必需的辅助设备和设施（如房屋、机器等），作为一般固定资产处理，不属于油气资产。

《石油天然气开采准则》对油气资源开采业务规定了不同于其他自然资源的核算要求，设置了独立的“油气资产”科目，用于核算石油、天然气开采企业持有的矿区权益和油气井及相关设施的原价。企业在油气井开发建设中发生的相关支出计为“油气开发支出”，于开发工程项目达到预定可使用状态时，转为“油气资产”；类似于“在建工程”与“固定资产”的关系。该科目可按油气资产的类别、不同矿区或油田等进行明细核算，期末借方余额反映企业油气资产的原价。

油气资产属于递耗资产，也就是说，油气资产的价值将随着开发进展而逐渐转移到所开采的油气产品成本中，故应设“累计折耗”科目以反映这个价值形态的转换过程。《石油天然气开采准则》规定，企业应当采用产量法或年限平均法对油气资产计提折耗，计提折耗进入当期“生产成本”。该科目可按油气资产的类别、不同矿区或油田进行明细核算，期末贷方余额反映企业油气资产的累计折耗额。

7. 使用权资产科目

从法律角度看，使用权资产，是指有形资产租赁关系中承租人可在租赁期内使用租赁物的权利。2018 年修改的《租赁准则》规定，除低价值资产租赁和租赁期在 12 个月以内的短期租赁外，在租赁期开始日，承租人应当对租赁确认使用权资产和租赁负债。根据《租赁准则》，承租人的会计处理不再区分普通租赁与融资租赁，出租人则区分融资租赁和经营租赁。在融资租赁情形下，承租人的使用权资产可能只是债权，也可能根据合同约定取得租赁资产所有权，其私法权利内容只能依据合同具体条款判断。

《租赁准则》规定，使用权资产按照成本进行初始计量。“使用权资产”科目核算承租人持有的使用权资产的原价，可按租赁资产的类别和项目进行明细核算，科目期末借方余额反映承租人使用权资产的原价。租赁期开始日，承租人应按成本借记本科目，按尚未支付的租赁付款额的现值贷记“租赁负债”科目。

自租赁期开始日起，承租人通常应当按月计提使用权资产的折旧，进入“使用权资产累计折旧”科目处理，折旧金额作为“营业成本”“制造费用”“销售费用”“管理费用”“研发支出”等当期营业费用。该科目可按租赁资产的类别和项目进行明细核算，期末贷方余额反映使用权资产的累计折旧额。

“使用权资产减值准备”科目核算使用权资产的减值准备，可按租赁资产的类别和项目进行明细核算，科目期末贷方余额反映使用权资产的累计减值准备金额。

8. 长期股权投资科目

《长期股权投资准则》规定，长期股权投资，是指投资方对被投资单位实施控制、重大影响的权益性投资，以及对其合营企业的权益性投资。从法律上看，“股权”包括两重含义：首先，它不仅指公司股东的股权，还包括其他企业类型的投资者权益，如合伙企业的合伙份额、合作社的成员权；其次，它不是普通的投资者权益，而是“对被投资单位实施控制、重大影响以及合营企业”的投资者权益。根据《长期股权投资准则》及其应用指南，长期股权投资包括以下三种：投资方能够对被投资单位实施控制的权益性投资，即对子公司投资，“实施控制”判断依据《企业会计准则第33号——合并财务报表》规定的标准；投资方与其他合营方对被投资单位实施共同控制，且对被投资单位净资产享有权利的权益性投资，即对合营企业投资，是否“合营企业”依据《企业会计准则第40号——合营安排》的规定判断；投资方对被投资单位具有重大影响的权益性投资，即对联营企业投资。所谓“重大影响”，是指对一个企业的财务和经营政策有参与决策的权力，但并不能够控制或者与其他方一起共同控制这些政策的制定；实务中应根据以下一种或几种情形判断：在被投资单位的董事会或类似权力机构中派有代表；参与被投资单位财务和经营政策制定过程；与被投资单位之间发生重要交易；向被投资单位派出管理人员；向被投资单位提供关键技术资料。不符合前述判断标准的权益性投资，进入“交易性金融资产”科目核算。

根据《会计科目和主要账务处理》的解释，“长期股权投资”科目核算企业持有的采用成本法和权益法核算的长期股权投资，可按被投资单位进行明细核算。根据《长期股权投资准则》规定，长期股权投资的初始计量首先应区别是否为合并取得;非合并取得的,采成本法,即按取得该项权益投资所支付的成本记初始账面价值,例如,以现金出资方式取得的公司股权,实际支付的购买价款即为初始投资成本。合并取得的,再区分是否为同一控制下的企业合并,非同一控制下的企业合并采成本法;通过同一控制下的企业合并的,控制企业采成本法,联营与合营企业采权益法,即持有期间以被投资企业所有者权益为基数按投资方所持权益比例计量。科目期末借方余额反映企业长期股权投资的价值。

"长期股权投资减值准备"科目核算企业长期股权投资的减值准备,可按被投资单位进行明细核算,期末贷方余额反映企业已计提但尚未转销的长期股权投资减值准备。

9. 投资性房地产

投资性房地产是指为赚取租金或资本增值,或两者兼有而持有的房地产,包括已出租的土地使用权、持有并准备增值后转让的土地使用权、已出租的建筑物等。

(二)金融资产及其科目

1. 金融资产的界定

根据2017年修改的《金融工具确认和计量准则》,金融资产是指企业持有的现金、其他方的权益工具,以及符合下列条件之一的资产:(1)从其他方收取现金或其他金融资产的合同权利;(2)在潜在有利条件下,与其他方交换金融资产或金融负债的合同权利;(3)将来须用或可用企业自身权益工具进行结算的非衍生工具合同,且企业根据该合同将收到可变数量的自身权益工具;(4)将来须用或可用企业自身权益工具进行结算的衍生工具合同,但以固定数量的自身权益工具交换固定金额的现金或其他金融资产的衍生工具合同除外。其中,企业自身权益工具不包括应当按照《企业会计准则第37号——金融工具列报》分类为权益工具的可回售工具或发行方仅在清算时才有义务向另一方按比例交付其净资产的金融工具,也不包括本身就要求在未来收取或交付企业自身权益工具的合同。根据《金融工具确认和计量准则》应用指南的解释,前述第(2)项之下的典型金融资产为股票期权,第(3)项下的典型为以自己股票为交易标的、交付数量不确定但可依合同约定的方法确定、交付时间在未来,且付款义务已经履行的请求权,第(4)项下的典型为净额结算的自身股票期权合同,如甲企业于2017年2月1日向乙支付5000元购入以自身普通股为标的的看涨期权。根据合同,甲有权以每股100元的价格向乙购入自己的普通股1000股,行权日为2018年6月30日。在行权日,期权采净额结算。假设行权日甲企业普通股的每股市价为125元,期权的公允价值为25,000元,则甲企业会收到200股[(125－100)×1000/125]。

从法律角度看，现金、其他方的权益工具（股票、债券、基金、信托受益权等）之外的四种权利本质都是合同债权，即通过缔结合同而取得的、请求特定主体为一定行为或不为一定行为的权利。但是，会计对此类经济利益的定性逻辑有其专业特点，根据《金融工具确认和计量准则》，多数以金钱交付为核心内容的债权都被定性为金融资产，包括金融性较弱的应收账款、其他应收款等。

2. 金融资产相关科目

(1)库存现金与银行存款科目

库存现金指存放于企业财会部门、由出纳人员控制与管理的货币。“库存现金”科目核算企业拥有的现金数量，一般用日记账记载其增减变化。

“银行存款”科目余额反映企业存在银行或其他金融机构的各种款项。

“其他货币资金”指企业的银行汇票存款、银行本票存款、信用卡存款、信用证保证金存款、存出投资款、外埠存款等其他货币资金。该科目项下可设“银行汇票”“银行本票”“信用卡”“信用证保证金”“存出投资款”“外埠存款”等明细科目。

(2)应收类科目

“应收账款”科目核算企业因销售商品、提供劳务等经营活动应收取的款项，可按债务人开设明细科目。保险企业就按照原保险合同约定应向投保人收取的保费，可将该科目改为“应收保费”科目，并按照投保人进行明细核算。金融企业就应收取的手续费和佣金，可将本科目改为“应收手续费及佣金”科目，并按照债务人进行明细核算。

“长期应收款”科目核算企业销售商品、提供劳务时采用递延方式收取合同价款、实质上具有融资性质的长期应收款项，包括融资租赁产生的应收款项、采用递延方式具有融资性质的销售商品和提供劳务等产生的应收款项，以及实质上构成对被投资单位净投资的长期权益等。超过1年即为“长期”。

“应收票据”科目核算企业因销售商品、提供劳务等而收到的商业汇票，包括银行承兑汇票和商业承兑汇票，可按开出、承兑商业汇票的单位进行明细核算。

“其他应收款”科目核算企业除存出保证金、买入返售金融资产、应收票据、应收账款、预付账款、应收股利、应收利息、应收代位追偿款、应收分保账款、应收分保合同准备金、长期应收款等以外的其他各种应收及暂付款项，可按对方单位或个人进行明细核算。该科目期末借方余额，反映企业尚未收回的其他应收款项。

“应收利息”科目核算企业交易性金融资产、持有至到期投资、可供出售金融资产、发放贷款、存放中央银行款项、拆出资金、买入返售金融资产等应收取的利息，可按借款人或被投资单位进行明细核算。科目期末借方余额反映企业尚未收回的利息。

“应收股利”科目核算企业应收取的持股公司或其他企业应分配的利润,可按被投资单位进行明细核算。长期股权投资采用成本法核算的,应按被投资单位宣告发放的现金股利或利润中属于本企业的部分,借记“应收股利”;金融资产持有期间被投资单位宣告发放现金股利的,借记“应收股利”。科目期末借方余额反映企业尚未收到的现金股利或利润。

(3)投资类金融资产科目

根据企业管理其金融资产的业务模式与合同现金流的不同,会计将为投资目的持有的金融资产分为交易性金融资产、买入返售金融资产、可供出售金融资产、持有至到期投资四个科目核算。所谓企业管理其金融资产的业务模式,是指企业通过其金融资产获取现金流的方式,有三类情形:一是依照合同约定的权利内容收取约定现金流;二是出售该金融资产获得现金流;三是两者兼有。从法律角度看,“持有至到期投资”与“买入返售金融资产”核算的资产之法律性质为债权,“交易性金融资产”与“可供出售金融资产”的法律性质可能是股权、债券、基金或信托受益权,会计用不同科目核算的意义在于计量模式不同,以及其公允价值变动对利润的影响不同。例如,法律性质属股权的上市公司股票,通常情况下为交易性金融资产,但根据《金融工具确认和计量准则》,企业可在初始确认时将其指定为可供出售的金融资产[1],虽然两者价值都以公允价值(股票市价)计量,但交易性金融资产的公允价值变动计入当期损益,而可供出售金融资产的公允价值变动只能记为其他综合收益。

“交易性金融资产”科目核算企业为交易目的所持有的债券、股票、基金等金融资产的公允价值,以及企业持有的、直接指定为以公允价值计量且其变动计入当期损益的其他金融资产,可按交易性金融资产的类别和品种,分别根据“成本”“公允价值变动”等进行明细核算。此类资产计量特点为:交易性金融资产按公允价值计量,因交易产生的必要费用(如股票交易手续费)计入当期损益;资产负债表日公允价值发生变化的,其差额记公允价值变动作为投资损益,进入当期利润表中的“利润”栏。科目期末借方余额反映企业持有的交易性金融资产的公允价值。

“可供出售金融资产”科目核算企业持有的可供出售金融资产的公允价值,包括被指定为可供出售的股票投资、债券投资等金融资产;该科目根据金融资产的类

---

〔1〕 为防止企业借此操纵利润,《金融工具确认和计量准则》同时规定“该指定一经做出,不得撤销”。

别或品种，分别根据“成本”“利息调整”“应计利息”“公允价值变动”等进行明细核算。其计量方法主要是：企业取得可供出售的金融资产，应按其公允价值与交易费用之和作为成本借记本科目；资产负债表日，可供出售金融资产的公允价值与其账面余额的差额，借记本科目的“公允价值变动”明细科目，公允价值的变动差额计入利润表中的“其他综合收益”栏。该科目期末借方余额反映企业可供出售金融资产的公允价值。

“买入返售金融资产”科目核算企业按返售协议约定先买入、再按固定价格返售的票据、证券、贷款等金融资产所融出的资金，也就是法律上“明为买卖、实为借贷”的金融资产交易合同所产生的债权。该科目可按买入返售金融资产的类别和融资方进行明细核算，期末借方余额反映企业买入的尚未到期返售金融资产摊余成本。

“持有至到期投资”科目核算企业打算并且能够持有到期的债权证券，可按持有至到期投资的类别和品种，分别根据“成本”“利息调整”“应计利息”等进行明细核算。科目期末借方余额反映企业持有至到期投资的摊余成本。“持有至到期投资减值准备”科目核算企业持有至到期投资的减值准备，可按持有至到期投资类别和品种进行明细核算。该科目期末贷方余额反映企业已计提但尚未转销的持有至到期投资减值准备。

3. 金融业专用金融资产科目

（1）金融业共用科目

“存出保证金”科目核算金融企业因办理业务需要存出或交纳的各种保证金款项；可按保证金的类别以及存放单位或交易场所进行明细核算；期末借方余额反映企业存出或交纳的各种保证金余额。

“买入返售金融资产”前已述及。

“拆出资金”科目核算金融企业拆借给境内、境外其他金融机构的款项；可按拆放的金融机构进行明细核算；期末借方余额，反映企业按规定拆放给其他金融机构的款项。

“代理兑付证券”科目核算金融企业接受委托代理兑付到期的证券；可按委托单位和证券种类进行明细核算；期末借方余额反映企业已兑付但尚未收到委托单位兑付资金的证券金额。

（2）银行业专用科目

“存放中央银行款项”科目核算银行业存放于中国人民银行的各种款项，包括业务资金的调拨，办理同城票据交换和异地跨系统资金汇划、提取或缴存现金，按规定缴存的法定准备金和超额准备金等。该科目可按存放款项的性质进行明细核算,期末借方余额反映商业银行存放在中央银行的各种款项。

“存放同业”科目核算银行业存放于境内、境外银行和非银行金融机构的款项,可按存放款项的性质和存放的金融机构进行明细核算。期末借方余额反映存放在同业的各种款项总额。

“贴现资产”科目核算银行业办理商业票据的贴现、转贴现等业务所融出的资金,以及买入的即期外币票据;可按贴现类别和贴现申请人进行明细核算。期末借方余额反映企业办理的贴现、转贴现等业务融出的资金。

“贷款”科目核算银行业按规定发放的各种客户贷款,包括质押贷款、抵押贷款、保证贷款、信用贷款等;具有贷款性质的银团贷款、贸易融资、协议透支、信用卡透支、转贷款以及垫款等,可在本科目核算,也可以单独设置“银团贷款”“贸易融资”“协议透支”“信用卡透支”“转贷款”“垫款”等科目核算。保险业的保户质押贷款可将该科目改为“保户质押贷款”科目。典当业的质押贷款、抵押贷款,可将该科目改为“质押贷款”“抵押贷款”科目。企业委托银行或其他金融机构向其他单位贷出的款项,可将该科目改为“委托贷款”科目。该科目可按贷款类别、客户,分别根据“本金”“利息调整”“已减值”等进行明细核算。期末借方余额反映企业按规定发放尚未收回贷款的摊余成本。

“贷款损失准备”科目核算贷款的减值准备。计提贷款损失准备的资产包括贴现资产、拆出资金、客户贷款、银团贷款、贸易融资、协议透支、信用卡透支、转贷款和垫款等。保险业保户质押贷款计提的减值准备,以及典当业的质押贷款、抵押贷款计提的减值准备,也在该科目核算。企业委托银行或其他金融机构向其他单位贷出的款项计提的减值准备,可将该科目改为“委托贷款损失准备”科目。该科目可按计提贷款损失准备的资产类别进行明细核算。期末贷方余额反映企业已计提但尚未转销的贷款损失准备。

(3)证券业专用科目

“结算备付金”科目核算证券业为证券交易的资金清算与交收而存入指定清算代理机构的款项、向客户收取的结算手续费、向证券交易所支付的结算手续费。因证券交易与清算代理机构办理资金清算的款项等,可以单独设置“证券清算款”科目。该科目可按清算代理机构分别根据“自有”“客户”等进行明细核算。科目期末借方余额反映企业存在指定清算代理机构的款项。

(4)保险业专用科目[1]

"应收代位追偿款"科目核算保险业按照原保险合同约定承担赔付保险金责任后确认的代位追偿款;可按被追偿单位或个人进行明细核算。该科目期末借方余额反映企业已确认尚未收回的代位追偿款。从法律角度看,该科目涉及保险法上的保险代位权制度,是保险人行使保险代位权之经济后果的会计处理。

"应收分保账款"科目核算保险业从事再保险业务应收取的款项,可按再保险分出人或再保险接受人和再保险合同进行明细核算。该科目期末借方余额反映企业承担再保险人责任应收的保险费。

"应收分保合同准备金"科目核算保险业的再保险分出人从事再保险业务确认的应收分保未到期责任准备金,以及应向再保险接受人摊回的保险责任准备金,可按再保险接受人和再保险合同进行明细核算。该科目期末借方余额反映企业从事再保险业务确认的应收分保合同准备金余额。

独立账户资产指投资连结保险各个投资账户中的投资资产组合。投资连结保险合同中,保险人负有两种性质的义务,一是保险人义务,即在保险事故未发生前的承担风险与保险事故发生后给付保险金与合理费用,二是投资管理人的信义义务,投资(一般为债券、股票等)盈亏的后果由保单持有人承担,保险人主要获取管理费收入。"独立账户资产"科目用于核算保险人对分拆核算的投资连结产品不属于风险保障部分确认的独立账户资产价值;可按资产类别进行明细核算,期末借方余额反映保险人确认的独立账户资产价值。

三、会计技术性资产及相关会计科目

(一)会计技术性资产的理解

会计意义上的资产是指"预期会给企业带来经济利益的资源",有些资产虽不符合法律对财产的界定,但为了更真实地反映企业各期经营成果,仍需作为资产处理。从法律理解的角度,可以把这类资产归类为无经济价值的资产。

此类资产的产生主要有三种情形:(1)已经发生的支出会使企业受益期间跨越多个会计年度,如仅将其作为支出发生当期的营业成本,将不能真实反映企业经营

[1] 保险业专用科目根据2006年制定的《企业会计准则第25号——原保险合同》《企业会计准则第26号——再保险合同》及其应用指南要求设置;2020年12月,财政部发布了《企业会计准则第25号——保险合同》,并要求在境内外同时上市的企业以及在境外上市并采用国际财务报告准则或企业会计准则编制财务报表的企业自2023年1月1日起实施,其他企业自2026年1月1日起实施。

成果（当期盈亏结果），因此需要对其进行技术处理，如商誉与长期待摊费用；（2）已经发生的支出将使企业未来形成资产或收入，但根据会计准则不能当期就确认为资产或收入，需要设置过渡性科目，以便将来可确认时转为资产或收入，如合同成本、商品进销差价与待处理财产损溢；（3）根据相关准则规定，期后可能会发生某些利润调整事项，使前期利润调整后减少，导致前期实缴的企业所得税多于应缴，从而形成递延所得税资产。

（二）相关会计科目

1. 商誉与相关科目

私法上有商誉权的概念，即商事主体对其所创造的商誉享有利益并排除他人非法侵害的权利，为名誉权的特殊类型。《民法典》第 1024 条第 2 款规定的名誉在企业中为商誉，“反映了社会对它在生产经营等方面表现的总评价”[1]。所以，法律上的商誉指的是企业通过自己过去经营所积累的正面社会评价，即“自创商誉”。

会计学中的商誉恰好排除了此类“自创商誉”，仅指“外购商誉”。根据《企业会计准则第 20 号——企业合并》，商誉是指企业合并时、购买方对合并成本大于合并中取得的被购买方可辨认净资产公允价值份额的差额。例如，A 公司支付了 1000 万元收购了 B 公司 100% 股权，B 公司净资产（总资产减去负债的余额）公允价值为 200 万元，差额为 800 万元；交易完成后会计需如实记录这项交易，将 200 万元记为长期股权投资，800 万元记为商誉，如此才能合理核算 1000 万元资金消失后形成的账面资产。因此，会计设“商誉”科目，用于核算企业合并中形成的商誉价值，其期末借方余额反映外购商誉的价值。

商业实践中，前述溢价收购普遍发生，因为被收购企业价值评估的最主要因素不是净资产，而是其未来的盈利能力，尤其是在上市公司收购中。这就可能产生一种情形，即未来的盈利能力通过预估而来，如结果证明其并未达到收购时预计的利润额，当初给的估值就过高了。因此，《资产减值准则》规定，企业合并所形成的商誉至少应当在每年年度终了时进行减值测试，如果发生了减值迹象，应当计提资产减值，计入“商誉减值”科目。《资产减值准则》第 5 条规定的减值迹象中，其中一项即“企业内部报告的证据表明资产的经济绩效已经低于或者将低于预期，如资产所创造的净现金流量或者实现的营业利润（或者亏损）远远低于（或者高于）预计金额等”。如计提了商誉减值，其数额应作为营业总成本进入企业当期利润表，这将导

---

〔1〕 黄薇主编：《中华人民共和国民法典释义：人格权编 · 婚姻家庭编 · 继承编 · 侵权责任编 · 附则》（下），法律出版社 2020 年版，第 1894 页。

致当期利润减少。

2018 年年底至 2019 年年初,很多上市公司预告 2018 年度巨额亏损而股价大幅下跌,市场称之为"商誉雷"事件。其发生的基本逻辑是:不少上市公司为扩张而大量溢价收购,又因与被收购方原股东签订了业绩补偿协议,会计处理时可不确认减值,从而大量商誉资产长期存在于账面,形成了令监管部门担忧的不稳定因素;为此,监管部门研究修改商誉减值的会计政策,考虑由减值测试改为一定期间强制摊销,传闻于 2019 年开始实施;因此,不少上市公司管理层预计,如改为强制摊销,以后年度公司可能连续亏损,连续 3 年亏损则必须退市,趁还能使用减值测试,不如一次性把商誉全部或大部分减值;于是,账面有大量商誉资产的上市公司纷纷计提巨额减值,并陆续对外预告性披露,其股价的剧烈下跌带动了市场的下跌。

2. 长期待摊费用科目

"长期待摊费用"科目核算企业已经发生但应由本期和以后各期负担的分摊期限在 1 年以上的各项费用,如以经营租赁方式租入的固定资产发生的改良支出等;可按费用项目进行明细核算。例如,租用的办公室装修后可多年使用,如将装修费用全部计为当年成本,在企业持续经营的前提下,将使当年利润不真实地减少,之后年度利润又不真实地增多,因此需要在装修受益期间的费用合理摊销,一般为 5 年。期末借方余额反映企业尚未摊销完毕的长期待摊费用。

3. 合同成本科目

根据《收入准则》,企业应设"合同取得成本"与"合同履约成本"两个资产科目,"合同"仅指能为企业带来收入的合同。在核算逻辑上,这两个科目与成本类、费用类科目相勾稽,即在未确认为收入前记为资产,达到收入确认标准后应结转为营业成本或销售费用。在资产负债表中,此类科目并入"其他流动资产"列示。

"合同取得成本"科目用于核算企业取得合同发生的、预计能够收回的增量成本,"取得"指缔结交易合同,"增量成本"指不取得合同就不会发生的成本,如销售佣金等,差旅费、投标费、准备投标支出等,无论是否取得合同均会发生的费用应在发生时计入当期损益,除非明确这些支出由客户承担。该科目可按合同进行明细核算,期末借方余额反映企业尚未结转为收的合同取得成本。确认合同收入时,应将该科目相应数额结转为销售费用,进入当期利润表。为提高核算效率,摊销期限不超过 1 年的,可在费用发生时计入当期损益,但如果采用该简化处理,应当对所有类似合同一致采用。与合同取得成本有关的资产发生减值的,按应减记的金额记"资产减值损失"科目。

"合同履约成本"科目核算企业为履行当前或预期取得的合同所发生的、不属于其他企业会计准则规范范围且按照《收入准则》应确认为一项资产的成本;可按合同分为“服务成本”“工程施工”等进行明细核算,期末借方余额反映企业尚未结转的合同履约成本。根据《收入准则》,企业为履行合同发生的成本,不属于其他企业会计准则规范范围且同时满足下列条件的,应当作为合同履约成本确认为一项资产:(1)该成本与一份当前或预期取得的合同直接相关,包括直接人工、直接材料、制造费用(或类似费用)、明确由客户承担的成本以及仅因该合同而发生的其他成本;(2)该成本增加了企业未来用于履行履约义务的资源;(3)该成本预计能够收回。例如,甲公司与乙公司签订合同,为乙公司信息中心提供管理服务,期限为5年。为履行该合同,甲公司委托他人设计了一个内部信息平台,按设计方案购买了相应硬软件,平台搭建好后与乙公司的信息系统对接并进行了相关测试。甲公司为该平台的设计、购买硬件和软件与对接测试等环节均产生了支出,其中,购买硬软件的成本应当分别按照固定资产和无形资产准则进行会计处理,设计支出与测试支出因不能计为其他资产而应记为合同履约成本。确认合同收入时,应将该科目相应数额结转为营业成本,进入当期利润表。与合同履约成本有关的资产发生减值的,按应减记的金额记“资产减值损失”科目。

4. 商品进销差价

采用售价金额法核算存货价格的企业需要设置“商品进销差价”科目,用于核算企业采用售价进行日常核算的商品售价与进价之间的差额。该科目可按商品类别或实物由管理负责人进行明细核算,期末贷方余额反映企业库存商品的商品进销差价。期末确认存货的销售收入后,应根据商品进销差价率计算应分摊差价,相应结转进入“主营业务成本”科目。

5. 待处理财产损溢

“待处理财产损溢”科目核算企业在清查财产过程中查明的各种财产盘盈、盘亏和毁损的价值,以及物资在运输途中发生的非正常短缺与损耗;可按盘盈、盘亏的资产种类和项目进行明细核算。企业的财产损溢应查明原因,并在期末结账前处理,处理后本科目应无余额。

6. 递延所得税资产

企业经会计核算产生利润的,应缴企业所得税。但是,由于税收征管规范规定的应缴税所得额计算的方法与会计准则规定的利润核算方法不同,相应地,应缴税所得额与利润表中的利润数额也不一致(所得税税基的暂时性差异),就会产生递延所得税资产或者递延所得税债务。例如,按照会计准则的规定,某企业营业收入为1000万元,营业成本为800万元,计提的应收账款坏账准备100万元,利润表中的利润总额为100(1000－800－100)万元,依此计算的所得税费用为25(100×25%)万元。但是,根据《企业资产损失所得税税前扣除管理办法》(已被修改),资产减值损失只有在实际发生且经法定程序向税务机关申报后才能在税前抵扣,这意味着,前述100万元坏账准备不能在税前扣除,当年应纳税所得额为200(1000－800)万元,应交所得税50万元,这比利润表计算的多出25万元。因该25万元可用于抵扣未来的企业所得税,由此形成了一项理论上的"资产",需要使用"递延所得税资产"科目核算此类差异。实践中,税基的暂时性差异主要来自资产减值准备、金融资产及负债的估值、投资性房地产的估值、折旧及摊销和养老金、退休员工福利负债及应付工资的计提等。

"递延所得税资产"科目核算企业确认的可抵扣暂时性差异产生的递延所得税资产,以及根据税法可用以后年度税前利润弥补的亏损及税款抵减产生的所得税资产;应按可抵扣暂时性差异等项目进行明细核算,期末借方余额反映企业确认的递延所得税资产。

第二节　负债类、共同类、所有者权益类科目

一、负债类科目

(一)负债的法律理解

根据《基本准则》的规定,负债是指企业过去的交易或者事项形成的、预期会导致经济利益流出企业的现时义务;现时义务是指企业在现行条件下已承担的义务。企业确认负债应同时满足两个条件:一是与该义务有关的经济利益很可能流出企业;二是未来流出的经济利益的金额能够可靠地计量。会计对负债的基本分类标准为流动性强弱,即流动负债(1年内到期的)与非流动负债(到期时间超过1年)。

从法律角度来看,会计上的负债应从三个方面理解。首先,会计上的负债可分为两类,一类是法律上的债务,另一类是会计技术性负债,如递延收益、保险企业的责任准备金、预计负债、递延所得税负债等。其次,负债主要是民事债务,个别为行政债务,如应交税费;违反义务承担法律责任的,如责任内容是给付金钱等财产,也属于会计上的负债。最后,负债是以给付财产为内容的义务,大部分是金钱债务。

(二)负债类一级科目

根据现行会计准则,企业负债类一级科目及其编号如表4－2所示。

表4－2　负债类一级科目及其编号

编号	科目名称	编号	科目名称
2001	短期借款	2261	应付分保账款
2002	存入保证金	2311	代理买卖证券款
2003	拆入资金	2312	代理承销证券款
2004	向中央银行借款	2313	代理兑付证券款
2011	吸收存款	2314	代理业务负债
2012	同业存放	2401	递延收益
2021	贴现负债	2501	长期借款
2101	交易性金融负债	2502	应付债券
2111	卖出回购金融资产款	2601	未到期责任准备金
2201	应付票据	2602	保险责任准备金
2202	应付账款	2611	保户储金
2203	预收账款	2621	独立账户负债
2205	合同负债	2701	长期应付款
2211	应付职工薪酬	2702	未确认融资费用
2221	应交税费	2703	租赁负债
2231	应付利息	2711	专项应付款
2232	应付股利	2801	预计负债
2241	其他应付款	2901	递延所得税负债
2251	应付保单红利		

（三）法律意义上的负债科目

1．共用负债科目

（1）金融负债科目

会计上的金融负债与金融资产是相对应的概念，商事交易中，一方确认的金融资产就是相对方的金融负债；根据《金融工具确认和计量准则》的规定，金融负债的内容之一是交付现金或其他金融资产的合同义务。

短期借款与长期借款均指以具有贷款业务经营资格的主体为债权人的金钱债务，如银行、信托公司、小额贷款公司的贷款。“短期借款”科目核算企业向银行或其他金融机构等借入的期限在1年以下(含1年)的各种借款;可按借款种类、贷款人和币种进行明细核算,期末贷方余额反映企业尚未偿还的短期借款。“长期借款”科目核算企业向银行或其他金融机构借入的期限在1年以上(不含1年)的各项借款,可按贷款单位和贷款种类,分别根据“本金”“利息调整”等进行明细核算。长期借款本金偿还期限剩余在1年及以下的,应转入“短期借款”。

“应付票据”科目核算企业为购买材料、商品和接受劳务供应等签发的商业汇票,包括银行承兑汇票和商业承兑汇票;可按债权人进行明细核算,期末贷方余额反映企业尚未到期的商业汇票的票面金额。银行承兑汇票到期、企业无力支付票款的,按应付票据的票面金额转为“短期借款”科目。

“应付账款”科目核算企业因购买材料、商品和接受劳务等经营活动应支付的款项;可按债权人进行明细核算,期末贷方余额反映企业尚未支付的应付账款余额。应付账款债权仅因企业购买原材料、商品或接受劳务等经营行为而产生,其他原因产生的债权不进入该科目核算。该科目与“存货”“材料采购”“在途物资”等相勾稽,对于会计分录时记录这些科目的借方,意味着这些资产增加;贷方增记本科目,意味着货款等尚未支付,企业增加相应债务。

“应付职工薪酬”科目核算企业根据有关规定应付给职工的各种薪酬、奖励及福利;可按“工资”“职工福利”“社会保险费”“住房公积金”“工会经费”“职工教育经费”“非货币性福利”“辞退福利”“股份支付”等进行明细核算,期末贷方余额反映企业应付未付的职工薪酬。《企业会计准则第9号——职工薪酬》将职工薪酬分为短期薪酬、离职后福利、辞退福利和其他长期职工福利;企业提供给职工配偶、子女、受赡养人、已故员工遗属及其他受益人等的福利,也属于职工薪酬。职工薪酬产生的支出应根据会计准则予以费用化或资本化处理。根据受益原则,生产部门的职工劳动使得存货价值提升,其薪酬成本计入“存货”科目,为资本化;应由在建工程负担的职工薪酬,通过“在建工程”结转“固定资产”而资本化;研发人员薪酬符合资本化条件的,可资本化处理;管理部门与销售部门的职工薪酬计入“管理费用”“销售费用”,属费用化。

“应交税费”科目核算企业按照税法等规定计算应交纳的各种税费,包括增值税、消费税、营业税、所得税、资源税、土地增值税、城市维护建设税、房产税、土地使用税、车船使用税、教育费附加、矿产资源补偿费等;企业代扣代缴的个人所得税等,也通过本科目核算。该科目可按应交的税费项目进行明细核算,应交增值税还应分别设置“进项税额”“销项税额”“出口退税”“进项税额转出”“已交税金”等专栏;期末贷方余额反映企业尚未交纳的税费,借方余额则反映企业多交或尚未抵扣的税费。

“应付利息”科目核算企业按照合同约定应支付的利息,包括吸收存款、分期付息到期还本的长期借款、企业债券等应支付的利息。该科目可按存款人或债权人进行明细核算,期末贷方余额反映企业应付未付的利息。会计将企业借款分为一般借款与专门借款,专门借款为购建或者生产某项符合资本化条件的资产而专门借入的款项,通常在借款合同中明确。根据《借款费用准则》及相关应用指南的规定,用于项目工程的专门借款利息成本可计入“在建工程”科目,符合条件后确定为固定资产,专项资产建购占用一般借款的,利息相应部分也可通过该项资产予以资本化。在房地产开发企业以及大型机械设备制造企业,如借款用于房地产开发与设备生产,借款利息也可通过“存货”科目资本化。不符合资本化条件的借款利息,应作为当期支出的财务费用。

“应付股利”科目核算企业应分配给股东(其他企业组织类型为权益投资者)的现金股利或利润;科目可按投资者进行明细核算;期末贷方余额反映企业应付未付的其他应付款项。以公司为例,企业年度核算税后利润的,应提取公积金,提取金额进入资产负债表“所有者权益”下“盈余公积”科目,剩余部分在股东会或股东大会未通过利润分配方案之前进入“未分配利润”科目;股东会或股东大会通过利润分配方案后,用于分配的相应利润数额之会计性质于权力机关决议生效后产生变化,从全体股东共同享有的所有者权益变成了公司对具体股东的负债,进入“应付股利”科目。

“其他应付款”科目核算企业除应付票据、应付账款、预收账款、应付职工薪酬、应付利息、应付股利、应交税费、长期应付款等以外的其他各项应付、暂收的款项,以及保险企业应交纳的保险保障基金。该科目可按项目或债权人姓名或名称进行明细核算。需要注意的是,采用售后回购方式融入资金(“名为买卖实为借贷”的交易)产生的债务,即使债权人为合法金融机构,也进入本科目核算,而不是“短期借款”或“长期借款”科目。

“应付债券”科目核算企业发行债券的本金和利息;可按“面值”“利息调整”“应计利息”等进行明细核算,期末贷方余额反映企业尚未偿还的长期债券本息。债券利息支出按前述“应付利息”所述逻辑,根据《借款费用准则》予以资本化或费用化处理。企业应当设置“企业债券备查簿”,详细登记债券的票面金额、票面利率、还本付息期限与方式、发行总额、发行日期和编号、委托代售单位、转换股份等资料。债券到期后已兑付的,应在备查簿中予以注销。企业发行可转换公司债的,应分拆负债和权益,按可转换债券的面值记本科目;拆出的权益部分,按公允价值记

“资本公积——其他资本公积”科目。前述对可转换公司债的会计处理逻辑是持券人的法律权利;从法律角度来看,持券人拥有的首先是还本付息的金钱债权,以及以约定价格在行权日转换为公司股权的请求权,即一种期权。

“长期应付款”科目核算企业除长期借款和应付债券以外的其他各种长期应付款项,包括融资租入固定资产的未付租赁费、以分期付款方式购入固定资产的未付款项等。本科目可按长期应付款的种类和债权人进行明细核算,期末借方余额反映企业未确认融资费用的摊余价值。以本科目核算长期应付款项的,还应使用“未确认融资费用”科目核算应当分期计入利息费用的未确认融资费用;“未确认融资费用”科目可按债权人和长期应付款项目进行明细核算,期末借方余额反映企业未确认融资费用的摊余价值。

“交易性金融负债”科目核算企业承担的交易性金融负债的公允价值,以及企业直接指定为以公允价值计量且其变动计入当期损益的金融负债。实践中,除企业直接指定外,短期融资券[1]是较为常见的交易性金融负债,租入方租入、到期归还并以人民币交付租赁费的贵金属(如黄金)租赁业务产生的负债,也属于交易性金融负债。本科目可按交易性金融负债类别,分别根据“本金”“公允价值变动”等进行明细核算,期末贷方余额反映企业承担的交易性金融负债的公允价值。

“代理业务负债”科目与“代理业务资产”相勾稽,如有代理业务资产,必须存在代理业务负债。根据《会计科目和主要账务处理》的规定,“代理业务负债”科目核算企业不承担风险的代理业务收到的款项,包括受托投资资金、受托贷款资金等,并可按委托单位、资产管理类别(如定向、集合和专项资产管理业务)等进行明细核算。但从法律角度来看,对于信托公司以外的其他金融机构担任受托人的资产管理业务,依据2019年最高人民法院发布的《全国法院民商事审判工作会议纪要》,其基础法律关系为信托,这意味着该科目不应该核算此类业务,因其法律性质并非负债。在会计实践中,上市商业银行审计报告也明确将担任受托人的资产管理业务排除在财务报表之外,因此,如核算主体为企业,该科目不应核算资产管理业务,只能核算最狭义的代理业务,如商品代销业务。期末贷方余额反映企业收到的代理业务资金。

“租赁负债”科目与“使用权资产”科目相对应,是长期租赁关系的会计处理工具,确认使用权资产而租金尚未完全支付的,就会产生租赁负债。该科目核算承租人尚未支付的租赁付款额的现值;可分别设置“租赁付款额”“未确认融资费用”等

[1] 短期融资券是指企业依照规定的条件和程序在银行间债券市场发行并在1年期限内还本付息的有价证券。

进行明细核算，期末贷方余额反映承租人尚未支付的租赁付款额的现值。

(2)非金融负债科目

从法律角度理解，非金融负债指非以交付货币或其他金融资产为义务内容的债务。“预收账款”与“合同负债”的义务内容为交付商品或服务，根据“金融负债应为交付货币或其他金融工具”的会计界定，为非金融负债。

“预收账款”科目核算企业按照合同约定预收的款项。预收账款情况不多的，也可以不设置本科目，将预收款项直接记入“应付账款”科目；可按购货单位进行明细核算；期末贷方余额反映企业预收的款项，期末借方余额反映企业尚未转销的款项。保险企业收到未满足保费收入确认条件的保险费，可将本科目改为“预收保费”科目，并按投保人进行明细核算；从事再保险分出业务预收的赔款，可以单独设置“预收赔付款”科目。

“合同负债”科目是依2017年新《收入准则》规定设置的科目，用于核算企业已收客户合同对价而应向其交付商品的合同义务；同一交易关系中，一方确认合同资产的，另一方应确认合同负债，也就是说，交易一方的合同资产是另一方的合同负债。本科目应按合同进行明细核算，贷方余额反映企业在向客户转让商品之前已经收到的合同对价，或已经取得的无条件收取合同对价权利的金额。

2. 金融业专用负债科目

(1)金融业共用科目

“存入保证金”科目核算金融企业收到客户存入的各种保证金，如信用证保证金、承兑汇票保证金、保函保证金、担保保证金等；可按客户进行明细核算，期末贷方余额反映企业接受存入但尚未返还的保证金。

“拆入资金”科目核算金融企业从境内、境外金融机构拆入的款项；可按拆入资金的金融机构进行明细核算，期末贷方余额反映企业尚未归还的拆入资金余额。

“卖出回购金融资产款”科目核算金融企业按照回购协议先卖出再按固定价格买入的票据、证券、贷款等金融资产所融入的资金；可按卖出回购金融资产的类别和融资方进行明细核算，期末贷方余额反映企业尚未到期的卖出回购金融资产款。

“代理承销证券款”科目核算金融企业接受委托，采用承购包销方式或代销方式承销证券所形成的、应付证券发行人的承销资金；可按委托单位和证券种类进行明细核算，期末贷方余额反映企业承销证券应付未付给委托单位的款项。商业银行可担任银行间市场发行债券的承销商，也可能使用这个科目。

“代理兑付证券款”科目核算证券、银行等企业接受发行人委托代理兑付证券而收到的兑付资金；可按委托单位和证券种类进行明细核算，期末贷方余额反映企业已收到但尚未兑付的代理兑付证券款项。

(2)银行业专用科目

"向中央银行借款"科目核算银行业向中央银行借入的款项;可按借款性质进行明细核算,期末贷方余额反映企业尚未归还中央银行借款的余额。

"吸收存款"科目核算银行业吸收的除同业存放款项以外的其他各种存款,包括单位存款(企业、事业单位、机关、社会团体等)、个人存款、信用卡存款、特种存款、转贷款资金和财政性存款等;可按存款类别及存款单位,分别根据"本金""利息调整"等进行明细核算;期末贷方余额反映企业吸收的除同业存放款项以外的其他各项存款。

"同业存放"科目核算银行业吸收的境内、境外金融机构的存款;可按存放金融机构进行明细核算,期末贷方余额反映企业吸收的同业存放款项。

"贴现负债"科目核算银行业办理票据转贴现等业务所融入的资金;可按贴现类别和贴现金融机构,分别根据"面值""利息调整"科目进行明细核算;期末贷方余额反映企业办理的转贴现等业务融入的资金。

(3)保险业专用科目

"应付保单红利"核算保险企业按原保险合同约定应付而未付的投保人红利,此类红利产生于投资型保险业务,如分红险、万能寿险、投资联结险等。该科目可按投保人进行明细核算,期末贷方余额反映应付未付的红利。

"应付分保账款"科目核算保险企业将原保险分出后再保险而产生的应付未付之保险费。企业在确认原保险合同保险费收入的当期,按相关再保险合同约定计算分出保费金额,未付部分进入本科目核算。本科目可按再保险分出人或再保险接受人和再保险合同进行明细核算,期末贷方余额反映企业从事再保险业务应付未付的款项。

"保户储金"科目核算保险企业收到的投保人以储金本金增值作为保险费收入的储金,以及应向投保人支付的储金增值或投资款增值。保险企业收到投保人投资型保险业务的投资款,可将本科目改为"保户投资款"科目。本科目可按投保人进行明细核算,期末贷方余额反映企业应付未付的投保人储金。

"独立账户负债"科目核算保险企业对分拆核算的投资连结产品不属于风险保障部分确认的独立账户负债;可按负债类别进行明细核算,期末贷方余额反映企业确认的独立账户负债。"独立账户负债"科目与"独立账户资产"科目相对应,保险企业有独立账户资产的,必然有独立账户负债。向独立账户划入资金时,借记"独立账户资产——银行存款",贷记本科目;投资形成其他资产的,应对独立账户投资进行公允价值估值,按估值增值数额借记“独立账户资产”科目,贷记本科目;估值减少的,做相反会计分录。

(4)证券业专用科目

“代理买卖证券款”科目核算证券企业接受客户委托,代理客户买卖股票、债券和基金等有价证券而收到的款项,以及代理客户领取的现金股利和债券利息,代理客户向证券交易所支付的配股款,等等;可按客户类别等进行明细核算,期末贷方余额,反映企业接受客户存放的代理买卖证券资金。

(四)会计技术性负债科目

会计技术性负债,是指企业并非法律意义上的债务人,因为会计核算目标达成需要记为负债的负债。产生技术性负债主要有两个原因:一是某些收入不能一次性全部记为发生当期的收入,需要多期分配,未分配部分需要使用过渡性负债科目核算,如递延收益、专项应付款;二是有些事项将发生或极有可能发生,其发生将导致经济利益流出企业,根据会计谨慎性原则要求或者相关行业监管要求,需要提取负面影响利润的技术性负债,为将来经济利益流出企业做好财务准备,如预计负债、递延所得税负债、保险业的责任准备金。

1. 递延收益

根据《企业会计准则第 16 号——政府补助》,政府补助分为与资产相关的政府补助和与收益相关的政府补助,前者指企业取得的、用于购建或以其他方式形成长期资产的政府补助,后者指除与资产相关的政府补助之外的政府补助。与资产相关的补助应当确认为递延收益,并在相关资产使用寿命内平均分配,计入各期损益。与收益相关的政府补助,用于补偿企业以后期间的相关费用或损失的,也应确认为递延收益,并在确认相关费用的期间,计入当期损益;用于补偿企业已发生的相关费用或损失的,则直接计入当期损益。因此,对于尚未计入损益的补助需要使用“递延收益”科目,核算应在以后期间计入当期损益的政府补助;本科目可按政府补助的项目进行明细核算,期末贷方余额反映企业应在以后期间计入当期损益的政府补助。

2. 专项应付款

“专项应付款”科目核算企业取得的、政府指定为资本性投入的具有专项或特定用途的款项,如属于工程项目的资本性拨款等;可按资本性投资项目进行明细核算,期末贷方余额反映企业尚未转销的专项应付款。本科目具有过渡性,并非真正债务。在项目未建设完工、相关资产尚未确认形成时,将专项拨款用于项目建设的,记入“在建工程”等科目;项目完工后确认长期资产,相应部分随着“在建工程”等科目结转为“固定资产”,同时增记“资本公积——资本溢价”科目,从而使相应数额负债彻底转变为所有者权益。

3. 预计负债

预计负债是根据《企业会计准则第 13 号——或有事项》中的或有事项确认的预计负债;其中,或有事项是指过去的交易或者事项形成的,其结果须由某些未来事项的发生或不发生才能决定的不确定事项。或有事项具有三个特征:(1)由过去的交易或事项形成,这些交易或事项是客观存在的,如签订了担保合同;(2)结果具有不确定性,或是经济利益是否流出不确定,或是其发生的具体时间或金额不确定;(3)结果由未来事项决定,如未决诉讼需要等法院判决。常见的或有负债主要包括未决诉讼或判决、债务担保、产品质量保证、承诺、亏损合同、重组义务、商业承兑汇票背书转让或贴现等。正常情形下的或有负债并非真正的债务,只有履行后可能亏损的合同这一特殊情形,依该合同义务确认的预计负债才是真正的债务。或有负债一般不作为预计负债确认,如情况发生变化,该事项很可能导致经济利益的流出且金额能够可靠计量时,将其确认为预计负债,从而进入企业资产负债表。

“预计负债”科目核算企业确认的对外提供担保、未决诉讼、产品质量保证、重组义务、亏损性合同等预计负债;可按形成预计负债的交易或事项进行明细核算,期末贷方余额反映企业已确认尚未支付的预计负债。预计负债的确认及其数额通过会计估计予以判断。例如,在涉及担保诉讼但未判决的情况下,企业应向律师或法律顾问等咨询后估计败诉可能性,以及败诉后可能发生的损失金额,并取得有关书面意见。如果败诉的可能性大于胜诉,且损失金额能够合理估计,应当将损失金额确认为预计负债,并计入当期营业外支出。在上诉或发回重审等期间,企业也应当根据判决结果合理估计可能产生的损失,并确认预计负债。确认预计负债时,相应数额同时贷记“营业外支出”科目,负面影响当期利润。确认由产品质量保证产生的预计负债,相应成本记入“销售费用”科目。确认由资产弃置义务产生的预计负债时,相应数额成为固定资产或油气资产的成本,增记相应资产科目,在资产使用期限内摊销。

4. 递延所得税负债

如果会计准则与税收征管法规的差异造成企业少缴所得税,应使用“递延所得税负债”科目核算少缴所得税。“递延所得税负债”科目核算企业确认的应纳税暂时性差异产生的所得税负债;可按应纳税暂时性差异的项目进行明细核算,期末贷方余额反映企业已确认的递延所得税负债。

5. 保险企业的责任准备金

根据原《企业会计准则第25号——原保险合同》的规定,保险公司需要提取未到期责任准备金、未决赔款准备金、寿险责任准备金和长期健康险责任准备金等责任准备金。其主要逻辑是:保险公司收到当期保费后全部确认为收入,但因保险服务尚未提供,所以需要提取各种保险责任准备金作为成本,才能计算保险公司的利润。但是,2020年发布的新保险准则变更了保险收入的确认逻辑,要求保险公司的会计处理应严格遵循会计处理的权责发生制原则,不能将保险合同中应收取的当期保费一次性确认为当期营业收入,而应在提供保险服务的期间内随着风险释放进度逐步确认保费收入。即是说,当期保费收取的不能再确认为当期保险服务收入,只能确认为一项保险合同负债;在逐期履行了保险合同约定的风险承担义务后,才能逐期确认为保险服务收入。

如此一来,旧准则提取责任准备金的会计逻辑便不再具备,其提取理由只剩下保险合同相对人的利益保障,保险公司责任准备金的提取成为一项纯粹的保险监管事务,理应由保险监管部门负责。同时,《保险法》规定,保险公司提取和结转责任准备金的具体办法,由国务院保险监督管理机构制定。结合新会计准则的变化,原银保监会2021年颁布了《保险公司非寿险业务准备金管理办法》及其实施细则1—7号,适用于保险公司财产损失保险、责任保险、信用保险、保证保险、短期健康保险和意外伤害保险业务以及上述业务的再保险业务。目前,寿险业务方面的责任准备金提取规范尚未出台。

依据《保险公司非寿险业务准备金管理办法》的规定,保险公司非寿险业务需要提取未到期责任准备金与未决赔款准备金。

未到期责任准备金是指在准备金评估日为尚未终止的保险责任而提取的准备金,包括未赚保费准备金及保费不足准备金。未赚保费准备金是指以未满期部分保费收入为基础所计提的准备金,并应减除与获取保费收入相关联的保单获取成本的未到期部分。保险公司应在未到期责任准备金评估过程中进行保费充足性测试,并根据测试结果提取保费不足准备金,作为未到期责任准备金的一部分。

未决赔款准备金是指保险公司为保险事故已经发生但尚未最终结案的损失提取的准备金,包括已发生已报案未决赔款准备金、已发生未报案未决赔款准备金和理赔费用准备金。已发生已报案未决赔款准备金是指为保险事故已经发生并已向保险公司提出索赔,保险公司尚未结案的损失而提取的准备金。已发生未报案未决赔款准备金是为下列情况所提取的赔款准备金:(一)保险事故已经发生但尚未向保险公司提出索赔的;(二)已经提出索赔但保险公司尚未立案的;(三)保险公司已立案但对事故损失估计不足,预计最终赔付将超过原估损值的;(四)保险事故已经赔付但有可能再次提出索赔的。理赔费用准备金是指为尚未结案的损失可能发生的费用而提取的准备金,包括为直接发生于具体赔案的专家费、律师费、损失检验费等提取的直接理赔费用准备金,以及为非直接发生于具体赔案的费用而提取的间接理赔费用准备金。

二、共同类科目

(一)共同类科目的含义

共同类科目指该科目的核算结果既可能是资产,也可能是负债;是资产还是负债,需要根据科目期末余额所在方(借方或贷方)确定;如余额在借方为资产,在贷方则为负债。使用共同类科目的企业多为金融、保险、投资、基金等金融企业,因为它们的一些特殊业务可能形成资产,也可能形成负债,如资金清算、货币兑换、衍生金融工具交易等。

根据《会计科目和主要账务处理》的规定,共同类一级科目包括"清算资金往来""货币兑换""衍生工具""套期工具""被套期项目"等。

(二)共同类科目解读

1. 清算资金往来

"清算资金往来"科目核算银行企业间业务往来的资金清算款项;可按资金往来单位,分别根据"同城票据清算""信用卡清算"等进行明细核算。期末借方余额反映企业应收的清算资金,贷方余额反映企业应付的清算资金。

2. 货币兑换

"货币兑换"科目核算金融企业采用分账制核算外币交易所产生的不同币种之间的兑换;应按币种进行明细核算。商业银行日常会发生的与客户的外汇买卖业务,按交易发生日汇率计量,期末则按报告日汇率折算后进入资产负债表,因资产负债表日与初始确认时或者前一资产负债表日即期汇率不同,由此产生的汇兑差额应计入当期损益。因差额期末通过"汇兑损益"等损益类科目进入利润表,故期末本科目应无余额。

3. 衍生金融工具科目

(1)衍生金融工具的理解

金融衍生工具又称"金融衍生产品",是与基础金融产品相对应的一个概念,指其价格随基础产品价格等变量而变动的派生金融产品;其中,"基础产品"是一个相对的概念,可能是大宗商品或债券、股票、银行定期存款单等传统金融产品,也可能是其他金融衍生工具,具体指向只能根据交易契约确定。实践中,作为金融衍生工具基础的变量包括合同指定的基础产品价格、利率、汇率、各类价格指数、通货膨胀率甚至天气指数等。

首先,从法律角度看,基础产品可能是代表物权、债权、股权等私权的资产,而衍生金融工具的法律性质只能是以契约方式缔结的债权请求权。其次,衍生金融工具的交易契约具有双务性与射幸性;也就是说,交易双方负有相互给付的义务,但给付义务方与给付数额在合约缔结时不确定,需依据约定的未来事件(相应变量)而确定,双方均有获利或受损的可能。以郑州商品交易所代码为 CF109 的棉花期货为例,其交易标的是"符合 GB 1103.1 – 2012《棉花第 1 部分:锯齿加工细绒棉》规定的 3128B 级,且长度整齐度为 U3 档,断裂比强度为 S3 档,轧工质量为 P2 档的国产棉花",交割日期为 1 月、3 月、5 月、7 月、9 月、11 月第 13 个交易日,交易时以"手"为交易数量单位(每手代表 5 吨),以"吨"为报价单位,2021 年 6 月某交易日收盘价为 17,555 元/吨;如甲企业以 17,555 元价格买入 1 手并持有到 7 月交割日,假设最后交易日每吨为 17,600 元,则其以每吨 17,555 元的价格买到了每吨价值 17,600 元的棉花,产生每吨 45 元收益(不含期货交易本身的成本),合约卖方乙企业则产生每吨 45 元的亏损;假设最后交易日每吨价格低于 17,555 元,则甲亏损,乙获利。

从会计角度看,甲企业买入该期货后,应在交易发生日用共同类科目记录这个交易,并在资产负债表日按公允价值计量,有收益则差额记借方,产生亏损则差额记贷方。期末相关科目余额在借方的为资产,在贷方则为负债。

共同类科目中,核算衍生金融工具的一级科目有三个:衍生工具、套期工具与被套期项目。其中,"衍生工具"科目核算所有既可能是资产也可能是负债的交易,"套期工具"与"被套期项目"科目用于具有套期保值[1]目的特殊交易。资产负债表日,按衍生工具公允价值计量的借方数额进入资产负债表中的"衍生金融资产"科目,借方与贷方的差额通过"公允价值变动损益"科目进入利润表。

(2)相关会计科目

"衍生工具"科目核算企业衍生工具的公允价值及其变动形成的衍生资产或衍生负债;可按衍生工具类别进行明细核算;借方余额反映企业衍生工具形成资产的

---

〔1〕 套期保值,又称对冲交易,是指交易人在买进(或卖出)现货的同时,在期货交易所卖出(或买进)同等数量的期货交易,以防止现货涨价或跌价造成损失。此类交易中,因现货涨跌价产生的损失可被相反方向的期货收益冲抵,具有现货保值功能,故称为"套期保值","期"指期货。

公允价值,贷方余额反映企业衍生工具形成负债的公允价值。衍生工具作为套期工具的,在“套期工具”科目核算。

“套期工具”科目核算企业开展套期保值业务(包括公允价值套期、现金流量套期和境外经营净投资套期)套期工具公允价值变动形成的资产或负债;可按套期工具类别进行明细核算,期末借方余额反映企业套期工具形成资产的公允价值,贷方余额反映负债。根据《套期会计准则》的规定,套期是指企业为管理外汇风险、利率风险、价格风险、信用风险等特定风险引起的风险敞口,指定金融工具为套期工具,以使套期工具的公允价值或现金流量变动,预期抵销被套期项目全部或部分公允价值或现金流量变动的风险管理活动。套期工具指企业为进行套期而指定的、其公允价值或现金流量变动预期可抵销被套期项目的公允价值或现金流量变动的金融工具,以前述棉花期货交易为例,如甲为棉纺企业,生产需要棉花作为原材料,6月其签了一份于9月交货的订单,生产排期在7月中旬之后,由于存储能力、资金等限制,只能等到真正开工之前才能买入原材料,这样就面临7月棉花现货价格上涨导致订单利润减少甚至亏损的风险;为对冲此风险,甲就需要买入棉花的看多期货合约,这样即使7月现货价格上涨,也能用期货收益对冲现货损失;如卖出空单的是棉花种植企业,它可能是担心7月卖出棉花时价格下跌导致所持有现货贬值,所以6月开出空单,如价格下跌则期货收益对冲现货损失,如价格上涨则现货收益对冲期货损失。

在前述卖出棉花期货空单的乙企业,其持有的看跌期货合约在“套期工具”科目核算,核算相同规格棉花库存的“库存商品”科目应指定为被套期项目。根据《套期会计准则》的规定,被套期项目指使企业面临公允价值或现金流量变动风险,且被指定为被套期对象的、能够可靠计量的项目。企业可以将下列单个项目、项目组合或其组成部分指定为被套期项目:已确认资产或负债;尚未确认的确定承诺;极可能发生的预期交易;境外经营净投资。“被套期项目”科目核算企业开展套期保值业务时被套期项目公允价值变动形成的资产或负债;可按被套期项目类别进行明细核算,期末借方余额反映企业套期工具项目形成资产的公允价值,贷方余额反映负债。

三、所有者权益类科目

(一)所有者权益的理解

会计学认为,所有者权益是指企业所有者对企业净资产具有的要求权,是企业资产扣除负债后由所有者享有的剩余权益。从法律角度理解,所有者权益是指企业账面资产扣除应用于还债的那部分后、抽象地属于全体权益投资者的剩余经济利益,或者不分份额地属于企业权益投资者共同所有的剩余财产。“所有者”应从最终经济利益享有者的角度理解,并非民法上的所有权人;所有者可能是股东,也可能是合伙人或合作社成员,具体根据企业组织形式判断。

《会计科目和主要账务处理》规定,所有者权益有“实收资本”“资本公积”“盈余公积”“一般风险准备”“本年利润”“利润分配”“库存股”等一级科目。

(二)所有者权益科目

1. 实收资本

“实收资本”科目核算企业接受投资者投入的实收资本;股份有限公司应将本科目改为“4001 股本”科目。本科目可按投资者进行明细核算,期末贷方余额反映企业实收资本或股本总额。溢价发行情形下,投资者实缴出资数额会超过其出资比例按注册资本计算的金额,或按股票面额计算的数额,其超出部分应作为资本溢价或股本溢价,在“资本公积”科目核算。

2. 资本公积

资本公积本质为企业投资者的权益投资产生的增值,增值部分通过“资本公积”科目核算;应当分别按“资本溢价(股本溢价)”“其他资本公积”进行明细核算,期末贷方余额反映企业的资本公积。该科目核算企业收到投资者出资额超出其在注册资本或股本中所占份额的部分,以及其他直接计入所有者权益的利得或损失。例如,某公司注册资本 300 万元,某股权投资基金通过增资方式,以 500 万元对价取得其 20% 股权,增资完成公司注册资本为 375 万元,公司收到该 500 万元增资款后,应将 75 万元计入实收资本,剩余 425 万元计入资本公积。

3. 盈余公积

根据《公司法》的规定,公司应于当年税后利润中提取利润的 10% 列入公司法定公积金,之后还可按章程规定或股东会决议从税后利润中提取任意公积金;根据《农民专业合作社法》的规定,农民专业合作社可以按照章程规定或者成员大会决议从当年盈余中提取公积金。企业依法或依章程等从净利润中提取的相应数额,进入“盈余公积”科目;应当分别按“法定盈余公积”“任意盈余公积”进行明细核算,期末贷方余额反映企业的盈余公积。

4. 一般风险准备

从事金融业务的企业需要使用“一般风险准备”科目,核算按相关监管规定从净利润中提取的一般风险准备金。金融业经营面临多种风险,为应对未来风险,需要从利润中提取风险准备金,使合理数量的财产留存在企业,而不是被分配给投资者。科目期末贷方余额,反映企业已经提取但尚未用于弥补亏损的一般风险准备。

关于金融企业的风险准备金制度,本书第九章第三节有详细介绍。

5. 本年利润

“本年利润”科目核算企业当期实现的净利润(如数额为负数,则为发生的净亏损)。企业期末结转利润时,应将损益类科目的金额转入本科目,结平各损益类科目。结转后的科目如为贷方余额,反映当期实现的净利润;如为借方余额,则反映当期发生的净亏损。年度终了时,企业应将本年收入和支出相抵后结出的本年实现的净利润转入“利润分配”科目,结转后本科目应无余额。

6. 利润分配

“利润分配”科目核算企业利润的分配(或亏损的弥补)和历年分配(或弥补)后的余额。根据《会计科目和主要账务处理》的解释,该科目应当分别根据“提取法定盈余公积”“提取任意盈余公积”“应付现金股利或利润”“转作股本的股利”“盈余公积补亏”“未分配利润”等进行明细核算。据此,“利润分配”一词不同于法律上的向股东分配利润,指的是会计核算出来、体现于利润表的利润扣除所得税后,在盈余公积、应付股利、利润转增资本、盈余公积补亏、未分配利润等科目间的分配。年度终了,企业应将本年实现的净利润从“本年利润”科目转入本科目,同时,将“利润分配”科目所属其他明细科目的余额转入本科目“未分配利润”明细科目。结转后,本科目除“未分配利润”明细科目外,其他明细科目应无余额。本科目年末余额,反映企业的未分配利润(或未弥补亏损)。

7. 库存股

“库存股”科目核算企业收购、转让或注销的本公司股份金额。将收购的股份奖励给职工属于以权益结算的股份支付,除正常会计核算外,还应登记备查账。科目期末借方余额反映企业持有尚未转让或注销的本公司股份金额。

第三节 成本类与损益类科目

一、成本

(一)成本的五层含义

“成本”一词在会计学中的使用比较复杂,需将其分为最广义、广义、中义、狭义与最狭义五个层面,才能准确理解。

最广义的成本与广义的费用相同,指企业经营所付出的全部代价,与“支出”同义。

企业合并利润表中的“营业总成本”可理解为广义成本。根据财政部《关于修订印发合并财务报表格式(2019版)的通知》,该成本与合并利润表中的“营业总收入”相对应,内涵等同中义费用,即“特定会计期间经营活动对资产价值消耗的总额”,核算主体不是单个企业,而是企业集团。对非金融企业,其外延包括营业成本、税金及附加、销售费用、管理费用、研发费用、财务费用,以及投资收益、汇兑收益、净敞口套期收益、信用减值损失、资产减值损失与资产处置收益。

中义的成本是会计理论上的“生产成本”,它由原材料、能源、固定资产(如厂房、机器设备)等已消耗的生产资料的价值转移而来,再加上工人劳动(体现为薪酬)所创造的新价值。所以,会计理论将生产成本界定为一定会计期间生产某种产品所发生的直接费用和间接费用的总和,一般包括直接材料、直接人工和制造费用。在《企业产品成本核算制度(试行)》中,其又称为产品成本,指企业在生产产品过程中所发生的材料费用、职工薪酬等,以及不能直接计入而按一定标准分配计入的各种间接费用。[1]

狭义的成本指前述中义成本中的“生产成本”与“劳务成本”这两个成本类一级科目。

最狭义的成本指损益类科目中的“主营业务成本”与“其他业务成本”,最终体现在利润表中的“营业成本”中。企业产品或服务实现销售后,会计根据《收入准则》规定确认销售收入的同时,根据成本收入配比原则,将相应产品或服务的成本确认为当期费用(中义),相应数额从成本类科目结转至损益类科目,于报告日进入利润表中的“营业成本”。这个层次的“成本”,是企业当期费用的组成部分。

(二)费用的三层含义

综观会计理论与相关规范对“费用”一词的使用,可将其分为广义、中义与狭义三个层面,具体含义需根据语境判断。

广义的费用与支出、成本等术语不加区分,与“支出”同义,如“费用资本化”。费用资本化是一种会计技术,是指某些与特定资产相关的支出应将其核算为相关资产的成本,进入资产负债表中的“资产”部分,不能作为当期费用进入利润表。例如,符合资本化标准的无形资产开发产生的支出,应确认为无形资产。“费用资本

---

[1] 《企业产品成本核算制度(试行)》第2条规定,其适用范围包括制造业、农业、批发零售业、建筑业、房地产业、采矿业、交通运输业、信息传输业、软件及信息技术服务业、文化业、其他行业的企业,以及其他无专门成本核算制度的行业;该制度不适用于金融保险业企业。

化”的“资本”并非法律意义上的“资本”，实则为资产，可将其简单理解为“支出资产化”，即支出变成了资产负债表中的资产。

与收入相对应的费用可理解为中义的费用，包括与营业收入直接相关的费用和期间费用。根据《基本准则》的规定，可将其概括理解为：特定期间企业为取得营业收入而消耗的资产数额。《基本准则》规定，费用指企业在日常活动中发生的、会导致所有者权益减少的、与向所有者分配利润无关的经济利益的总流出。从会计核算的角度看，费用包括两类：一类是主营业务成本（最狭义的成本），另一类是期间费用。主营业务成本，是企业在一定会计期间生产特定产品或提供特定服务所发生的直接费用和间接费用的总和，即《基本准则》规定的“为生产产品、提供劳务等发生的可归属于产品成本、劳务成本等的费用”。期间费用是指企业在当期日常活动所产生的、不能归属于特定核算对象、应直接计入当期损益的成本。费用发生的法律后果与经济后果有两种可能性：或使企业失去既有资产的法律权利、既有资产减少，或使企业产生新的债务、本期或未来需要向债权人履行相应支付义务。

狭义的费用是指期间费用，如损益类一级科目中的“销售费用”“管理费用”“财务费用”。[1]

（三）费用与成本的不同会计处理

虽然成本（中义）与费用（狭义）都会使企业支出增加，但二者的会计处理路径完全不同，从而直接影响企业经营成果评价的核心指标——利润数额，以及以利润为基数计算的各种财务指标，如毛利润、净资产收益率等。

费用（狭义）直接进入损益类科目，报告日进入利润表，成为应予扣减的数额，进而减少当期利润数额，并同时使当期资产负债表中的所有者权益（账面净资产）减少。因企业所得税的计算基数是当期利润，还会进一步影响应缴所得税额。

成本（中义）则进入成本类科目，报告日进入资产负债表，成为存货类资产的一部分，使企业总资产和净资产相应增加。产品实现销售后确认收入时，按照前述最狭义成本所述，相应数额先结转进入损益类科目，报告日进入利润表中的“营业成本”，负面影响当期利润。与此同时，资产负债表中的存货类科目相应减少，意味着产品已经售出，所有权不再属于企业，但销售实现了营业收入，扣减营业费用（中义）后产生了利润或亏损。当期利润表确定后，盈亏数额通过“未分配利润”一栏进入当期资产负债表，从而间接影响资产负债表。

---

〔1〕 刘永泽、陈文铭主编：《会计学》（第4版），东北财经大学出版社2015年版，第206页。

二、成本类科目[1]

“成本类科目”中的“成本”指中义的成本，是企业为生产产品而发生的直接费用与间接费用，根据《会计科目和主要账务处理》，这类科目包括生产成本、制造费用、劳务成本、研发支出、工程施工、工程结算、机械作业等一级科目。除“研究支出”中的“费用化支出”外，其他成本类科目都随其受益对象(产品)进入资产负债表。

(一)生产成本

“生产成本”科目核算企业进行工业性生产发生的各项生产成本，包括生产各种产品(产成品、自制半成品等)、自制材料、自制工具、自制设备等，可按基本生产成本和辅助生产成本进行明细核算。农业企业的农业生产发生的各项生产成本，可将本科目改为“5001 农业生产成本”科目，并分别根据种植业、畜牧养殖业、林业和水产业确定成本核算对象(如消耗性生物资产、生产性生物资产、公益性生物资产和农产品)和成本项目，进行费用的归集和分配。房地产开发企业可将本科目改为“5001 开发成本”科目。

基本生产成本应当分别按照基本生产车间和成本核算对象(如产品品种、类别、批别、生产阶段等)设置明细账或成本计算单，并按照规定的成本项目设置专栏。企业发生的各项直接生产成本，借记本科目代表增加，同时贷记“原材料”“库存现金”“银行存款”“应付职工薪酬”，代表资产减少或负债增加。企业生产完成并已验收入库的产成品以及入库的自制半成品，应于期(月)末，借记“库存商品”等科目代表增加，贷记本科目亦代表增加。辅助生产车间为基本生产车间、企业管理部门和其他部门提供的劳务和产品为辅助生产成本，期(月)末按照一定的分配标准分配给各受益对象。

科目期末借方余额，反映企业尚未加工完成的在产品成本或尚未收获的农产品成本。

(二)制造费用

“制造费用”科目核算企业生产车间(部门)为生产产品和提供劳务而发生的各项间接费用，可按不同的生产车间、部门和费用项目进行明细核算。企业行政管理部门为组织和管理生产经营活动而发生的管理费用，不能计入“制造费用”，而应在

---

[1] 有的会计教材称之归为资产类科目中的存货，本书遵循财政部规范性文件《会计科目和主要账务处理》，称之为成本类科目。

“管理费用”科目核算。

本科目核算的支出包括:生产车间发生的机物料消耗(为维护固定资产等设备所消耗的各种材料,但不包括修理用材料和劳动保护用材料),生产车间管理人员的工资等职工薪酬,生产车间计提的固定资产折旧,生产车间支付的办公费、水电费等,以及季节性的停工损失(停工期产生的前述三项支出)。将制造费用分配计入有关的成本核算对象(相应产品)时,借记“生产成本(基本生产成本、辅助生产成本)”“劳务成本”等科目,贷记本科目。

因相应数额结转进入存货类科目,除季节性生产企业,本科目期末应无余额。季节性生产企业为下一年开工生产做准备的制造费用,可留待下一年分配。

(三)劳务成本

“劳务成本”科目核算企业对外提供劳务发生的成本,可按提供劳务种类进行明细核算。证券企业在为上市公司进行承销业务发生的各项相关支出,可将本科目改为“5201 待转承销费用”科目,并按照客户进行明细核算。

企业发生各项劳务成本的,借记本科目,贷记“银行存款”“原材料”“应付职工薪酬”等科目。建造承包商对外单位、专项工程等提供机械作业(包括运输设备)的成本,借记本科目,贷记“机械作业”科目。确认收入、结转劳务成本时,借记“主营业务成本”“其他业务成本”等科目,贷记本科目。

科目期末借方余额反映企业尚未完成或尚未结转的劳务成本。

(四)研发支出

“研发支出”科目核算企业研究与开发无形资产过程中发生的各项支出,可按研究开发项目,分别根据“费用化支出”“资本化支出”进行明细核算。

自行开发无形资产发生的研发支出,不满足资本化条件的,借记本科目的“费用化支出”;满足资本化条件的,借记本科目的“资本化支出”,贷记“原材料”(如研发物料消耗使原材料减少)、“银行存款”(如已付研发人员薪酬导致存款减少)、“应付职工薪酬”(负债增加)等科目。研发项目达到预定用途形成无形资产的,应按本科目的“资本化支出”余额,借记“无形资产”科目,贷记本科目“资本化支出”(因结转为无形资产,相应数额归零)。

期末,应将本科目归集的费用化支出金额转入“管理费用”科目,借记“管理费用”科目(管理费用增加),贷记本科目“费用化支出”(结转为管理费用后相应数额归零)。因此,本科目期末借方余额,只反映正在进行的无形资产研开项目支出中满足资本化条件的那部分。

(五)工程施工

“工程施工”科目核算建筑企业实际发生的合同成本和合同毛利,可按建造合同,分别根据“合同成本”“间接费用”“合同毛利”进行明细核算。企业及其内部独立核算的施工单位,从外单位或本企业其他内部独立核算的机械站租入施工机械发生的租赁费,在本科目核算。

企业进行合同建造时发生的人工费、材料费、机械使用费以及施工现场材料的二次搬运费、生产工具和用具使用费、检验试验费、临时设施折旧费等其他直接费用,借记本科目“合同成本”,贷记“应付职工薪酬”“原材料”等科目。发生的施工、生产单位管理人员职工薪酬、固定资产折旧费、财产保险费、工程保修费、排污费等间接费用,借记本科目“间接费用”,贷记“累计折旧”“银行存款”等科目。其间发生的间接费用,应于期末分配计入有关合同成本,借记本科目“合同成本”,贷记本科目“间接费用”。

满足收入确认条件后,确认收入时应借记“主营业务成本”科目,贷记“主营业务收入”科目,按其差额,借记或贷记本科目“合同毛利”。

合同完工时,因施工义务已经完全履行,应将本科目余额与相关工程施工合同的“工程结算”科目对冲,借记“工程结算”科目,贷记本科目。科目期末借方余额,反映企业尚未完工的建造合同成本和合同毛利。

(六)工程结算

“工程结算”科目核算建筑企业根据建造合同约定向业主办理结算的累计金额,可按建造合同进行明细核算。企业向业主办理工程价款结算,按应结算的金额,借记“应收账款”等科目,贷记本科目。

本科目期末贷方余额,反映企业尚未完工建造合同已办理结算的累计金额。

(七)机械作业

“机械作业”科目核算建筑企业及其内部独立核算的施工单位、机械站和运输队使用自有施工机械和运输设备进行机械作业所发生的各项费用,可按施工机械或运输设备的种类等进行明细核算。施工企业内部独立核算的机械施工、运输单位使用自有施工机械或运输设备进行机械作业所发生的各项费用,可按成本核算对象和成本项目进行归集。

机械作业成本包括人工费、燃料及动力费、折旧及修理费、其他直接费用,以及为组织和管理机械作业生产所发生的间接费用。发生机械作业支出的,借记本科目,贷记"原材料""应付职工薪酬""累计折旧"等科目。

期末,企业及其内部独立核算的施工单位、机械站和运输队为本单位承包的工程进行机械化施工和运输作业的成本,应结转为施工义务的履行成本,借记"工程施工"科目,贷记本科目。对外单位、专项工程等提供机械作业(包括运输设备)的成本,借记"劳务成本"科目,贷记本科目。科目期末应无余额。

三、损益类科目

简单理解,损益类科目是指为核算企业利润而使用的科目,可将其分为收入、费用以及损益调整三类科目。

根据《会计科目和主要账务处理》与相关会计准则,损益类科目及其编号如表4－3所示。

表4－3　损益类一级科目及其编号

编号	科目名称	编号	科目名称
6001	主营业务收入	6421	手续费及佣金支出
6011	利息收入	6501	提取未到期责任准备金
6021	手续费及佣金收入	6502	提取保险责任准备金
6031	保费收入	6511	赔付支出
6041	租赁收入	6521	保单红利支出
6051	其他业务收入	6531	退保金
6061	汇兑损益	6541	分出保费
6101	公允价值变动损益	6542	分保费用
6111	投资收益	6601	销售费用
6201	摊回保险责任准备金	6602	管理费用
6202	摊回赔付支出	6603	财务费用
6203	摊回分保费用	6604	勘探费用
6301	营业外收入	6701	资产减值损失
6401	主营业务成本	6711	营业外支出
6402	其他业务成本	6801	所得税费用
6403	营业税金及附加	6901	以前年度损益调整
6411	利息支出		

(一)收入类科目

1. 主营业务收入

"主营业务收入"科目核算企业确认的销售商品、提供劳务等主营业务的收入,可按主营业务的种类进行明细核算。企业销售商品或提供劳务实现的收入,应按实际收到或应收的金额,借记"银行存款""应收账款""应收票据"等科目,按确认的营业收入贷记本科目。期末应将本科目的余额转入"本年利润"科目,结转后本科目应无余额。

2. 利息收入

"利息收入"科目核算金融企业确认的利息收入,包括发放的各类贷款(银团贷款、贸易融资、贴现和转贴现融出资金、协议透支、信用卡透支、转贷款、垫款等)、与其他金融机构(中央银行、同业等)之间发生资金往来业务、买入返售金融资产等实现的利息收入等。本科目可按业务类别进行明细核算。

资产负债表日,企业应按合同利率计算确定的应收未收利息,借记"应收利息"等科目,利息收入贷记本科目,按其差额,借记或贷记"贷款——利息调整"等科目。期末应将本科目余额转入"本年利润"科目,结转后本科目应无余额。

3. 手续费及佣金收入

"手续费及佣金收入"科目核算金融企业确认的手续费及佣金收入,包括办理结算业务、咨询业务、担保业务、代保管等代理业务以及办理受托贷款及投资业务等取得的手续费及佣金,如结算手续费收入、佣金收入、业务代办手续费收入、基金托管收入、咨询服务收入、担保收入、受托贷款手续费收入、代保管收入,代理买卖证券、代理承销证券、代理兑付证券、代理保管证券、代理保险业务等代理业务以及其他相关服务实现的手续费及佣金收入等。

本科目可按手续费及佣金收入类别进行明细核算。期末应将本科目余额转入"本年利润"科目,结转后本科目应无余额。

4. 保费收入

"保费收入"科目核算保险企业确认的保费收入;可按保险合同和险种进行明细核算。期末应将本科目余额转入"本年利润"科目,结转后本科目应无余额。

5. 租赁收入

"租赁收入"科目核算租赁企业确认的租赁收入;可按租赁资产类别进行明细核算。期末应将本科目余额转入"本年利润"科目,结转后本科目应无余额。

6. 其他业务收入

“其他业务收入”科目核算企业确认的除主营业务活动以外的其他经营活动实现的收入，包括出租固定资产、出租无形资产、出租包装物和商品、销售材料、用材料进行非货币性交换（非货币性资产交换具有商业实质且公允价值能够可靠计量）或债务重组等实现的收入，以及保险企业经营受托管理业务收取的管理费收入。本科目可按其他业务收入种类进行明细核算；期末应将本科目余额转入“本年利润”科目，结转后本科目应无余额。

7. 汇兑损益

“汇兑损益”科目核算金融企业发生的外币交易因汇率变动而产生的汇兑损益。期末应将本科目的余额转入“本年利润”科目，结转后本科目应无余额。

8. 公允价值变动损益

“公允价值变动损益”科目核算企业交易性金融资产、交易性金融负债，以及采用公允价值模式计量的投资性房地产、衍生工具、套期保值业务等公允价值变动形成的应计入当期损益的利得或损失，以及指定为以公允价值计量且其变动计入当期损益的金融资产或金融负债公允价值变动形成的应计入当期损益的利得或损失。企业开展套期保值业务的，有效套期关系中套期工具或被套期项目的公允价值变动，可单独设置“6102 套期损益”科目核算。本科目可按交易性金融资产、交易性金融负债、投资性房地产等进行明细核算。

资产负债表日，企业持有交易性金融资产的，应按其公允价值高于其账面余额的差额，借记资产科目中的“交易性金融资产——公允价值变动”，贷记本科目；公允价值低于其账面余额的，差额做相反会计分录。出售交易性金融资产时，应按实际收到的金额，借记“银行存款”“存放中央银行款项”等科目，按该金融资产的账面余额，贷记“交易性金融资产”科目，差额借记或贷记“投资收益”科目；同时，将原计入该金融资产的公允价值变动转出，借记或贷记本科目，贷记或借记“投资收益”科目。

资产负债表日，企业持有交易性金融负债的，应按其公允价值高于其账面余额的差额，借记本科目，贷记“交易性金融负债”等科目；公允价值低于其账面余额的，差额做相反会计分录。处置交易性金融负债，应按该金融负债的账面余额，借记“交易性金融负债”科目，实际支付的金额贷记“银行存款”“存放中央银行款项”“结算备付金”等科目，差额贷记或借记“投资收益”科目。同时，按该金融负债的公允价值变动，贷记或借记本科目，借记或贷记“投资收益”科目。

期末，企业应将科目余额转入“本年利润”科目，结转后本科目无余额。

9. 投资收益

“投资收益”科目核算企业确认的投资收益或投资损失。金融企业债券投资持有期间取得的利息收入，也可在“利息收入”科目核算。本科目可按投资项目进行明细核算。

长期股权投资采用成本法核算的，企业应按被投资单位宣告发放的现金股利或利润中属于本企业的部分，借记“应收股利”科目，贷记本科目；属于被投资单位在取得本企业投资前实现净利润的分配额，应作为投资成本的收回，借记“应收股利”等科目，贷记“长期股权投资”科目。

长期股权投资采用权益法核算的，应按根据被投资单位实现的净利润或经调整的净利润计算应享有的份额，借记“长期股权投资——损益调整”科目，贷记本科目。处置长期股权投资时，应按实际收到的金额，借记“银行存款”等科目，按其账面余额贷记“长期股权投资”科目，按尚未领取的现金股利或利润，贷记“应收股利”科目，按其差额贷记或借记本科目。

期末，企业应将本科目余额转入“本年利润”科目，结转后本科目应无余额。

10. 摊回保险责任准备金

保险人收取原保险合同的保险费后，应按照监管机构的规定从中提取各种责任准备金；当它将一部分原保险分出给再保险人时，再保险人也应提取再保险业务的责任准备金，如果不予会计技术处理，会导致分出的再保险部分被重复提取。因此，会计使用“摊回保险责任准备金”作为原保险人的收入科目，以解决重复提取的问题。例如，某期间原保险之保险人保费收入 100 万元，须全额提取准备金 50 万元；假如其将 20 万元通过再保险分出，再保险人也应提取接受部分的 10 万元，结果是 100 万保费提取了 60 万元准备金，原因是再保险部分被重复提取。会计核算时，原保险人应将多提取的 10 万元计入“摊回保险责任准备金”，以冲抵原保险多提取的 10 万元。

本科目核算再保险分出企业接受的、理论上应由再保险人支付的保险责任准备金，包括未决赔款准备金、寿险责任准备金、长期健康险责任准备金。再保险分出企业也可以单独设置“摊回未决赔款准备金”“摊回寿险责任准备金”“摊回长期健康险责任准备金”等科目。本科目可按保险责任准备金类别和险种进行明细核算；期末应将本科目余额转入“本年利润”科目，结转后本科目无余额。

11. 摊回赔付支出

原保险合同约定的保险事故发生后，应由原保险人向被保险人或受益人等全额支付保险金，再保险人并不直接向被保险人或受益人赔付，而是向再保险分出人支付分保部分的保险金，从而形成再保险分出人的收入。该部分收入通过“摊回赔付支出”核算。

本科目核算再保险分出企业接受的、应由再保险人支付的保险金赔付收入。再保险分出企业也可以单独设置“摊回赔款支出”“摊回年金给付”“摊回满期给付”“摊回死伤医疗给付”等科目。本科目可按险种进行明细核算。期末，应将科目余额转入“本年利润”科目，结转后本科目无余额。

12. 摊回分保费用

再保险业务中，原保险人在向再保险人支付保险费的同时，还应向对方收取一定费用，用以弥补原保险人为获取原保险合同之保险费而支出的费用或成本。原保险人应向再保险人收取的这笔费用，会计使用“摊回分保费用”科目予以核算，属于原保险人的营业收入。

本科目核算再保险分出企业接受的、应由再保险人支付的分保费用。本科目可按险种进行明细核算；期末，应将余额转入“本年利润”科目，结转后本科目无余额。

13. 营业外收入

本科目核算企业发生的各项营业外收入，主要包括非流动资产处置利得、非货币性资产交换利得、债务重组利得、政府补助、盘盈利得、捐赠利得等；可按营业外收入项目进行明细核算。期末，应将本科目余额转入“本年利润”科目，结转后本科目无余额。

（二）费用类（中义）科目

1. 主营业务成本

本科目核算企业确认销售商品或提供劳务等主营业务收入时，应从成本类科目结转为当期费用的成本；可按主营业务的种类进行明细核算。

期末，企业应根据本期（通常为“月”）销售各种商品、提供各种劳务等实际成本，计算应结转的主营业务成本，借记本科目（相应成本增加），贷记“库存商品”“劳务成本”（即减少，相应商品或服务类资产销售后相应数额归零）等科目。采用计划成本法的，平时的营业成本按计划成本结转，月末再结转本月销售商品应实际分摊的产品成本差异。采用售价金额法的，平时按售价结转，月末再结转商品进销差价。

确认建造合同收入的，按应确认的合同费用，借记本科目，按应确认的合同收入，贷记“主营业务收入”科目，按其差额，借记或贷记“工程施工——合同毛利”科目。合同完工时，已计提存货跌价准备的，还应结转跌价准备。

期末,应将科目余额转入“本年利润”科目,结转后本科目无余额。

2. 其他业务成本

本科目核算企业确认的除主营业务活动以外的其他经营活动所发生的支出,包括销售材料的成本、出租固定资产的折旧额、出租无形资产的摊销额、出租包装物的成本或摊销额等;按其他业务成本的种类进行明细核算。采用成本模式计量投资性房地产的,其投资性房地产计提的折旧额或摊销额,也通过本科目核算。

企业发生其他业务成本的,借记本科目,贷记“原材料”“周转材料”“累计折旧”“累计摊销”“应付职工薪酬”“银行存款”等科目。期末,应将科目余额转入“本年利润”科目,结转后本科目无余额。

3. 营业税金及附加

本科目核算企业经营活动发生的营业税、消费税、城市维护建设税、资源税和教育费附加等相关税费。房产税、车船使用税、土地使用税、印花税在“管理费用”科目核算,但与投资性房地产相关的房产税、土地使用税在本科目核算。

企业按规定计算确定的与经营活动相关的税费,借记本科目,贷记“应交税费”科目。期末,应将余额转入“本年利润”科目,结转后本科目无余额。

4. 利息支出

本科目核算金融企业发生的利息支出,包括吸收的各种存款(单位存款、个人存款、信用卡存款、特种存款、转贷款资金等)、与其他金融机构(中央银行、同业等)之间发生资金往来业务、卖出回购金融资产等产生的利息支出;可按利息支出项目进行明细核算。

资产负债表日,企业应按摊余成本和实际利率计算确定的利息费用金额,借记本科目,按合同利率计算确定的应付未付利息,贷记“应付利息”科目,按其差额,借记或贷记“吸收存款——利息调整”等负债科目。期末,应将余额转入“本年利润”科目,结转后本科目无余额。

5. 手续费及佣金支出

本科目核算金融企业发生的与其经营活动相关的各项手续费、佣金等支出;可按支出类别进行明细核算。

企业发生的与其经营活动相关的手续费、佣金等支出,借记本科目,贷记“银行存款”“存放中央银行款项”“存放同业”“库存现金”“应付手续费及佣金”等科目。期末,应将余额转入“本年利润”科目,结转后本科目无余额。

6. 提取未到期责任准备金

本科目核算保险企业提取的非寿险原保险合同未到期责任准备金和再保险合

同分保未到期责任准备金;可按保险合同和险种进行明细核算。

企业在确认原保费收入、分保费收入的当期,应按保险精算确定的未到期责任准备金,借记本科目,贷记“未到期责任准备金”科目。资产负债表日,应按保险精算重新计算确定的未到期责任准备金与已确认的未到期责任准备金的差额,借记负债科目“未到期责任准备金”,贷记本科目。期末,应将科目余额转入“本年利润”科目,结转后本科目无余额。

7. 提取保险责任准备金

本科目核算保险企业提取的原保险合同保险责任准备金,包括提取的未决赔款准备金、提取的寿险责任准备金、提取的长期健康险责任准备金,以及再保险人提取的再保险合同保险责任准备金;可按保险责任准备金类别、险种和保险合同进行明细核算。保险企业也可以单独设置“提取未决赔款准备金”“提取寿险责任准备金”“提取长期健康险责任准备金”等科目。

企业确认寿险保费收入,应按保险精算确定的寿险责任准备金、长期健康险责任准备金,借记本科目,贷记“保险责任准备金”科目。保险标的发生非寿险保险合同约定的保险事故当期,企业应按保险精算确定的未决赔款准备金,借记本科目,贷记“保险责任准备金”科目。对保险责任准备金进行偿付能力测试后不足的,应按补提的保险责任准备金,借记本科目,贷记“保险责任准备金”科目。

原保险合同保险人确定支付赔付款项金额或实际发生理赔费用的当期,应按冲减的相应保险责任准备金余额,借记“保险责任准备金”科目,贷记本科目。再保险人收到分保业务账单的当期,应按分保保险责任准备金的相应冲减金额,借记“保险责任准备金”科目,贷记本科目。

期末应将余额转入“本年利润”科目,结转后本科目无余额。

8. 赔付支出

本科目核算保险企业支付的原保险合同赔付款项和再保险合同赔付款项;可按保险合同和险种进行明细核算。保险企业也可单独设置“赔款支出”“满期给付”“年金给付”“死伤医疗给付”“分保赔付支出”等科目。

企业在确定支付赔付款项金额或实际发生理赔费用的当期,借记本科目,贷记相应负债科目或“银行存款”“库存现金”等资产科目。承担赔付保险金责任后应当确认的代位追偿款,借记资产科目“应收代位追偿款”,贷记本科目。

收到应收代位追偿款时,应按实际收到的金额,借记“库存现金”“银行存款”等科目,按应收代位追偿款的账面余额,贷记“应收代位追偿款”科目,按其差额,借记或贷记本科目。履行保险赔付义务后取得的损余物资,按同类或类似资产的市场价格计算确定的金额,借记“损余物资”科目,贷记本科目。处置损余物资后,按实际收到的金额,借记“库存现金”“银行存款”等科目,按损余物资的账面余额,贷记“损余物资”科目,按其差额,借记或贷记本科目。已计提跌价准备的,还应同时结转跌价准备。

再保险接受人收到分保业务账单的当期,应按账单标明的分保赔付款项金额,借记本科目,贷记“应付分保账款”科目。

期末,应将余额转入“本年利润”科目,结转后本科目无余额。

9. 保单红利支出

本科目核算保险企业按原保险合同约定支付给投保人的红利;可按保单红利来源进行明细核算。

企业按原保险合同约定计提应支付的保单红利,借记本科目,贷记“应付保单红利”科目。期末,应将余额转入“本年利润”科目,结转后本科目无余额。

10. 退保金

本科目核算保险企业的寿险原保险合同提前解除时按照约定应当退还投保人的保单现金价值;可按险种进行明细核算。

寿险原保险合同提前解除的,应按原保险合同约定计算确定的应退还投保人的保单现金价值,借记本科目,贷记“库存现金”“银行存款”等科目。期末,应将科目余额转入“本年利润”科目,结转后本科目无余额。

11. 分出保费

本科目核算再保险分出人向再保险人分出的保费;可按险种进行明细核算。

企业在确认原保险合同保费收入的当期,应按再保险合同约定计算确定的分出保费金额,借记本科目,贷记“应付分保账款”科目。在原保险合同提前解除的当期,应按再保险合同约定计算确定的分出保费的调整金额,借记“应付分保账款”科目,贷记本科目。对于超额赔款再保险等非比例再保险合同,应按再保险合同约定计算确定的分出保费金额,借记本科目,贷记“应付分保账款”科目。期末,应将科目余额转入“本年利润”科目,结转后本科目无余额。

12. 分保费用

本科目核算再保险人向再保险分出人支付的分保费用;可按险种进行明细核算。

再保险人在确认分保费收入的当期,应按再保险合同约定计算确定的分保费用金额,借记本科目,贷记“应付分保账款”科目。原保险合同约定的保险事故发生后,收到分保业务账单的,按账单标明的金额对分保费用进行调整,借记或贷记本科目,贷记或借记“应付分保账款”科目。应向再保险分出人支付的分保费用(再保险分出人的收入科目“摊回分保费用”),应按再保险合同约定计算方法确定的数额,借记本科目,贷记“应付分保账款”科目。期末,应将科目余额转入“本年利润”科目,结转后本科目无余额。

13. 销售费用

本科目核算企业销售商品和材料、提供劳务的过程中发生的各种费用,包括保险费、包装费、展览费和广告费、商品维修费、预计产品质量保证损失、运输费、装卸费等以及为销售本企业商品而专设的销售机构(含销售网点、售后服务网点等)的职工薪酬、业务费、折旧费等经营费用,以及与专设销售机构相关的固定资产修理费用等后续支出;可按费用项目进行明细核算。金融企业不设置“管理费用”科目,其核算内容与销售费用合并改为“6601 业务及管理费”科目。

企业在销售商品过程中发生的包装费、保险费、展览费和广告费、运输费、装卸费等费用,借记本科目,贷记“库存现金”“银行存款”等科目。为销售商品而专设的销售机构发生职工薪酬、业务费等经营费用的,借记本科目,贷记“应付职工薪酬”“银行存款”“累计折旧”等科目。期末,应将科目余额转入“本年利润”科目,结转后本科目无余额。

14. 管理费用

本科目核算企业为组织和管理企业生产经营所发生的管理费用,包括企业在筹建期间内发生的开办费;董事会和行政管理部门发生的由企业统一负担的公司经费,如行政管理部门职工工资及福利费、物料消耗、低值易耗品摊销、办公费和差旅费等;工会经费;董事会费,如董事会成员津贴、会议费和差旅费等;聘请中介机构费用;咨询顾问费;诉讼费;业务招待费;房产税、车船使用税、土地使用税、印花税;技术转让费;矿产资源补偿费;研究费用;排污费;企业生产部门和行政管理部门发生的固定资产修理费用等后续支出。管理费用不多的流通企业,可不设置本科目,相关支出并入“销售费用”科目核算。本科目可按费用项目进行明细核算。

企业在筹建期间内发生的开办费,包括人员工资、办公费、培训费、差旅费、印刷费、注册登记费以及不计入固定资产成本的借款费用等在实际发生时,借记本科目“开办费”,贷记“银行存款”等科目。行政管理部门人员的职工薪酬,借记本科目,贷记“应付职工薪酬”科目。行政管理部门计提的固定资产折旧,借记本科目,贷记“累计折旧”科目。发生办公费、水电费、业务招待费、聘请中介机构费、咨询费、诉讼费、技术转让费、研究费用的,借记本科目,贷记“银行存款”“研发支出”等科目。应缴矿产资源补偿费、房产税、车船使用税、土地使用税、印花税等,借记本科目,贷记

“应交税费”科目。期末,应将科目余额转入“本年利润”科目,结转后本科目无余额。

15. 财务费用

本科目核算企业为筹集生产经营所需资金等而发生的筹资费用,包括利息支出、汇兑损益以及相关的手续费、企业发生的现金折扣或收到的现金折扣等,但不包括为购建或生产满足资本化条件的资产发生的应予资本化的借款费用;可按费用项目进行明细核算。

企业发生财务费用的,借记本科目,贷记“银行存款”“未确认融资费用”等科目。发生应冲减财务费用的利息收入、汇兑损益、现金折扣的,借记“银行存款”“应付账款”等科目,贷记本科目。期末,应将科目余额转入“本年利润”科目,结转后本科目无余额。

16. 勘探费用

本科目核算石油天然气开采企业在油气勘探过程中发生的地质调查、物理化学勘探各项支出和非成功探井等支出;可按勘探项目进行明细核算。

企业油气勘探过程中发生的各项非钻井勘探支出,借记本科目,贷记“银行存款”“累计折旧”“应付职工薪酬”等科目。油气勘探过程中发生的各项钻井勘探支出中属于未发现探明经济可采储量的钻井勘探支出,借记本科目,贷记“油气勘探支出”科目。期末,应将科目余额转入“本年利润”科目,结转后本科目无余额。

(三)其他利得或损失科目

1. 资产减值损失

本科目核算企业计提各项资产减值准备所形成的损失;可按资产减值损失的项目进行明细核算。

企业的应收款项、存货、长期股权投资、持有至到期投资、固定资产、无形资产、贷款等资产发生减值的,按应减记的金额,借记本科目,贷记相应坏账准备科目。其他资产发生减值的,如在建工程、工程物资、生产性生物资产、商誉、抵债资产、损余物资、采用成本模式计量的投资性房地产等,应设置相应的减值准备科目,比照上述规定进行处理。

计提各项资产减值准备后,相关资产价值又得以恢复的,应在原已计提的减值准备金额内,按恢复增加的金额,借记相关资产减值准备科目,贷记本科目。

期末,应将科目余额转入“本年利润”科目,结转后本科目无余额。

2. 营业外支出

本科目核算企业发生的各项营业外支出,包括非流动资产处置损失、非货币性资产交换损失、债务重组损失、公益性捐赠支出、非常损失、盘亏损失等；可按支出项目进行明细核算。

企业确认处置非流动资产损失、非货币性资产交换损失、债务重组损失，比照“固定资产清理”“无形资产”“原材料”“库存商品”“应付账款”等科目的相关规定处理。盘亏、毁损的资产发生净损失的，按管理权限报经批准后，借记本科目，贷记“待处理财产损溢”科目。期末，应将科目余额转入“本年利润”科目，结转后本科目无余额。

3. 所得税费用

本科目核算企业确认的应从当期利润总额中扣除的所得税费用；可按“当期所得税费用”“递延所得税费用”进行明细核算。

资产负债表日，企业按照税法规定计算确定的当期应交所得税，借记本科目的“当期所得税费用”，贷记“应交税费——应交所得税”科目。期末，应将科目余额转入“本年利润”科目，结转后本科目无余额。

4. 以前年度损益调整

本科目核算企业本年度发生的调整以前年度损益的事项，以及本年度发现的、重要前期差错更正涉及调整以前年度损益的事项。资产负债表日至财务报告批准报出日之间发生的需要调整报告年度损益的事项，也可以通过本科目核算。

企业调整增加以前年度利润或减少以前年度亏损，借记有关科目，贷记本科目；调整减少以前年度利润或增加以前年度亏损的，做相反会计分录。同时，调整相应所得税费用科目。

经上述调整后，应将科目余额转入“利润分配——未分配利润”科目。本科目如为贷方余额，借记本科目，贷记“利润分配——未分配利润”科目；如为借方余额，做相反会计分录。结转后本科目应无余额。

思考题

1. 会计对资产的界定与法律有何不同？有经济价值的资产，其法律本质是什么？哪些科目核算的资产属于会计技术性资产，会计使用技术性资产科目的原因是什么？
2. 资产价值的会计计量模式有哪些？资产价值发生变化的，使用哪些会计技术与调整科目进行核算？
3. 资产一级科目核算的资产，其法律本质为何种权利？
4. 从法律角度应如何理解会计上的负债与负债类科目？会计技术性负债使用哪些科目核算？

5.“利润分配”科目中的分配是何含义？与法律上的利润分配有何区别？

6.“成本”在不同语境下的含义有哪些？其与费用的核算逻辑与处理路径有何不同？不同处理路径对企业期间利润的影响如何体现？

第五章　会计信息的对外载体
——企业财务会计报告

导　读

本章共六节，旨在使读者理解会计信息的对外载体——企业财务会计报告。法律实务中，法律人通常是企业经营管理的外部人，多数情况下首先接触的是企业对外提供的财务会计报告，所以我们需要了解相关基础知识，包括构成企业财务会计报告的资产负债表、利润表、现金流量表、所有者权益变动表及其附注的内容，以及它们的编制要求、编制程序与编制方法等，从而为寻找具有法律价值的会计信息与会计资料提供基础。企业财务会计报告相关知识在法律实务中的作用有二：一是判断企业财务会计报告编制行为是否合法；二是将财务会计报告作为分析起点或线索，寻找做专业判断所需的法律事实，例如，企业利润分配关系中的利润确认，法人人格否认与企业首次公司发行并上市中的企业财产独立性的判断，企业资产、负债、出资状况等方面的法务尽职调查，股东抽逃出资、内部人侵占企业资产等行为的证明，等等。

第一节主要介绍财务会计报告的构成、列报主要规范及其编制程序。法律与行政法规中的“财务会计报告”在会计实务中指“财务报表”。会计实务中，财务报表由资产负债表、利润表、现金流量表、所有者权益变动表与附注构成。财务会计报告的编制须遵循企业会计准则，以持续经营为列报基础，以权责发生制为编制基础，遵循重要性、一致性、可比性等原则，遵守会计报表的法定形式要求，保证披露金额准确。会计报表需要经过财产清查、编制调整分录、账目核对、试算平衡、结账等程序，最后才能编制会计报表。会计报表之间具有逻辑勾稽关系。

第二节介绍资产负债表。资产负债表含表头、表体、表尾三个部分，表体是资产负债表的主体，包括资产、负债和所有者权益各项目的名称及其年初数和年末数。资产负债表的编制以日常会计核算记录的数据为基础，并对其进行再确认和再计量。读者需要结合本书第四章对资产、负债的法律分析，了解资产负债表各列报项目的法律含义。

第三节介绍利润表。利润表是反映企业在一定会计期间的经营成果的会计报表,具有反映企业经营业绩的主要来源和构成、特定会计期间收入的实现情况、费用耗费情况以及企业生产经营活动的成果等价值。读者需结合第六章中的利润核算逻辑去理解利润表的功能、列报内容及其形式等内容。

第四节介绍所有者权益变动表。该表是反映构成所有者权益的各组成部分当期增减变动情况的报表。所有者权益变动的根源在于当期利润表的变动。

第五节介绍现金流量表。此表主要功能在于企业的流动性管理,在非诉讼法律实务中具有辅助判断企业偿债能力的作用。读者需要理解现金流量表中的"现金"指广义现金,包括现金和现金等价物。现金流量是特定会计期间企业现金流入和流出的数量,分为经营活动产生的现金流量、投资活动产生的现金流量与筹资活动产生的现金流量。现金流量表能反映企业特定会计期间前述三类现金和现金等价物流入和流出情况。

第六节介绍财务会计报告附注,是企业财务会计报告的重要注解,法律实务中须结合阅读目的重点阅读相关内容。附注是对企业在资产负债表、利润表、现金流量表和所有者权益变动表等报表中列示项目的文字描述或明细资料,以及对未能在报表中列示的项目的说明,包括企业的基本情况、财务会计报告的编制基础、遵循企业会计准则的声明、重要会计政策和会计估计、会计政策和会计估计变更以及差错更正的说明、报表重要项目的说明以及其他需要说明的重要事项。

第一节　财务会计报告

一、财务会计报告概述

(一)财务会计报告的界定

根据《企业财务会计报告条例》的规定,财务会计报告是指企业对外提供的反映企业某一特定日期财务状况和某一会计期间经营成果、现金流量的文件,具体包括会计报表、会计报表附注与财务情况说明书。这与《会计法》的相关规定是一致的。但是,在会计实践中,企业会计行为的依据是《列报准则》,该规范性文件没有与上位法保持概念统一,而是将与财务会计报告功能与内涵相同的法律文件称为"财务报表"。依据该文件,财务报表是对企业财务状况、经营成果和现金流量的结构性表述,包括资产负债表、利润表、现金流量表、所有者权益(或股东权益)变动表、附注五个部分。因此,法律上的"财务会计报告"在会计实践中指的是"财务报表"。

(二)财务会计报告的构成

依据《企业财务会计报告条例》的规定,财务会计报告应当包括会计报表、会计报表附注与财务情况说明书,但依据《列报准则》这一会计行为的具体规范,替代财务会计报告的财务报表由资产负债表、利润表、现金流量表、所有者权益变动表、附注等五部分构成,财务情况说明书中的内容被附注吸收,除尚未改制的全民所有制与集体所有制企业外,企业财务会计报告不再包含名为"财务情况说明书"的法律文件。

1. 资产负债表

资产负债表是反映企业在某一特定日期的财务状况的会计报表。企业编制资产负债表的目的是通过如实反映企业的资产、负债和所有者权益等金额及其结构情况,帮助财务报告使用者评价企业资产的质量以及短期偿债能力、长期偿债能力、利润分配能力等。

2. 利润表

利润表是反映企业在一定会计期间的经营成果的会计报表。企业编制利润表的目的是通过如实反映企业实现的收入、发生的费用以及应当计入当期利润的利得和损失等金额及其结构情况,帮助财务报告使用者分析评价企业的盈利能力及其构成与质量。

3. 现金流量表

现金流量表是反映企业在一定会计期间的现金和现金等价物流入和流出的会计报表。企业编制现金流量表的目的是通过如实反映企业各项活动的现金流入、流出情况,帮助财务报告使用者评价企业的现金流和资金周转情况。

4. 所有者权益变动表

所有者权益变动表是反映构成所有者权益的各组成部分当期的增减变动情况的会计报表。企业编制所有者权益(股东权益)变动表的目的是表明构成所有者权益的各组成部分当期的增减变动情况。根据《小企业会计准则》的规定,小企业可以不编制所有者权益(股东权益)变动表。

5. 附注

会计报表附注是对在会计报表中列示项目所作的进一步说明,以及对未能在这些报表中列示的项目的说明等。企业编制附注的目的是通过对财务会计报告本身进行补充说明,以更加全面、系统地反映企业财务状况、经营成果和现金流量的全貌,从而有助于向使用者提供更为有用的决策信息,帮助其做出更加科学合理的决策。

(三)主要会计报表之间的关系

会计报表是企业财务会计报告的主体和核心内容,一般应当包括资产负债表、利润表、所有者权益(股东权益)变动表和现金流量表,四者之间的关系可以总结为:资产负债表是主表,其他三张报表是附表;资产负债表是特定时点的静态报表,期间的现金流量表、利润表与股东权益变动表揭示了资产负债表时点 A(期初)到时点 B(期末)相应项目的变动,以及变动的原因与数额,四张表之间存在如图 5-1 所示的勾稽关系。

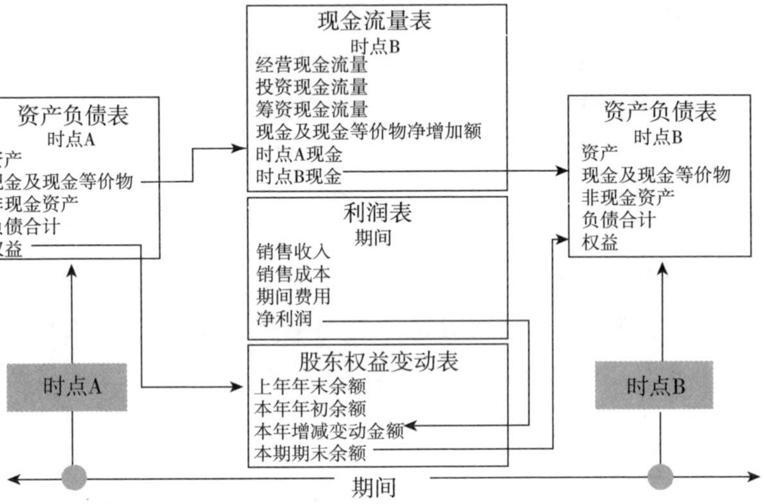

图 5-1 会计报表之间的勾稽关系

1. 现金流量表揭示了现金类资产的期间变动。通过核算时点 A 至时点 B 的现金与现金等价物,现金流量表揭示了时点 B 资产负债表中现金及现金等价物的增减变化情况,以及变化的原因和具体金额。

2. 利润表揭示了期间所有者权益的变动。时点 A 至时点 B 这段时间,企业经营会导致盈利或亏损,利润表的功能在于披露导致资产负债表中股东权益从时点 A 到时点 B 的增减变化原因和金额。

3. 股东权益变动表揭示了资产负债表中股东权益从时点 A 到时点 B 的增减变化原因和金额(包括非经营性因素)。

二、财务会计报告列报的主要规范

为了保证财务会计报告的质量,为财务会计报告使用者提供对决策有用的会计信息,根据现行企业会计法律规范,企业编制和对外提供财务会计报告应符合下列基本要求。

(一)遵循企业会计准则

企业应当根据实际发生的交易和事项,按照《基本准则》和各项具体准则的规定进行确认和计量,并在此基础上编制财务会计报告。企业应当在附注中对这一情况做出声明,只有遵守了企业会计准则的所有规定时,财务会计报告才应当被称为"遵循了企业会计准则"。

(二)以持续经营为列报基础

企业董事会应当对企业持续经营能力进行评估,需要考虑的因素包括市场经营风险、企业目前或长期的盈利能力、偿债能力、财务弹性以及企业管理层改变经营政策的意向等。评估后对企业的持续经营能力产生严重怀疑的,应当在附注中披露导致对持续经营能力产生重大怀疑的重要不确定因素。

(三)以权责发生制为编制基础

除现金流量表按照收付实现制原则编制外,企业应当按照权责发生制原则编制财务会计报告。

(四)遵循重要性原则

有关项目在财务会计报告中是单独列报还是合并列报,应当依据重要性原则来判断。企业在进行重要性判断时,应当根据所处环境,从项目的性质和金额的大小两个方面予以判断:一方面,应当考虑该项目的性质是否属于企业的日常活动,是否对企业的财务状况或经营成果具有较大影响等因素;另一方面,判断项目金额大小的重要性,应当通过单项金额占资产总额、负债总额、所有者权益总额、营业收入总额、净利润等直接相关项目金额的比重加以确定。具体而言,性质或功能不同的项目,一般应在财务会计报告中单独列报;性质或功能相似的项目,一般可以合并列报;项目单独列报的原则不仅适用于报表,还适用于附注。

(五)保证列报的一致性

可比性是会计信息质量的一项重要质量要求,为保证可比性,财务会计报告项目的列报应当在各个会计期间保持一致,不得随意变更。这一要求不仅针对财务会计报告中的项目名称,还针对财务会计报告项目的分类、排列顺序等方面。

(六)保证披露金额准确

财务会计报告项目以总额列报,从而保证所提供的信息的完整性、信息的可比性,有利于报表使用者做出合理的判断。财务会计报告中的资产项目和负债项目的金额、收入项目和费用项目的金额、直接计入当期利润的利得项目和损失项目的金额不得相互抵销,但会计准则另有规定的除外。

(七)遵循可比性原则

企业在列报当期财务会计报告时,至少应当提供所有列报项目上一可比会计期间的比较数据,以及与理解当期财务会计报告相关的说明,目的是向报表使用者提供对比数据,提高不同期间会计信息的可比性,以反映企业财务状况、经营成果和现金流量的发展趋势,供报表使用者作出准确判断与正确决策。

在财务会计报告项目的列报确实需要变更的情况下,企业应当对上期比较财务数据按照当期的列报要求进行调整,并在附注中披露调整的原因和性质,以及调整的各项目金额。但在某些情况下,对上期比较数据进行调整是不切实可行的,应当在附注中披露不能调整的原因。

(八)会计报表表首的列报要求

会计报表一般分为表首、正表与表尾三个部分。其中,在表首部分企业应当概括地说明下列基本信息:编表企业的名称、编报报表的日期和期间、货币名称和单位(按照我国企业会计准则的规定,企业应当以人民币作为记账本位币列报,并标明金额单位)。会计报表是合并财务报表的,应当予以标明。

(九)报告期间

企业至少应当编制年度财务会计报告。根据《会计法》的规定,企业会计年度为公历年制,即自公历 1 月 1 日起至 12 月 31 日止。在编制年度财务会计报告时,可能存在涵盖期间短于 1 年的情况。在这种情况下,企业应当披露实际涵盖期间及其短于 1 年的原因,并说明由此引起的财务会计报告项目与比较数据不具可比性这一事实。

三、会计报表的编制程序

编制财务会计报告应按照科学的程序进行,以保证财务会计报告的质量,使报告资料真实可靠。编制财务会计报告的一般程序如下。

（一）财产清查

清查财产，是编制会计报告的一项重要准备工作。在编制财务会计报告之前，必须按照会计制度的规定，对单位的各项财产物资进行清查盘点。盘点时要编制盘点表，并与账簿记录核对，做到账实相符。如发现账实不符的情况，应及时查明原因，并按规定的方法进行处理或更正。

（二）编制调整分录

会计期末，应按照权责发生制，对期间的应计项目编制调整分录，如对预付费用的摊销、应计费用的提取、折旧的提取、应交税费的计算等。

（三）账目核对

为了确保账簿记录的正确性，在结账之前，应对相关账簿进行核对；将会计账簿记录与有关的实物保管或使用部门的保管记录核对；对企业往来账款进行核对。

（四）试算平衡

运用借贷记账原理，测算所有账户借贷数额是否平衡。其方法是通过编制“总分类账户发生额和余额对照表”“明细分类账户发生额和余额对照表”，或者是通过编制“工作底稿”进行。

工作底稿的一般格式，如图 5－2 所示。

编制单位：　　　　年　月　日 —— 年　月　日

账户名称（会计科目）	调整前的期末余额		调整		调整后的期末余额		利润表		资产负债表	
	借方	贷方	借方	贷方	借方	贷方	借方	贷方	借方	贷方

图 5－2　十栏式工作底稿

根据目前的会计实践，上述十栏式工作底稿的编制程序是：

第一，将总分类账簿中各账户的余额填入调整前的期末余额栏。将总分类账簿中有余额的各账户的名称依次填入会计科目栏，并将各科目的余额分别填入借方或贷方。然后加计借方和贷方金额总数,确定借贷两方总额相等后,才可进行下一步骤。

第二,将调整分录填入调整栏。为了便于查找,将调整分录填入调整栏时,应注明经济业务序号。调整完毕分别加计调整栏借方、贷方总额并确定是否平衡。

第三,将各账户调整后的期末余额(调整前与调整两栏合并)填入调整后的期末余额栏,并确定借贷是否平衡。

第四,将调整后的期末余额栏各账户的余额,依其性质,分别填入利润表栏和资产负债表栏。

第五,完成利润表栏和资产负债表栏的计算,为编制正式的会计报表提供底稿。

(五)结账

经过对会计记录进行试算平衡后,正式对各个账户结账,计算各账户的借方发生额、贷方发生额及余额。

(六)编制会计报表

正式结账以后,依据账簿记录编制各种会计报表。在编制会计报表时,应按各种报表的格式和内容认真填写。

财务会计报表的编制程序如图 5-3 所示。

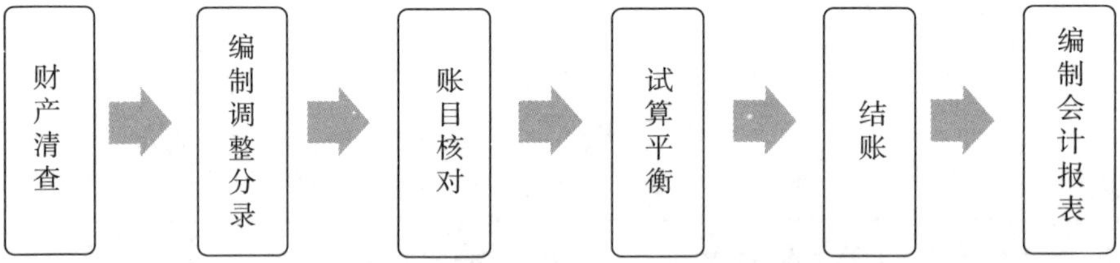

图 5-3 财务会计报表的编制程序

第二节 资产负债表

一、资产负债表的概念与功能

(一)资产负债表的概念

资产负债表是反映企业某一特定日期财务状况的报表,所以也被称为财务状况表。所谓财务状况,是指企业在某一特定日期资产、负债和所有者权益的构成及其相互关系。资产负债表中所列示的各项目数值为某个具体时点的数额,反映的内容是资金运动相对静止状态下的表现形式,属于静态报表。

资产负债表是根据"资产 = 负债 + 所有者权益"这一基本的会计恒等式,按照一定的分类标准和次序,把企业特定日期的资产、负债和所有者权益三要素的所属项目予以适当排列编制而成。

"资产 = 负债 + 所有者权益"会计方程式所包含的经济内容和数学上的等量关系是建立资产负债表的理论依据。"资产 = 负债 + 所有者权益"会计方程式包含的经济内容是形成资产负债表项目的依据;"资产 = 负债 + 所有者权益"会计方程式的恒等关系是建立资产负债表数据平衡的依据;资产负债表是"资产 = 负债 + 所有者权益"会计方程式的具体化;"资产 = 负债 + 所有者权益"会计方程式是资产负债表的高度概括和浓缩。

(二)资产负债表的作用

资产负债表是企业重要的会计报表之一,在会计报表体系中具有举足轻重的地位,它所提供的会计信息,对于不同的会计信息使用者都具有十分重要的作用,主要体现在以下方面:

1. 资产负债表提供了企业某一日期资产的总额及其结构,让使用者可以一目了然地从资产负债表上了解企业在某一特定日期所拥有的资产总量及其结构,了解企业拥有或控制的资源及其分布情况。

2. 资产负债表提供企业某一日期的负债总额及其结构,让使用者明了企业未来需要用多少资产或劳务清偿债务以及清偿时间。

3. 资产负债表反映了所有者所拥有的权益,使用者据之可判断资本保值、增值的情况以及对负债的保障程度。

4. 资产负债表提供了不同时期的相同项目的比较数据,可以帮助使用者了解企业财务状况的变动情况,预测企业未来财务状况的发展趋势。

5. 资产负债表还提供了进行财务分析的基本资料,报表使用者可以利用报表数据计算出流动比率、速动比率等财务指标,从而有助于报表使用者做出经济决策。

二、资产负债表的基本结构和列报要求

(一)资产负债表的基本结构

资产负债表分为表头、表体和表尾三个部分。

表头部分包括表名、编制单位、编表时间和货币计量单位四个要素，编表时间为某年某月某日。

表体部分是资产负债表的主体部分，包括资产、负债和所有者权益各项目的名称及其期初数和期末数。表体部分为账户式（左右式）和报告式（上下式）两种。账户式资产负债表的左边为资产项目，右上为负债，右下为所有者权益项目，示例如图 5－4 所示。

编制单位：××公司　　202×年 12 月 31 日　　单位：元

项目	期末余额	期初余额	项目	期末余额	期初余额
流动资产：			流动负债：		
货币资金			短期借款		
交易性金融资产			交易性金融负债		
应收票据			衍生金融负债		
应收账款			应付票据		
减：应收账款坏账准备			应付账款		
应收账款净额			预收款项		
预付款项			应付职工薪酬		
其他应收款			应交税费		
减：其他应收款坏账准备			其他应付款		
其他应收款净额			持有待售负债		
存货			一年内到期的非流动负债		
减：存货跌价准备			其他流动负债		
存货净额			流动负债合计		
持有待售资产					
一年内到期的非流动资产			非流动负债：		
其他流动资产			长期借款		
流动资产合计			应付债券		
非流动资产：			长期应付款		
可供出售金融资产			长期应付职工薪酬		

长期应收款			预计负债		
长期股权投资			递延所得税负债		
减:长期股权投资减值准备			其他非流动负债		
长期股权投资净额			非流动负债合计		
投资性房地产			负债合计		
减:投资性房地产累计折旧(摊销)					
减:投资性房地产减值准备			所有者权益(或股东权益):		
投资性房地产净额			实收资本(或股本)		
固定资产			其他权益工具		
减:累计折旧			资本公积		
减:固定资产减值准备			减:库存股		
固定资产净额			其他综合收益		
生产性生物资产			盈余公积		
长期待摊费用			未分配利润		
递延所得税资产			归属于母公司所有者权益合计		
其他非流动资产			少数股东权益		
非流动资产合计			所有者权益(或股东权益)合计		
资产总计			负债和所有者权益(或股东权益)总计		

图 5-4　账户式资产负债表

报告式资产负债表又称垂直式资产负债表,其资产、负债、股东权益项目自上而下排列,资产类项目按流动性强弱依次列示于报表上部,其次列示负债,最后列示所有者权益,如图 5-5 所示。在我国,上市公司要求使用报告式资产负债表。

中国××股份有限公司
合并资产负债表和资产负债表
2022年6月30日
(除另有注明外，金额单位均为人民币百万元)

	附注五	本集团 2022年6月30日 (未经审计)	本集团 2021年12月31日 (经审计)	本行 2022年6月30日 (未经审计)	本行 2021年12月31日 (经审计)
资产					
现金及存放中央银行款项	1	2,669,527	2,321,406	2,669,070	2,320,907
存放同业及其他金融机构款项	2	382,388	218,500	361,517	198,745
贵金属		181,386	96,504	181,386	96,504
拆出资金	3	541,846	446,944	625,902	531,065
衍生金融资产	4	33,174	21,978	33,174	21,978
买入返售金融资产	5	1,106,640	837,637	1,096,970	832,216
发放贷款和垫款	6	18,036,172	16,454,503	17,959,346	16,377,896
金融投资	7				
以公允价值计量且其变动计入当期损益的金融资产		459,865	460,241	308,636	320,106
以摊余成本计量的债权投资		6,938,657	6,372,522	6,901,106	6,337,768
以公允价值计量且其变动计入其他综合收益的其他债权和其他权益工具投资		1,567,433	1,397,280	1,514,158	1,337,218
长期股权投资	8	8,691	8,297	52,626	52,596
固定资产	9	139,716	143,817	127,244	131,420
在建工程	10	9,599	9,482	9,494	9,255
无形资产		26,564	26,572	25,166	25,170
商誉		1,381	1,381	-	-
递延所得税资产	11	148,034	143,027	147,184	142,180
其他资产	12	175,347	109,064	170,572	102,025
资产总计		32,426,420	29,069,155	32,183,551	28,837,049

	附注五	本集团 2022年6月30日（未经审计）	本集团 2021年12月31日（经审计）	本行 2022年6月30日（未经审计）	本行 2021年12月31日（经审计）
负债					
向中央银行借款	14	939,268	747,213	939,210	747,101
同业及其他金融机构存放款项	15	2,156,237	1,622,366	2,177,253	1,636,419
拆入资金	16	349,260	291,105	285,528	233,468
以公允价值计量且其变动计入当期损益的金融负债	17	11,840	15,860	11,589	15,646
衍生金融负债	4	23,410	19,337	23,410	19,337
卖出回购金融资产款	18	20,574	36,033	17,478	30,456
吸收存款	19	24,119,854	21,907,127	24,118,782	21,906,047
应付职工薪酬	20	54,881	59,736	54,149	58,932
应交税费	21	39,758	72,210	39,289	71,604
应付股利	31	72,377	-	72,376	-
预计负债	22	41,865	33,809	41,865	33,809
已发行债务证券	23	1,775,531	1,507,657	1,731,262	1,461,094
递延所得税负债	11	532	655	-	-
其他负债	24	294,820	334,688	170,929	224,613
负债合计		29,900,207	26,647,796	29,683,120	26,438,526

	附注五	本集团 2022年6月30日（未经审计）	本集团 2021年12月31日（经审计）	本行 2022年6月30日（未经审计）	本行 2021年12月31日（经审计）
股东权益					
普通股股本	25	349,983	349,983	349,983	349,983
其他权益工具	26	409,869	359,872	409,869	359,872
其中：优先股		79,899	79,899	79,899	79,899
永续债		329,970	279,973	329,970	279,973
资本公积	27	173,556	173,556	173,358	173,357
其他综合收益	28	36,050	32,831	35,901	32,678
盈余公积	29	220,814	220,792	219,926	219,926
一般风险准备	30	385,387	351,616	381,138	348,955
未分配利润	31	943,837	925,955	930,256	913,752
归属于母公司股东权益合计		2,519,496	2,414,605	2,500,431	2,398,523
少数股东权益		6,717	6,754	-	-
股东权益合计		2,526,213	2,421,359	2,500,431	2,398,523
负债和股东权益总计		32,426,420	29,069,155	32,183,551	28,837,049

后附财务报表附注为本中期财务报表的组成部分。

第1页至第159页的中期财务报表由下列负责人签署：

谷某　　　　张某

法定代表人　　　　主管财会工作负责人、财会机构负责人

二〇二二年八月二十九日

图5－5　报告式资产负债表

由图5－5可见，报告式资产负债表表尾内容有三，一是企业法定代表人签章，二是财务负责人签章，三是资产负债表的编制时间。

(二)资产负债表列报总体要求

资产负债表列报的根本目标是如实反映企业在资产负债表日所拥有的资源、所承担的负债以及所有者拥有的权益。因此,资产负债表应当按照资产、负债和所有者权益三大类别分类列报。

资产和负债应当按照流动性分别为流动资产和非流动资产、流动负债和非流动负债列示。所谓流动性,主要是指资产变现或耗用时间长短,或者负债的偿还时间长短。按照《列报准则》的规定,应先列报流动性强的资产或负债,再列报流动性弱的资产或负债。

资产负债表遵循了“资产 = 负债 + 所有者权益”这一会计恒等式,把企业在特定时日所拥有的经济资源和与之相对应的企业所承担的债务及偿债以后属于所有者的权益充分反映出来。因此,资产负债表应当分别列示资产总计项目和负债与所有者权益之和的总计项目,并且这二者的金额应当相等。

(三)资产的列报

1. 资产的流动性划分

资产应当按照流动资产和非流动资产两大类别在资产负债表中列示,在流动资产和非流动资产类别下进一步按性质分项列示。

资产满足下列条件之一的,应当归类为流动资产:

第一,预计在一个正常营业周期中变现、出售或耗用。所谓“变现”是指将资产变为现金,一般针对应收账款、固定资产等资产而言;“出售”一般针对产品等存货资产;“耗用”则是指将存货(如原材料)转变成另一种财产形态(如产成品)。

正常营业周期,是指企业从购买用于加工的资产起至实现现金或现金等价物的期间。正常营业周期通常短于1年,在1年内有几个营业周期。但是,也存在正常营业周期长于1年的情况,如房地产企业开发用于出售的房地产,造船企业制造的用于出售的大型船只等,从购买原材料进入生产,到制造出产品出售并收回现金或现金等价物的过程,往往超过1年。在这种情况下,与生产循环相关的产成品、应收账款、原材料尽管是超过1年才变现、出售或耗用,仍应作为流动资产列示。当正常营业周期不能确定时,应当以1年(12个月)作为正常营业周期。

第二,主要出于交易目的而持有。例如,根据《金融工具确认和计量准则》的规定,一些资产被划分为交易性金融资产。但是,并非所有交易性金融资产均为流动资产,例如,自资产负债表日起超过12个月到期且预期持有超过12个月的衍生工具应当划分为非流动资产或非流动负债。

第三,预计在资产负债表日起1年内(含1年)变现。

第四,自资产负债表日起1年内,交换其他资产或清偿负债的能力不受限制的现金或现金等价物。

2.单独列报的资产类项目

资产负债表中至少应当单独列示反映下列信息的资产项目。

(1)货币资金

货币资金是指可以立即用于支付的资金,主要包括现金(钞)、银行存款及其他货币资金。企业持有的、个人或外单位开出的可立即向银行兑现的即期或到期支票、银行本票、银行汇票、旅行支票等,通常也视同银行存款。

其他货币资金则是指出于某种特定目的存款,如外埠存款、信用证保证金存款、存出投资款等以及在途货币资金。然而,那些原本属于货币资金,但在资产负债表日已经失去了货币资金特征的资产项目,则应该将其从货币资金项目中排除,如被冻结的银行存款等。

(2)以公允价值计量且其变动计入当期损益的金融资产

以公允价值计量且其变动计入当期损益的金融资产,包括交易性金融资产和指定为以公允价值计量且其变动计入当期损益的金融资产。

交易性金融资产是指为交易目的而持有的金融资产。这些金融资产可以随时让渡且预期1年之内变现。企业购买交易性金融资产的目的在于利用临时闲置的资金赚取收益。在活跃市场中没有报价、公允价值不能可靠计量权益工具投资,不得指定为以公允价值计量且其变动计入当期损益的金融资产。

(3)应收款项

应收款项是指各种应收而未收的结算款项,主要包括应收账款、应收票据和其他应收款等。其中,应收账款是指一般商业信用销售过程中所形成的客户欠企业的购货款;应收票据是指在票据结算方式下所形成的客户欠企业的购货款或其他款项;其他应收款是指客户以外的其他单位或个人所欠企业的款项。

(4)预付款项

预付款项是指在采购货物或接受服务之前所预先支付给供应商的款项。

(5)存货

存货是指企业在日常活动中持有的以备出售的产成品或商品、处于生产过程中的在产品、在生产过程或提供劳务过程中耗用的材料和物料等。企业会计准则规定,存货同时满足下列两个条件时才能予以确认:①与该存货有关的经济利益很可能流入企业;②该存货的成本能够可靠地计量。

(6)被划分为持有待售的非流动资产及被划分为持有待售的处置组中的资产

同时满足下列条件的非流动资产应当划分为持有待售:一是企业已经就处置该非流动资产做出决议;二是企业已经与受让方签订了不可撤销的转让协议;三是该项转让将在1年内完成。

持有待售的非流动资产包括单项资产和处置组。被划分为持有待售的非流动资产应当归类为流动资产。

(7)可供出售金融资产

可供出售金融资产通常是指企业初始确认时即被指定为可供出售的非衍生金融资产,以及没有划分为以公允价值计量且其变动计入当期损益的金融资产、贷款和应收款项的金融资产。

(8)持有至到期投资

持有至到期投资是指企业购买的准备持有至到期的投资,即企业在购买这些投资之后,并不准备在投资到期之前出售,而是准备在投资到期之后收回投资本金和投资收益。

(9)长期股权投资

长期股权投资是指企业长期持有的其他企业的股权,包括以现金支付取得的长期股权投资、以发行权益性证券取得的长期股权投资、投资者投入的长期股权投资、通过非货币性资产交换取得的长期股权投资、通过债务重组取得的长期股权投资及企业合并形成的长期股权投资。

(10)投资性房地产

投资性房地产是指为赚取租金或资本增值,或两者兼有而持有的房地产,包括已出租的土地使用权、持有并准备增值后转让的土地使用权以及已出租的建筑物。

(11)固定资产

固定资产是指同时具备下列特征的有形资产:①为生产商品、提供劳务、出租或经营管理而持有的;②使用寿命超过一个会计年度。这里所称的使用寿命,是指企业使用固定资产的预计期间,或者该固定资产所能生产产品或提供劳务的数量。通常情况下,固定资产的使用寿命是指使用固定资产的预计期间,如自用房屋建筑物的使用寿命按使用年限表示等。对于某些机器设备或运输设备等固定资产,其使用寿命往往以该固定资产所能生产产品或提供劳务的数量来表示,例如,发电设备按其预计发电量估计使用寿命,汽车或飞机等按其预计行驶里程估计使用寿命,等等。

固定资产只有当同时满足以下条件时，才能予以确认：①与该固定资产有关的经济利益很可能流入企业；②该固定资产的成本能够可靠地计量。

(12)生物资产

生物资产是指有生命的动物和植物，包括消耗性生物资产、生产性生物资产及公益性生物资产。消耗性生物资产，是指为出售而持有的、或在将来收获为农产品的生物资产，包括生长中的大田作物、蔬菜、用材林以及存栏待售的牲畜等。生产性生物资产，是指为产出农产品提供劳务或出租等而持有的生物资产，包括经济林、薪炭林、产畜和役畜等。公益性生物资产，是指以防护环境保护为主要目的的生物资产，包括防风固沙林、水土保持林和水源涵养林等。

(13)无形资产

无形资产是指企业拥有或者控制的没有实物形态的可辨认非货币性资产。主要包括土地使用权、专利权、非专利技术、商标权及著作权等。这里所称的可辨认，是指：①能够从企业中分离或者划分出来，并能单独或者与相关合同、资产或负债一起，用于出售、转移、授予许可、租赁或者交换；②源自合同性权利或其他法定权利，无论这些权利是否可以从企业或其他权利和义务中转移或者分离。

无形资产在同时满足下列条件时，才能予以确认：①与该无形资产有关的经济利益能够流入企业；②该无形资产的成本能够可靠地计量。

(14)递延所得税资产

递延所得税资产是指暂时性差异导致的应交所得税大于所得税费用之差额。

(四)负债的列报

资产负债表中的负债反映在某一特定日期企业所承担的、预期会导致经济利益流出企业的现时义务。负债应当按照流动负债和非流动负债在资产负债表中进行列示，在流动负债和非流动负债类别下再进一步按性质分项列示。

1. 负债的流动性划分

流动负债的判断标准与流动资产的判断标准类似。负债满足下列条件之一的，应当归类为流动负债：(1)预计在一个正常营业周期中清偿；(2)主要出于交易目的而持有；(3)自资产负债表日起1年内到期应予以清偿；(4)企业无权自主地将清偿推迟至资产负债表日后1年以上。

值得注意的是，企业对资产和负债进行流动性分类时，应当采用相同的正常营业周期。企业正常营业周期中的经营性负债项目即使在资产负债表日后超过1年才予清偿，仍应当被划分为流动负债。经营性负债项目包括应付账款、应付职工薪酬等,这些项目属于企业正常营业周期中使用的营运资金的一部分。负债在其对手方选择的情况下可通过发行权益进行清偿的条款与负债的流动性划分无关。

2. 资产负债表日后事项对流动负债与非流动负债划分的影响

流动负债与非流动负债的划分是否正确,直接影响对企业短期和长期偿债能力的判断。如果混淆了负债的类别,将歪曲企业的实际偿债能力,误导报表使用者的决策。对于资产负债表日后事项对流动负债与非流动负债划分的影响,需要特别加以考虑。

第一,资产负债表日起1年内到期的负债。对于在资产负债表日起1年内到期的负债,企业预计能够自主地将清偿义务展期至资产负债表日后1年以上的,应当归类为非流动负债;不能自主地将清偿义务展期的,即使在资产负债表日后、财务会计报告批准报出日前签订了重新安排清偿计划协议,从资产负债表日来看,此项负债仍应当归类为流动负债。

第二,违约长期债务。企业在资产负债表日或之前违反了长期借款协议,导致贷款人可随时要求清偿的负债,应当归类为流动负债。这是因为,在这种情况下,债务清偿的主动权并不在企业,企业只能被动地无条件归还贷款,而且该事实在资产负债表日即已存在,所以该负债应当作为流动负债列报。但是,如果贷款人在资产负债表日或之前同意提供在资产负债表日后1年以上的宽限期,企业能够在此期限内改正违约行为,且贷款人不能要求随时清偿时,在资产负债表日的此项负债并不符合流动负债的判断标准,应当归类为非流动负债。

3. 单独列报的负债类项目

资产负债表中的负债类至少应当单独列示反映下列信息的项目。

(1)短期借款

短期借款是指从银行等金融机构借入的、偿还期限短于1年(含1年)的借款,主要包括一般的经营周转借款、票据贴现借款、应收账款或存货抵押借款等。

(2)以公允价值计量且其变动计入当期损益的金融负债

以公允价值计量且其变动计入当期损益的金融负债,包括交易性金融负债和直接指定为以公允价值计量且其变动计入当期损益的金融负债。

(3)应付款项

应付款项是指各种应付而未付的结算款项,主要包括应付账款、应付票据、应付股利、其他应付款等。其中,应付账款是指一般商业信用形式下的采购业务所形成的对供应商的欠款;应付票据是指票据(包括商业承兑票据和银行承兑票据)结算方式下形成的对供应商的欠款。

(4)预收款项

预收款项是指提供商品或劳务之前从采购方收取的款项。

(5)应付职工薪酬

应付职工薪酬是指应付而尚未支付给职工的薪酬。职工薪酬,是指企业为获得职工提供的服务或解除劳动关系而给予的各种形式的报酬或补偿。职工薪酬包括短期薪酬、离职后福利、辞退福利和其他长期职工福利。企业提供给职工配偶、子女、受赡养人、已故员工遗属及其他受益人等的福利,也属于职工薪酬。

(6)应交税费

应交税费是指应交而未交的各种税款,主要包括应交增值税和应交所得税等。

(7)被划分为持有待售的处置组中的负债

被划分为持有待售处置组中的负债,是指按转让协议约定随处置组一并转让并已转入持有待售明细科目的负债。

(8)长期借款

长期借款是指从银行等金融机构或其他单位借入的、偿还期限长于 1 年的借款。在资产负债表上反映的长期借款,有可能既包括借款本金,也包括应计利息。是否包括利息,则取决于长期借款的利息结付方式。

(9)长期应付款

长期应付款是指各种期限在 1 年以上的应付而未付的款项,主要包括应付设备款、融资租赁应付款等。

(10)应付债券

应付债券是指企业发行的 1 年期以上的债券本金及应计利息。

(11)预计负债

预计负债是指满足以下条件的、与或有事项相关的义务。该义务同时具有以下特征:①是企业承担的现时义务;②履行该义务很可能导致经济利益流出企业;③该义务的金额能够可靠地计量。预计负债应当按照履行相关现时义务所需支出的最佳估计数进行初始计量。所谓或有事项,是指过去的交易或事项形成的,其结果须由某些未来事项的发生或不发生才能决定的不确定事项。

(12)递延所得税负债

递延所得税负债是指暂时性差异导致的应交所得税小于所得税费用之差额。

资产负债表中的负债类至少应当包括流动负债、非流动负债和负债的合计项目,按照企业的经营性质不切实可行的除外。

(五)所有者权益的列报

资产负债表中的所有者权益是企业资产扣除负债后的剩余权益。资产负债表中的所有者权益类一般按照净资产的不同来源和特定用途进行分类,至少应当单独列示反映下列信息的项目。

1. 实收资本或股本

实收资本是指非股份公司制的公司企业投资人的投入资本;股本是指股份公司的投资人购买公司股票所交款项中相当于所购股票的面值部分。

在股份有限公司中,股东以购买股票(股份)的方式出资。根据《公司法》的规定,股东按股份比例分享公司利益和承担公司义务。因此,当股东以超过股票面额的价格购买股票时,股东实际缴入企业的资本将区分为两个部分分别反映:实缴资本中相当于股票面额的部分记为"股本",实缴资本超过股票面额的部分则记入"资本公积"。

2. 资本公积

资本公积是指来源于盈利之外的公共性的资本积累,主要包括股票发行溢价、法定财产重估增值、接受捐赠的资产价值等。所谓公共性的资本积累,就是指这部分权益属于公司所有股东的共同权益。

3. 盈余公积

盈余公积是指企业按法规要求或自身发展需要从税后净利润中提取的利润积累。

4. 未分配利润

未分配利润是指企业历年已实现利润中留于以后年度分配或待分配的部分。

未分配利润与盈余公积不同:盈余公积是确定留存于公司的利润,即决定用于积累而不支付给股东的利润;未分配利润则是尚未确定究竟是留存公司还是支付给股东的利润,即待分配利润。

另外,资产负债表中的所有者权益类应当包括所有者权益的合计项目;资产负债表应当列示资产总计项目、负债和所有者权益总计项目。

三、资产负债表的编制方法

资产负债表的编制是一个以日常会计核算记录的数据为基础进行再确认和再计量的过程,即对日常会计核算记录的数据进行归类、整理和汇总,加工成报表项目的过程。资产负债表主体部分的各项目都列有"期末数"和"期初数"两个栏目。

资产负债表设置期初数,主要是用于各项目期末数和期初数的比较,以分析企业财务状况的变动趋势。

(一)资产负债表"期末余额"栏的填列

资产负债表"期末余额"一般应根据资产、负债和所有者权益类科目的期末余额填列。

1. 资产项目的列报说明

(1)流动资产项目的填列,见表5-1。

表5-1 资产负债表流动资产项目填列方法

报表项目	数据来源(账户期末余额)
货币资金	银行存款+库存现金+其他货币资金
交易性金融资产	交易性金融资产
衍生金融资产	衍生金融资产
应收票据及应收账款	应收票据+应收账款-对应的坏账准备
预付账款	预付账款与应付账款明细账户的借方余额-对应的坏账准备
其他应收款	应收股利+应收利息+其他应收款-对应的坏账准备
存货	原材料+材料采购+包装物+低值易耗品+委托加工物资+材料成本差异+生产成本+制造费用+合同履约成本+合同取得成本+库存商品+发出商品+委托代销商品等-(存货跌价准备+商品进项差价+合同履约成本减值准备+合同取得成本减值准备)
合同资产	合同资产-合同资产减值准备
持有待售资产	持有待售资产-持有待售资产减值准备
1年内到期的非流动资产	1年内到期的各种非流动资产合计
其他流动资产	应收退货成本(属于流动资产的)、应交税费借方余额等

(2)非流动资产项目的填列,见表5-2。

表 5 – 2　资产负债表非流动资产项目填列方法

报表项目	数据来源(账户期末余额)
债权投资	债券投资 – 债权投资减值准备 – 1 年内将要到期的
其他债权投资	其他债权投资 – 其他债权投资减值准备 – 1 年内将要到期的
长期应收款	长期应收款 – 未实现融资收益 – 对应的坏账准备
长期股权投资	长期股权投资 – 长期股权投资减值准备
其他权益工具投资	其他权益工具投资
投资性房地产	投资性房地产 – 其累计折旧等 – 减值准备
固定资产	固定资产 – 累计折旧 – 其减值准备 + 固定资产清理
在建工程	在建工程 + 工程物资 – 其减值准备
生产性生物资产	生产性生物资产 – 其累计摊销 – 其减值准备
油气资产	油气资产 – 其累计折旧 – 其减值准备
无形资产	无形资产 – 累计摊销 – 无形资产减值准备
开发支出	研发资产
商誉	商誉 – 商誉减值准备
长期待摊费用	长期待摊费用 – 1 年内将要摊销的
递延所得税资产	递延所得税资产
其他非流动资产	应收退货成本(属于非流动资产的)

2. 负债项目的列报说明

(1)流动负债项目的填列,见表 5 – 3。

表 5 – 3　资产负债表流动负债项目填列方法

报表项目	数据来源(账户期末余额)
短期借款	短期借款
交易性金融负债	交易性金融负债
衍生金融负债	衍生金融负债
应付票据及应付账款	应付票据 + 应付账款和预付账款明细账的期末贷方余额
预收款项	预收账款

续表

报表项目	数据来源(账户期末余额)
合同负债	合同负债
应付职工薪酬	应付职工薪酬
应交税费	借方余额作为“其他流动资产”项目列示;期末贷方余额作为“应交税费”项目列示
其他应付款	应付利息 + 应付股利 + 其他应付款
持有待售负债	持有待售负债
1 年内到期的非流动负债	1 年内到期的各种非流动负债合计
其他流动负债	其他各种流动负债

(2)非流动负债项目的填列,见表 5 – 4。

表 5 – 4　资产负债表非流动负债项目填列方法

报表项目	数据来源(账户期末余额)
长期借款	长期借款 – 1 年内将要到期的长期借款
应付债券	应付债券 – 1 年内将要到期的应付债券
长期应付款	长期应付款 – 未确认融资费用 – 1 年内将要到期的 + 专项应付款
预计负债	预计负债
递延收益	递延收益
递延所得税负债	递延所得税负债

3. 所有者权益项目的列报说明

所有者权益项目的填列,见表 5 – 5。

表 5 – 5　资产负债表所有者权益项目填列方法

报表项目	数据来源(账户期末余额)
实收资本(或股本)	实收资本(或股本)
其他权益工具	其他权益工具
资本公积	资本公积

续表

报表项目	数据来源(账户期末余额)
库存股	库存股
其他综合收益	其他综合收益
盈余公积	盈余公积
未分配利润	利润分配－未分配利润

(二)资产负债表"期初余额"栏的填列方法

资产负债表中的"期初余额"栏通常根据上期期末有关项目的期末余额填列，且与上期期末资产负债表"期末余额"栏相一致。以后期间，如果企业发生了会计政策变更、前期差错更正，应当对"期初余额"栏中的有关项目进行相应调整。此外，如果企业上期资产负债表规定的项目名称和内容与本期不一致，应当对上期期末资产负债表相关项目的名称和数字按照本期的规定进行调整，填入"期初余额"栏。

第三节　利润表

一、利润表的概念与作用

(一)利润表的概念

利润表是反映企业在一定会计期间的经营成果的会计报表。企业在一定会计期间的经营成果一般表现为利润，但也有可能表现为亏损，因此，利润表又称损益表。利润表反映的内容是企业经营资金循环的动态表现，即收入、费用和利润。因此，利润表是动态报表。

企业资金在循环周转时，不断发生费用，取得收入，形成利润。收入、费用、利润的关系，可概括为"收入－费用＝利润(或亏损)"的会计方程式。该会计方程式所包含的经济内容是形成利润表项目的依据；该会计方程式的等量关系是计算利润的依据。利润表是"收入－费用＝利润(或亏损)"的会计方程式的具体化；"收入－费用＝利润(或亏损)"的会计方程式是利润表的概括与浓缩。

（二）利润表的作用

对于会计报表的使用者来说，利润表具有以下几个方面的重要作用：

1. 利润表的列报反映企业经营业绩的主要来源和构成，有助于使用者判断净利润的质量及其风险，有助于使用者预测净利润的持续性，从而帮助其做出正确的决策。

2. 利润表可以反映企业一定会计期间收入的实现情况，如实现的营业收入有多少、实现的投资收益有多少、实现的营业外收入有多少等。

3. 利润表可以反映一定会计期间的费用耗费情况，如耗费的营业成本有多少，税金及附加有多少及销售费用、管理费用、财务费用各有多少，营业外支出有多少，等等。

4. 利润表可以反映企业生产经营活动的成果，即净利润的实现情况，据以判断资本保值、增值等情况。

5. 利润表中的信息与资产负债表中的信息相结合，还可以提供进行财务分析的基本资料，如将赊销收入净额与应收账款平均余额进行比较，计算出应收账款周转率；将销货成本与存货平均余额进行比较，计算出存货周转率；将净利润与资产总额进行比较，计算出资产收益率；等等。上述资料可以反映企业资金周转情况及企业的盈利能力和水平，便于报表使用者判断企业未来的发展趋势，做出经济决策。

二、利润表的列报内容与主要项目

（一）利润表的列报内容

对利润表的内容，会计理论上主要有两种观点：本期营业观和损益满计观。本期营业观，是指本期利润表只列示由本期营业活动所产生的损益，即仅反映本期经常性的业务收支项目，以及由这些项目所产生的损益，至于非经常性项目（如本期发生的非常项目、前期项目以及由于会计政策和会计估计变更而产生的损益调整项目等），都不计入本期利润，所有这些项目应在净利润之后列示，或作为留存收益的调整项目。损益满计观，是指本期利润表应包括本期确认的所有损益项目，即凡是在报告期影响所有者权益净增或净减的经济业务（股利和企业与股东之间的其他经济业务除外），都应该计入本期利润，因此利润表既包括本期经常性的业务收支项目，也包括非经常性的项目。国际会计准则主张采用损益满计观编制利润表。

在我国，目前利润表的编制实际上综合了“本期营业观”和“损益满计观”，即利润表的内容既能反映当期所确认的经营性业务收支，又能反映非经常性项目的利得和损失。

(二)利润表主要列报项目

1."营业收入"项目,反映企业经营主要业务和其他业务所确认的收入总额。本项目应根据"主营业务收入"和"其他业务收入"科目的发生额分析填列。

2."营业成本"项目,反映企业经营主要业务和其他业务所发生的成本总额。本项目应根据"主营业务成本"和"其他业务成本"科目的发生额分析填列。

3.营业"税金及附加"项目,反映企业经营活动发生的消费税、城市维护建设税、资源税、教育费附加、房产税、城镇土地使用税、车船税、印花税等相关税费。本项目应根据"税金及附加"科目的发生额分析填列。

4."销售费用"项目,反映企业在销售商品过程中发生的包装费、广告费等费用和为销售本企业商品而专设的销售机构的职工薪酬、业务费等经营费用。本项目应根据"销售费用"科目的发生额分析填列。

5."管理费用"项目,反映企业为组织和管理生产经营发生的管理费用。本项目应根据"管理费用"科目的发生额分析填列。

6."研发费用"项目,反映企业进行研究与开发过程中发生的费用化支出。该项目应根据"管理费用"科目下的"研发费用"明细科目的发生额分析填列。

7."财务费用"项目,反映企业筹集生产经营所需资金等而发生的筹资费用。本项目应根据"财务费用"科目的发生额分析填列。

其中,"利息费用"项目,反映企业为筹集生产经营所需资金等而发生的应予费用化的利息支出。该项目应根据"财务费用"科目的相关明细科目的发生额分析填列。

"利息收入"项目,反映企业确认的利息收入。该项目应根据"财务费用"科目的相关明细科目的发生额分析填列。

8."资产减值损失"项目,反映企业各项资产发生的减值损失。本项目应根据"资产减值损失"科目的发生额分析填列。

9."信用减值损失"项目,反映企业计提的各项金融工具减值准备所形成的预期信用损失。本项目应根据"信用减值损失"科目的发生额分析填列。

10."其他收益"项目,反映计入其他收益的政府补助等。该项目应根据"其他收益"科目的发生额分析填列。

11."投资收益"项目,反映企业以各种方式对外投资所取得的净收益。本项目应根据"投资收益"科目的发生额分析计算填列;如为投资净损失,以"-"号填列。

其中的“对联营企业和合营企业的投资收益”项目，反映企业对联营企业和合营企业投资所确认的投资净收益，应根据“投资收益”明细科目的发生额分析填列；如为投资净损失，以“－”号填列。

12.“净敞口套期收益”项目，反映净敞口套期下被套期项目累计公允价值变动转入当期损益的金额或现金流量套期储备转入当期损益的金额。本项目应根据“净敞口套期收益”科目的发生额分析填列。

13.“公允价值变动收益”项目，反映企业以公允价值计量且其变动计入当期损益的金融资产、以公允价值计量且其变动计入当期损益的金融负债，以及采用公允价值模式计量的投资性房地产、衍生工具、套期保值业务等公允价值变动形成的应计入当期损益的净利得。本项目应根据“公允价值变动损益”科目的发生额分析填列；如为净损失，以“－”号填列。

14.“资产处置收益”项目，反映企业出售划分为持有待售的非流动资产（金融工具、长期股权投资和投资性房地产除外）或处置组时确认的处置利得或损失，以及处置未划分为持有待售的固定资产、在建工程、生产性生物资产及无形资产而产生的处置利得或损失。债务重组中因处置非流动资产产生的利得或损失和非货币性资产交换产生的利得或损失也包括在本项目内。该项目应根据“资产处置损益”科目的发生额分析填列；如为处置损失，以“－”号填列。

15.“营业利润”项目，反映企业实现的营业利润总额。

16.“营业外收入”项目，反映企业发生的营业利润以外的收益，主要包括债务重组利得、与企业日常活动无关的政府补助、盘盈利得、捐赠利得等。该项目应根据“营业外收入”科目的发生额分析填列。

17.“营业外支出”项目，反映企业发生的营业利润以外的支出，主要包括债务重组损失、公益性捐赠支出、非常损失、盘亏损失、非流动资产毁损报废损失等。该项目应根据“营业外支出”科目的发生额分析填列。

18.“利润总额”项目，反映企业实现的利润总额。本项目应根据营业利润加上营业外收入，再减去营业外支出后的余额填列；若余额为负数，则为亏损总额，应以“－”号填列。

19.“所得税费用”项目，反映企业应从当期利润总额中扣除的所得税费用。本项目应根据“所得税费用”科目的发生额分析填列。

20.“净利润”项目，反映企业实现的净利润。如为亏损，本项目以“－”号填列。其中，“持续经营净利润”和“终止经营净利润”项目，分别反映净利润中与持续经营相关的净利润和与终止经营相关的净利润；如为净亏损，以“－”号填列。这两个项目应按照《企业会计准则第 42 号——持有待售的非流动资产、处置组和终止经营》的相关规定分别列报。

21.“其他综合收益的税后净额”项目，反映企业根据企业会计准则规定未在损益中确认的各项利得和损失扣除所得税影响后的净额。企业应当按照其他综合收益项目以后是否能重分类进损益区分为以后会计期间不能重分类进损益的其他综合收益项目和以后会计期间在满足规定条件时将重分类进损益的其他综合收益项目两类分别列报。

22.“综合收益总额”项目，反映企业净利润与其他综合收益的税后净额的合计金额。

23.“每股收益”项目，反映普通股或潜在普通股已公开交易的企业，以及正处于公开发行普通股或潜在普通股过程中的企业的基本每股收益和稀释每股收益。如果企业不存在稀释性潜在普通股，那么在利润表中只需列示基本每股收益；否则，企业应同时列示基本每股收益和稀释每股收益。

“基本每股收益”和“稀释每股收益”两个指标向资本市场广大投资者反映上市公司每一股普通股所创造的收益水平。对资本市场广大投资者（股民）而言，这两个反映投资价值的重要指标，是投资决策最直观最重要的参考依据，是广大投资者关注的重点。鉴于此，将这两项指标作为利润表的表内项目列示，同时要求在附注中详细披露计算过程，以供投资者投资决策参考。这两项指标应当按照《企业会计准则第 34 号——每股收益》的规定计算填列。

三、利润表基本结构、格式与编制步骤

（一）利润表的基本结构

1. 收入

收入是指企业在日常活动中形成的、会导致所有者权益增加的、与所有者投入资本无关的经济利益的总流入。收入具有如下特征：

第一，收入是企业在日常活动中形成的经济利益流入。日常活动是指企业为完成其经营目标所从事的经常性活动以及与之相关的活动。

第二，收入是与所有者投入资本无关的经济利益总流入。收入应当会导致经济利益的流入，从而导致资产的增加。例如，企业销售商品，应当收到现金或者有权在未来收到现金，才表明该交易符合收入的定义。但是在实务中，经济利益的流入有时是所有者投入资本的增加所导致的，所有者投入资本的增加不应当确认为收入，而应当将其直接确认为所有者权益。

第三,收入会导致所有者权益的增加。与收入相关的经济利益的流入应当会导致所有者权益的增加,不会导致所有者权益增加的经济利益的流入不符合收入的定义,不应确认为收入。

2. 费用

费用是指企业在日常活动中发生的、会导致所有者权益减少的、与向所有者分配利润无关的经济利益的总流出。费用具有以下特征:

第一,费用是企业在日常活动中发生的经济利益流出。

第二,费用会导致所有者权益减少。

第三,费用是与向所有者分配利润无关的经济利益总流出。

3. 利润

利润是指企业在一定会计期间的经营成果。通常情况下,如果企业实现了利润,则表明企业的所有者权益将增加,业绩得到了提升;反之,如果企业发生了亏损(利润为负数),则表明企业的所有者权益将减少,业绩下降。

利润包括收入减去费用后的净额、直接计入当期利润的利得和损失等。直接计入当期利润的利得和损失,是指应当计入当期损益、会导致所有者权益发生增减变动的、与所有者投入资本或者向所有者分配利润无关的利得或者损失。利润金额取决于收入和费用、直接计入当期利润的利得和损失金额的计量。

(二)利润表的格式

利润表分为表头、正表和附表三个部分。表头部分包括表名、编制单位、编表时期和货币计量单位四个要素,编表时期为一个期间,如某年(或某年某月)。正表部分是利润表的主体部分,包括收入、费用各项目的名称及其当期数和上期数。附表主要包括各项附注资料等。

利润表正表格式一般有两种:单步式利润表和多步式利润表。单步式利润表是将当期所有的收入列在一起,然后将所有的费用列在一起,两者相减得出当期净损益。多步式利润表是通过对当期的收入、费用、支出项目按性质加以归类,按利润形成的主要环节列示一些中间性利润指标,从而能够在利润表中反映营业利润、投资收益、营业外收支净额、净利润等分步利润。

由于多步式利润表将不同性质的收入和费用进行对比,得出一些中间性的利润数据,便于报表使用者更好地理解利润的来源结构,更准确地预测企业的未来利润,我国企业会计准则要求采用多步式利润表。

多步式利润表如图 5 - 6 所示。

会企 02 表

编制单位：××公司　　　　××年度　　　　单位：元

项目	本期金额	上期金额
一、营业收入		
减：营业成本		
税金及附加		
销售费用		
管理费用		
研发费用		
财务费用		
其中：利息费用		
利息收入		
资产减值损失		
信用减值损失		
加：其他收益		
投资收益（损失以“－”号填列）		
其中：对联营企业和合营企业的投资收益		
净敞口套期收益（损失以“－”号填列）		
公允价值变动收益（损失以“－”号填列）		
资产处置收益（损失以“－”号填列）		
二、营业利润（亏损以“－”号填列）		
加：营业外收入		
减：营业外支出		
三、利润总额（损失总额以“－”号填列）		
减：所得税费用		
四、净利润（净亏损以“－”号填列）		

(一)持续经营净利润(净亏损以"－"号填列)		
(二)终止经营净利润(净亏损以"－"号填列)		
五、其他综合收益的税后净额		
(一)不能重分类进损益的其他综合收益		
1. 重新计量设定受益计划变动额		
2. 权益法下不能转损益的其他综合收益		
3. 其他权益工具投资公允价值变动		
4. 企业自身信用风险公允价值变动		
……		
(二)将重分类进损益的其他综合收益		
1. 权益法下可转损益的其他综合收益		
2. 其他债权投资公允价值变动		
3. 金融资产重分类计入其他综合收益的金额		
4. 其他债权投资信用减值准备		
5. 现金流量套期储备		
6. 外币财务报表折算差额		
7. 自用房地产或作为存货的房地产转换为以公允价值模式计量的投资性房地产在转换日公允价值大于账面价值的部分		
……		
六、综合收益总额		
七、每股收益		
(一)基本每股收益		
(二)稀释每股收益		

图5－6 多步式利润表

(三)利润表的编制步骤

根据目前的会计实践,一般按照以下四个步骤编制利润表:

第一步,以营业收入为基础,减去营业成本、税金及附加、销售费用、管理费用、研发费用、财务费用、资产减值损失、信用减值损失，加上其他收益、投资收益、净敞口套期收益、公允价值变动收益、资产处置收益，计算出营业利润；

第二步，以营业利润为基础，加上营业外收入，减去营业外支出，计算出利润总额；

第三步，以利润总额为基础，减去所得税费用，计算出净利润（或净亏损）；

第四步，净利润加上其他综合收益的税后净额，计算出综合收益总额。

普通股或潜在普通股已公开交易的企业，以及正处于公开发行普通股或潜在普通股过程中的企业，还应当在利润表中列示每股收益信息。

第四节　所有者权益变动表

一、所有者权益变动表的内容

（一）所有者权益变动表的内容

所有者权益变动表是反映构成所有者权益的各组成部分当期的增减变动情况的报表。所有者权益变动表应当全面反映一定时期所有者权益变动的情况，不仅包括所有者权益总量的增减变动，还包括所有者权益增减变动的重要结构性信息，让报表使用者准确理解所有者权益增减变动的根源。

所有者权益变动表应当反映构成所有者权益各个组成部分当期的增减变动情况。综合收益和与所有者权益（或股东）的资本交易导致的所有者权益的变动，应当分别列示。与所有者的资本交易，是指与所有者以其所有者身份进行的、导致企业所有者权益变动的交易。

（二）所有者权益变动表的结构

为了清楚地表明构成所有者权益的各组成部分当期的增减变动情况，所有者权益变动表应以矩阵的形式列示。一方面，列示导致所有者权益变动的交易或事项，从所有者权益变动的来源对一定时期所有者权益变动情况进行全面反映；另一方面，按照所有者权益各组成部分（包括实收资本或实收股本、其他权益工具、资本公积、其他综合收益、盈余公积、未分配利润和库存股）及其总额的影响列示交易或事项对所有者权益的影响。此外，企业还需要提供比较所有者权益变动表，所有者权益变动表还应就各项目再分“本年金额”和“上年金额”两栏分别填列。

所有者权益变动表的结构见图 5－7。

编制单位：××公司　　　　××年度　　　　单位：元

项目	本年金额								上年金额							
	实收资本（或股本）	其他权益工具	资本公积	减：库存股	其他综合收益	盈余公积	未分配利润	所有者权益合计	实收资本（或股本）	其他权益工具	资本公积	减：库存股	其他综合收益	盈余公积	未分配利润	所有者权益合计
一、上年年末余额																
加：会计政策变更																
前期差错更正																
二、本年年初余额																
三、本年增减变动金额（减少以"－"号填列）																
（一）综合收益总额																
（二）所有者投入和减少资本																
1. 所有者投入资本（或普通股）																
2. 其他权益工具持有者投入资本																
3. 股份支付计入所有者权益的金额																

4. 其他																
（三）利润分配																
1. 提取盈余公积																
2. 对所有者（或股东）的分配																
3. 其他																
（四）所有者权益内部结转																
1. 资本公积转增资本（或股本）																
2. 盈余公积转增资本（或股本）																
3. 盈余公积弥补亏损																
4. 设定受益计划变动额结转留存收益																
5. 其他综合收益结转留存收益																
6. 其他																
四、本年年末余额																

图 5－7　所有者权益变动表

二、所有者权益变动表的填列

1."上年年末余额"项目,反映企业上年资产负债表中实收资本(或股本)、其他权益工具、资本公积、盈余公积、库存股、其他综合收益、未分配利润的年末余额。

2."会计政策变更"和"前期差错更正"项目,分别反映企业采用追溯调整法处理的会计政策变更的累积影响金额和采用追溯重述法处理的会计差错更正的累积影响金额。

为了体现会计政策变更和前期差错更正的影响,企业应当在上期期末所有者权益余额的基础上进行调整得出本期期初所有者权益,根据"盈余公积""利润分配""以前年度损益调整"等科目的发生额分析填列。

3."本年增减变动额"项目分别反映如下内容:

(1)"综合收益总额"项目,反映企业当年综合收益总额的变动。其中,"净利润"项目,反映企业当年实现的净利润(或净亏损)金额,并对应列在"未分配利润"栏。

(2)"所有者投入和减少资本"项目,反映企业当年所有者投入的资本和减少的资本。其中,"所有者投入资本"项目,反映企业接受投资者投入形成的实收资本(或股本)和资本溢价或股本溢价,并对应填列在"实收资本"和"资本公积"栏。"其他权益工具持有者投入资本"项目,反映企业接受其他权益工具持有者投入资本形成的其他权益工具,并对应填列在"其他权益工具"栏。"股份支付计入所有者权益的金额"项目,反映企业处于等待期中的权益结算的股份支付当年计入资本公积的金额,并对应填列在"资本公积"栏。

(3)"利润分配"下各项目,反映当年对所有者(或股东)分配的利润(或股利)金额和按照规定提取的盈余公积金额,并对应列在"未分配利润"和"盈余公积"栏。其中,"提取盈余公积"项目,反映企业按照规定提取的盈余公积。"对所有者(或股东)的分配"项目,反映对所有者(或股东)分配的利润(或股利)金额。

(4)"所有者权益内部结转"下各项目,反映不影响当年所有者权益总额的所有者权益各组成部分之间当年的增减变动,包括资本公积转增资本(或股本)、盈余公积转增资本(或股本)、盈余公积弥补亏损、设定受益计划变动额结转留存收益、其他综合收益结转留存收益等金额。为了全面反映所有者权益各组成部分的增减变动情况,所有者权益内部结转也是所有者权益变动表的重要组成部分,主要指不影响所有者权益总额、所有者权益的各组成部分当期的增减变动。其中,"资本公积转增资本(或股本)"项目,反映企业以资本公积转增资本或股本的金额。"盈余公积转增资本(或股本)”项目,反映企业以盈余公积转增资本或股本的金额。“盈余公积弥补亏损”项目,反映企业以盈余公积弥补亏损的金额。“设定受益计划变动额结转留存收益”项目,反映企业以设定受益计划变动额结转留存收益的金额。“其他综合收益结转留存收益”项目,反映企业以其他综合收益结转留存收益的金额。

第五节　现金流量表

一、现金与现金流量

(一)现金的概念及其范围

1. 现金的概念

按照我国企业会计准则的规定,现金流量表指广义的现金,包括现金和现金等价物。其中,现金指的是企业的库存现金以及可以随时用于支付的存款,不能随时支取的存款(如定期存款、查封冻结的银行存款等)则不能列入现金范畴。现金等价物指的是企业持有的期限短、流动性强、易于转换为已知金额现金、价值变动风险很小的投资。实务中,期限短一般是指从购买日起 3 个月内到期。根据前述定义,现金等价物通常是指企业购买的、在 3 个月或更短时间内即可到期或即可转换为现金的债券投资。由于其变现金额通常不确定,股权等权益性投资不属于现金等价物。

2. 现金的范围

(1)库存现金

库存现金是指存放于企业财会部门、由出纳人员保管、企业随时可以使用的货币,是企业流动性最强的资产。

(2)银行存款

银行存款与会计核算中的“银行存款”科目所包含的内容基本一致。不过,企业存放在金融企业但不能随时用于支付的存款不能作为现金流量表中的现金,如不能随时支取的定期存款,提前通知便可支取的定期存款属于现金流量表中的现金。

(3)其他货币资金

它与会计核算中“其他货币资金”科目包括的内容基本一致,包括外埠存款、银行汇票存款、银行本票存款、信用保证金存款、信用卡存款、存出投资款与现金等价物等。

(二)现金流量的概念与分类

1. 现金流量的概念

现金流量是指一定会计期间企业现金流入和流出的数量。反映现金流量的指标有现金流入量、现金流出量和现金净流量。现金流入量是指一定会计期间企业现金流入的数量;现金流出量是指一定会计期间现金流出的数量;现金净流量是指一定会计期间现金流入量减去现金流出量后的差额。现金流量是衡量企业经营状况是否良好,偿还债务和支付能力是否具备,产生未来现金流量能力是否较强的重要指标。

2. 现金流量的分类

我国《企业会计准则第 31 号——现金流量表》将企业的经济业务按性质划分为经营活动、投资活动和筹资活动三大类别。按照每一类经济活动对现金流量的影响,现金流量可划分为经营活动产生的现金流量、投资活动产生的现金流量和筹资活动产生的现金流量三类。

(1)经营活动产生的现金流量

经营活动是指企业投资活动和筹资活动以外的所有交易和事项。对于工商企业而言,经营活动主要包括销售商品、提供劳务、购买商品、接受劳务、支付税费等。经营活动产生的现金流量是企业运用所拥有或控制的经济资源从事生产经营活动所形成的,而且主要是与企业营业利润有关的交易或事项所产生的现金流量。通过经营活动产生的现金流量,可以说明企业的经营活动对现金流入和流出的影响程度,判断企业在不动用外部渠道筹集资金的情况下,经营活动产生的现金流量是否足以维持生产经营、偿还债务、支付股利和对外投资等。

(2)投资活动产生的现金流量

投资活动是指企业长期资产的购建和不包括在现金等价物范围内的投资及其处置活动。这里所说的投资活动,既包括实物资产投资,也包括金融资产投资。长期资产是指固定资产、无形资产、在建工程、其他资产等持有期限在 1 年或 1 个营业周期以上的资产。

通过投资活动产生的现金流量,可以分析企业通过投资活动产生现金流量的能力,判断投资活动对企业现金流量净额的影响程度。

(3)筹资活动产生的现金流量

筹资活动是指导致企业资本及债务规模和构成发生变化的活动。这里所说的资本,既包括实收资本(股本),也包括资本溢价(股本溢价);这里所说的债务,指对外举债,包括向银行借款、发行债券以及偿还债务等。应付账款、应付票据等商业应付款属于经营活动,不属于筹资活动。

通过筹资活动产生的现金流量,可以分析企业通过筹资活动获取现金的能力,判断筹资活动对企业现金流量净额的影响程度。

二、现金流量表的概念与作用

(一)现金流量表的概念

现金流量表是反映企业在一定会计期间现金和现金等价物流入和流出的报表。现金流量表是以现金和现金等价物(以下简称“现金”)的流入和流出,反映企业在一定会计期间内的经营活动、投资活动和筹资活动等对现金流量产生的影响,并通过现金流量的变动情况,来揭示企业财务状况变动的原因和结果。从这个意义上讲,现金流量表实际上是以现金流量为基础编制的财务状况变动表。由于现金流量表反映的是企业一定会计期间现金的流入和流出情况,而现金的流入和流出又是企业经营资金运动的一个重要组成部分,反映的是企业经营活动资金运动的一种动态表现,因此,现金流量表是一种动态会计报表。

(二)现金流量表的作用

1. 分析和评价企业整体财务状况及其变动原因

企业所从事的经营、投资和筹资活动都会影响企业的财务状况,而这种影响又通过现金流量的变化表现出来。一般说来,现金流量表各部分现金流量结构合理,现金流入和现金流出无重大异常波动,表示企业的财务状况基本良好。此外,现金流量表不仅反映了企业现金流入和流出情况,还披露了很多重要的不涉及现金收支的投资和筹资活动,这些活动虽然不影响企业的净现金流量,但对企业整体财务状况可能会产生重大影响。因此,将现金流量表所提供的现金流量信息及其他信息与资产负债表提供的财务状况联系起来,可以了解和评价企业当前整体财务状况,并揭示导致企业财务状况变动的原因。

2. 分析和预测企业未来产生现金流量的能力

投资者进行投资或信贷的主要目的是获取投资收益,因此,他们需要财务会计报告提供相关的信息,以便做出正确的投资或信贷决策。通过现金流量表提供的企业过去的现金流量信息,可以揭示企业过去的现金流入和流出情况及其形成的原因,分析企业经营、投资、筹资活动与现金流量的关系,评价企业过去生成现金流量的能力，从而预测企业未来现金流量的来源、数量、时间和不确定性，即预测企业未来产生现金流量的能力。

3. 了解和评价企业的支付能力和偿债能力

判断一个企业是否具有支付能力和偿债能力，最关键的就是看其是否能够产生净现金流入。企业只有能产生净现金流入，有足够的现金才有能力偿还债务、支付现金股利、发放工资、购买材料等。通过现金流量表所提供的现金流量信息，可以对企业现有的支付能力和偿债能力，以及企业对外部资金的需求情况做出可靠的判断。

4. 分析和揭示企业经营净收益与经营活动产生的现金流量之间差异的原因

对于一个企业的全部经营期间而言，其经营活动形成的全部净利润应该等于企业的净现金流入。但是，对于一个持续经营的企业来说，为了定期计算损益，必须将企业持续不断的经营活动划分为若干个会计期间，分期编制财务会计报告。在一定会计期间内，按权责发生制确认损益的时间与现金收付的时间可能不一致，从而导致一定会计期间的当期净利润与当期净现金流量之间出现差异。通过现金流量表可以分析差异产生的原因，揭示出现差异的规律性，以便于报表使用者更合理地预测未来的现金流量，判断净利润的可靠程度，评价净利润的质量。

三、现金流量表的结构和内容

（一）现金流量表的结构

根据企业会计准则，我国现金流量表包括正表和补充资料两部分。

正表部分包括表头和表体两部分。现金流量表的表头部分包括四个要素：表名、编制单位、时间和货币计量单位。现金流量表为动态报表，其时间为特定期间（如××年度）。其结构如图 5－8 所示。

编制单位：　　　　××年度　　　　单位：元

项目	行次	本年金额	上年金额
一、经营活动产生的现金流量：			
销售商品、提供劳务收到的现金			
收到的税费返还			
收到其他与经营活动有关的现金			
经营活动现金流入小计			

购买商品、接受劳务支付的现金			
支付给职工以及为职工支付的现金			
支付的各项税费			
支付其他与经营活动有关的现金			
经营活动现金流出小计			
经营活动产生的现金流量净额			
二、投资活动产生的现金流量：			
收回投资收到的现金			
取得投资收益收到的现金			
处置固定资产、无形资产和其他长期资产收回的现金净额			
处置子公司及其他营业单位收到的现金净额			
收到其他与投资活动有关的现金			
投资活动现金流入小计			
购建固定资产、无形资产和其他长期资产支付的现金			
投资支付的现金			
取得子公司及其他营业单位支付的现金净额			
支付其他与投资活动有关的现金			
投资活动现金流出小计			
投资活动产生的现金流量净额			
三、筹资活动产生的现金流量：			
吸收投资收到的现金			
取得借款收到的现金			
收到其他与筹资活动有关的现金			
筹资活动现金流入小计			
偿还债务支付的现金			
分配股利、利润或偿付利息支付的现金			

支付其他与筹资活动有关的现金			
筹资活动现金流出小计			
筹资活动产生的现金流量净额			
四、汇率变动对现金的影响			
五、现金及现金等价物净增加额			
加:期初现金及现金等价物余额			
六、期末现金及现金等价物余额			

图 5－8　现金流量表

现金流量表补充资料的结构如图 5－9 所示。

补充资料	行次	本年金额	上年金额
1. 将净利润调节为经营活动现金流量:			
净利润			
加:资产减值准备			
固定资产折旧、油气资产折耗、生产性生物资产折旧			
无形资产摊销			
长期待摊费用摊销			
预付费用减少(增加以“－”号填列)			
应计费用增加(减少以“－”号填列)			
处置固定资产、无形资产和其他长期资产的损失(收益以“－”号填列)			
固定资产报废损失(收益以“－”号填列)			
公允价值变动损失(收益以“－”号填列)			
财务费用(收益以“－”号填列)			
投资损失(收益以“－”号填列)			

递延所得税资产减少(增加以"-"号填列)			
递延所得税负债增加(减少以"-"号填列)			
存货的减少(增加以"-"号填列)			
经营性应收项目的减少(增加以"-"号填列)			
经营性应付项目的增加(减少以"-"号填列)			
其他			
经营活动产生的现金流量净额			
2. 不涉及现金收支的重大投资和筹资活动:			
债务转为资本			
1 年内到期的可转换公司债券			
融资租入固定资产			
3. 现金及现金等价物净变动情况:			
现金的期末余额			
减:现金的期初余额			
加:现金等价物的期末余额			
减:现金等价物的期初余额			
现金及现金等价物净增加额			

图 5-9　现金流量表补充资料

(二)现金流量表的内容

现金流量表的表体部分分为五大内容:(1)经营活动产生的现金流量;(2)投资活动产生的现金流量;(3)筹资活动产生的现金流量;(4)汇率变动对现金的影响额;(5)现金流量表的结果——现金及现金等价物净增加额。

现金流量表的补充资料有三项内容:(1)将净利润调节为经营活动的现金流量(按间接法编制的经营活动的现金流量);(2)不涉及现金收支的投资和筹资活动;(3)现金及现金等价物的增减情况(直接按现金及现金等价物的期末余额计算的净变化额)。

四、现金流量表的编制方法与程序

（一）直接法和间接法

编制现金流量表时，列报经营活动现金流量的方法有两种：一种是直接法，另一种是间接法。在直接法下，企业一般是以利润表中的营业收入为起算点，调节与经营活动有关的项目的增减变动，然后计算出经营活动产生的现金流量。在间接法下，企业将净利润调节为经营活动现金流量，实际上就是将按权责发生制原则确定的净利润调整为现金净流入，并剔除投资活动和筹资活动对现金流量的影响。

采用直接法编报现金流量表，便于分析企业经营活动产生的现金流量的来源和用途，预测企业现金流量的未来前景；采用间接法编报现金流量表，便于将净利润与经营活动产生的现金流量净额进行比较，了解净利润与经营活动产生的现金流量差异的原因，从现金流量的角度分析净利润的质量。所以，我国企业会计准则规定企业应当采用直接法编报现金流量表，同时要求在附注中提供以净利润为基础调节到经营活动现金流量的信息。

（二）工作底稿法、T 型账户法和分析填列法

在具体编制现金流量表时，可以采用工作底稿法或 T 型账户法，也可以根据有关科目记录分析填列。

1. 工作底稿法

工作底稿法，是以工作底稿为手段，以资产负债表和利润表数据为基础，对每一项目进行分析并编制调整分录，从而编制现金流量表的方法。

工作底稿法的程序如下：

第一步，将资产负债表的期初数和期末数过入工作底稿的期初数栏和期末数栏。

第二步，对当期业务进行分析并编制调整分录。编制调整分录时，要以利润表项目为基础，从“营业收入”开始，结合资产负债表项目逐一进行分析。在调整分录中，有关现金和现金等价物的事项，并不直接借记或贷记现金，而是分别计入“经营活动产生的现金流量”“投资活动产生的现金流量”“筹资活动产生的现金流量”有关项目，借记表示现金流入，贷记表示现金流出。

第三步，将调整分录过入工作底稿中的相应部分。

第四步，核对调整分录，借方、贷方合计数均应相等，资产负债表项目期初数加减调整分录中的借贷金额以后，也应等于期末数。

第五步，根据工作底稿中的现金流量表项目部分编制正式的现金流量表。

2. T 型账户法

T 型账户法下，企业以 T 型账户为手段，以资产负债表和利润表数据为基础，对每一项目进行分析并编制调整分录，从而编制现金流量表。T 型账户法的程序如下：

第一步，为所有的非现金项目（包括资产负债表项目和利润表项目）分别开设 T 型账户，并将各自的期末期初变动数过入各账户。如果项目的期末数大于期初数，则将差额过入和项目余额相同的方向；反之，过入相反的方向。

第二步，开设一个大的“现金及现金等价物”T 型账户，每边分为经营活动、投资活动和筹资活动三个部分，左边记现金流入，右边记现金流出。与其他账户一样，过入期末期初变动数。

第三步，以利润表项目为基础，结合资产负债表分析每一个非现金项目的增减变动，并据此编制调整分录。

第四步，将调整分录过入各 T 型账户，并进行核对，各账户借贷相抵后的余额与原先过入的期末期初变动数应当一致。

第五步，根据大的“现金及现金等价物”T 型账户编制正式的现金流量表。

3. 分析填列法

分析填列法是直接根据资产负债表、利润表和有关会计科目明细账的记录，分析计算出现金流量表各项目的金额，并据以编制现金流量表的一种方法。

五、现金流量表正表的编制

（一）“经营活动产生的现金流量”各项目的内容和填列方法

1. “销售商品、提供劳务收到的现金”项目

本项目反映企业销售商品、提供劳务实际收到的现金，包括销售收入和应向购买者收取的增值税销项税额，具体包括本期销售商品、提供劳务收到的现金，以及前期销售商品、提供劳务本期收到的现金和本期预收款所收到的现金，减去本期销售本期退回的商品和前期销售本期退回的商品支付的现金。企业销售材料和代购代销业务收到的现金，也在本项目反映。本项目可以根据“库存现金”“银行存款”“应收账款”“应收票据”“合同资产”“合同负债”“主营业务收入”“其他业务收入”等科目的记录分析填列。

根据报表数据和有关账户记录，以营业收入为起点，调整计算该项目的计算公式为：销售商品、提供劳务收到的现金 = 营业收入 + 应收账款和应收票据（期初余

额－期末余额）＋合同资产（期初余额－期末余额）＋合同负债（期末余额－期初余额）＋坏账准备和合同资产减值准备账户（期初余额－期末余额）＋当期收回前期核销的坏账损失－本期应收款项减少但并未增加现金流量的金额＋随同本期销售收入收到的增值税现金流入＋当期新增应收债权中所包含的应收销项税的增加［后面两项可以合并为：＋应交税费－应交增值税（销项税额）］。

在运用上述公式时，应注意下列几点：

第一，当期营业收入不包含租赁收入，该收入应作为本环节的第三项收入，即收到的其他与经营活动有关的现金流量。

第二，“本期应收债权减少但并未增加现金流量的金额”主要指坏账的冲销、债务重组、应收债权的出售所支付的成本、应收债权的抵让等。

第三，之所以要考虑坏账准备账户和合同资产减值准备账户，是因为需要将应收款项报表金额、合同资产报表金额还原为账户余额。

2.“收到的税费返还”项目

本项目反映企业收到返还的各种税费的现金流入，如收到的增值税、所得税、消费税、关税和教育费附加返还款等。本项目可根据“库存现金”“银行存款”“税金及附加”“营业外收入”等科目的记录分析填列。

3.“收到的其他与经营活动有关的现金”项目

本项目反映企业除上述各项目外，收到的其他与经营活动有关的现金，如罚款收入、经营租赁固定资产收到的现金、投资性房地产收到的租金收入、流动资产损失中由个人赔偿的现金收入、除税费返还外的其他政府补助收入等。

4.“购买商品、接受劳务支付的现金”项目

本项目反映企业购买材料、商品，接受劳务实际支付的现金，包括支付的货款以及与货款一并支付的增值税进项税额。

如根据报表资料和有关账户记录，以营业成本为起点，调整计算该项目的金额，其计算公式为：购买商品、接受劳务支付的现金＝营业成本＋应付账款和应付票据（期初余额－期末余额）＋预付账款（期末余额－期初余额）＋存货（期末余额－期初余额）＋存货跌价准备（期末余额－期初余额）－当期以非现金资产清偿债务而减少的应付账款和票据±存货增减中不属于本项目或与现金流量没有关系的－当期营业成本中不属于本项目或与现金流量没有关系的＋本期新增应付款项中所含的增值税进项税额＋当期购买时一同支付的进项税额现金流出。

使用前述公式时，需要注意以下几点：

第一，营业成本不包含经营租赁支出，经营租赁支出在本环节第四个项目中反

映，即支付的其他与经营活动相关的现金；另外，不属于本项目的职工薪酬及其所包含的制造费用都应该扣除。

第二，关于存货扣除项目。一是不属于本项目的职工薪酬及其所包含的制造费用要扣除；二是不涉及现金流量的存货增减应扣除，如计入管理费、销售费、营业外支出的存货，与债务重组有关的存货，等等。

第三，预付账款项目中包括预付费用，应将其扣除。

第四，之所以要考虑存货跌价准备，是因为需要将存货报表余额换算为存货账户余额。

5.“支付给职工以及为职工支付的现金”项目

本项目反映企业实际支付给职工的现金以及为职工支付的现金，包括企业为获得职工提供的服务，本期实际给予各种形式的报酬以及其他相关支出，如支付给职工的工资、奖金、各种津贴和补贴等，以及为职工支付的其他费用，不包括支付给在建工程人员的工资。支付的在建工程人员的工资，在“购建固定资产、无形资产和其他长期资产所支付的现金”项目中反映。

企业为职工支付的医疗、养老、失业、工伤、生育等社会保险基金、补充养老保险、住房公积金，企业为职工缴纳的商业保险金，因解除与职工劳动关系给予的补偿，现金结算的股份支付，以及企业支付给职工或为职工支付的其他福利费用，等等，应根据职工的工作性质和服务对象，分别在“购建固定资产、无形资产和其他长期资产所支付的现金”和“支付给职工以及为职工支付的现金”项目中反映。

本项目可以根据“库存现金”“银行存款”“应付职工薪酬”等科目的记录分析填列。

6.“支付的各项税费”项目

本项目反映企业按规定支付的各项税费，包括本期发生并支付的税费，以及本期支付以前各期发生的税费和预交的税金，如支付的教育费附加、印花税、房产税、土地增值税、车船使用税、增值税、所得税等。该项目不包括本期退回的增值税、所得税。本期退回的增值税、所得税等，在“收到的税费返还”项目中反映。本项目可以根据“应交税费”“库存现金”“银行存款”等科目分析填列。

7.“支付的其他与经营活动有关的现金”项目

本项目反映企业除上述各项目外，支付的其他与经营活动有关的现金，如罚款支出、支付的差旅费、业务招待费、保险费、经营租赁支付的现金等。其他与经营活动有关的现金，如果金额较大，应单列项目反映。本项目可以根据有关科目的记录分析填列。

(二)"投资活动产生的现金流量"各项目的内容和填列方法

1."收回投资所收到的现金"项目

本项目反映企业出售、转让或到期收回除现金等价物以外的交易性金融资产、其他债权投资、其他权益工具投资、长期股权投资、投资性房地产而收到的现金。本项目不包括债权性投资收回的利息、收回的非现金资产,以及处置子公司及其他营业单位收到的现金净额。债权性投资收回的本金在本项目反映,债权性投资收回的利息不在本项目中反映,而在"取得投资收益收到的现金"项目中反映。处置子公司及其他营业单位收到的现金净额单设项目反映。本项目可以根据"交易性金融资产""其他债权投资""其他权益工具投资""长期股权投资""投资性房地产""库存现金""银行存款"等科目的记录分析填列。

2."取得投资收益所收到的现金"项目

本项目反映企业因股权性投资而分得的现金股利,从子公司、联营企业或合营企业分回利润而收到的现金,因债权性投资而取得的现金利息收入。股票股利不在本项目中反映。包括在现金等价物范围内的债券性投资,其利息收入在本项目中反映。

本项目可以根据"应收股利""应收利息""投资收益""库存现金""银行存款"等科目的记录分析填列。

3."处置固定资产、无形资产和其他长期资产所收回的现金净额"项目

本项目反映企业出售固定资产、无形资产和其他长期资产所取得的现金,减去为处置这些资产而支付的有关费用后的净额。处置固定资产、无形资产和其他长期资产所收到的现金,与处置活动支付的现金,两者在时间上比较接近,以净额反映更能准确反映处置活动对现金流量的影响。由于自然灾害等造成的固定资产等长期资产报废、毁损而收到的保险赔偿收入,在本项目中反映。如处置固定资产、无形资产和其他长期资产所收回的现金净额为负数,则应作为投资活动产生的现金流量,在"支付的其他与投资活动有关的现金"项目中反映。本项目可以根据"固定资产清理""库存现金""银行存款"等科目的记录分析填列。

4."处置子公司及其他营业单位收到的现金净额"项目

本项目反映企业处置子公司及其他营业单位所取得的现金减去子公司或其他营业单位持有的现金和现金等价物以及相关处置费用后的净额。本项目可以根据有关科目的记录分析填列。

整体处置一个单位,其结算方式是多种多样的。企业处置子公司及其他营业

单位是整体交易，子公司和其他营业单位可能持有现金和现金等价物。这样，整体处置子公司或其他营业单位的现金流量，就应以处置价款中收到现金的部分，减去子公司或其他营业单位持有的现金和现金等价物以及相关处置费用后的净额反映。

《企业会计准则第 31 号——现金流量表》要求企业在附注中以总额披露当期取得或处置子公司及其他营业单位的下列信息：(1)取得或处置价格；(2)取得或处置价格中以现金支付的部分；(3)取得或处置子公司及其他营业单位所取得的现金；(4)取得或处置子公司及其他营业单位按主要类别分类的非现金资产和负债。

处置子公司及其他营业单位收到的现金净额如为负数，则将该金额填列至“支付的其他与投资活动有关的现金”项目中。

5.“收到的其他与投资活动有关的现金”项目

本项目反映企业除上述各项目外，收到的其他与投资活动有关的现金。其他与投资活动有关的现金，如果价值较大，应单列项目反映。本项目可以根据有关科目的记录分析填列。

6.“购建固定资产、无形资产和其他长期资产所支付的现金”项目

本项目反映企业购买、建造固定资产，取得无形资产和其他长期资产支付的现金，包括购买机器设备所支付的现金及增值税款、建造工程支付的现金、支付在建工程人员的工资等现金支出；不包括为购建固定资产、无形资产和其他长期资产而发生的借款利息资本化部分，以及融资租入固定资产所支付的租赁费。为购建固定资产、无形资产和其他长期资产而发生的借款利息资本化部分，在“分配股利、利润或偿付利息支付的现金”项目中反映；融资租入固定资产所支付的租赁费，在“支付的其他与筹资活动有关的现金”项目中反映，不在本项目中反映。本项目可以根据“固定资产”“在建工程”“工程物资”“无形资产”“库存现金”“银行存款”等科目的记录分析填列。

7.“投资所支付的现金”项目

本项目反映企业进行权益性投资和债权性投资所支付的现金，包括企业取得的除现金等价物以外的短期股票投资、短期债券投资、长期股权投资、长期性债权投资支付的现金，以及支付的佣金、手续费等附加费用。企业购买债券的价款中含有债券利息的，以及溢价或折价购入的，均按实际支付的金额反映。

企业购买股票和债券时，实际支付的价款中包含的已宣告但尚未领取的现金股利或已到付息期但尚未领取的债券利息，应在“支付的其他与投资活动有关的现金”项目中反映；收回购买股票或债券时支付的已宣告但尚未领取的现金股利或已

到付息期但尚未领取的债券利息,应在“收到的其他与投资活动有关的现金”项目中反映。

本项目可以根据“交易性金融资产”“其他债权投资”“其他权益工具投资”“投资性房地产”“长期股权投资”“库存现金”“银行存款”等科目的记录分析填列。

8.“取得子公司及其他营业单位支付的现金净额”项目

本项目反映企业取得子公司及其他营业单位购买出价中以现金支付的部分,减去子公司或其他营业单位持有的现金和现金等价物后的净额。本项目可以根据有关科目的记录分析填列。

整体购买一个单位,其结算方式是多种多样的,如购买方全部以现金支付或一部分以现金支付而另一部分以实物清偿。同时,企业购买子公司及其他营业单位是整体交易,子公司和其他营业单位除有固定资产和存货外,还可能持有现金和现金等价物。这样,整体购买子公司或其他营业单位的现金流量,就应以购买出价中以现金支付的部分减去子公司或其他营业单位持有的现金和现金等价物后的净额反映,如为负数,应在“收到的其他与投资活动有关的现金”项目中反映。

9.“支付的其他与投资活动有关的现金”项目

本项目反映企业除上述各项目外,支付的其他与投资活动有关的现金,如在购买股票时支付的已宣布而尚未领取的现金股利,在购买债券时支付的已到期但尚未领取的债券利息,等等。其他与投资活动有关的现金,如果价值较大,应单列项目反映。

(三)“筹资活动产生的现金流量”各项目的内容和填列方法

1.“吸收投资所收到的现金”项目

本项目反映企业以发行股票、债券等方式筹集资金实际收到的款项净额(发行收入减去支付的佣金等发行费用后的净额)。以发行股票等方式筹集资金而由企业直接支付的审计、咨询等费用,不在本项目中反映,而在“支付的其他与筹资活动有关的现金”项目中反映;由金融企业直接支付的手续费、宣传费、咨询费、印刷费等费用,从发行股票、债券取得的现金收入中扣除,以净额列示。

本项目可以根据“实收资本(或股本)”“资本公积”“库存现金”“银行存款”等科目的记录分析填列。

2.“借款收到的现金”项目

本项目反映企业举借各种短期、长期借款而收到的现金。本项目可以根据“短期借款”“长期借款”“交易性金融负债”“应付债券”“库存现金”“银行存款”等科目的记录分析填列。

3."收到的其他与筹资活动有关的现金"项目

本项目反映企业除上述各项目外,收到的其他与筹资活动有关的现金。其他与筹资活动有关的现金,如果价值较大,应单列项目反映。本项目可根据有关科目的记录分析填列。

4."偿还债务所支付的现金"项目

本项目反映企业以现金偿还债务的本金,包括归还金融企业的借款本金、偿付企业到期的债券本金等。企业偿还的借款利息、债券利息,在"分配股利、利润或偿付利息支付的现金"项目中反映,不在本项目中反映。本项目可以根据"短期借款""长期借款""交易性金融负债""应付债券""库存现金""银行存款"等科目的记录分析填列。

5."分配股利、利润或偿付利息所支付的现金"项目

本项目反映企业实际支付的现金股利、支付给其他投资单位的利润或用现金支付的借款利息、债券利息。不同用途的借款,对应利息的开支渠道不一样,如在建工程、财务费用等,但均在本项目中反映。本项目可以根据"应付股利""应付利息""利润分配""财务费用""在建工程""制造费用""研发支出""库存现金""银行存款"等科目的记录分析填列。

6."支付的其他与筹资活动有关的现金"项目

本项目反映企业除上述各项目外,支付的其他与筹资活动有关的现金,如以发行股票、债券等方式筹集资金而由企业直接支付的审计、咨询等费用,融资租赁所支付的现金、以分期付款方式构建固定资产以后各期支付的现金等。其他与筹资活动有关的现金,如果价值较大,应单列项目反映。本项目可以根据有关科目的记录分析填列。

(四)"汇率变动对现金流量的影响额"项目的内容和填列方法

编制现金流量表时,应当将企业外币现金流量以及境外子公司的现金流量折算成记账本位币。《企业会计准则第31号——现金流量表》规定,外币现金流量以及境外子公司的现金流量,应当采用现金流量发生日的即期汇率或按照系统合理的方法确定的、与现金流量发生日即期汇率近似的汇率折算。汇率变动对现金的影响额应当作为调节项目,在现金流量表中单独列报。

如上所述,企业外币现金流量及境外子公司的现金流量折算成记账本位币时,所采用的是现金流量发生日的汇率或按照系统合理的方法确定的、与现金流量发

生日即期汇率近似的汇率,而现金流量表“现金及现金等价物净增加额”项目中外币现金净增加额是按资产负债表日的即期汇率折算。这两者的差额即为汇率变动对现金及现金等价物的影响。

(五)“现金及现金等价物净增加额”项目的内容和填列方法

本项目反映企业当期所有现金流入与所有现金流出相抵后的现金流量净额,本项目应根据“经营活动产生的现金流量净额”“投资活动所产生的现金流量净额”“筹资活动所产生的现金流量净额”“汇率变动对现金流量的影响”四项之和填列。

第六节 财务会计报告附注

一、附注概述

(一)附注的概念

附注是财务会计报告不可或缺的组成部分,是对在资产负债表、利润表、现金流量表和所有者权益变动表等报表中列示项目的文字描述或明细资料,以及对未能在这些报表中列示项目的说明等。

财务会计报告中的数字是经过分类与汇总后的结果,是对企业发生的经济业务的高度简化和浓缩的数字。如果没有形成这些数字所使用的会计政策,财务会计报告就不可能充分发挥效用。因此,附注与资产负债表、利润表、现金流量表、所有者权益变动表等报表具有同等的重要性,是财务会计报告的重要组成部分。报表使用者了解企业的财务状况、经营成果和现金流量,应当全面阅读附注。

(二)附注披露的基本要求

附注披露的基本要求有:

第一,附注披露的信息应是定量、定性信息的结合,从而能从量和质两个角度对企业经济事项完整地进行反映,也才能满足信息使用者的决策需求。

第二,附注应当按照一定的结构进行系统合理地排列和分类,有顺序地披露信息。由于附注的内容繁多,因此附注应按逻辑顺序排列,分类披露,条理清晰,具有一定的组织结构,以便于使用者理解和掌握,同时更好地实现财务会计报告的可比性。

第三，附注相关信息应当与资产负债表、利润表、现金流量表和所有者权益变动表等报表中列示的项目相互参照，以有助于使用者联系相关联的信息，并由此从整体更好地理解财务会计报告。

二、附注披露的内容

附注应当按照如下顺序披露有关内容。

（一）企业的基本情况

企业的基本情况包括：(1)企业注册地、组织形式和总部地址；(2)企业的业务性质和主要经营活动，如企业所处的行业、所提供的主要产品或服务、客户的性质、销售策略、监管环境的性质等；(3)母公司以及集团最终母公司的名称；(4)财务会计报告的批准报出者和财务会计报告批准报出日；(5)营业期限有限的企业，还应当披露有关其营业期限的信息。

（二）财务会计报告的编制基础

编制者应当根据会计准则的规定判断企业是否持续经营，并披露财务会计报告是否以持续经营为基础编制。

（三）遵循企业会计准则的声明

企业应当声明其编制的财务会计报告符合企业会计准则的要求，真实、公允地反映了企业的财务状况、经营成果和现金流量等有关信息，以此明确企业编制财务会计报告所依据的制度基础。

如果企业编制的财务会计报告只是部分地遵循了企业会计准则，附注中不得做出这种表述。

（四）重要会计政策和会计估计

根据《列报准则》的规定，企业应当披露采用的重要会计政策和会计估计，不重要的会计政策和会计估计可以不披露。

1. 重要会计政策的说明

由于企业经济业务的复杂性和多样化，某些经济业务可以有多种会计处理方法，即存在不止一种可供选择的会计政策，如存货的计价可以有先进先出法、加权平均法、个别计价法等。企业在发生某项经济业务时，必须从允许的会计处理方法中选择适合本企业特点的会计政策,企业选择不同的会计处理方法,可能极大地影响企业的财务状况和经营成果,进而编制出不同的财务会计报告。为了有助于报表使用者理解,有必要对这些会计政策加以披露。

需要特别指出的是,说明会计政策时还需要披露下列两项内容:(1)财务会计报告项目的计量基础。会计计量属性包括历史成本、重置成本、可变现净值、现值和公允价值。这项披露要求便于使用者了解企业财务会计报告中的项目是按何种计量基础予以计量的,如存货是按成本还是可变现净值计量等。(2)会计政策的确定依据,主要是指企业在运用会计政策过程中所做的对报表中确认的项目金额最具影响的判断。例如,企业如何判断持有的金融资产是持有至到期的投资而不是交易性投资;又如,对于拥有的持股不足50%的关联企业,企业为何判断企业拥有控制权并因此将其纳入合并范围;再如,企业如何判断与租赁资产相关的所有风险和报酬已转移给企业从而符合融资租赁的标准,以及投资性房地产的判断标准是什么;等等。这些判断对在报表中确认的项目金额具有重要影响。因此,这项披露要求有助于使用者理解企业选择和运用会计政策的背景,增加财务会计报告的可理解性。

2. 重要会计估计的说明

《列报准则》强调了对会计估计不确定因素的披露要求,规定企业应当披露会计估计中所采用的关键假设和不确定因素的确定依据,这些关键假设和不确定因素在下一会计期间很可能导致对资产、负债账面价值进行重大调整。

在确定报表中确认的资产和负债的账面金额过程中,企业有时需要对不确定的未来事项在资产负债表日对这些资产和负债的影响加以估计。例如,固定资产可收回金额的计算需要根据其公允价值减去处置费用后的净额与预计未来现金流量的现值两者之间的较高者确定,在计算资产预计未来现金流量的现值时需要对未来现金流量进行预测,并选择适当的折现率,应当在附注中披露未来现金流量预测所采用的假设及其依据、所选择的折现率为什么是合理的等。又如,为正在进行的诉讼提取准备时最佳估计数的确定依据等,这些假设的变动对这些资产和负债项目金额的确定影响很大,有可能会在下一个会计年度内做出重大调整。因此,强调这一披露要求,有助于提高财务会计报告的可理解性。

(五)会计政策和会计估计变更以及差错更正的说明

企业应当按照《企业会计准则第28号——会计政策、会计估计变更和差错更正》及其应用指南的规定,披露会计政策和会计估计变更以及差错更正的有关情况。

（六）报表重要项目的说明

企业应当以文字和数字描述相结合、尽可能以列表形式披露报表重要项目的构成或当期增减变动情况，并且报表重要项目的明细金额合计，应当与报表项目金额相衔接。在披露顺序上，一般应当按照资产负债表、利润表、现金流量表、所有者权益变动表的顺序及其项目列示的顺序进行披露。

（七）其他需要说明的重要事项

主要包括或有和承诺事项、资产负债表日后非调整事项、关联方关系及其交易等。

思考题

1. 什么是财务会计报告？它主要有哪些组成部分？
2. 企业编制与提供财务会计报告需要满足哪些基本要求？
3. 什么是资产负债表？它的结构是什么？它主要提供哪些信息？
4. 什么是利润表？它的结构是什么？它主要提供哪些信息？
5. 什么是现金流量表？它的结构是什么？它主要提供哪些信息？
6. 什么是报表附注？企业为什么需要编制报表附注？报表附注应包括哪些内容？
7. 资产负债表、利润表、现金流量表与股东权益变动表是怎样的逻辑关系？

第六章　会计信息的形成与法律目的获取

导　读

本章共三节，旨在介绍会计信息的法律目的获取。为实现这个目标，需要先理解会计信息除财务会计报告以外的其他载体——由会计账簿与会计凭证组成的内部会计信息系统，以及这个系统内会计信息形成的过程。

第一节介绍法律人理解会计信息系统应有的三个视角，会计信息系统主要由财务会计报告、会计账簿以及会计凭证组成；会计账户依会计科目设置，账户内的连续记录即形成会计账簿，会计账簿是会计账户内的连续记载所形成的法律文件；资产类、共同类、负债类、所有者权益类、成本类与损益类等六大类账户下有若干一级会计科目，一级科目下企业自由设置二级及以下明细科目，由一级科目的总分类账与明细科目的明细分类账共同组成会计账簿体系，账簿与账簿、账簿与报表、报表与报表等之间存在逻辑勾稽关系，可据以相互考查或核对有关经济活动的真实性、公允性与合法性；会计凭证由记账凭证与原始凭证组成，记账凭证有编号，是在会计凭证中查找法律文件的重要工具；现代企业会计信息系统主要体现为电子信息系统，查找会计信息需要了解主流电子会计信息系统软件；承载过往期间会计信息的纸面载体构成会计档案，需要依法保管，法律对会计档案的保管职责主体、移交、保管期限等有明确规定，查找过往期间的会计信息需要使用会计档案。

第二节为有法律价值的会计信息形成，分成两类介绍，一是损益类会计信息，二是反映私法事实的会计信息。损益类会计信息通过利润核算形成，利润核算的逻辑为“（收入 - 费用）+ 直接计入当期利润的利得和损失”，这就需要先分别核算期间收入、费用与直接计入当期利润的利得和损失，它们的确认与计量有相应会计准则规定；反映私法事实的会计信息的形成经过了缔结法律关系、合同履行中形成原始凭证、形成会计凭证、进入会计账簿与财务会计报告、形成会计档案五个环节。

第三节总结法律目的获取会计信息的方法。法律目的包括诉讼目的与非诉讼目的。在诉讼目的中，典型者为企业利润这一法律事实的确认，司法实务中需要使用会计司法鉴定。对于反映法律事实的会计信息，则需要使用逆查法，即按照会计核算相反的处理程序，依次对表、账、证各个环节进行检查核对的一种方法。具体有两种，一是“表→账→证”，二是“账→证”。

第一节　会计信息系统及其构成

一、会计信息系统

（一）会计信息系统的理解

1. 系统论视角

作为一种科学方法，系统论的基本思想是把研究和处理的对象看作一个整体系统来对待，从整体出发研究系统和组成系统各要素的相互关系。从系统构成角度来看，会计信息系统主要是由会计报告、会计账簿以及会计凭证组成。这三大组成部分各自独立，但也具有极其紧密的逻辑联系，会计账簿记载内容源自会计凭证，会计报告源自会计账簿，同一信息在各部分的记载方式、详略程度等有差异。外部使用者仅靠财务会计报告难以得到充分信息，条件允许时，还需从会计账簿与会计凭证获取更细节的信息。所以，我国《公司法》不仅规定了有限责任公司股东有查阅与复制财务会计报告的权利，还规定了附条件的会计账簿查阅权。

2. 信息论视角

会计专业通常在广狭两个层面使用“会计信息系统”，广义的会计信息系统等于“会计”本身，即会计的信息系统本质观，强调会计是将企业经济活动的各种数据转换为货币化的会计信息，通过确认、计量、记录与报告等会计程序而形成。狭义的会计信息系统则强调电子信息技术在会计工作中的应用，是以计算机设备为载体，通过会计应用软件将会计信息转换为电子数据的信息系统，是企业管理信息系统的重要组成部分。

3. 外部人视角

“外部人”相对于“内部人”而言，后者指会计信息的生成者与会计信息系统的控制者。实践中，法律专业的角色通常为企业会计信息系统的外部人，大多止步于财务报告，除非得到特别授权，否则接触不到会计信息系统的核心构件——会计账簿与会计凭证。获得授权时，就需要根据财务会计报告这一“内部人画给外部人看的地图”，在庞杂的会计信息系统中“按图索骥”。

（二）会计信息系统的构成

企业会计信息系统由财务会计报告、会计账簿与会计凭证构成，商法上称之为商事账簿。财务会计报告呈现的是企业财务状况与经营成果的总体概貌，只记载了较为宏观分类项目的数额，关于企业经营更详细、更重要的信息隐藏在会计账簿与会计凭证中。

1. 财务会计报告

财务会计报告的详细内容见本书第五章，本章只介绍会计账簿与会计凭证。

2. 会计账簿及其体系

会计账簿是以会计凭证为依据，连续、系统、分类地记录各种经济交易或事项的簿籍，由一定格式、相互联系的账页组成。依实现会计核算目的的客观需求，单个会计科目即为一个会计账户，会计账户在一段时期内增减变动情况及其结果的连续记载即形成会计账簿。根据我国统一会计制度，企业需要设置资产类、负债类、共同类、所有者权益类、成本类与损益类六大类科目，每类科目下须设若干一级科目。结合特定会计核算与经营管理需要，企业还可在一级科目之下自由设置二级科目，乃至三级、四级科目。这六大类科目之下、相互具有逻辑勾稽的全部会计账户在一段时期内的连续记载，并以纸质或电子形式呈现出来的书面文件，即构成会计账簿体系。

3. 会计凭证

会计凭证是指在会计工作中记录特定经济交易或事项、据以登记账簿的书面证明文件，由原始凭证和记账凭证构成，详见第三部分。

二、会计账簿及其体系

（一）会计账簿与会计科目、会计账户

1. 会计科目

会计科目是按一定标准对会计要素进行科学分类后得到的标准名称。按照所提供信息的详细程度及隶属关系不同，会计科目分为总分类科目和明细分类科目。总分类科目又称一级科目或总账科目，是对会计要素具体内容所作的总括分类，如“固定资产”“原材料”“应收账款”“应付账款”等。明细分类科目又称二级科目或明细科目，是总分类科目所含内容更为详细的分类，能为总分类科目核算提供更详细、具体的核算指标。例如，根据我国统一会计制度，“应收账款”为资产类一级科目，企业可按债务人进行明细核算；某企业有 A 公司、J 公司两个长期合作的经销

商，为方便管理应收账款债权，可以针对 A 公司与 J 公司各设一个二级科目，以具体反映应向它们收取的货款金额。根据经营需要，还可以在二级科目下分设三级、四级科目，每往下设置一级都是对上一级科目的进一步分类。

2007 年，财政部施行的《企业会计准则——应用指南》的附录——《会计科目和主要账务处理》，以指导企业设置与使用会计科目。根据该规范，企业应设置资产类、负债类、共同类、所有者权益类、成本类和损益类等六类科目；在不违反会计准则的前提下，企业可根据实际情况自行增设、分拆、合并会计科目，不存在的交易或事项可以不设相关会计科目。此后，随着会计准则的更新与变化，会计科目亦随之增减，截至 2021 年年底，主要会计科目分别如表 6－1 至表 6－6 所示。

表 6－1　资产类科目及其编号

编号	科目名称	编号	科目名称
1001	库存现金	1231	坏账准备
1002	银行存款	1301	贴现资产
1003	存放中央银行款项	1302	拆出资金
1011	存放同业	1303	贷款
1012	其他货币资金	1304	贷款损失准备
1021	结算备付金	1311	代理兑付证券
1031	存出保证金	1321	代理业务资产
1101	交易性金融资产	1401	材料采购
1111	买入返售金融资产	1402	在途物资
1121	应收票据	1403	原材料
1122	应收账款	1404	材料成本差异
1123	预付账款	1405	库存商品
1131	应收股利	1406	发出商品
1132	应收利息	1407	商品进销差价
1201	应收代位追偿款	1408	委托加工物资
1211	应收分保账款	1411	周转材料
1212	应收分保合同准备金	1421	消耗性生物资产
1221	其他应收款	1431	贵金属

续表

编号	科目名称	编号	科目名称
1441	抵债资产	1601	固定资产
1451	损余物资	1602	累计折旧
1461	融资租赁资产	1603	固定资产减值准备
1471	存货跌价准备	1604	在建工程
1473	合同资产	1605	工程物资
1474	合同资产减值准备	1606	固定资产清理
1475	合同履约成本	1611	未担保余值
1476	合同履约成本减值准备	1621	生产性生物资产
1477	合同取得成本	1622	生产性生物资产累计折旧
1478	合同取得成本减值准备	1623	公益性生物资产
1481	使用权资产	1631	油气资产
1485	应收退货成本	1632	累计折耗
1501	持有至到期投资	1701	无形资产
1502	持有至到期投资减值准备	1702	累计摊销
1503	可供出售金融资产	1703	无形资产减值准备
1511	长期股权投资	1711	商誉
1512	长期股权投资减值准备	1801	长期待摊费用
1521	投资性房地产	1811	递延所得税资产
1531	长期应收款	1821	独立账户资产
1532	未实现融资收益	1901	待处理财产损溢
1541	存出资本保证金		

表6－2　负债类科目及其编号

编号	科目名称	编号	科目名称
2001	短期借款	2012	同业存款
2002	存入保证金	2021	贴现负债
2003	拆入资金	2101	交易性金融负债
2004	向中央银行借款	2111	卖出回购金融资产款
2011	吸收存款	2201	应付票据

续表

编号	科目名称	编号	科目名称
2202	应付账款	2401	递延收益
2203	预收账款	2501	长期借款
2205	合同负债	2502	应付债券
2211	应付职工薪酬	2601	未到期责任准备金
2221	应交税费	2602	保险责任准备金
2231	应付利息	2611	保户储金
2232	应付股利	2621	独立账户负债
2241	其他应付款	2701	长期应付款
2251	应付保单红利	2702	未确认融资费用
2261	应付分保账款	2703	租赁负债
2311	代理买卖证券款	2711	专项应付款
2312	代理承销证券款	2801	预计负债
2313	代理兑付证券款	2901	递延所得税负债
2314	代理业务负债		

表 6－3 共同类科目及其编号

编号	科目名称	编号	科目名称
3001	清算资金往来	3201	套期工具
3002	货币兑换	3202	被套期项目
3101	衍生工具		

表 6－4 所有者权益类科目及其编号

编号	科目名称	编号	科目名称
4001	实收资本	4103	本年利润
4002	资本公积	4104	利润分配
4101	盈余公积	4201	库存股
4102	一般风险准备		

表 6－5　成本类科目及其编号

编号	科目名称	编号	科目名称
5001	生产成本	5401	工程施工
5101	制造费用	5402	工程结算
5201	劳务成本	5403	机械作业
5301	研发支出		

表 6－6　损益类科目及其编号

编号	科目名称	编号	科目名称
6001	主营业务收入	6421	手续费及佣金支出
6011	利息收入	6501	提取未到期责任准备金
6021	手续费及佣金收入	6502	提取保险责任准备金
6031	保费收入	6511	赔付支出
6041	租赁收入	6521	保单红利支出
6051	其他业务收入	6531	退保金
6061	汇兑损益	6541	分出保费
6101	公允价值变动损益	6542	分保费用
6111	投资收益	6601	销售费用
6201	摊回保险责任准备金	6602	管理费用
6202	摊回赔付支出	6603	财务费用
6203	摊回分保费用	6604	勘探费用
6301	营业外收入	6701	资产减值损失
6401	主营业务成本	6711	营业外支出
6402	其他业务成本	6801	所得税费用
6403	营业税金及附加	6901	以前年度损益调整
6411	利息支出		

2. 会计账户与会计科目的关系

为全面、序时、连续、系统地记录由经济业务的发生而引起的会计要素增减变动情况，还需根据规定的会计科目开设会计账户。会计账户是根据会计科目设置的，具有一定格式和结构，用来分类、连续地记录经济业务，以反映会计要素增减变动情况及其结果的核算工具或载体。[1] 例如，前述企业的“应收账款”科目就是应收账款账户，分别记载 J 公司、Z 公司两个经销商所欠货款的二级科目就是应收账款的 J 公司账户与 Z 公司账户。

会计实务未严格区分会计科目与会计账户，两者可混用。

3. 会计账簿与会计账户、会计科目的关系

会计账簿是会计账户的外在形式，账户存在于账簿之中，账簿中的每一账页就是账户的存在形式和载体。[2] 纸质形式的会计账簿由封面、扉页、账页等三部分构成，其中，封面标明账簿的名称，扉页列示目录表和账簿使用登记表，账页列示会计科目、记账日期、记账依据、内容摘要及金额等。

综上，会计科目、会计账户与会计账簿的关系可表述为：一个会计科目构成一个会计账户；会计账户是一个抽象概念，外在体现为相应会计账簿，账簿的纸质或者电子形式的记录，就是会计账户的书面载体；连续记录特定会计科目的增减变动情况与结果的外在书面形式，即为该科目的会计账簿。

（二）会计账簿的类型

1. 分类账

分类账是以会计科目为分类依据对会计信息进行分类记录的账簿，可进一步分为总分类账和明细分类账。

总分类账是以一级会计科目开设的会计账簿，处于会计账簿体系的核心。例如，应收账款是我国统一会计制度规定的一级会计科目，应收账款的账簿即为应收账款总分类账，如图 6 - 1 所示。

---

[1] 罗云芳、赵利、张华英主编：《会计学原理》，清华大学出版社 2018 年版，第 33 页；郭松克、彭婷、杨烁丹编著：《会计学原理》，北京大学出版社 2019 年版，第 42 页。

[2] 罗云芳、赵利、张华英主编：《会计学原理》，清华大学出版社 2018 年版，第 128 页。

应收账款总分类账							
年		凭证编号	摘要	借方	贷方	借或贷	余额
月	日						
10	1		期初余额			D	E
	5	收字第 11 号	收到 J 公司和 Z 公司款项				
	10	转字第 03 号	向 Z 公司销售产品一批，款项尚未收到				
	18	转字第 05 号	应收 J 公司款项无法收回，经批准确认坏账				
	23	转字第 09 号	Z 公司到期商业汇票无法支付，转为应收账款				
	31		月结			F	G

图 6-1　应收账款总分类账示例

一级科目下设置的二级或以下明细科目开设的账簿，即明细分类账。明细分类账是对总分类账所提供的信息的一种补充或详细说明。例如，记录前述某公司的 J 公司、Z 公司两个经销商所欠货款的账簿，即为明细分类账，如图 6-2 所示。

应收账款明细分类账—J 公司							
年		凭证编号	摘要	借方	贷方	借或贷	余额
月	日						
10	1		期初余额			借	500,000
	5	收字第 11 号	收到偿还的贷款 45 万元				
	18	转字第 05 号	应收账款 5 万元无法收回，经批准确认坏账				
	31		月结			H	I

应收账款明细分类账—Z 公司							
年		凭证编号	摘要	借方	贷方	借或贷	余额
月	日						
10	1		期初余额			借	900,000
	5	收字第 11 号	收到偿还的贷款 30 万元				
	10	转字第 03 号	赊销产品,应收 11.7 万元				
	23	转字第 09 号	到期商业汇票 20 万元转为应收账款				
	31		月结			M	N

图 6－2　应收账款明细分类账示例

2. 日记账

日记账又称为序时账,是以需要会计处理的交易或事项发生的时间顺序为依据,逐笔、连续、记录会计信息的账簿。在我国会计实践中,企业一般只设置现金日记账(见图 6－3)和银行存款日记账(见图 6－4),以加强货币资金收付结存的管理与控制。根据《会计基础工作规范》,现金日记账和银行存款日记账必须采用订本式账簿,不能使用活页式账簿,且需逐日结出余额。

单位:湖北××餐饮有限公司　　账号:						日期:2022－1－1 至 2022－1－31		
年		凭证号	摘要	票据号码	借方	贷方	方向	余额
月	日							
			期初余额				借	135,514.28
1	1	10101	购买办公用品	00029524		122.97	借	135,391.31
1	1	10102	××银行提取现金	00343421	20,000.00		借	155,391.31
1	1	10103	××银行提取现金	00343422	20,000.00		借	175,391.31
1	1	10104	购买食材			4,807.00	借	170,584.31
1	1	10105	支付 2021.12 工资			18,600.00	借	151,984.31
1	1	10106	厨房设备修理费	00740936		200.00	借	151,734.31
1	1	10107	××银行提取现金	00343423	10,000.00		借	161,734.31

图 6－3　现金日记账示例

日期	凭证号	摘要	借方	贷方	方向	金额	标记
2020－3－1		期初余额			借	100,000.00	
2020－3－1	银付－001	付料款		50,000.00	借	50,000.00	√
2020－3－1	银付－002	付料款		30,000.00	借	20,000.00	√
2020－3－1	银收－001	收销货款	40,000.00		借	60,000.00	√
2020－3－2	银收－002	收销货款	25,000.00		债	85,000.00	√
2020－3－2	银付－003	交税金		60,000.00	借	25,000.00	√
2020－3－2	银收－003	收销货款	35,000.00		借	60,000.00	
2020－3－2	银付－004	取备用金		20,000.00	借	40,000.00	
2020－3－6		期末余额			借	40,000.00	

图6－4　银行存款日记账示例

3. 备查账

备查账是对日记账和分类账中未能记载的事项进行补充登记、以供查考的账簿。备查账可分为两类，一类是根据统一会计制度要求应当设置的备查账，如应收票据备查账（见图6－5）与应付票据备查账；另一类是企业根据管理需要自行设置的备查账，如某企业租入固定资产登记簿（见图6－6）。备查账没有固定的格式，与其他账簿之间也不存在严密的勾稽关系，其格式可由企业根据内部管理的需要自行确定。

应收票据备查登记簿

种类	号数	出票日期	出票人	票面金额	到期日期	利率	付款人	承兑人	背书人	贴现			收回		注销	备注
										日期	贴现率	贴现额	日期	金额		

图6－5　应收票据备查登记簿示例

租入固定资产登记簿

资产名称	规格	合同号	租出单位	租入日期	租期	租金	使用地点	备注

图 6－6　租入固定资产登记簿示例

（三）账簿的启用与登记

1. 账簿启用

根据 1996 年制定、2019 年修改的《会计基础工作规范》，启用会计账簿时，应当在账簿封面上写明单位名称和账簿名称。在账簿扉页上应当附启用表，内容包括：启用日期、账簿页数、记账人员和会计机构负责人、会计主管人员姓名，并加盖名章和单位公章。记账人员和会计机构负责人、会计主管人员等变动的，应办理交接手续；交接文件应注明交接日期、接办人员或者监交人员姓名，并由交接双方人员签名或者盖章。没有办清交接手续的，不得调动或者离职。

启用订本式账簿，应当从第一页到最后一页顺序编定页数，不得跳页、缺号。使用活页式账页，应当按账户顺序编号，并需定期装订成册。装订后再按实际使用的账页顺序编定页码。另加目录，记明每个账户的名称和页次。

实行会计电算化的单位，用计算机打印的会计账簿必须连续编号，经审核无误后装订成册，并由记账人员和会计机构负责人、会计主管人员签字或者盖章。

2. 账簿登记及其更正

根据《会计基础工作规范》，会计人员应当根据审核无误的会计凭证登记会计账簿。登记账簿的基本要求是：

（1）登记会计账簿时，应当将会计凭证日期、编号、业务内容摘要、金额和其他有关资料逐项记入账内，做到数字准确、摘要清楚、登记及时、字迹工整。

（2）登记完毕后，要在记账凭证上签名或者盖章，并注明已经登账的符号，表示已经记账。

(3)账簿中书写的文字和数字上面要留有适当空格,不要写满格;一般应占格距的1/2。

(4)除冲账等特殊情况下,登记账簿要用蓝黑墨水或者碳素墨水书写,不得使用圆珠笔(银行的复写账簿除外)或者铅笔书写。

(5)各种账簿按页次顺序连续登记,不得跳行、隔页。如果发生跳行、隔页,应当将空行、空页划线注销,或者注明"此行空白""此页空白"字样,并由记账人员签名或者盖章。

(6)凡需要结出余额的账户,结出余额后,应当在"借或贷"等栏内写明"借"或者"贷"等字样。没有余额的账户,应当在"借或贷"等栏内写"平"字,并在余额栏内用"Q"表示。

(7)每一账页登记完毕结转下页时,应当结出本页合计数及余额,写在本页最后一行和下页第一行有关栏内,并在摘要栏内注明"过次页"和"承前页"字样;也可以将本页合计数及金额只写在下页第一行有关栏内,并在摘要栏内注明"承前页"字样。

账簿记录发生错误时,不得涂改、挖补、刮擦或者用药水消除字迹,不准重新抄写,必须按照下列方法进行更正:

(1)登记账簿时发生错误,应当将错误的文字或者数字划红线注销,但必须使原有字迹仍可辨认;然后在划线上方填写正确的文字或者数字,并由记账人员在更正处盖章。对于错误的数字,应当全部划红线更正,不得只更正其中的错误数字;文字错误,可只划去错误的部分。

(2)由于记账凭证错误而使账簿记录发生错误,应当按更正的记账凭证登记账簿。

(四)会计账簿体系

1. 会计账簿体系的构成

根据统一会计制度要求与经营管理需要,企业需设前述六大类若干会计科目,才能满足经营核算的要求,因此其会计账簿必然是多个。按照账簿登记要求、连续记录企业所有会计科目增减变动情况与结果的全部会计账簿,即为会计账簿体系。它以总分类账簿为主干,以明细分类账簿为分支(见图6-7),可全面反映企业各期经济交易与事项。

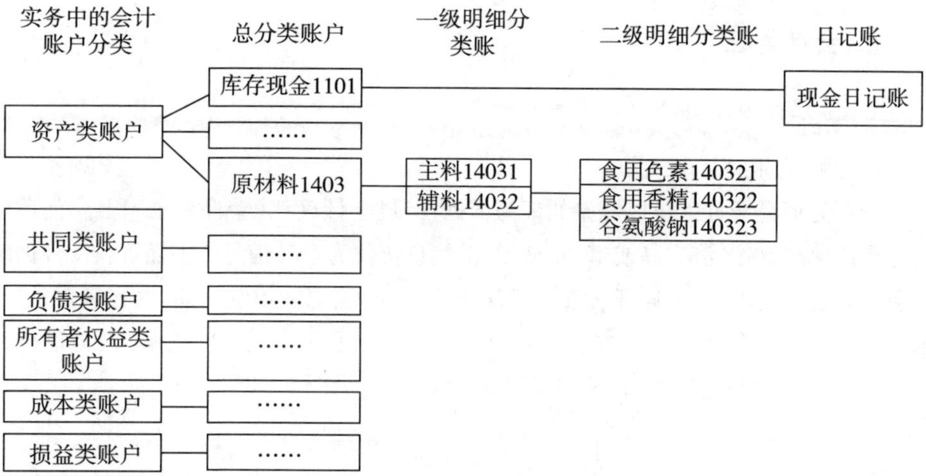

图 6－7　会计账簿体系

2. 账簿勾稽关系

勾稽关系指账簿与账簿、账簿与报表、报表与报表等之间存在的、相关数额可据以考查或核对的逻辑关系。除备查账以外,各科目账簿间普遍存在勾稽关系,比较常见的是对应关系与和差关系。正是因为这种普遍存在的逻辑关联,才将全部账簿称为"会计账簿体系"。

对应关系源于借贷记账法,即对每项经济业务须用相等金额在两个或两个以上互相关联的账簿中予以借记与贷记,以表明资金运动的来龙去脉以及相互对应关系。以贷款合同履行为例,银行履行了支付100万元本金的义务、借款人的银行账户收到该笔金额后,应在两个账户中分别记录该合同履行行为的经济结果:在资产账户的"银行存款"科目借记存款100万元,以记录银行存款增加了100万元的事实;同时,在负债账户的"短期借款"科目贷记债务本金100万元,以记录该100万元资金源于银行贷款且企业增加了100万元债务的事实。这种记录逻辑,使"银行存款"账簿与"短期借款"账簿间建立了对应关系。

和差关系是指账簿间存在相加或相减的计算逻辑,如总分类账与其下属明细分类账间,明细分类账余额之和等于总分类账余额之和。比如,某企业"原材料"总分类账的余额为50万元,各品种原材料的明细分类账之余额相加,就应等于总分类账之余额50万元。

对会计人员来说,勾稽关系有助于减少差错,保证会计账簿、会计报表的准确性。对法律等外部人而言,则可通过有勾稽关系的账簿相互核对或查找有价值的事实或信息。

三、会计凭证

(一)记账凭证

1. 记账凭证及其形式

记账凭证是会计人员以原始凭证为依据,经过会计确认(会计分录)程序,使用借贷记账法填制,将经济交易或事项原始经济信息转化为会计信息的书面资料。根据统一会计制度的要求,记账凭证属于要式法律文件,必须记载填制日期、内容摘要、科目名称、借贷方向、发生金额等内容,由制单人、出纳、复核人、记账(过账)人与审核人(一般为会计主管)的签章,并按一定规则连续编号(见图 6 – 8)。[1]

记账凭证

日期:2022 年 1 月 29 日

编号:记 – 64

核算单位:深圳 XXX 电子有限公司　　页号:1/1

摘要	科目	借方	贷方
办公费用报销	5502.07 管理费用 – 办公费用	1,000.00	
差旅费用报销	5502.02 管理费用 – 差旅费	2,000.00	
报销费用	1002 银行存款		3,000.00
合计 叁仟元整		3,000.00	3,000.00

图 6 – 8　记账凭证示例

记账凭证是登记明细分类账和总分类账的唯一依据。记账时,由记账(过账)人将摘要、科目、借贷方向与金额转录至相应总分类账簿或明细分类账簿,并将所依据记账凭证编号标注在账簿中。

2. 借贷记账法与会计分录

借贷记账法,指在两个或两个以上相互联系的会计账户中,使用“借”与“贷”记账符号,以记录单个经济交易或事项引起的增减变化的记账方法。借贷记账法是复式记账法的一种,是目前国际通用的记账方法。我国自 1993 年 7 月 1 日起要求

[1] 关于会计凭证的形式要件,见财政部规章《会计基础工作规范》(2019 年修改)。

企业全部采用这一记账方法，故此后复式记账法均指借贷记账法。单个经济交易或事项的发生客观上会引发多个账户的增减变化，为全面完整记录其经济后果与来龙去脉，应当使用这种记账方法。

会计分录是会计确认行为之一，即对企业经济交易或事项应当登记的账户名称、借贷方向以及具体金额予以确定，并按统一会计制度的要求形成书面记录。以前述收到银行发放100万元短期贷款的本金为例，其会计分录为：

借：银行存款　　　　　　　1,000,000元

　　贷：短期借款　　　　　　　1,000,000元

会计凭证是会计分录行为的书面工作成果，故又称为分录凭证。对企业会计人员来说，编制分录形成记账凭证是会计程序的第一步，但却是外部人信息获取工作靠近末端的一环。

（二）原始凭证

原始凭证是指在经济交易或事项发生时取得或填制的用来记录并证明经济交易或事项具体内容的证据或凭证。从法律角度看，承载交易类会计信息的原始凭证主要体现为交易合同与合同履行凭证等书面材料。原始凭证既可能来源于企业外部，如买卖商品时卖方开具的发票，也可能来源于内部，如仓库验收材料后填制的《收料单》（见图6－9）、生产车间领用原材料填写的《领料单》（见图6－10）等。原始凭证应包括如下内容：凭证名称、填制日期、填制凭证单位名称或者填制人姓名、经办人员的签名或者盖章、接受凭证单位名称、经济业务内容、数量、单价和金额等。[1]

收　料　单

No. 0000001

单位名称：　　　　　　　　　　　　　　　　年　　月　　日

货号	产品及规格	单位	数量	实收数量	单价	金额	备注
合计（大写）	佰　拾　万　仟　佰　拾　元　角　¥						

主管：　　　　　　　收料人：　　　　　　　经手人：

图6－9　《收料单》示例

〔1〕 关于原始凭证的形式要件，详见《会计基础工作规范》。

领　料　单

No. 0000001

领料部门：　　　　　　　　　　用途：　　　　　　　　　　年　　月　　日

序号	物料编码	产品名称	型号	单位	领发数量	实发数量	金额								备注
							十	万	千	百	十	个	角	分	
1															
2															
3															
4															
5															
6															
7															
8															
部门主管：					仓管员：						领料：				

图 6－10　《领料单》示例

发票的核心功能是作为收付款凭证。根据《发票管理办法》，销售商品、提供服务以及从事其他经营活动的单位和个人，对外发生经营业务收取款项，收款方应当向付款方开具发票。发票一般由收款方（商品卖方或服务提供方）开具，特殊情形下可由买方代开，如向自然人购买农产品或劳务。发票可大致分为增值税发票、普通发票与专用发票三类。增值税发票有专用发票与普通发票两种，区别是：专用发票由一般纳税人对也是一般纳税人的付款方开具，经过法定程序可用于抵扣付款方的增值税；普通发票由小规模纳税人开具，不能用于抵扣增值税。普通发票分为通用发票与定额发票，前者有通用机打发票与通用手工发票；定额发票的票面金额是固定的，开具单位盖章即可。专用发票用于特殊营业，如二手车销售发票、机动车销售统一发票、销售不动产统一发票等。

收据也是收付款凭证的一种，但与发票有本质区别：收据只能作为与经营无关的往来款项凭证，不能作为核算成本或费用的依据。例如，A 公司向全资子公司支付了 10 万元，如收付款的基础法律关系是借贷，子公司收到款项后，应向 A 公司开具收据；如果是为了向子公司购买原材料，其基础法律关系是买卖，子公司应开具发票。在会计处理上，购买原材料的发票是成本核算的原始凭证，收据则是 A 公司对子公司享有10万元债权的其他应收款凭证。

(三)会计凭证册

根据《会计档案管理办法》,包括原始凭证与记账凭证在内的会计凭证应当归档管理。实践中,会计部门会将会计凭证按照类别制作会计凭证册,在封面注明会计凭证起止日期与起止编号(见图6-11),并在《会计档案管理办法》规定的时间内移交给企业档案管理部门。

会计凭证封面

单位名称:
日期:自　年　月　日起至　年　月　日止
凭证号数:自　号至　号　凭证类别:
册数:　本月共:　册　本册是第　册
原始凭证、汇总凭证张数:共　张
全宗号:　目录号:　案卷号:
会计:　复核:
装订人:　年　月　日装订

图6-11　会计凭证档案封面示例

四、电子会计信息系统

(一)电子会计信息系统及其特点

电子会计信息系统是利用信息技术对会计信息进行采集、处理和存储,完成会计核算任务,并进行会计管理、分析、决策的信息系统。在采用电子会计信息系统的企业,会计信息的载体除必要的原始凭证与记账凭证外,都是以电子数据的形式存储在计算机中,而非传统的纸质账簿。实践中,电子会计信息系统通常为通用与定制专用两种,根据财政部的监管规定,通用会计信息系统得到许可才能合法销售。

与传统会计信息相比,会计信息系统有两个特点:

第一,在会计确认、计量、记录与报告等行为中,由人工完成确认与计量,确认后的会计信息输入信息系统后,记录与报告行为由信息系统自动完成,无须人工操作。手工核算中,会计凭证填制及总账、明细账的登记由不同的人完成,有可能发生差错,但在电子系统核算中,输入的凭证都经过了计算机的逻辑检验,所有总账、明细账或日记账均来自同一数据源,记账由软件自动完成,不存在记账差错。

第二,手工处理系统的会计信息以纸张为载体保存,但在会计信息系统中,会计档案的保存方式变为以磁性介质为主、纸介质为辅。因此,在电子会计信息系统的三类商事账簿中,只有记账凭证与原始凭证的初始状态是纸质,会计账簿与会计报告只有在需要时或期末才会生成纸质形态,其他时间以电子数据形式存在于系统中。

(二)会计信息系统软件的构成

会计信息系统通常是企业资源计划系统(Enterprise Resource Planning System,即 ERP 系统)的一个组成部分,其下一般设置了财务、购销存管理和决策支持等子系统,最具法律价值的会计信息由财务子系统生成、处理并存储。

以用友 ERP 系统为例,其会计信息系统中的财务子系统主要由总账(账务处理)、薪资管理、固定资产管理、应收款管理、应付款管理、成本核算、资金管理、库存管理、报表管理等模块构成。总账(账务处理)模块具有填制凭证、修改或删除凭证、审核凭证、记账、查询输出各种账簿等功能。薪资管理模块具有计算工资、自动进行工资分摊及生成分摊转账凭证等功能。固定资产管理模块具有管理固定资产卡片、进行固定资产核算、自动完成折旧和折旧费用分配等功能。应收款与应付款管理模块具有核算应收应付款项、账龄分析和生成相关账表等功能。成本核算模块、资金管理模块与库存管理模块的主要功能是设置相应会计科目、生成相应信息与凭证,同时与其他模块自动关联并生成相关账表。报表管理模块具有定义会计报表格式、从总账读取数据生成报表以及对报表进行审核等功能。会计核算时,由获得这些模块授权的各岗位会计人员输入记账凭证,从而产生原始会计信息并形成数据库,供所有财务功能模块共同调取与使用。

(三)电子会计账簿

电子会计账簿是由电子会计信息系统自动生成的会计账簿,是纸质账簿的电子形式,本质与构建逻辑与纸质账簿相同,也是依会计科目形成的会计账户增减变化情况之连续记录,电子会计账簿体系同样是以总分类科目(一级科目)形成的账户记录为主干、明细分类科目形成的账户记录为分支所构成的账簿体系。与纸质账簿不同的是,在会计分录环节录入内容摘要、科目名称、借贷方向、发生金额等会计凭证必须记载的信息后，由软件系统自动生成相关科目的会计账簿，不需要人工转录。法律实践中，我们看到的通常是企业会计人员从电子会计系统中调出的相应账套的电子会计账簿，或者其输出打印后的纸质版。

根据统一会计制度的要求，实行会计电算化的企业，年底需要打印当年的总账、日记账与明细账，打印的账簿必须连续编号，经审核无误后装订成册，并由记账人员和会计机构负责人、会计主管人员签字或者盖章。

五、会计档案保存

（一）从会计资料到会计档案

根据《会计档案管理办法》，单位会计部门依据国家统一的会计制度要求制作或获取的会计资料，应制作成为会计档案，并在规定期限内移交档案管理部门。所谓会计档案，是指单位在进行会计核算等过程中接收或形成的，记录和反映单位经济业务事项的，具有保存价值的文字、图表等各种形式的会计资料，包括通过计算机等电子设备形成、传输和存储的电子会计档案。具体包括以下四种：(1)会计凭证，包括原始凭证、记账凭证；(2)会计账簿，包括总账、明细账、日记账、固定资产卡片及其他辅助性账簿；(3)财务会计报告，包括月度、季度、半年度、年度财务会计报告；(4)其他会计资料，包括银行存款余额调节表、银行对账单、纳税申报表、会计档案移交清册、会计档案保管清册、会计档案销毁清册、会计档案鉴定意见书及其他具有保存价值的会计资料。

会计档案的管理形式可分为内部管理与外部管理。内部管理有两种形式，一是由会计主体的内部档案部门管理，二是由档案管理岗位人员所属机构管理。实践中，企业通常在会计部门内设置档案管理岗位，由负责该岗位的工作人员管理会计档案。单位也可以委托具备档案管理条件的机构代为管理会计档案，即外部管理。

《会计档案管理办法》规定，当年形成的会计档案，在会计年度终了后，可由单位会计管理机构临时保管1年，再移交单位档案管理机构保管。因工作需要确需推迟移交的，应当经单位档案管理机构同意，但最长不超过3年。临时保管期间，会计档案的保管应当符合国家档案管理的有关规定，且出纳人员不得兼管会计档案。

（二）企业会计档案的保存期限

根据《会计档案管理办法》，会计档案的保管期限分为永久、定期两类。定期保管期限一般分为10年和30年，从会计年度终了后的第一天算起。企业各类会计档案保存期限如表6-2所示。

表6-2 会计档案保管期限

序号	档案名称	保管期限	备注
一	会计凭证		
1	原始凭证	30年	
2	记账凭证	30年	
二	会计账簿		
3	总账	30年	
4	明细账	30年	
5	日记账	30年	
6	固定资产卡片		固定资产报废清理后保管5年
7	其他辅助性账簿	30年	
三	财务会计报告		
8	月度、季度、半年度财务会计报告	10年	
9	年度财务会计报告	永久	
四	其他会计资料		
10	银行存款余额调节表	10年	
11	银行对账单	10年	
12	纳税申报表	10年	
13	会计档案移交清册	30年	
14	会计档案保管清册	永久	
15	会计档案销毁清册	永久	
16	会计档案鉴定意见书	永久	

第二节 有法律价值的会计信息形成

一、法律事实类会计信息的形成

如本书第一章所述，企业盈利或亏损是最典型的法律事实类会计信息，在组织法或交易法上具有重要法律价值。虽说诉讼中的利润或亏损需要通过司法会计鉴定才能被法庭认定为法律事实,但为提高专业能力,我们应当了解企业利润核算的基本知识。

(一)利润核算的逻辑

利润是企业在一定会计期间的经营成果,是商事主体存在的核心目的,其核算总体逻辑是“利润 = 收入 - 费用”。这个逻辑层面的“利润”可称为观念意义上的利润,或者广义的利润。

法律或会计核算意义上之利润的核算逻辑更为复杂。《基本准则》第 37 条第 2 句和第 39 条规定,“利润包括收入减去费用后的净额、直接计入当期利润的利得和损失等”,“利润金额取决于收入和费用、直接计入当期利润的利得和损失金额的计量”。据此,利润核算的具体逻辑是“利润 =(收入 - 费用)+ 直接计入当期利润的利得和损失”。其中,收入与费用仅指企业日常经营活动产生的收入与费用;“直接计入当期利润的利得和损失”指应当计入当期损益、最终会引起所有者权益发生增减变动的、与所有者投入资本或者向所有者分配利润无关的利得或损失。

为计量“收入”、“费用”与“直接计入当期利润的利得和损失”,日常会计核算中需要设置“本年利润”科目以及其他确认、计量并记录前述三项变量的损益类科目,并于期末计算当期利润数额。

(二)收入及其确认、计量

1. 收入与收入类科目

根据 2017 年修改的《收入准则》规定,收入是指企业在日常活动中形成的、会导致所有者权益增加的、与所有者投入资本无关的经济利益的总流入;其中,“客户”是指与企业订立合同以向该企业购买其日常活动产出的商品或服务并支付对价的一方,“合同”是指双方或多方之间订立有法律约束力的权利义务的协议,包括书面形式、口头形式以及其他形式。商业实践中,企业收入有三个主要来源,一是销售产品,二是提供劳务,三是转让资产或资产使用权。从法律角度看,收入的产生主要是基于企业销售产品或服务而与其他主体缔结交易合同并履行的行为,是以意思表示为核心要素的法律行为,其通常具有双务性、有偿性、诺成性等特点。

根据现行会计准则,企业用于核算收入的一级科目有:主营业务收入、利息收入、手续费及佣金收入、保费收入、租赁收入、其他业务收入、汇兑损益、公允价值变动损益、投资收益、摊回保险责任准备金、摊回赔付支出、摊回分保费用与营业外收入。其中,利息收入、手续费及佣金收入、汇兑损益为金融业专用科目,保费收入、摊回保险责任准备金、摊回赔付支出、摊回分保费用为保险业专用科目。收入科目的具体含义详见本书第四章第三节。

2. 收入的确认条件

收入确认的基本规则是权责发生制。根据《收入准则》规定,企业应当在履行了商品交付义务、客户取得相关商品控制权时确认收入[1];其中,“取得相关商品控制权”是指客户能够主导该商品的使用并从中获得几乎全部的经济利益。除应满足“客户取得相关商品控制权”条件外,收入确认还须同时满足以下条件:(1)合同各方已批准该合同并承诺将履行各自义务;(2)该合同明确了合同各方与所转让商品或提供劳务相关的权利和义务;(3)该合同有明确的与所转让商品相关的支付条款;(4)该合同具有商业实质,即履行该合同将改变企业未来现金流量的风险、时间分布或金额;(5)企业因向客户转让商品而有权取得的对价很可能收回。

从法律角度看,收入的确认条件可解释为:企业与客户买卖商品或提供服务的合同已经签订,且已生效;合同明确约定了当事人有关商品买卖或服务提供的权利与义务;合同明确约定了商品买卖或服务提供的对价;合同的履行将导致经济利益流入或流出企业的后果;根据合同约定,对方当事人应当履行其支付对价的义务,否则应承担违约责任,或者说,买方不能履行支付货款义务时,不能以退货等方式使其不再负有支付剩余货款义务,或者使卖方承担买方不能履行之经济后果的其他类似安排,如由买方借款支付货款但卖方予以担保;在合同无特别约定情形下,企业已经履行了交付商品或提供服务的义务(实践中双方可能会约定付款义务成就的特殊条件,如买方车间领用合同标的时、一定期间届满买方未提出退货请求等)。

《收入准则》规定,不符合前述五个条件的,企业只有不再负有向客户转让商品的义务且已向客户收取的对价无需退回时,才能将已收取的对价确认为收入,否则应当作为负债处理。没有商业实质的非货币性资产交换,不能确认为收入。

3. 收入的确认时间

根据《收入准则》,合同开始日,会计人员应当对合同进行评估,识别合同约定的各项履约义务,并确定其是在某一时点履行还是在某时段内履行,然后在履行了各单项义务时分别确认收入。从法律角度看,该规定可理解为判断合同是一时性合同还是继续性合同,前者是通过一次给付使合同目的得以实现的合同,包括分期履行,后者是非一次给付可完结,须经持续的给付才能实现合同目的的合同。

---

〔1〕 为表述方便,《收入准则》条文中的“商品”包括服务。

《收入准则》规定,满足下列条件之一的,属于某一时段内履行义务:(1)客户在企业履约的同时即取得并消耗企业履约所带来的经济利益;(2)客户能够控制企业履约过程中在建的商品;(3)企业履约过程中所产出的商品具有不可替代用途,且该企业在整个合同期间内有权就累计至今已完成的履约部分收取款项。不符合前述条件的,属于在某一时点履行义务。对于持续性合同,企业应当在该段时间内按照履约进度确认收入,履约进度不能合理确定的除外。履约进度的确定可采用产出法或投入法;产出法是根据已转移给客户的商品对于客户的价值确定履约进度;投入法是根据企业为履行义务的投入(包括材料、人工工时与机器工时、发生的成本和时间进度等)确定履约进度。

对于在某一时点履行的义务,企业应当在客户取得相关商品控制权时点确认收入。在判断客户是否已取得商品控制权时,企业应当考虑下列迹象:(1)企业就该商品享有现时收款权利,即客户就该商品负有现时付款义务。(2)企业已将该商品的法定所有权转移给客户,即客户已拥有该商品的法定所有权。(3)企业已将该商品实物转移给客户,即客户已实物占有该商品。(4)企业已将该商品所有权上的主要风险和报酬转移给客户,即客户已取得该商品所有权上的主要风险和报酬。(5)客户已接受该商品。(6)其他表明客户已取得商品控制权的迹象。

4. 收入的计量

收入计量基本方法是:以合同约定的对价为基准,结合合同约定的、影响最终对价的其他因素,由会计人员根据企业类似合同的履行经验予以估计。

例如,2018 年 3 月,甲公司向乙公司销售 1000 台电视机,每台电视机价格 3000 元,合同总价款 300 万元。同时约定,如未来 6 个月内降价,由甲公司向乙公司退还合同价格与最低售价之间的差额。甲公司根据以往执行此类合同的经验,预计降价发生的概率如表 6 – 3 所示。

表 6 – 3　甲公司降价发生的概率

未来 6 个月内每台降价金额/元	降价概率/%
0	40
200	30
500	20
1000	10

甲公司认为,期望值能够更好地预测其有权获取的对价金额。假设不考虑《收入准则》有关将可变对价计入交易价格的限制要求,在该方法下,甲公司估计交易

价格为每台2740元（3000×40% +2800×30% +2500×20% +2000×10%）。

又如，甲公司与乙公司签订固定造价合同，在乙公司的厂区内为其建造一栋办公楼，合同价款为500万元。合同约定的完工日期为2018年3月31日，每提前完工一天，合同价款增加2万元；如未能按期完工，每推迟一天减少2万元。合同还约定，工程完工后将参与省级优质工程奖的评选，如获奖，乙公司将额外奖励20万元。据此，影响最终价款的事项有二：一为是否如期完工，二为是否获奖。前者甲公司可按照经验进行期望值估计，后者则按照最可能的金额进行估计。[1]

（三）费用及其确认、计量

1. 费用与费用类科目

如本书第四章第三节所述，本书将会计语境中的“费用”分解为广义、中义与狭义三个层次，在利润核算等式“利润 = 收入 - 费用”中，“费用”为中义层次，即“特定期间企业为取得营业收入而消耗的资产数额”，包括与营业收入直接相关的费用和期间费用。

费用通过损益类科目核算。根据现行会计准则，企业用于核算费用的一级科目有：主营业务成本、其他业务成本、营业税金及附加、利息支出、手续费及佣金支出、提取未到期责任准备金、提取保险责任准备金、赔付支出、保单红利支出、退保金、分出保费、分保费用、销售费用、管理费用、财务费用、勘探费用等。其中，提取未到期责任准备金、提取保险责任准备金、赔付支出、保单红利支出、退保金、分出保费、分保费用等科目为保险业专用科目，利息支出、手续费及佣金支出为银行、证券等金融企业专用科目。科目具体含义详见本书第四章第三节。

2. 费用的确认条件

根据《基本准则》第35条第1款，费用只有在经济利益很可能流出从而导致企业资产减少或者负债增加、且经济利益的流出额能够可靠计量时才能予以确认。根据此规定，费用确认的条件有三：一是与费用相关的经济利益应当很可能流出企业，“很可能”依权责发生制的原理并结合会计人员的经验予以判断；二是经济利益的流出会导致企业资产减少或者负债增加；三是经济利益的流出额能够可靠地计量。

3. 费用的确认时间

《基本准则》第35条第1款规定，“企业为生产产品、提供劳务等发生的可归属于产品成本、劳务成本等的费用，应当在确认产品销售收入、劳务收入等时，将已销

---

〔1〕 相关案例源于企业会计准则编审委员会编著：《企业会计准则详解与实务》，中国工信出版集团、人民邮电出版社2020年版，第219－220页。

售产品、已提供劳务的成本等计入当期损益”。据此,已经确认为产品成本、劳务成本的费用,于相关产品或劳务确认销售收入时确认为费用。

这个规定蕴含会计核算原理上一个极其重要的原则——收入与成本配比,该原则要求确认销售收入时,应将与该收入取得有直接因果关系的相关产品或服务的成本(与营业收入直接相关的费用)确认为当期费用。收入与成本配比的会计理论基础是受益原则,即企业经济活动的目的是获取收入,取得收入必然有所消耗,消耗与收入之间有着直接或间接的因果关系,消耗应当由其受益对象负担;形成产品或服务的直接成本与收入有直接的因果关系,因此,在相关产品或服务实现销售时,应将其直接成本结转为当期费用。在会计核算上,企业通过“生产成本”“制造费用”“劳务成本”“工程施工”“工程结算”“机械作业”等一级成本类科目核算相关产品或服务的直接成本,未实现销售前,这些成本跟随存货等资产类科目进入资产负债表;在存货销售实现并确认收入时,构成存货价值的成本也应随着存货在资产负债表上的消失而消失,相关数额成为实现销售收入的资产消耗,进入损益类科目中的“主营业务成本”,记借方表示成本增加,贷记“库存商品”“劳务成本”等科目,表示存货资产减少;期末,企业应结转“主营业务成本”科目的本期借贷余额,记贷方表示结转,借记“本年利润”,结转后该科目无余额。

《基本准则》第 35 条第 2 款规定,“企业发生的支出不产生经济利益的,或者即使能够产生经济利益但不符合或者不再符合资产确认条件的,应当在发生时确认为费用,计入当期损益”。据此,不符合或不再符合资产确认条件的费用,应在发生时确认为费用。该条规定反映了成本费用的区分理论,即产品或服务直接成本发生时进入成本类科目成为存货类资产,报告日进入资产负债表,确认收入时进入损益类科目,报告日进入利润表,负面影响当期利润;管理费用、销售费用、财务费用等因不符合资产确认条件,发生时直接进入损益类科目,报告日进入利润表,负面影响当期利润数额,并间接负面影响资产负债表中的所有者权益。[1]从法律角度理解,“发生时”指支付义务应当履行之时。

《基本准则》第 35 条第 3 款还规定,“企业发生的交易或者事项导致其承担了一项负债而又不确认为一项资产的,应当在发生时确认为费用,计入当期损益”。该规定针对的是费用确认的一种特殊情形,即交易或事项虽未使既有经济资源流出企业,但使其承担了债务,同时又不符合资产确认条件,相关数额于发生时确认为期间费用。“发生时”亦指支付义务应当履行之时。

---

〔1〕 详见本书第四章第三节“成本类与损益类科目”。

4. 费用的计量

费用的计量是指对费用发生额的确认。由于费用的后果之一是使企业既有资产减少,因此,既有资产减少情形下的费用计量方法与资产相同,由既有资产消耗而产生的费用金额取决于该项资产的计量,通常采用实际成本计量。使企业新增债务的费用计量,则应根据合同中约定的支付义务内容确定。

(四)直接计入当期利润的利得和损失

1. 直接计入当期利润的利得和损失的构成

直接计入当期利润的利得和损失(简称其他直接利损)包括两种:一是营业外活动收支净额,即偶然所得、资产处置收益、营业外收入等减去营业外损失(包括偶然支出或损失、资产处置损失、营业外支出)后的营业外收支净额;二是预期净所得,即预期所得(公允价值变动收益)减去预期损失(包括资产减值损失、信用减值损失、公允价值变动损失)后的余额。[1]

2. 营业外收支净额

营业外收支净额是营业外收入与营业外支出的差额。营业外收入和营业外支出是指与企业日常生产经营活动没有直接关系的各项收入和各项支出,因其与企业的日常经营活动无直接关系,故又称为非经常项目。营业外收入与营业外支出均具有偶发性,收入没有相应成本或费用,支出也无相应收入,收支之间通常不具有因果联系。因其偶然发生,故而具有不可预期或再生的特点。从经济后果上看,营业外收支虽然与企业生产经营活动直接关系,但它们带来了收入或产生了支出,同样是增加或减少利润的因素,对企业的利润总额及净利润产生了直接影响。

实践中,营业外收入主要有两种情况:一是与其他主体间的非交换性资产转移,如接受捐赠、政府补助、教育费附加返还、罚没利得(如对员工违反纪律的罚款)等;二是偶发收入,如资产盘盈、资产处置净收益、债务重组收益、非货币性财产交换利得、无法偿还的债务、合并收益(合并后形成的长期股权投资类资产的价值大于所支付对价的那部分)等。营业外收入的核算需要使用“投资收益”“营业外收入”等一级科目。

营业外支出是指不属于企业生产经营费用、与生产经营活动没有直接的关系但应从利润总额中扣除的支出,主要包括资产处置损失、非货币性资产交换损失、债务重组损失、公益性捐赠支出、盘亏损失、罚款支出、违约金,以及意外事故或自然

---

〔1〕 徐经长、孙蔓莉、周华主编:《会计学》,中国人民大学出版社 2019 年版,第 236 页。

灾害造成的资产毁损等偶发损失。营业外支出的核算需要使用的一级科目是“营业外支出”。

3. 预期净所得

预期净所得是指一定会计期间预期收益扣减预期损失后的余额。实践中,企业资产的市场价格相对于其成本会有波动,尤其是可以公允价值计量的资产,如外汇、股票、债券等金融资产。为真实反映企业财务状况,现行会计准则允许企业以公允价值为基础计算相关资产的账面价值,其与前期账面数额之间的差额即形成预期收益或预期损失。与营业外收入或支出为实际发生不同,预期收益或损失只是资产的账面价值增减,损益并未实际发生。

预期净所得对利润表的影响根据企业持有目的不同而有所差别。如企业持有是为了经常性买卖,则证券价值的波动计入公允价值变动损益,计入“投资收益”科目,成为营业外收支净额的一部分,影响企业当期利润总额与净利润;如目的为长期持有,则价值波动计为“其他综合收益”,不影响当期利润。实践中,由于计入“投资收益”直接影响当期利润,使得各期利润较大程度受公开市场影响,难以控制,上市公司多将持有目的确定为长期,归类为利润表中的“其他综合收益”,从而不对利润数额产生影响。

根据现行会计准则,预期净所得的核算需要使用“汇兑损益”“公允价值变动损益”“资产减值损失”等一级科目。

二、法律事实反映类会计信息的形成

如第一章所述,反映私法事实的会计信息主要包括两类,一类是交易类会计信息,另一类是权利形成事项类会计信息;除当事人有特别约定外,后者对私法实践的影响较小。本书只介绍交易类会计信息,即两个及以上主体缔结了有财产交付内容的法律关系(以交易为主)从而使它们之间产生资金运动或价值运动的会计信息。

以垫资代理采购业务的会计核算为例,相关会计信息形成过程如下。

(一)缔结合同

经过磋商,A 公司与钢材贸易商 B 公司签订了《委托采购协议》,核心条款为:B 公司为委托人,委托 A 公司为其垫资代理采购钢材,生产商和钢材型号由 B 公司指定,收货仓库由 A 公司指定;收货之日起的 90 日期满后,B 公司应在 3 个工作日内向 A 公司支付垫资采购款与代理费,代理费为垫资金额的 3%。

与B公司的委托关系确定后，A公司与B公司指定的钢材生产商C公司签订了《采购合同》，核心条款为：某型号钢材若干，总货值3500万元；A公司付款后3日内，由C公司代理交付货运发至甲仓库，收货人B公司。

（二）合同履行凭证会计分录后形成会计凭证

1. A公司履行支付货款义务但C公司尚未发货

协议签订后，A公司依《采购合同》约定向C公司支付了3500万元货款，3500万元资金流出A公司的事实应在会计上反映。

在C公司尚未发货前，A公司对前述已经付款的事实予以确认与计量的会计分录如下：

借：预付账款——钢材生产企业C公司　　35,000,000元

　　贷：银行存款　　35,000,000元

其法律含义是：为履行《采购合同》的付款义务，A公司向C公司支付了3500万元钢材采购款，故银行存款减少3500万元；因C公司尚未发货，故A公司取得了一项成本金额为3500万元的预付货款债权。由于《采购合同》是预付3500万元货款的依据，履行支付货款义务产生的银行转账凭证是取得预付款债权的依据，两者应作为相应原始凭证与记账凭证装订在一起，共同组成该笔业务的会计凭证。根据A公司会计凭证的编号规则，假设该凭证编号为2100001。

2. C公司履行钢材交付义务

C公司将约定型号与数量的钢材代理交付货运，C公司将货运凭证发送至A公司，告知对方已经发货。标的钢材运至货运凭证载明的地点，B公司签收后向A公司发送收货确认函。

A公司收到收货确认函后，相应会计分录如下：

借：应收账款——贸易商B公司　　35,000,000元

　　贷：预付账款——钢材生产企业C公司　　35,000,000元

其法律含义是：因C公司已履行《采购合同》的交货义务，A公司对C公司的3500万元预付货款债权因债务人完全履行义务而消灭；依据A公司与B公司签订的《委托采购协议》，A公司是垫资采购代理人，标的钢材归B公司所有，A公司的3500万元成本的经济利益由对C公司的预付款债权演变为对B公司的应收账款债权。因货运凭证、《委托采购协议》与收货确认函是企业资产价值形态产生变化的依据，应作为原始凭证与记账凭证装订在一起，共同组成该笔业务的会计凭证，编号为2100015。

3.90 日期满但 B 公司尚未履行支付义务

根据《委托采购协议》约定,90 日期满后 B 公司应向 A 公司支付 3500 万元的 3% 作为垫资代理报酬,A 公司的相应会计分录如下:

借:应收账款——贸易商 B 公司　　　　　　　　1,050,000 元

　　贷:主营业务收入——贸易商 B 公司　　　　　　1,050,000 元

其法律含义是:A 公司履行了《委托采购协议》约定的相应义务,在时间条款成就时,取得 105 万元的采购代理费收入;因 B 公司尚未支付,故对 B 公司的债权相应增加 105 万元。《委托采购协议》是 A 公司取得 105 万元营业收入的依据,应作为原始凭证共同装订,会计凭证编号为 2100089。

4. B 公司履行支付义务

90 日期满后 3 日内,贸易商 B 公司将《委托采购协议》约定的金额 3605 万元付至 A 公司指定的银行账户,完成了一个委托采购业务及其资金循环。A 公司的会计处理如下:

借:银行存款——贸易商 B 公司　　　　　　　　36,050,000 元

　　贷:应收账款——贸易商 B 公司　　　　　　　　36,050,000 元

其法律含义是:B 公司履行了《委托采购协议》合同中约定的支付垫资款与代理费的义务,A 公司因接受履行而增加了 3605 万元银行存款;同时,A 公司对 B 公司的 3605 万元债权因债务人履行债务而归于消灭。因银行账户收到 B 公司汇入的 3605 万元资金是债权消灭的依据,应将相应银行凭证作为原始凭证共同装订,会计凭证编号为 2100091。

(三)进入会计账簿与财务会计报告

前述垫资代理采购业务的会计分录完成后,记账人员应根据统一会计制度要求,将会计凭证相应内容过账录入有关会计账簿,在报告日以相关数额构成的形式进入会计报表,最终进入企业财务会计报告。

1. 会计分录过账形成会计账簿记录

A 公司预付货款的会计分录完成后,记账人员应将编号为 2100001 的会计凭证过账,将包括凭证日期、编号、业务内容摘要、金额和其他有关资料逐项记入银行存款日记账(见图 6－12)和预付账款账簿(见图 6－13)。过账完成后,在该凭证过账人栏签字确认。

银行存款日记账

总账科目：银行存款　　　　　　第1页

明细科目：工商银行

2021		会计凭证		摘要	借方	贷方	方向	余额
月	日	种类	编号					
				期初余额			借	¥98,000,000.00
1	4	记	2100001	支付垫资代理采购款		¥35,000,000.00	借	¥63,000,000.00

图6-12　反映A公司预付代理采购款的银行存款日记账

预付账款明细账

总账科目：预付账款　　　　　　第1页

明细科目：代理采购

2021		会计凭证		摘要	借方	贷方	方向	余额
月	日	种类	编号					
				期初余额			借	¥12,000,000.00
1	4	记	2100001	代采预付款	¥35,000,000.00		借	¥47,000,000.00

图6-13　反映A公司预付代理采购款的预付账款明细账

B公司收货的会计分录完成后，记账人员应将编号为2100015的会计凭证内容过账至应收账款账簿（见图6-14）与预付账款账簿（见图6-15）。

应收账款明细账

总账科目：应收账款　　　　　　第1页

一级明细科目：代理采购

二级明细科目：钢材贸易商B公司

2021		会计凭证		摘要	借方	贷方	方向	余额
月	日	种类	编号					
1	10	记	2100015	代理采购款	¥35,000,000.00		借	¥35,000,000.00

图6-14　反映B公司已经收货的应收账款明细账

预付账款明细账

总账科目：预付账款　　　　　　第1页

明细科目：代理采购

2021		会计凭证		摘要	借方	贷方	方向	余额
月	日	种类	编号					
0	0			期初余额			借	¥12,000,000.00
1	4	记	2100001	代采预付款	¥35,000,000.00		借	¥47,000,000.00
	10	记	2100015	钢材交货		¥35,000,000.00	借	¥12,000,000.00

图6-15　反映C公司已经发货的预付账款明细账

90日期满但B公司尚未履行支付义务的会计分录完成后，2100089号会计凭证内容应过账至主营业务收入账簿（见图6-16）与应收账款账簿（见图6-17）。因A公司还有其他业务，为方便业务与财务的管理，故专设“代理采购”一级明细科目，又因B公司是代采业务的长期客户，专为B公司设立了三级明细科目。

主营业务收入明细账

总账科目：主营业务收入　　　　第N页

明细科目：代理采购

2021		会计凭证		摘要	借方	贷方	方向	余额
月	日	种类	编号					
……	……	……	……	……	……	……	……	……
4	5	记	2100089	钢材贸易商B		¥1,050,000.00	贷	¥1,050,000.00

图 6－16　反映已完成 B 公司委托采购义务的主营业务收入明细账

应收账款明细账

总账科目：应收账款　　　　第1页

一级明细科目：代理采购

二级明细科目：钢材贸易商B公司

2021		会计凭证		摘要	借方	贷方	方向	余额
月	日	种类	编号					
1	10	记	2100015	代理采购款	¥35,000,000.00		借	¥35,000,000.00
4	5	记	2100089	代理费	¥1,050,000.00		借	¥36,050,000.00

图 6－17　反映 B 公司欠代理采购垫资款与代理费的应收账款明细账

B 公司付款 3605 万元的会计分录完成后，2100091 号会计凭证的内容过账至银行存款账簿（见图 6－18）与应收账款账簿（见图 6－19）；至此，A 公司运用 3500 万元资金并带来营业收入的一个资金循环结束。

银行存款日记账

总账科目：银行存款　　　　第N页

明细科目：工商银行

2021		会计凭证		摘要	借方	贷方	方向	余额
月	日	种类	编号					
				期初余额			借	¥98,000,000.00
1	4	记	2100001	支付垫资代理采购款		¥35,000,000.00	借	¥63,000,000.00
……	……	……	……	……	……	……	……	……
4	7	记	2100091	收到贸易商B付款	¥36,050,000.00		借	¥99,050,000.00

图 6－18　反映收到 B 公司代理采购款与代理费的银行存款日记账

应收账款明细账

总账科目：应收账款　　　　第1页

一级明细科目：代理采购

二级明细科目：钢材贸易商B公司

2021		会计凭证		摘要	借方	贷方	方向	余额
月	日	种类	编号					
1	10	记	2100015	代理采购款	¥35,000,000.00		借	¥35,000,000.00
4	5	记	2100089	代理费	¥1,050,000.00		借	¥36,050,000.00
4	7	记	2100091	银行转账付款		¥36,050,000.00	平	¥0.00

图 6－19　反映 B 公司已履行代理采购款与代理费支付义务的应收账款明细款

2. 期末进入会计报告

假设 A 公司需要每月制作会计报表，其与 B 公司、C 公司的代理采购业务将影响 1 月资产负债表，体现为：货币资金减少 3500 万元，应收账款增加 3500 万元。[1]

〔1〕 较之于资产负债表与利润表，现金流量表的法律意义较弱，本书不予分析。

具体如图 6 - 20 所示。

资产负债表

编制单位:A 公司　　2021 年 1 月 31 日　　单位:万元

资产	期末余额	上年年末余额	负债和所有者权益(或股东权益)	期末余额	上年年末余额
流动资产:			流动负债:		
货币资金	N - 3500	……	……	……	……
……	……	……	……	……	……
应收账款	X + 3500	……	……	……	……
……	……	……	……	……	……
流动资产合计:	……	……	流动负债合计:	……	……
非流动资产:			非流动负债:		
非流动资产合计:	……	……	非流动负债合计:	……	……
			负债合计:	……	……
			所有者权益(或股东权益):		
			所有者权益(或股东权益)合计:	……	……
资产总计	Y	……	负债和所有者权益(或股东权益)总计	Y	……

图 6 - 20　反映 B 公司欠代理采购款的 A 公司资产负债记录

该业务的最终完成将影响 A 公司 4 月末的资产负债表(见图 6 - 21)与利润表(见图 6 - 22),体现为:货币资金增加 3605 万元,应收账款减少 3605 万元;假设其与 B 公司的代理采购业务费用为 0,营业收入将增加 105 万元,利润相应增加 105 万元。具体如下。

资产负债表

编制单位:A 公司　　2021 年 4 月 30 日　　单位:万元

资产	期末余额	上年年末余额	负债和所有者权益（或股东权益）	期末余额	上年年末余额
流动资产:			流动负债:		
货币资金	N + 3605	……	……	……	……
……	……	……	……	……	……
应收账款	X − 3605	……	……	……	……
……	……	……	……	……	……
流动资产合计:	……	……	流动负债合计:	……	……
非流动资产:			非流动负债:		
非流动资产合计:	……	……	非流动负债合计:	……	……
			负债合计:	……	……
			所有者权益（或股东权益）:		
			所有者权益(或股东权益)合计:	……	……
资产总计	Y	……	负债和所有者权益(或股东权益)总计	Y	……

图 6－21　反映 B 公司已支付代理采购款与代理费的 A 公司资产负债记录

利润表

编制单位:A 公司　　2021 年 4 月　　单位:万元

项目	本期金额	上期金额
一、营业收入	I + 105	……
减:营业成本	……	……
税金及附加	……	……
销售费用	……	……
管理费用	……	……

续表

项目	本期金额	上期金额
研发费用	……	……
财务费用	……	……
加:其他收益	……	……
二、营业利润(亏损以"-"号填列)	P+105	……
三、利润总额(亏损总额以"-"号填列)	PP+105	……
四、净利润(净亏损以"-"号填列)	……	……
五、其他综合收益的税后净额	……	……
六、综合收益总额	……	……
七、每股收益:	……	……

图6-22　反映B公司支付的代理费形成A公司收入的利润记录

(四)形成会计档案

一般情况下,会计年度终了并年终决算后,单位会计部门应按《会计档案管理办法》的要求,将当年会计资料制作会计档案,并依法保存。就前述代理垫资采购业务而言,A公司应将相关会计凭证(包括记账凭证与原始凭证)与其他业务的会计凭证一起,按编号顺序装订成册,有关科目的总账、明细账与其他会计账簿一起归档,保存30年,包括相应会计信息的2021年1月、4月会计报表归档,保存10年。

第三节　会计信息的法律目的获取

一、获取会计信息的法律目的

(一)诉讼目的

在诉讼的质证程序中,诉讼各方需要对证据的真实性、合法性、关联性以及证明力的有无、大小予以说明和辩论,以此为基础查明案例相关法律事实。企业的经济纠纷存在大量涉及会计的证据,诉讼双方都可能需要从会计信息所反映的相关事实中找到证据或证据线索,以证明相关法律事实的存在,从而证明某种法律关系的产生、变更或消灭而引起的当事人权利、义务与责任的产生、变更或消灭。对原告来说，可能需要进入己方或对方当事人的会计信息系统，寻找证明己方请求权的信息或证据；被告则可能需要寻找支持己方抗辩权的会计信息或证据，股东知情权、利润分配权、股权回购权等涉及公司内部关系处理的纠纷尤甚。简单司法会计事实的寻找与判断，如单笔或有限几笔合同付款事实、发货事实或追索事实等，掌握基本的会计技术与方法后法律人可胜任，但要在诉讼中查明如利润数额之类的复杂会计事实，则需使用司法会计或法务会计[1]。

（二）非诉讼目的

非诉讼目的需要利用企业会计信息系统查找信息的情形极为常见，最典型者为法务尽职调查。以首次公开发行的法律尽职调查为例，发行人首次公开发行股份并挂牌上市应满足《证券法》与《首次公开发行股票并上市管理办法》规定的各项条件，并由律师对其是否满足相关条件出具法律意见书，在出具意见书之前，律师必须进行尽职调查。证券法律规定的各项条件中，不少判断需要律师独立查验后做出，如发行人的重大债权债务、重大合同等，根据行政执法与司法实践，律师不能以不懂会计、有权以注册会计师出具审计报告为依据做专业判断等抗辩；如不能证明已履职尽责，则须对发行人财务会计造假承担法律责任。因此，为确保所获取资料的真实性，律师有必要调查发行人重大债权债务与重大合同，收集其相应财务会计资料，并保存工作底稿。

二、法律事实类会计信息的获取

（一）获取方法——司法会计鉴定

作为商事法律事实的会计信息具有重要性与强技术性两大特点，如合同或侵权中的企业经济损失、公司利润或净资产数额的确定等，通常需要使用司法会计鉴定的方法获取。其重要性是指相关会计法律事实能使私法上的法律关系产生、变更或消灭，或者可以决定权利数额。其强技术性是指这些会计事实的证明需要使用专业的会计确认、计量技术或综合的会计核算技术，不掌握足够的会计专业知识无法获取。因此，对于司法裁判必须查明的复杂会计事实，需要使用司法会计鉴定。

学界对于司法会计与法务会计概念的内涵、外延与两者关系等有争议，但无论是

---

〔1〕 司法会计的概念源于苏联，最早应用于贪污等经济类案件的刑事侦查（司法会计检查），后扩展到司法会计鉴定与司法会计审查；法务会计的概念源于欧美，主要由提供会计舞弊调查、会计专家意见等会计服务的会计师或会计师事务所倡导。

司法会计或是法务会计，其主要目的都是证明有法律价值的会计事实，其手段都是使用会计技术，本书采司法会计的说法。根据职能不同，学界把司法会计分为三种类型，即司法会计检查、司法会计鉴定和司法会计审查。司法会计检查，是指诉讼主体为了查明案情，对诉讼涉及的财务会计资料及相关财物进行勘验、检查的会计活动；其目的是查明涉案财务会计事实，包括涉案财务事实和涉案会计事实，财务事实是指涉案经济活动方面的事实，会计事实是指涉案经济核算与经济监督活动的客观情况。[1] 司法会计鉴定，是司法会计鉴定人在诉讼活动中根据司法机关或有关诉讼当事人的指派或委托，对经济案件涉及的财务会计事实，运用会计学、审计学和司法会计学专业知识，通过检查、计算、验证和鉴证对会计凭证、会计账簿、会计报表和其他会计资料等财务状况进行鉴别判断，并提供鉴定结论的诉讼活动。[2] 司法会计审查，又称为司法会计文证审查，是指司法机构为了判明涉及财务会计事项的证据材料能否作为定案依据，应用司法会计理论和方法，对案件中反映财务会计业务的文字证据进行审查、评价和判断，并制作文证审查意见书的一项司法会计技术辅助活动。[3]

商事领域使用较多的是司法会计鉴定。例如，某歌舞厅经营企业将全部经营财产（主要是歌舞厅装修）投保火灾险，保险期间发生了保险事故，保险人认为投保人投保时提交的审计报告夸大了装修费用，双方就应赔保险金数额发生争议。此案中，为查明产生争议的装修费用这一法律事实，需要法院委托会计鉴定。

需要注意的是，虽然诉讼中涉及企业利润的事实判断需要使用专业的会计鉴定服务，但包括法官在内的诉讼各方还有大量工作涉及会计相关知识，如鉴定机构和鉴定人员的选择，鉴定过程与鉴定技术的监督或引导，鉴定范围的确定，鉴定关系协调与鉴定障碍清除，鉴定结论的质证及证明力认定等。[4]然而，因缺乏财务、会计、审计等相关专业知识背景，实践中律师遇到司法会计鉴定意见"不会看、看不懂"的现象较为普遍[5]，负面影响了法律人的执业质量。

（二）企业利润的司法会计鉴定

1. 利润司法会计鉴定的性质

司法会计鉴定是指司法会计专家接受指派或聘请对诉讼涉及的财务会计问题

---

〔1〕 于朝：《司法会计师业务与案例》，中国检察出版社 2014 年版，第 122 页。

〔2〕 俞敏：《司法会计实务》，中国法制出版社 2012 年版，第 157 页。

〔3〕 聂志毅主编：《司法会计学》，法律出版社 2005 年版，第 9 页。

〔4〕 范伟红：《商事司法会计研究》，中国时代经济出版社 2011 年版，第 22 页。

〔5〕 刘晓红、周晨：《司法会计鉴定应用现状研究——基于 169 家律师事务所问卷的调查分析》，载《财会通讯》2021 年第 5 期。

进行鉴定的一种诉讼活动。[1]根据《民事诉讼法》的规定，鉴定意见为八种证据之一；而且，"证据必须查证属实，才能作为认定事实的根据"。据此，会计鉴定意见与当事人的陈述、书证、物证、视听资料、电子数据、证人证言、勘验笔录等证据相同，都应查证属实后才能采信。因此，通过司法会计鉴定的利润并非终局性结论，只是鉴定人对涉案财务会计问题的个人看法，不是"盖棺定论"，不是"科学判决"。[2]

我国《民事诉讼法》对司法鉴定的定性经历了重大变迁。1982 年的《民事诉讼法（试行）》第 63 条将司法鉴定程序产生的文书称为"鉴定结论"，"结论"一词及其他表达隐含着直接承认其定案价值的立法本意。[3] 1991 年《民事诉讼法》修订时放弃了这一立法模式，仅将其作为应查证属实才可采信的证据之一，但保留了"鉴定结论"的说法。2005 年，《关于司法鉴定管理问题的决定》第 1 条将司法鉴定定性为"在诉讼活动中鉴定人运用科学技术或者专门知识对诉讼涉及的专门性问题进行鉴别和判断并提供鉴定意见的活动"，并在其第 11 条中规定，"在诉讼中，当事人对鉴定意见有异议的，经人民法院依法通知，鉴定人应当出庭作证"。2012 年，修订的《民事诉讼法》放弃了"鉴定结论"的表达，修改为"鉴定意见"。

诉讼法对会计鉴定结论的定性变更，更加凸显了律师懂得企业财务会计知识的重要性，因为可以对会计鉴定结论发表质证意见，确有依据的，可削弱甚至推翻其证明力。

2. 企业利润的鉴定主体

根据《关于司法鉴定管理问题的决定》，司法会计鉴定不属于国家实行登记管理制度的四类司法鉴定业务的范畴，从事司法会计鉴定的机构和人员无须向司法行政机关登记。根据检察系统相关文件，满足司法鉴定资格条件的，可由省级检察机关颁发鉴定资格证书。对民商事诉讼，个别省份通过制定司法鉴定的地方立法，将会计鉴定纳入了登记管理范围。例如，《山东省司法鉴定条例》第 3 条第 2 款规定，"本条例所称司法鉴定机构和司法鉴定人，是指符合本条例规定条件，经司法行政部门登记，从事前款规定司法鉴定业务的组织和人员"，司法鉴定明确包括会计鉴定。2019 年修订之前的《重庆市司法鉴定条例》与《江西省司法鉴定条例》也曾

[1] 于朝：《论司法会计鉴定人的鉴定资质与鉴定资格》，载《会计之友》2019 年第 5 期。

[2] 白岱恩、窦衍瑞：《会计鉴定意见的民事司法审查》，载《法学论坛》2015 年第 5 期；陈瑞华：《鉴定意见的审查判断问题》，载《中国司法鉴定》2011 年第 5 期。

[3] 1982 年《民事诉讼法》（试行）第 63 条规定："人民法院需要解决专门性问题时，有关部门有义务按照人民法院的通知，指派有专业知识的人进行鉴定。鉴定人有权了解进行鉴定所需要的案件材料，询问当事人、证人。鉴定人应当提出书面鉴定结论，在鉴定书上签名或者盖章，并由鉴定人所在单位加盖公章，证明鉴定人身份。"

有类似规定。2017 年 11 月司法部发布《关于严格准入严格监管提高司法鉴定质量和公信力的意见》,要求严格遵守《关于司法鉴定管理问题的决定》,司法行政机关审核登记管理范围仅限于从事法医类、物证类、声像资料,以及根据诉讼需要由国务院司法行政部门商最高人民法院、最高人民检察院确定的其他应当实行登记管理的鉴定事项(环境损害司法鉴定)的鉴定机构和鉴定人;对没有法律、法规依据的,一律不予准入登记。据此,已经颁发的司法会计鉴定专业的司法鉴定许可证、司法鉴定人执业证失效。此后,尽管不存在否定司法会计鉴定业务合法性的相关规范,但在鉴定资格等重大问题上却无法可依,会计鉴定的地位比较尴尬。

对此,有学者认为,既然法律并不要求具备这类证书,这就意味着司法会计鉴定人不需要通过这类证书证明从业资质。实践中,鉴定人可以采用下列证据之一证明自己具备司法会计鉴定资质:(1)高级司法会计师证、高级会计师证;(2)注册会计师证以及从事 5 年以上注册会计师业务的证明文件(如聘任文件、任命文件等);(3)司法会计专业及工商管理相关专业(如财务管理、会计、财税、审计等专业)本科以上学历证书,以及从事相关专业工作 5 年以上的证明(如聘任文件、任命文件等);(4)从事与司法会计鉴定相关工作(如司法会计鉴定工作、财务会计工作)10 年以上的证明(如聘任文件、任命文件等);(5)从事特定财务会计业务(如税务、期货、证券)的专业资质证书以及从业时间证明(如聘任文件、任命文件等)。登记营业范围时,会计师事务所等机构应加入"司法会计鉴定"或"司法会计业务",以包含该业务范围的营业执照证明本机构可以从事相关营业活动。[1]

3. 企业利润的鉴定程序

企业利润司法鉴定的程序包括四个主要环节:会计鉴定程序启动、鉴定人确定、鉴定人查账取证与出具鉴定意见。

会计鉴定的启动有两种方式,一是当事人申请,二是法院委托。《民事诉讼法》规定,当事人可以就查明事实的专门性问题向人民法院申请鉴定;当事人未申请鉴定,人民法院对专门性问题认为需要鉴定的,应当委托具备资格的鉴定人进行鉴定。

根据《民事诉讼法》,会计鉴定人的确定方法如下:先由双方当事人协商确定具备资格的鉴定人;协商不成的,由人民法院指定。

在查账取证环节,鉴定人需结合委托鉴定范围(企业某期间利润)与财务会计知识,判断做出鉴定意见所需的财务会计资料证据,并予以收集与固定。财务会计

---

〔1〕 于朝:《论司法会计鉴定人的鉴定资质与鉴定资格》,载《会计之友》2019 年第 5 期。

资料证据通常属于书证,即能够以其记载的数字、图表、文字语言所表达的客观情况来证明案件事实。[1]利润的鉴定需要鉴定人收集相关企业该期间的收入与费用核算的账簿与会计凭证,检查其收入与费用的确认、计量是否符合国家统一会计制度的要求,由此出具有关企业期间利润的书面鉴定意见。

根据司法部司法鉴定文书格式规范,司法鉴定文书主要由以下部分组成:鉴定机构名称、文书标题名称、委托事项(鉴定事项)、鉴定材料、鉴定过程、分析说明、鉴定意见、落款、鉴定机构和鉴定人的资质证明文件等。鉴定人应在鉴定书上签名或者盖章。

4. 利润鉴定意见的审查与质证

《民事诉讼法》规定,人民法院应当按照法定程序,全面地、客观地审查核实证据。包括利润鉴定在内的司法会计鉴定意见审查应当从形式要件和实质要件两方面入手。形式审查目的是确认鉴定意见的证据能力,主要从鉴定人资格、鉴定意见书形式、鉴定材料、鉴定程序等方面入手:鉴定人资格主要目的在于判断其是否具备相应会计专业知识与执业能力;鉴定意见书形式主要从鉴定人签章、鉴定意见类型、鉴定事项三个方面审查;鉴定材料需要审查其合法性与可靠性;鉴定程序需要审查程序启动,鉴定人选任与回避,是否应当重新鉴定等方面。证明力审查则需要考虑鉴定过程规范性,鉴定方法科学性,论证是否充分,当事人质证意见,鉴定意见与其他证据是否形成证据链等方面问题。[2]利润的会计鉴定意见审查也应遵循这一科学方法。

据学者调查,司法实践中存在对司法会计鉴定结论不加辨析地盲目信任的现象,以及质证不到位甚至没有质证即采信的问题。实践中,会计鉴定意见存在的问题主要有:检材不充分或不完整,鉴定书缺乏分析论证,鉴定意见对法律等超范围问题做出判断,以言词证据等非财务会计资料作检材,鉴定意见缺乏关联性,鉴定意见与其他证据矛盾,鉴定人无资质,鉴定程序违法;尤以前四个为典型。[3]利润鉴定意见质证也可从这些方面入手:收入与费用的确认与计量是否依据充分,是否有充分分析论证,是否超出会计判断范围,是否以非财务会计资料作检材,是否有关联性,是否与其他证据相矛盾,鉴定人是否具备相应专业能力,是否违反鉴定程序等。

---

〔1〕 白岱恩、于朝主编:《司法会计简明教程》,中国政法大学出版社 2017 年版,第 101 页。

〔2〕 白岱恩、窦衍瑞:《会计鉴定意见的民事司法审查》,载《法学论坛》2015 年第 5 期。

〔3〕 刘晓红、周晨:《司法会计鉴定应用现状研究——基于 169 家律师事务所问卷的调查分析》,载《财会通讯》2021 年第 15 期。

《民事诉讼法》第81条规定,"当事人对鉴定意见有异议或者人民法院认为鉴定人有必要出庭的,鉴定人应当出庭作证。经人民法院通知,鉴定人拒不出庭作证的,鉴定意见不得作为认定事实的根据;支付鉴定费用的当事人可以要求返还鉴定费用"。因此,对利润鉴定意见有异议的,应根据前述规定申请鉴定人出庭作证。另外,根据《民事诉讼法》规定,还可向法院申请财务会计专家出庭,就鉴定人作出的鉴定意见或者专业问题提出意见,确认存疑的,可申请法院重新鉴定或不予采信。

三、法律事实反映类会计信息的获取

(一)逆查法

法律事实反映类会计信息的获取必须查阅企业的财务会计资料。但是,企业历年的财务会计资料可谓堆积如山,尤其是财务会计账簿与会计凭证,这就需要我们掌握一定科学方法。实践中,审计、司法会计等专业通常会使用逆查法,私法实务中也可采用这个科学方法。逆查法又称为倒查法,是指按照会计核算相反的处理程序,依次对表、账、证各个环节进行检查核对的一种方法。所谓"逆",指的是与会计循环(确认、计量、记录与报告)相反的程序。

1. 会计循环的正常程序

正常的会计循环是:经济活动发生时,会计人员分析后确认其所影响的会计要素与具体科目,同时计量其影响金额,接着记录其确认与计量的结果(会计分录与登记分类账),经过必要的调整与结算后,汇总编制财务报表。

具体来说,会计循环必须经过四个核心环节:(1)根据原始凭证分析企业发生的交易或事项,确认其所影响的会计科目及相应金额;(2)编制会计分录,用借贷记账法将相关数额记入相应会计科目;(3)将会计分录的内容登入相应会计科目的总分类账与明细分类账;(4)期末编制试算平衡表,检查无误后编制财务报表。

前述环节中,第(1)第(2)步形成的书面资料是会计凭证,第(3)步形成会计账簿,第(4)步形成财务报表,整体呈从证到账、从账到表的顺序。

2. 两种逆查方法

实践中,根据起始的会计资料不同,逆查法主要有两种情形:一种是从财务报表为起点,依次查阅会计账簿,最终从原始凭证找到所需法律事实;另一种是以会计账簿为起点,依其指引查找相应会计凭证。

(1)表→账→证。在尚不清楚企业存在哪些具体问题只能多方寻找线索的情形下,应采用从表到账再到证的逆查方法。例如,法务尽职调查中,可能需要判断公司股东是否存在抽逃出资的行为,因是否有抽逃、如何抽逃、抽逃数额等情况并不清楚,需要寻找线索,此种情形就需要从其资产负债表切入。因抽逃出资会导致资金流出企业,根据国家统一的会计制度规定及企业经营管理的需要,会计必须反映这一事实,通常使用的科目有其他应收款、长期待摊费用等,由此在系列财务资料中留下痕迹。通过查阅其资产负债表,先查看嫌疑科目是否存在大额账面资产;如果有,进一步查阅嫌疑科目的总账、明细账,重点查阅可疑时间段,找到嫌疑大的资金流出记录时,再查看分类账所记载凭证号之相应会计凭证;通过该会计凭证所附原始凭证,即看到资金流出的原因、流出对方等,结合其他信息,即可判断是否有抽逃、如何抽逃及抽逃数额等法律事实。

(2)账→证。在所涉科目已明确的情形下,可跳过会计报表环节,以会计账簿为逆查起点。例如,前述抽逃出资行为的调查,如果已有其他信息确定公司使用其他应收款科目反映抽逃资金流出的事实,即可直接从其他应收款账簿切入;通过其他应收账簿找到有嫌疑的会计凭证,从相应原始凭证即可判断抽逃出资的相关事实。

(二)逆查法的应用

1. A 公司垫资代理采购业务纠纷

以第二节中的 A 公司垫资代理采购为例,A 公司从 C 公司处为 B 公司代采钢材持续了 1 年多,每次 B 公司都能如约支付垫资款及相应代理费;然而,随着钢材市场价格下跌,B 公司的经营每况愈下,A 公司于第 9 笔业务所垫付的 3500 万元迟迟得不到偿还。经过调查,A 公司发现 B 公司已经完全丧失偿债能力,实现债权须另辟蹊径;又发现,其与钢材生产企业 C 公司签订的《采购合同》约定之交货地点是甲仓库,但 C 公司实际交付货运的目的地却是乙仓库;同时,C 公司是知名钢材制造商,经营正常,有偿债能力。于是,A 公司以 C 公司为被告,以其未如约履行《采购合同》为由,诉请解除合同并返还货款。C 公司辩称,虽然第 9 笔业务没有发至合同约定地点,但前 8 笔都是这样交付的,A 公司从未提出过异议;A 公司真实的债务人是 B 公司,而不是 C 公司。B 公司以第三人身份参加诉讼,承认其对 A 公司的 3500 万元债务。于是,该案争议焦点集中于两点:C 公司是否已履行交货义务;A 公司的 3500 万元债务人是 B 公司还是 C 公司。最终,C 公司的律师合法取得了 A 公司的会计账簿与相应会计凭证,以其为定案的最有力证据回答上述问题,进而胜诉。

2. 本案逆查法的应用

本案中,C 公司的律师取得的是 A 公司涉案年度的全部财务会计资料,需要从中找出证明C公司已履约、B公司是债务人等关键法律事实的证据。操作步骤如下：

(1)判断涉案的会计科目及其会计处理。根据此类业务会计核算的基础知识分析，焦点一“C公司是否已履行交货义务”涉及的科目是“预付账款”；如C公司未履行交货义务，则A公司账目上应有一笔对C公司的3500万元预付账款债权；如C公司已经履行交货义务，则该债权消灭，演变为相同数额的其他资产。

焦点二“A公司的3500万元债务人是B公司还是C公司”，假设A公司确认了C公司的交货义务履行，则其会计处理应确认相同数额的其他债权；又因为A公司没有贷款人资格，作为受严格监管的国有企业，其会计处理不可能使用“其他应收款”科目，故此类业务产生的债权应该进入“应收账款”。

(2)找到相关科目的分类账。对于焦点一，找到其预付账款总账下的代理采购业务明细账，将看到如前述图6-15所示两笔记录(假设本章第二节相关会计处理涉及的是争议之交易)。其中第二条记录表明:1月10日，因卖方交货，A公司的某笔3500万元预付款记贷方，但仅凭该账簿记录尚不能证明C公司就是这笔业务的交货方。

对于焦点二，找到其对B公司的应收账款三级明细账，将看到如前述图6-17所示两条记录。其中第一条记录表明:1月10日，A公司对B公司产生了一笔应收账款债权，且该记录所依会计凭证与C公司预付账款债权消灭的凭证号码相同，可初步判定其与本案C公司被诉的合同纠纷有直接关联。第二条记录表明:A公司对B公司的此笔业务已经产生营业收入105万元，但B公司尚未实付。

(3)找到账簿记录所依会计凭证。根据前述账簿所记录的凭证号2100015，找到相应会计凭证，其记账凭证的会计分录如下：

借:应收账款——贸易商B公司　　35,000,000元

　贷:预付账款——钢材生产企业C公司　　35,000,000元

再查看其所附原始凭证，包括:A公司对C公司主张债权的《采购合同》，C公司向A公司发出的货运凭证，以及B公司向A公司发出的收货确认函。根据这三项原始凭证，即可判定:A公司已认可了C公司的交货，且将自己的债务人从C公司变更为B公司。至此，该案两个争议焦点所涉重要法律事实均获得了相当于原告自认的证据。

另外，还可以查看A公司的主营业务收入的一级明细科目——代理采购收入明细账簿及相应会计凭证，辅助证明A公司不仅确认了债务人是B公司，而且还依该笔业务确认了相应代理费收入。

基于上述债权人 A 公司的会计核算证据，审理法院确认的法律事实是：与 A 公司产生债权债务关系的主体是贸易商 B 公司，而非该案被告钢材生产企业 C 公司。因此，A 公司对 C 公司的 3500 万元诉讼请求无相应证据证明，应予驳回。

思考题

1. 会计科目、会计账户与会计账簿是怎样的关系？会计账簿及其体系是如何构成的？会计账簿间的勾稽关系是如何形成的？在法律实务中如何利用这一勾稽关系？
2. 交易类会计信息的原始凭证主要记载哪些法律事实？在法律实务中有何价值？
3. 相较于传统会计资料，电子会计信息系统有何特点？
4. 利润的核算逻辑与核算程序是怎样的？
5. "费用"一词在不同会计语境下如何理解？"费用资本化"中的"费用"是利润核算中的"费用"吗？
6. 反映私法事实的会计信息形成需要经过哪些环节？
7. 企业损益的司法鉴定中，律师可以做的事情有哪些？
8. 法律实务使用的逆查法中的"逆"为何意？逆查法具体有哪两种？

第七章　会计信息质量的控制制度

导　读

本章共四节,介绍有关企业会计质量控制的法律制度。真实可靠是会计信息质量的首要要求,本章以企业会计信息质量控制制度为主题,从会计信息质量控制的动因开始,分析了会计信息质量受到影响的动因与主要行为,归纳了我国会计信息质量控制制度的总体框架,总结了这一框架中的会计行政监管、企业会计义务的具体内容及其违反的法律责任,以及会计信息质量控制内外部监督的企业内部控制与财务审计制度。

第一节介绍会计信息质量控制制度的基础内容,包括其动因、制度框架,以及威胁会计信息质量的会计舞弊行为。会计信息是企业内外部使用者做出正确经济决策的信息基础,但由于企业经营管理者与企业本身都有着隐瞒真实财务状况或经营成果的需求,他们有会计舞弊的动力。我国会计信息质量控制制度主要由四个部分构成:一是会计行政监管,二是企业会计义务及其违反的法律责任,三是企业内部控制,四是财务审计。

第二节介绍企业会计义务与法律责任。根据现行法,企业的会计义务可总结为:会计核算义务,编制与提供真实、完整财务会计报告的义务,会计资料保管义务以及内部会计监督义务。会计核算义务包括依法建账、依法记账与依法算账等三项具体内容。违反前述义务需要承担行政责任、民事责任甚至刑事责任。

第三节介绍企业内部控制制度。企业内部控制是企业确保会计信息质量的内部手段,经历了内部牵制、内部会计控制与全面风险管理三个阶段。管理学上,企业内部控制是企业全面风险管理的组成部分,管理学上的合规目标、资产目标与报告目标等基础目标,是企业内部控制的规范目标。《企业内部控制基本规范》规定,企业应从内部环境、风险评估、控制活动、信息与沟通、内部监督五个方面建立内部控制机制。

第四节介绍财务审计制度。财务审计是确保上市公司、金融企业会计信息质量的主要外部控制手段,财务审计的总目标是:对财务报表整体是否不存在由于舞弊或错误导致的重大错报获取合理保证,使得注册会计师能够对财务报表是否在所有重大方面按照适用的财务报告编制基础编制发表审计意见,并根据审计结果对财务报表出具审计报告;具体目标需要在管理层做出的与各类交易和事项、期末账户余额、列报和披露三个方面认定的基础上确定。审计目标的实现过程需要经过四个阶段,包括计划审计工作、风险评估、采取风险应对措施与出具审计报告。风险评估指的是评估审计风险;风险应对措施有二,一是内部控制测试,二是执行实质性程序;审计报告有标准与非标准之分,非标准审计报告的审计意见有保留意见、否定意见、无法表示意见以及带强调事项段的审计意见等四种类型。注册会计师形成审计意见应以审计证据为基础,并将制定审计计划、实施审计程序和得出审计结论的相关资料,以及审计程序中获取的、用于证明审计事项真实情况的相关审计证据,按照一定格式编制为审计工作底稿。

第一节　会计信息质量控制制度概述

一、会计信息质量控制的动因

(一)会计信息真实性(可靠性)原则要求

采取措施以控制企业会计信息质量,其首要动因是会计信息真实性(可靠性)原则的要求。会计信息真实可靠是《会计法》等各级法律反复强调的最重要的原则,核心原因在于:会计信息的主要作用在于满足内外部使用者正确经济决策的需要,如果企业会计信息不真实可靠,则可能误导使用者做出错误决策,从而给企业自身、其投资者、债权人与相关行业乃至国家和社会造成重大经济损失。为确保会计信息的真实性,除相关法律、法规规定相关主体的刑事、行政和部分主体的对外民事法律责任用于事后规制外,针对威胁会计信息质量的现实因素,相关法律设计了会计监管、企业内部控制和财务审计等内外部监督制度。

(二)会计信息质量威胁因素的客观存在

总的来说,威胁企业会计信息质量的根本动力源于内部人的利益驱动,具体有二:一是管理层对投资者有隐瞒真实业务状况的需求,二是企业作为一个经营实体有对外隐瞒其真实经营状况的需要。

1. 内部隐瞒企业真实财务状况或经营成果的需求

当企业发展到一定规模，必然需要投资者（如公司股东）以外的人以“代理人”身份参与经营和管理，以使企业经营效率进一步提高，由此形成了始于投资者授权的层层委托代理机制。有些代理人依内部分工可能实际占有或控制企业资产，例如出纳掌握企业现金与银行存款，仓库管理者控制仓库原材料、半成品或产成品等实物资产。人性使然，面对不属于自己但由其实际控制的资产，难免有人会产生据为己有的想法并付诸行动。

为提高经营效率，现代企业需要设置负责不同事务的部门，如研发、生产、销售等，这种内部分工赋予了相应内部人以信息优势，增加了会计部门与其他部门之间的信息不对称，为内部人可能的欺诈行为提供了机会。而且，由于会计核算结果对一些内部人的利益有直接影响，如分管销售、生产等职能的经理，因业绩工资等个人利益直接与财务数据挂钩，可能产生欺瞒会计部门的需求。

这些经济学上称为“代理人成本”的现象，必须设计并采取相应控制措施，不能完全依靠作为代理人的雇员自我约束，由此产生了管理学与会计学上的企业内部控制理论与实践，并形成了法律规范意义上的企业内部控制制度。

2. 企业外部会计舞弊的需求

在所有权与经营权分离程度高的企业，典型者如上市公司和国有企业，普遍存在对投资者隐瞒真实情况的需求。现代企业重要特征之一是所有权与经营权高度分离，投资者与经营者的利益不完全一致，且投资者对经营者通常有业绩目标要求，并为此设计了与业绩目标直接挂钩的激励机制，从而导致经营管理者的个人利益与企业业绩直接正相关。在真实披露不利于经营管理者个人利益时，为隐瞒企业真实财务状况或营造虚假的正向经营成果，他们就有了会计舞弊的动力。例如，为交出符合投资者预期的财务报告，通过虚增主营业务收入和其他收入，某咖啡零售业上市公司虚构了2019年前三季度29.29亿元净收入中的22亿元。所有权与经营权没有分离的企业也有可能出现会计造假行为，其核心动因在于规避纳税义务。根据《企业所得税法》规定，企业年度利润需要缴纳25%的企业所得税，一些民营企业会设法少核算利润，以期不缴或少缴企业所得税。

对于投资者与经营者高度分离的企业，为维护投资者利益，比较通行的做法是聘请外部人对企业进行审计，通过外部审计监督发现会计舞弊行为，从而提高企业会计信息的真实性。

二、企业会计信息质量控制制度体系

（一）控制制度体系的构成

根据现行法律规定，我国企业会计信息质量控制机制主要由四个部分组成：会计主体义务与法律责任制度的立法（详见第二节）、会计行为的行政监管、企业内部控制制度（详见第三节）以及财务审计制度（详见第四节）；其中，会计主体义务与法律责任制度是法律基础，国家机关的会计行政监管为最有力措施，企业内部控制与外部审计监管则为重要手段。

（二）会计行政监管

会计行政监管是指由法律规定的行政机关对包括企业在内的会计主体的会计行为采取监督与管理措施。会计监管权与会计主管权不同，会计主管权的内容是会计规则的制定与解释权。[1]

从世界范围看，会计信息监管主要有行业自律型、政府主导型及独立机构三种监管模式。在行业自律型监管模式下，政府一般不直接参与会计信息监管，主要由行业民间组织发挥会计信息监管功能，由会计信息市场的参与者在法律框架下进行自我管理，英国与美国曾采这种模式。政府主导型监管模式以政府为监管主体，由特定政府部门依照法律对会计信息的生成、审计、披露等活动制定规则，对会计主体前述行为进行监督和定期检查，并对违法行为予以处罚，德国、法国、日本等大陆法系国家采此模式。独立机构监管模式是将政府监管与行业自律监管适度统一的监管模式，此种模式下：由会计职业界人士组成会计独立监管机构，由政府以法律形式确认其监管权力并对该独立监管机构进行监管，如安然事件后的美国。[2]

《会计法》第 7 条第 1 款规定，“国务院财政部门主管全国的会计工作”；据此，我国采取的是政府主导型监管模式，财政部门是会计的主管与监管机构，其监管权限在于对各类会计主体的会计行为以及会计行业进行监督管理。《会计法》规定的会计行为监管内容如下：（1）是否依法设置会计账簿；（2）会计凭证、会计账簿、财务会计报告和其他会计资料是否真实、完整；（3）会计核算是否符合本法和国家统一的会计制度的规定；（4）从事会计工作的人员是否具备专业能力、遵守职业道德。实践中，财政部门通过定期与不定期检查等方式对企业会计行为予以监督。2001 年

---

〔1〕 刘燕：《公司财务的法律规制》，北京大学出版社 2021 年版，第 261－262 页。

〔2〕 胡显莉：《我国会计信息监管法律制度研究》，经济管理出版社 2020 年版，第 36－37 页。

2 月,财政部发布了规范会计监管工作的《财政部门实施会计监督办法》,规定由县级以上财政部门负责本行政区域的会计监督检查与行政处罚工作。会计监督检查的范围包括:会计账簿设置情况,会计凭证、会计账簿、财务会计报告和其他会计资料的真实性、完整性,会计核算情况,会计档案的建立、保管和销毁,企业按国家统一会计制度的规定确认、计量和记录六大会计要素的情况,会计人员任用情况,会计师事务所出具的审计报告的程序和内容。《财政部门实施会计监督办法》规定的监管措施有:对单位遵守国家统一的会计制度情况进行全面检查,对单位会计基础工作、从事会计工作的人员持有会计从业资格证书、会计人员从业情况进行专项检查或者抽查,对有检举线索或者在财政管理工作中发现有违法嫌疑的单位进行重点检查,对经注册会计师审计的财务会计报告进行定期抽查,对会计师事务所出具的审计报告进行抽查等。

除财政部门以外,审计、税务、人民银行、证券监管、保险监管等部门依照有关法律、行政法规规定的职责,对有关单位的会计资料有监督检查权。有隐瞒利润规避纳税义务需求的私营企业一般由投资者自己经营管理,无法通过公司治理、企业内部控制等私法机制实现会计行为监督,此类企业多数也不是上市公司,除一人公司外,普通企业不需要强制审计,所以,除会计主管部门的会计检查外,主要靠税务机关对其予以会计监督。

三、会计信息质量的主要威胁——会计舞弊

(一)会计舞弊的界定

1. 会计舞弊的概念

会计学界对国际上的会计舞弊多采美国注册会计师协会的定义,该协会 2002 年发布的《审计准则公司》认为,会计舞弊(Accounting Fraud)是为了欺骗财务报表使用者而对财务报告列示的数字或披露进行有意识地错报或漏报,这些有意识的错报或漏报导致财务报表在所有重大方面未能与公认会计原则(GAAP)保持一致。《中国注册会计师审计准则第 1141 号——财务报表审计中与舞弊相关的责任》(以下简称第 1141 号审计准则)第 10 条规定:“舞弊,是指被审计单位的管理层、治理层、员工或第三方使用欺骗手段获取不当或非法利益的故意行为。”结合前述界定及国内会计学者对会计舞弊行为的实施主体、经济后果、实施目的、行为性质等方面解读,本书将会计舞弊界定为:包括企业管理者、员工等内部人违反国家统一的会计制度故意实施的、为欺骗投资者而对企业会计信息进行错报或漏报的违法行为。

2. 会计舞弊的特征

国内外会计界公认的会计舞弊特点有四个。

(1)以内部人欺诈为核心

内外部的区分以是否参与企业经营管理为标准,参与企业经营管理的人为内部人,如公司董事、监管、高管以及其他员工。相对于外部人而言,内部人与外部人在两个方面占有优势:一是因其负责或参与日常经营或管理各方面工作而获得了外部人不可能占有的信息,二是因经营管理需要而实际控制企业资产。与会计舞弊相关的外部人主要有三类,一是企业未参与经营管理的权益投资者与债权人,二是企业潜在投资者(含权益投资者与潜在债权人),三是其他外部人。需要注意的是:虽然第1141号审计准则将属于外部人的第三方视为会计舞弊的行为主体,但会计舞弊行为仍源于内部人的欺诈动机,外部第三方只是配合内部人的舞弊行为,并非独立的或典型的舞弊实施者。

欺诈是指通过夸耀虚假事实,或者隐瞒真实事实,故意或者有意引起或者维护某种错误,以达到影响被欺诈者决策的目的。[1]"会计舞弊"的欺诈性质最早出现在美国会计学者Eliott和Willingham的研究中,会计界普遍认同舞弊行为的蓄意欺诈目的。故意是欺诈行为的核心特点,第1141号审计准则规定明确区分了舞弊与错误,两者的差别在于"导致财务报表发生错报的行为是故意行为还是非故意行为"。传统欺诈行为主要有两种行为方式,一是提供虚假情况,二是隐瞒真实状况,会计舞弊亦然,或伪造虚假财务状况与经营成果,或隐瞒真实的财务状况与经营成果。

(2)以财务会计报告为最终载体

会计舞弊行为的最终成果是不能如实反映企业真实财务状况与经营成果的会计报表,以及由其为主要构件的财务报告。第1141号审计准则认为,舞弊是一个宽泛的法律概念,但注册会计师关注的是导致财务报表发生重大错报的舞弊。与财务报表审计相关的故意错报,包括编制虚假财务报告导致的错报和侵占资产导致的错报。

实践中,上市公司比较常见的伪造发生在利润表上,即利润"大洗澡",以及为配合利润表造假而对资产负债表的必要"调整"。由于财务报告制作需要以会计凭证与会计账簿为基础,谨慎的舞弊者为确保不被发现,可能会在会计凭证与会计账簿中全套作假。另一种常见的会计舞弊是为了掩盖内部人侵占或挪用企业财产的

---

〔1〕［德］卡尔·拉伦茨:《德国民法通论》,王晓晔等译,法律出版社2003年版,第542页。

行为。侵占或挪用会导致经济利益流出企业,应当按照国家统一会计制度的要求予以会计处理,为防止此类违法行为败露,内部人尤其是公司董事、高管等人通常会操纵会计人员不予处理或不如实处理,从而掩盖其侵权事实。此类行为虽然是为了侵占或挪用企业财产,但其在账务处理流程中的掩饰行为最终仍会体现在财务报表上,尤其是资产负债表。

(3)以欺骗投资者为目的

以舞弊行为人为标准,会计领域将舞弊区分为员工舞弊与管理层舞弊,前者是指员工利用职务之便或内部控制缺陷侵占公司财产,后者是指管理层通过粉饰财务会计报表以误导投资者的投资决策或掩盖其侵害公司利益的行为。实践中,随着管理技术的进步与内部控制制度的完善,个别员工舞弊的机会较少,通常也不会给企业造成重大损害,最值得关注的主要是管理层对投资者进行的系统性会计舞弊。

从舞弊行为的被欺诈方看,既有欺诈投资者的舞弊,也有欺诈政府机关(尤其是税务机关)的舞弊,但学理研究集中于以欺诈投资者为目的的会计舞弊。因此,会计、审计以及法律等领域的会计舞弊一般不包括以偷税漏税为目的的舞弊。

(4)其本质为违法行为

会计舞弊是行为人有目的的故意违法行为,其与会计人员失误有着本质区别。在我国,其所违之法既包括《会计法》《企业财务会计报告条例》等会计类法律法规,也会涉及《公司法》《商业银行法》《保险法》等商事法律,以及会计监管机构制定的相关规范性文件与职业规范。正因为其本质上属于违法行为,所以法律应该配置健全、完备的责任制度,用刑事、行政或者民事上的不利后果去惩罚违法行为人,救济受侵害的权利人,并遏制一直泛滥的会计舞弊行为。

(二)会计舞弊的主要手段

1. 以虚构的经济交易或事项启动会计核算

(1)虚构交易或事项以影响利润表

对虚构的经济交易或事项进行会计核算是常见的舞弊手段,动机通常是虚增利润,具体表现为虚构形成收入的交易或者虚增资产。

在所有权与经营分离程度高的企业,在实际经营状况难以企及投资者或潜在投资者预期的压力情景下,经营者可能为了虚增利润而虚构形成收入的交易。因形成收入必须以不同法律主体间的交易为基础,其虚构行为可能有三种方式:一是直接虚构交易主体并虚构相关交易合同,二是与关联方虚假交易,三是与第三方合谋虚假交易。

第一种情形下，舞弊者通过伪造客户（真实存在的或完全虚拟的客户）印章订立虚假销售合同，之后伪造订单和发运凭证，再将通过虚假采购交易而流出的资金付回自己的银行账户，或者伪造银行凭证以营造收款的假象，或者确认应收账款债权，最后开具销售发票，从而完成一个虚假收入交易的流程。例如，从事农产品加工的某上市公司从IPO开始就伪造与虚假客户的大量交易，甚至交易标的都是虚构的、其未真实生产的产品（麦芽糊精），在美国上市的某咖啡零售业上市公司也采用了完全伪造客户而虚增收入。

第二种情形下，确认收入的交易合同之买方是受同一实际控制人控制的关联方（可能披露或不披露关联关系），交易主体及其印章真实，但交易内容虚假，再伪造相应合同履行凭证从而确认收入。

第三种情形下，由不具有关联关系的第三方配合签订虚假合同，第三方可能是真实客户但虚增交易量，甚至可能是以配合上市公司收入造假为主业的企业。2021年6月起，多家上市公司发布公告称巨额应收账款债权有不能收回的风险，其涉及业务均为专网通信，资金流向主体与最终债务主体均涉及隋某实际控制的公司。形成上市公司销售收入的交易之主结构为：隋某实际控制的A公司支付10%货款，直接或间接向上市公司采购B公司的专网通信设备，B公司亦为隋某实际控制；上市公司与B公司签订合同，向其支付100%货款，指定B公司向A公司发货；A公司"收货"后向上市公司发函确认收货，采购合同履行完毕，上市公司确认合同金额100%的销售收入，以及90%的应收账款债权。最后，有类似交易的上市公司均因隋某失联，该90%的应收账款不能收回而产生巨额亏损。此类交易中，隋某及其控制的公司扮演的就是配合上市公司虚增收入的第三方角色。

除虚构收入外，有些企业还通过虚构固定资产处置、政府补贴、接受捐赠或资产减值等事项虚增非经常性损益。例如，为避免3年连续亏损退市，某上市公司竟公告称"董事长高中同学不忍老同学公司退市而无偿捐赠8.59亿元"；某上市公司称获得政府补助1000万元，实际上这笔钱先由其控股股东以税收保证金的名义付给当地政府，再由政府以补助的名义付至该公司；某上市公司计提了1.72亿元资产减值损失，当期净利润亏损3.5亿元，下一期又以跌价因素消失为由转回0.53亿元存货跌价准备，从而扭亏为盈，以逃避连续3年亏损退市。

因为收入、利润均与资产科目有逻辑勾连，虚构收入与利润后，必然引发银行存款、应收账款、其他应收款、存货等资产科目相应造假。另外，为防止虚构收入被发现，舞弊者通常会以企业或行业通常利润率为标准，伪造与利润虚增额相匹配之"合理"费用的交易合同及其履行凭证，进行费用造假。

(2)虚构交易或事项以影响资产负债表

此类行为通常表现为虚构资产或资产损失,这里只讨论舞弊目的纯粹是虚构资产或资产损失,不包括为虚增利润或掩盖资产被侵占的配套会计造假行为。

纯粹的虚构资产常见于欺诈债权人的情形中。债权人在决定是否将资金借予债务人时,通常会以债务人的资产负债率、流动比率等作为重要决策指标;融资压力下,不满足要求的债务人可能篡改财务报表中的资产信息,以及相应科目的账簿记录与会计凭证。

纯粹的虚构资产损失可能发生在虚增利润或资产被挪用之后。虚增利润将导致企业所有者权益增加,因为利润与资产的逻辑勾连,为安放虚增利润,必须虚增相应数额的资产。资金被挪用或侵占后,如会计不如实反映这一事实,也将导致账面资产多于实际资产。但是,虚假资产存在于账面的时间越长,被发现的可能性越大,管理者会设法使其合理地从资产负债表上消失或减少,于是产生了虚构资产减值损失的需求。例如,2021 年某上市公司中报披露上半年计提资产减值 34.43 亿元,其中“在建工程”减值 22.08 亿元,但据媒体调查,其列入在建工程的项目有三个完全未开工,为虚假资产。之所以对在建工程资产大幅减值,其目的大概率是核销虚假资产。

2. 对真实交易或事项进行欺诈性处理

(1)影响利润表的欺诈性核算

实践中,以影响利润表为目的的欺诈性处理行为主要有二:一是不应确认而确认、多确认、提前确认或推迟确认收入,二是不确认、少确认或推迟确认费用。

根据《收入准则》,收入确认的最终逻辑是:只有在企业不再负有向客户转让商品的义务,且已向客户收取的对价无需退回时,才能将已收取的对价确认为收入,否则应当作为负债处理。但实践中,为了拿出符合需求的利润表,企业可能不应确认收入而确认收入,或多确认收入,或在确认条件未成就而提前确认收入以增加当期利润,或者在收入确认条件成就后不确认收入,留到下期再予确认,以此方式在各期“调节”利润表。例如,某上市公司子公司与第三方签订了某专项资产管理计划收益权的转让合同,转让价款 6000 万元,又与第三方另行签订担保合同,约定对转让价款和年化 12% 的税前收益承担差额补足义务,并将 6000 万元转让款确认为当期投资收益(按会计准则应确认为“合同资产”)。又如,为鼓励经销商当期多进货,企业在销售合同中签订了年度销售满额奖励、后期退货自由等激励条款,确认收入时故意不扣减折扣奖励,或忽视退货条款予以全额确认收入,甚至把委托代销关系发出的商品确认为销售收入。有的企业在本期业绩良好但预计未来利润可能下跌的情况下,通过推迟本期收入平滑各期利润,显出稳定增长的态势,或者在本期亏损已成定局的情形下,则推迟确认收入以确保后期扭亏为盈,以营造后期业绩转好的假象。

另一利润表操纵手段为不确认、少确认或推迟确认费用,即违反会计准则的规定,不确认应该确认的费用,或者把应在本期确认费用延迟到下一期确认,从而使本期利润增加。例如,某上市公司在 2016 年第二、三季度少计自制半成品的领用,导致成本减少近 4000 万元;某上市公司把本应在当年确认的 3000 多万元年终奖推迟到下年度一月发放和记账,从而少记当期销售费用与管理费用,使当年净利润虚增约 2500 万元。

有些企业通过滥用费用资本化以不确认或少确认费用,即把按会计准则规定应确认为当期费用的支出不确认为费用,而是计为某项资产的成本,使费用在资本化后只有少部分成为当期利润表中的费用,大部分进入了资产负债表成为一项资产。例如,企业对外借贷的利息支出有两种会计处理方式,如果借款用于置办特定资产(如贷款建办公楼),利息支出作为该资产的成本之一,如果借款用途与特定资产无关(如流动资金贷款),则应计为当期财务费用,于当期收入中扣减。有的企业滥用资本化,将与特定资产无关的利息支出计入固定资产、存货或无形资产中的研发支出等科目,从而把当期应确认的财务费用推迟到后期确认(后期通过固定资产折旧、存货销售实现时确认成本或无形资产摊销时等再确认费用)。

(2)影响资产负债表的欺诈性核算

实践中,纯粹为影响资产负债表的欺诈性核算主要源于掩盖企业资产被侵占的需求。资金被侵占会导致企业实际资产变少,为了不让此类行为败露,企业可能通过欺诈性会计处理来解释资产流出这一结果。例如,2018 年年末,某药业上市公司被控股股东侵占的资金达 13 亿元有余,但相关资金的流出完全不入账,导致资产负债表中的 13 亿元“货币资金”为虚假资产。有的企业则以虚假交易或虚假事项掩盖资金流出的事实。例如,为掩盖股东抽逃注册资本的行为,会计可能这样处理:虚构一笔金钱借贷交易,将相应资金的流出解释为借予他人,公司相应货币资产演化为其他应收款债权,并以此为基础进行相关科目的会计分录,登入相应科目的分类账簿;在需要向银行等债权人披露会计信息时,以前述处理为基础制作财务会计报告。

除股东等可能侵占企业资产外,员工也可能利用内部控制缺陷或与相关岗位合谋侵占企业资产,如出纳、会计、财务主管等用空白支票、财务专用章、印鉴等合谋挪用公款,仓库会计与仓库管理员偷盗存货后合谋虚增相关存货数量与成本,然后利用职务便利对资产流出的事实进行掩盖。

(3)影响现金流量表的欺诈性核算

现金流量是判断企业财务状况的重要依据之一,根据产生现金流动的基础原因不同,现金流被分为经营性、投资性与筹资性三类,经营性现金流在投资与企业管理领域被赋予了更高价值。实践中,现金流欺诈性核算主要围绕虚增经营性现金流入与减少经营性现金流出展开,目的是营造更多的经营性现金净流入,其主要方式有二:一是将债务性现金流入处理为经营性现金流入,二是将经营性现金流出处理为投资性现金流出。

实践中,将债务性资金流入"变性"为经营性的关键在于将相关现金流入确认为收取货款。例如,在年末快关账时,有些企业把存货抵押给银行获取贷款,并将贷款资金作为销售回款确认为经营性现金流入,待年关过后再以一定的溢价将存货买回,从而营造当年年度经营现金流入量高的假象。有的企业通过应收账款的保理业务对现金流的性质造假:根据会计准则规定,如为真正的应收账款转让,可以把收到的转让款确认为经营现金流入,但如果受让方保留了坏账追索权,则其本质为应收账款质押借款,应归为筹资性现金流入。为了好看的现金流,有些企业将此种情形下的现金流入确认为经营性现金流入。

在付款是为了购买原材料(构成产品的生产成本)的情形下,要达到少确认费用的目的,需辅以相匹配的现金流量表,故在利润造假的同时,还需将经营性现金的流出处理为投资性现金流出,从而也得到了一张更好看的现金流量表。例如,美国世通公司将购买通信线材的资金流出予以"资本化",将付款原因解释为购买固定资产,将经营性现金流出成功"改造"为投资性现金流出。

第二节　企业会计义务与法律责任

一、企业会计义务的主体

(一)企业的理解

顾名思义,企业会计义务的主体是"企业"。企业的理解通常有广义与狭义两个层面,广义的企业重点强调其经济功能与社会功能,即由投资者投资形成,功能为组织和安排商品生产、流通或者服务等活动,进行自主经营、自负盈亏、承担风险、实行独立核算的基本经济单位。广义的企业包括公司、合伙企业、个人独资企业与农业专业合作社等经济组织，本书以及会计学上涉及“企业财务会计”概念的资料使用的即为广义企业概念。狭义的企业可理解为名称中含有“企业”字样的经济单位，如合伙企业与个人独资企业，我国《会计法》使用的即为狭义的企业概念。

（二）负有会计义务的企业

《会计法》规定，包括公司与企业在内的单位负有依法办理会计事务的义务，结合《个人独资企业法》《合伙企业法》《农民专业合作社法》等商事成文法，公司、个人独资企业、合伙企业与农民专业合作社等均应依法会计核算。[1]

二、会计义务

综观我国《会计法》与国家统一的会计制度、《公司法》、《审计法》以及《刑法》等规定，作为会计主体的企业负有四个义务：一是会计核算义务，二是编制与提供真实、完整财务会计报告义务，三是会计资料保管义务，四是会计监督义务。

（一）会计核算义务

1. 依法核算义务的概念

依法核算是所有会计主体的首要义务，企业也不例外。根据《会计法》的规定，企业的依法核算义务是指企业作为会计主体应当依国家统一会计制度进行会计核算。《会计法》规定，国家机关、社会团体、公司、企业、事业单位和其他组织必须依照本法办理会计事务，因该法将会计核算依据的技术性规范称为“国家统一的会计制度”，故此项义务也可称为遵守国家统一的会计制度的义务。

根据《会计法》规定，企业依法核算义务的履行方式有二：设置内部会计机构，或者在有关机构中设置会计人员与会计主管人员进行会计核算；不具备设置条件的，可委托经批准设立从事会计代理记账业务的中介机构代理记账。

2. 依法核算义务的内容

考察会计学与会计实践对企业会计核算行为及其程序，可以将会计核算程序总结为建账、记账与算账三个环节，其依法记账义务的具体内容可归纳为三个方面：一是依法设置会计科目与会计账簿，简称为“依法建账”；二是依法确认、计量与

---

[1] 《个人独资企业法》第21条规定：个人独资企业应当依法设置会计账簿，进行会计核算。《合伙企业法》第36条规定：合伙企业应当依照法律、行政法规的规定建立企业财务、会计制度。《农民专业合作社法》第39条规定：农民专业合作社应当按照国务院财政部门制定的财务会计制度进行财务管理和会计核算。

记录会计要素会计科目增减变化,即“依法记账”;三是依法计算各类账户的期末数额,即“依法算账”。

(1)依法建账

依法建账包括依法设置会计科目和依法设置会计账簿。“依法设置会计科目”是指企业应按国家统一会计制度的要求设置相应会计科目。根据现行会计制度,经济活动只能根据《会计科目和主要账务处理》的规定以及会计准则的规定在相应一级会计科目中核算,一级科目的设置具有强制性,一级科目下的明细科目才可由企业自由设置。

“依法设置会计账簿”具体体现为两个方面:首先是一个会计主体只能设置一套会计账簿进行核算,其次是企业应当根据一级会计科目设置相应会计账簿[1]。一个主体一套账,这是保证会计信息真实性的最基本要求。[2]《会计法》第16条规定,“各单位发生的各项经济业务事项应当在依法设置的会计帐簿上统一登记、核算,不得违反本法和国家统一的会计制度的规定私设会计帐簿登记、核算”。《公司法》《商业银行法》也明确规定,相关企业不得在法定账簿外另立会计账簿。唯一的例外是:在我国大陆以外其他国家或地区上市的,可以按上市地会计法律的要求设置相应账套。

(2)依法记账

根据《企业财务会计报告条例》规定,依法记账是指企业应根据国家统一的会计制度的要求确认、计量和记录各类经济交易或事项所造成的会计科目增减变化,不得随意改变会计要素的确认和计量标准。结合《会计法》与《企业财务会计报告条例》的规定,依法记账义务的履行规则如下:

第一,根据实际发生的经济业务事项进行会计核算,不得以虚假的经济业务事项或者资料进行会计核算。下列经济业务事项应当进行会计核算:①款项和有价证券的收付;②财物的收发、增减和使用;③债权债务的发生和结算;④资本、基金的增减;⑤收入、支出、费用、成本的计算;⑥财务成果的计算和处理;⑦需要办理会计手续、进行会计核算的其他事项。

第二,以中文为记账文字;在民族自治地方可同时使用当地通用的一种民族文字,外商投资企业、外国企业可同时使用一种外国文字。

第三,原始凭证入账应经过审核,符合要求的才能依据国家规定的会计处理方

---

〔1〕 关于会计账簿、会计账户与会计科目的关系,见本书第六章第一节。

〔2〕 特别情形除外,例如公司在我国香港地区或国外上市的,需要依据发行地会计标准另行设置账套进行会计核算。

法进行确定与计量，不得随意改变各会计要素的确认标准或者计量方法，不得虚列、多列、不列或者少列资产、负债、所有者权益，虚列或者隐瞒收入，推迟或者提前确认收入，虚列、多列、不列或者少列费用、成本；有多个处理方法的，前后各期处理方法应当一致，不得随意变更；确有必要变更的，应当按照国家统一的会计制度的规定变更，并将变更原因、情况及影响在财务会计报告中说明。

第四，记账凭证、会计账簿和其他会计资料的形式、记录及其更正等应当符合国家统一的会计制度的要求。

(3)依法算账

依法算账是指企业应根据国家统一的会计制度要求的时间、程序结清相应会计期间的账户，并计算资产、负债、所有者权益、收入、费用与利润等会计要素的期末数额。具体如下：

第一，企业应当依照法律规定的结账日进行结账，年度结账日为公历年度每年的12月31日，半年度、季度、月度结账日分别为公历年度每半年、每季、每月的最后一天，不得提前或者延迟。

第二，年度结账应全面清查资产、核实债务，将结果及其处理办法向企业的董事会或者相应机构报告，并根据国家统一的会计制度的规定进行会计处理；具体包括：①结算款项，包括应收款项、应付款项、应交税金等是否存在，与债务、债权单位的相应债务、债权金额是否一致；②原材料、在产品、自制半成品、库存商品等各项存货的实存数量与账面数量是否一致，是否有报废损失和积压物资等；③各项投资是否存在，投资收益是否按照国家统一的会计制度规定进行确认和计量；④房屋建筑物、机器设备、运输工具等各项固定资产的实存数量与账面数量是否一致；⑤在建工程的实际发生额与账面记录是否一致；⑥需要清查、核实的其他内容。

第三，在核对各会计账簿记录与会计凭证的内容、金额、借贷方向等是否一致后，结出有关会计账簿的发生额和余额，并核对各会计账簿之间的余额是否相应。

第四，按照国家统一的会计制度计算利润，不得随意调整利润的计算方法，不得编造虚假利润或者隐瞒利润。

(二)编制与提供真实、完整财务会计报告的义务

会计信息的对外载体主要是财务会计报告，企业负有编制与提供真实、完整的财务会计报告的义务，具体内容包括编制真实、完整的财务会计报告和向投资者提供财务会计报告或接受投资者查阅两个方面。

1. 编制真实、完整的财务会计报告

根据《会计法》《企业财务会计报告条例》的相关规定，企业应当编制真实、完整财务会计报告，并对其编制时间、编制程序、编制依据、形式及其内容等方面均作出明确规定；所有企业均应于年度终了时编报年度财务会计报告。《公司法》与《证券法》规定，上市公司应编制半年度报告，同时还应依据证券交易所的交易规则编制季度报告；其他企业是否编制半年度与季度报告由投资者间的契约（如公司章程）类文件约定。另外，企业发生合并、分立或终止营业等情形的，应当按照国家统一的会计制度规定的时间编制相应财务会计报告。

《企业财务会计报告条例》规定，企业财务会计报告的编制程序如下：(1)全面清查资产、核实债务；(2)依前述程序结账；(3)检查是否存在需要调整前期或者本期相关项目；(4)编制财务会计报告。

编制依据上，《企业财务会计报告条例》规定，企业应以真实的交易、事项以及登记完整、核对无误的会计账簿等资料编制财务会计报告；向不同会计资料使用者提供的财务会计报告，其编制依据应当一致。

在形式方面，《企业财务会计报告条例》规定，财务会计报告包括会计报表、会计报表附注和财务情况说明书；[1]企业应当按照国家统一的会计制度规定的会计报表格式和内容编制会计报表；单位负责人和主管会计工作的负责人、会计机构负责人或会计主管人员应在财务会计报告上签名并盖章；设置总会计师的单位，还需由总会计师签名并盖章。

报告内容上，《会计法》与《企业财务会计报告条例》都要求会计报表应当内容完整、数字真实、计算准确，不得漏报或者任意取舍，会计报表附注和财务情况说明书应当对会计报表中需要说明的事项作出真实、完整、清楚的说明，担保、未决诉讼等或有事项，应当按照国家统一的会计制度的规定在财务会计报告中予以说明；企业负责人应保证财务会计报告的真实性与完整性。

2. 向投资者提供财务会计报告或接受投资者查阅

披露真实、完整的财务会计报告或将其置于指定地点以备投资者查阅，是由《证券法》《公司法》等商事法律规定的企业义务。《证券法》规定，上市公司在申请首次公开发行及挂牌期间，都应披露满足真实、准确、完整要求的财务会计报告，年报还需要经过审计。根据《公司法》的规定，有限责任公司应当依照公司章程规定

---

〔1〕 但在会计实践中，企业的会计报告行为依据是《企业会计准则第30号——财务报表列报》，该准则将执行企业财务会计报告功能的文件称为“财务报表”，对此，本书第五章第一节“财务会计报告”有详细说明。

的期限将财务会计报告送交各股东；股份有限公司的财务会计报告应当在召开股东大会年会的20日前置备于本公司，供股东查阅；有限责任公司股东有权查阅公司财务会计报告，除非有不正当目的，还可以查阅公司会计账簿与会计凭证；根据《农民专业合作社法》与《合伙企业法》规定，农民专业合作社成员、合伙企业的有限合伙人有权查阅企业财务会计报告、会计账簿等会计资料。作为前述投资者相关权利的义务方，企业应依法接受查阅。

（三）会计资料保管义务

《会计法》规定，包括企业在内的会计主体应对会计凭证、会计账簿、财务会计报告和其他会计资料应当建立档案，妥善保管。根据财政部制定的《会计档案管理办法》，制作成为会计档案的会计资料分为永久保存和期限保存两类；年度财务会计报告、会计档案保管清册、会计档案销毁清册、会计档案鉴定意见书等为永久保存，会计凭证、会计账簿等为30年，年度报告以外的财务会计报告为10年。

（四）会计监督义务

除核算外，会计监督是会计的另一基本职能，其具体内容是：会计部门与会计人员在对经济活动进行核算的同时，还需对企业其他部门或其他岗位工作人员经济行为的合法性与合理性进行监督。

《会计法》要求包括企业在内的会计主体应当建立、健全本单位内部会计监督制度，具体如下：（1）记账人员与经济业务事项和会计事项的审批人员、经办人员、财物保管人员的职责权限应当明确，并相互分离、相互制约；（2）重大对外投资、资产处置、资金调度和其他重要经济业务事项的决策和执行的相互监督、相互制约程序应当明确；（3）财产清查的范围、期限和组织程序应当明确；（4）对会计资料定期进行内部审计的办法和程序应当明确。会计主体应当定期将会计账簿记录与实物、款项及有关资料相互核对，保证会计账簿记录与实物及款项的实有数额相符（账实相符）、会计账簿记录与会计凭证的有关内容相符（账证相符）、会计账簿之间相对应的记录相符（账账相符）、会计账簿记录与会计报表的有关内容相符（账表相符）；不相符且不是会计错误造成的，应立即向单位负责人报告，请求查明原因。会计机构与会计人员有独立性，单位负责人应当保证会计机构、会计人员依法履行职责，不得授意、指使、强令会计机构、会计人员违法办理会计事项。

三、会计违法责任

(一)违法核算的法律责任

1. 违法核算行为的形态

违反依法建账义务的行为主要体现为私设多个账套。例如,根据中国证监会处罚文件,某新三板挂牌企业违法私设税务账、上市账和内账三个账套。

违反依法记账义务的行为主要有:(1)未按照规定填制、取得原始凭证或者填制、取得的原始凭证不符合规定;(2)以未经审核的会计凭证为依据登记会计账簿,或登记会计账簿不符合规定的;(3)伪造、变造会计凭证、会计账簿,或授意、指使、强令会计机构、会计人员及其他人员伪造、变造会计凭证、会计账簿;(4)随意变更会计处理方法的,随着变更会计要素的确认和计量标准的;(5)未按照规定使用会计记录文字或者记账本位币的。

违反依法算账义务的行为主要有:(1)提前或者延迟结账日结账;(2)年度结账前未全面清查资产、核实债务。

2. 行政责任

根据《会计法》与《企业财务会计报告条例》规定,违反依法建账与算账义务,以及有前述违反依法记账义务中的(1)(2)(4)(5)项的,由县级以上人民政府财政部门责令限期改正,可以对单位并处3000元以上5万元以下的罚款;对其直接负责的主管人员和其他直接责任人员,可以处2000元以上2万元以下的罚款,情节严重的会计人员5年内不得从事会计工作;属于国家工作人员的,还应当由其所在单位或者有关单位依法给予行政处分。根据《公司法》规定,公司在法定的会计账簿以外另立会计账簿的,由县级以上人民政府财政部门责令改正,处以5万元以上50万元以下的罚款。

伪造、变造会计凭证、会计账簿的,由县级以上人民政府财政部门予以通报,可对单位并处5000元以上10万元以下的罚款;对其直接负责的主管人员和其他直接责任人员,可处3000元以上5万元以下的罚款;属于国家工作人员的,还应当由其所在单位或者有关单位依法给予撤职直至开除的行政处分;会计人员5年内不得从事会计工作。

授意、指使、强令会计机构、会计人员及其他人员伪造、变造会计凭证、会计账簿的,可处5000元以上5万元以下的罚款;属于国家工作人员的,还应当由其所在单位或者有关单位依法给予降级、撤职、开除的行政处分。

（二）违法编制与提供财务会计报告的法律责任

1. 违法行为形态

实践中，违反编制与提供财务会计报告义务的行为主要有：（1）随意改变财务会计报告的编制基础、编制依据、编制原则和方法；（2）拒绝财政部门和其他有关部门对财务会计报告依法进行的监督检查，或者不如实提供有关情况的；（3）向不同的会计资料使用者提供的财务会计报告编制依据不一致；（4）在编制年度财务会计报告前，未按照规定全面清查资产、核实债务的；（5）编制虚假财务会计报告，或授意、指使、强令会计机构、会计人员及其他人员编制虚假财务会计报告；（6）未及时披露财务会计报告。

2. 行政责任

依据《会计法》《企业财务会计报告条例》，向不同的会计资料使用者提供的财务会计报告编制依据不一致的，随意改变财务会计报告的编制基础、编制依据、编制原则和方法，拒绝财政部门和其他有关部门对财务会计报告依法进行的监督检查，或者不如实提供有关情况的，以及在编制年度财务会计报告前，未按照规定全面清查资产、核实债务的，由县级以上人民政府财政部门责令限期改正，可以对单位并处3000元以上5万元以下的罚款；对其直接负责的主管人员和其他直接责任人员，可以处2000元以上2万元以下的罚款；情节严重的会计人员5年内不得从事会计工作；属于国家工作人员的，还应当由其所在单位或者有关单位依法给予行政处分。

《公司法》规定，公司在依法向有关主管部门提供的财务会计报告等材料上作虚假记载或者隐瞒重要事实的，由有关主管部门对直接负责的主管人员和其他直接责任人员处以3万元以上30万元以下的罚款。

《会计法》规定，授意、指使、强令会计机构、会计人员及其他人员编制虚假财务会计报告的，可处5000元以上5万元以下的罚款；属于国家工作人员的，还应当由其所在单位或者有关单位依法给予降级、撤职、开除的行政处分。

《商业银行法》规定，商业银行提供虚假的或者隐瞒重要事实的财务会计报告、报表和统计报表的，由国务院银行业监督管埋机构或中国人民银行责令改正，并处20万元以上50万元以下罚款；情节特别严重或者逾期不改正的，可以责令停业整顿或者吊销其经营许可证。

《企业破产法》规定，债务人拒不向人民法院提交或者提交不真实的财产状况说明、债务清册、债权清册、有关财务会计报告以及职工工资的支付情况和社会保险费用的缴纳情况的，人民法院可以对直接责任人员依法处以罚款。

《证券法》规定，发行人在其公告的、包括财务会计报告在内的证券发行文件中隐瞒重要事实或者编造重大虚假内容，尚未发行证券的，处以200万元以上2000万元以下的罚款；已经发行证券的，处以非法所募资金金额10%以上1倍以下的罚款。对直接负责的主管人员和其他直接责任人员，处以100万元以上1000万元以下的罚款。发行人的控股股东、实际控制人组织、指使从事前款违法行为的，没收违法所得，并处以违法所得10%以上1倍以下的罚款；没有违法所得或者违法所得不足2000万元的，处以200万元以上2000万元以下的罚款。对直接负责的主管人员和其他直接责任人员，处以100万元以上1000万元以下的罚款。信息披露义务人未依法规定报送包括财务会计报告在内的有关报告或者履行信息披露义务的，责令改正，给予警告，并处以50万元以上500万元以下的罚款；对直接负责的主管人员和其他直接责任人员给予警告，并处以20万元以上200万元以下的罚款。发行人的控股股东、实际控制人组织、指使从事上述违法行为，或者隐瞒相关事项导致发生上述情形的，处以50万元以上500万元以下的罚款；对直接负责的主管人员和其他直接责任人员，处以20万元以上200万元以下的罚款。信息披露义务人报送的或者披露的包括财务会计报告在内的信息有虚假记载、误导性陈述或者重大遗漏的，责令改正，给予警告，并处以100万元以上1000万元以下的罚款；对直接负责的主管人员和其他直接责任人员给予警告，并处以50万元以上500万元以下的罚款。发行人的控股股东、实际控制人组织、指使从事上述违法行为，或者隐瞒相关事项导致发生上述情形的，处以100万元以上1000万元以下的罚款；对直接负责的主管人员和其他直接责任人员，处以50万元以上500万元以下的罚款。

3. 刑事责任

《刑法》规定，依法负有信息披露义务的公司、企业及其控股股东与实际控制人，向股东和社会公众提供虚假的或者隐瞒重要事实的财务会计报告，或者对依法应当披露的其他重要信息不按照规定披露，严重损害股东或者其他人利益，或者有其他严重情节的，对其直接负责的主管人员和其他直接责任人员，处5年以下有期徒刑或者拘役，并处或者单处罚金；情节特别严重的，处5年以上10年以下有期徒刑，并处罚金。

《刑法》还规定，公司或企业进行清算时，对资产负债表或者财产清单作虚伪记载，严重损害债权人或者其他人利益的，对其直接负责的主管人员和其他直接责任人员，处5年以下有期徒刑或者拘役，并处或者单处2万元以上20万元以下罚金。

4. 民事责任

违法编制与提供财务会计报告的民事责任只在《证券法》中有相应规定，故相应民事责任的法定责任主体目前仅有上市公司。该法规定,信息披露义务人未按照规定披露信息,或者公告的证券发行文件、定期报告、临时报告及其他信息披露资料存在虚假记载、误导性陈述或者重大遗漏,致使投资者在证券交易中遭受损失的,信息披露义务人应当承担赔偿责任;发行人的控股股东、实际控制人、董事、监事、高级管理人员和其他直接责任人员以及保荐人、承销的证券公司及其直接责任人员,应当与发行人承担连带赔偿责任,但是能够证明自己没有过错的除外。

(三)违反会计资料保管义务的法律责任

1. 民事责任

最高人民法院《关于适用〈中华人民共和国公司法〉若干问题的规定(二)》(以下简称《〈公司法〉司法解释二》)规定,公司清算义务人、实际控制人等因怠于履行义务,导致公司主要财产、账册、重要文件等灭失,无法进行清算,公司债权人主张其对公司债务承担连带清偿责任的,人民法院应依法予以支持。前述规定中的"账册"包括会计账簿、会计凭证等会计资料。

2. 行政责任

根据《会计法》规定,未按照规定保管会计资料,致使会计资料毁损、灭失的,由县级以上人民政府财政部门责令限期改正,可以对单位并处3000元以上5万元以下的罚款;对其直接负责的主管人员和其他直接责任人员,可以处2000元以上2万元以下的罚款,情节严重的会计人员5年内不得从事会计工作;属于国家工作人员的,还应当由其所在单位或者有关单位依法给予行政处分。

3. 刑事责任

《刑法》规定,隐匿或者故意销毁依法应当保存的会计凭证、会计账簿、财务会计报告,情节严重的,处5年以下有期徒刑或者拘役,并处或者单处2万元以上20万元以下罚金。单位犯此罪的,对单位判处罚金,并对其直接负责的主管人员和其他直接责任人员,依照前述的规定处罚。

(四)违反内部会计监督义务的行政责任

根据《会计法》,未按照规定建立并实施单位内部会计监督制度,由县级以上人民政府财政部门责令限期改正,可以对单位并处3000元以上5万元以下的罚款;对其直接负责的主管人员和其他直接责任人员,可以处2000元以上2万元以下的罚款,情节严重的会计人员5年内不得从事会计工作;属于国家工作人员的,还应当由其所在单位或者有关单位依法给予行政处分。

第三节 企业内部控制制度

一、企业内部控制的理解

(一)企业内部控制的法律含义

根据《企业内部控制基本规范》(以下简称《基本规范》)规定,内部控制是指由企业董事会、监事会、经理层和全体员工实施的、旨在实现控制目标的过程。内部控制的目标是合理保证企业经营管理合法合规、资产安全、财务报告及相关信息真实完整,提高经营效率和效果,促进企业实现发展战略。《小企业内部控制规范(试行)》也对内部控制予以界定,模式与《基本规范》相同,都是"控制主体 + 控制目标"。[1]

从法律角度看,《基本规范》中的企业内部控制涉及了两类事务,一是治理层面的公司监督,二是执行层面的公司具体经营管理。在治理层面,其执行者是公司监事会;在经营管理事务执行层面,其执行者是董事会领导下的全体经营管理人员,包括了董事会、经理层和全体员工,即掌握企业各项资源、负责具体经营管理事务的"内部人"。企业内部控制不包括未参与企业经营管理的投资者,如公司股东、合伙企业合伙人、合作社社员等。

"控制"的含义是采取指导、限制、监督等内部措施以实现控制目标的过程。根据《基本规范》的规定,企业内部控制的法律目标应包括三个:企业合法合规经营(合规目标)、企业资产安全(资产目标)与财务报告及相关信息的真实完整(报告目标)。

内部控制首先是会计学与管理学的研究对象,其学理界定与前述规范最大的不同在于控制目标。管理学与会计学认为,内部控制是一项全面的风险管理活动,是一套由合规目标、报告目标、资产目标、运营目标及战略目标等构成的多目标管控体系,其最高目标是促进企业实现发展战略和可持续发展。管理学与会计学上的内部控制目标除法律规范意义上的三个目标外,还有运营目标和战略目标,而合规目标、资产目标与报告目标是基础性目标,运营目标是会计学上与管理学上的核

---

〔1〕《小企业内部控制规范(试行)》第3条规定:本规范所称内部控制,是指由小企业负责人及全体员工共同实施的、旨在实现控制目标的过程。第4条规定:小企业内部控制的目标是合理保证小企业经营管理合法合规、资金资产安全和财务报告信息真实完整可靠。

心目标,战略目标是最高目标。[1]

(二)企业内部控制的成文法规范

为规范企业内部控制行为,以财政部为主导,财政部、中国证监会、审计署、原中国银行业监督管理委员会(以下简称银监会)、原中国保险监督管理委员会(以下简称保监会)等五部门2008年5月联合发布了《基本规范》,适用于我国境内设立的大中型企业。[2] 2010年4月,前述部门联合发布了相关配套指引,包括《企业内部控制应用指引第1号——组织架构》等18项应用指引、《企业内部控制评价指引》和《企业内部控制审计指引》,并在发布通知中明确要求,执行《基本规范》及企业内部控制配套指引的上市公司和非上市大中型企业,应当对内部控制的有效性进行自我评价,披露年度自我评价报告,同时应当聘请会计师事务所对财务报告内部控制的有效性进行审计并出具审计报告。2017年6月,财政部发布了《小企业内部控制规范(试行)》,适用于我国境内依法设立的、尚不具备执行《基本规范》及其配套指引条件的小企业、微型企业。

建立完善的内部控制在商事成文法中也有大量规定。《商业银行法》规定,商业银行应当按照有关规定,制定本行的业务规则,建立、健全本行的风险管理和内部控制制度;《银行业监督管理法》将内部控制制度作为审慎经营规则的组成部分之一,要求银行业金融机构应当严格遵守。《证券法》规定,设立证券公司的,应当有完善的风险管理与内部控制制度。在期货公司、保险公司、信托公司、金融控股公司、融资担保公司等金融从业机构的管理性法规或部门规章中,建立完善的内部控制制度或为设立条件,或为设立后的监管要求。

二、企业内部控制规范的演变

从规范角度看,企业内部控制起源于会计牵制,内部控制规范体系的形成大体经历了内部牵制、内部会计控制和全面风险管理三个阶段。[3]

(一)内部牵制阶段

两个或两个以上的主体在无意识情形下犯同样错误的概率小于单个个体,两

---

〔1〕 王清刚主编:《内部控制与风险管理》(第2版),北京大学出版社2020年版,第3、13-14页。

〔2〕 工业和信息化部、国家统计局、国家发展和改革委员会、财政部联合发布的《中小企业划型标准规定》把国民经济行业分为16类,以员工人数和营业收入为标准,将企业划分为大、中、小、微四种规模。

〔3〕 刘玉廷:《企业内部控制规范论》,立信会计出版社2012年版,第1-8页。

个或两个以上的主体合谋舞弊的可能性也远低于单独个体,以此常识为基础,会计理论与实践设计了相应内部牵制机制。内部牵制是指为了防止错误或舞弊的发生,以不相容岗位分离和账目核对为核心手段的制度设计。不相容岗位包括:经济业务的批准与执行,经济业务的执行与记录,财产的保管、记录与账实核对等。

内部牵制包括体制牵制、程序牵制、簿记牵制、实物牵制。[1] 体制牵制主要是指企业设置负责不同事务的内部机构明确其分管范围和权限,以及各岗位的分工与职责,各部门与各岗位间相互制约和监督,如生产型企业一般需要设置采购部门、生产部门、仓储保管部门、销售部门、财务部门等,尤其是财务部门须对其他部门予以监督。程序牵制是指只有按正确的程序操作才能完成一定的业务,如公司对外担保必须根据章程规定由股东会或董事会审批,财务报销须由获得授权的管理者签字。簿记牵制是指将原始凭证与记账凭证、会计凭证与账簿记录、不同账簿记录之间、账簿记录与资产实有数、账簿记录与报表项目之间定期或不定期进行核对,以确定是否相符。实物牵制是指由两人或两人以上共同掌管实物,如保险柜密码和钥匙、网上银行数字证书和交易密码、支票等票据及其预留印章等。

我国企业内部控制的国家规范最早可追溯到 1978 年国务院颁布的《会计人员职权条例》,它明确要求"企业的生产、技措、基建等计划和重要经济合同,应由总会计师会签"。1984 年,财政部发布《会计人员工作规则》,要求各单位建立会计人员岗位责任制,切实做到事事有人管,人人有专责,办事有要求,工作有检查;会计人员岗位责任制要同本单位的经济责任制相联系,以责定权,责权明确,严格考核,有奖有惩;出纳人员不得兼管收入、费用、债权、债务账簿的登记工作以及稽核工作和会计档案保管工作。[2]

(二)内部会计控制阶段

"内部会计控制"这一概念是相对于内部管理控制而言的,最初起源于美国。美国注册会计师协会(AICPA)审计程序委员会认为,内部控制制度是企业制定的旨在保护资产安全、保证会计信息可靠、提高企业经营效率、推动管理部门制定的各项政策得以贯彻执行的组织计划和相互配套的各种方法及措施。后来,该委员会又将内部控制划分为内部会计控制和内部管理控制。会计控制由所有与保护资产安全、保证会计信息可靠性有关的组织计划、方法和程序组成,包括授权与批准

---

〔1〕 王清刚主编:《内部控制与风险管理》(第 2 版),北京大学出版社 2020 年版,第 9 页。

〔2〕 刘玉廷:《企业内部控制规范论》,立信会计出版社 2012 年版,第 1 – 8 页。

制度,记账、编制财务报表、保管财物等职务的分离,财产的实物控制,内部审计等。[1] 从内部会计控制的手段看,与内部牵制并无本质区别,此阶段的内部控制主要特点是增加了内部管理控制。

我国1999年通过了修订后的《会计法》建立了内部会计控制制度。该法规定,各单位应当建立、健全本单位内部会计监督制度。单位内部会计监督工作应当符合一系列要求,还特别明确了单位主要负责人应当对会计工作和财务报告的真实性负责。以此为基础,财政部会计司启动了内部会计控制规范的研究制订工作。2001年6月,财政部以规范性文件的形式发布并试行了《内部会计控制规范——基本规范(试行)》和《内部会计控制规范——货币资金(试行)》,此后连续发布采购与付款、销售与收款、工程项目、对外投资和担保等控制规范,形成了内部会计控制的配套制度。[2]2008年公布《基本规范》后,前述规范性文件不再执行,于2016年财政部《关于公布废止和失效的财政规章和规范性文件目录(第十二批)的决定》发布后正式失效。

(三)全面风险管理阶段

进入21世纪后,因连续爆发了安然、世通等大型上市公司会计欺诈,美国参众两院通过了《2002年公众公司会计改革和投资者保护法案》,又称为《萨班斯-奥克斯利法案》(*Sarbanes-Oxley Act*)或《SOX法案》,其302条款和404条款要求上市公司进行风险评估,并公开披露自我评价报告,注册会计师对上市公司的自我风险评价进行审计,并出具审计报告。2004年,美国反虚假财务报告委员会下属的发起人委员会(The Committee of Sponsoring Organizations of the Treadway Commission, COSO)[3]根据法案要求,发布了《企业风险管理——整合框架》(Enterprise Risk Management——Integrated Framework, ERM),提出风险管理是一个过程,受企业董事会、经理层和其他员工的影响,包括内部控制及其在战略管理和整个企业活动中的应用,旨在为实现经营的效率和效果、财务报告的可靠性及法规的遵循提供合理保证。ERM认为,内部控制是实现风险管理的手段,为财务会计信息的可靠性提供

---

〔1〕 王清刚主编:《内部控制与风险管理》(第2版),北京大学出版社2020年版,第9-10页。

〔2〕 刘玉廷:《企业内部控制规范论》,立信会计出版社2012年版,第3页。

〔3〕 1985年,由美国管理会计师协会、美国注册会计师协会、美国会计协会、财务经理人协会、内部审计师协会联合创建了反虚假财务报告委员会,旨在探讨财务报告中的舞弊产生的原因,并寻找解决之道。两年后,基于该委员会的建议,其赞助机构成立COSO委员会,专门研究内部控制问题。

合理保证是企业风险管理四大目标之一。[1] 此后，作为会计信息可靠性保证手段的内部控制机制被嵌入风险管理整合框架中，成为该框架的组成部分。

2004 年至 2005 年，中央政府决定由财政部牵头，联合中国证监会和国务院国有资产监督管理委员会（以下简称国资委）研究制定一套完整公认的企业内部控制指引。2005 年 7 月，财政部会计司、中国证监会会计部、上市部和国资委企业改革局等召开联席会议，成立了企业内部控制标准委员会。2006 年 7 月，财政部会同中国证监会、国资委、审计署、原银监会、原保监会联合发起成立中国企业内部控制标准委员会。2008 年 5 月，财政部会同中国证监会、审计署、原银监会、原保监会以财会〔2008〕7 号文件的形式联合发布了《基本规范》，自 2009 年 7 月 1 日开始实施，适用于境内设立的大中型企业。2010 年 4 月，财政部等四部委以财会〔2010〕11 号文件的形式联合发布了企业内部控制配套指引，与《基本规范》共同构建我国大中型企业内部控制制度体系的基本框架。2017 年 6 月，财政部发布了《小企业内部控制规范（试行）》，与《基本规范》、企业内部控制配套指引共同构建了中国企业内部控制规范体系。[2]

三、全面风险管理下的内部控制机制

（一）内部控制的要素

内部控制要素是指为完成控制目标所需的各方面条件，也是内部控制机制的各个组成部分。《基本规范》第 5 条规定，企业内部控制应当包括内部环境、风险评估、控制活动、信息与沟通、内部监督五个要素。其中，内部环境是企业实施内部控制的基础，一般包括治理结构、机构设置及权责分配、内部审计、人力资源政策、企业文化等；风险评估是企业及时识别、系统分析经营活动中与实现内部控制目标相关的风险，合理确定风险应对策略；控制活动是企业根据风险评估结果，采用相应的控制措施，将风险控制在可承受度之内；信息与沟通是企业及时、准确地收集、传递与内部控制相关的信息，确保信息在企业内部、企业与外部之间进行有效沟通；内部监督是企业对内部控制建立与实施情况进行监督检查，评价内部控制的有效性，发现内部控制缺陷，应当及时加以改进。

---

〔1〕 企业风险管理的其他三个目标是：战略目标、运营目标、合规目标。参见王清刚主编：《内部控制与风险管理》（第 2 版），北京大学出版社 2020 年版，第 11 页。

〔2〕 刘玉廷：《企业内部控制规范论》，立信会计出版社 2012 年版，第 4 – 5 页。

(二)内部环境

内部环境又称为内部控制环境,它是企业内部控制的基础要素,是影响和制约企业内部控制设计、实施与监督的各种内部因素的总称,它支配并左右着员工的意思和行为,影响着全体员工实施控制活动和履行控制责任的态度、认识和行为,直接影响着内部控制的效率和效果。[1]根据《基本规范》及相关配套指引,内部环境主要包括组织架构、发展战略、人才资源、社会责任和企业文化五个方面内容,组织架构为内部环境的核心,是预防包括会计舞弊在内的一切舞弊行为的组织保障。

组织架构是指企业按照有关法律法规、股东会决议和企业章程,结合本企业实际,明确股东会、董事会、监事会、经理层和企业内部各层级机构设置、职责权限、人员编制、工作程序和相关要求的制度安排。根据《基本规范》第 2 章的规定,组织架构上对会计舞弊防范有直接作用的主要有三个方面。

1. 企业治理结构与议事规则

企业应当根据法律法规和企业章程建立规范的公司治理结构和议事规则,明确决策、执行、监督等方面的职责权限,形成科学有效的职责分工和制衡机制。股东会享有法律法规和企业章程规定的合法权利,依法行使企业经营方针、筹资、投资、利润分配等重大事项的表决权。董事会对股东会负责,依法行使企业的经营决策权。监事会对股东会负责,监督企业董事、经理和其他高级管理人员依法履行职责。经理层负责组织实施股东会、董事会决议事项,主持企业的生产经营管理工作。

2. 内部控制事务的职责与分工

董事会负责内部控制的建立健全和有效实施;董事会下设立审计委员会,负责审查企业内部控制,监督内部控制的有效实施和内部控制自我评价情况,协调内部控制审计及其他相关事宜等。监事会对董事会建立与实施内部控制进行监督。经理层负责组织领导企业内部控制的日常运行。企业应当成立专门机构或者指定适当的机构具体负责组织协调内部控制的建立、实施及日常工作。企业还应当设置独立的内部审计机构,并保障其人员配备和工作的独立性。内部审计机构应当结合内部审计监督,对内部控制的有效性进行监督检查。内部审计机构对监督检查中发现的内部控制缺陷,应当按照企业内部审计工作程序进行报告;对监督检查中发现的内部控制重大缺陷,有权直接向董事会及其审计委员会、监事会报告。

---

〔1〕 王清刚主编:《内部控制与风险管理》(第 2 版),北京大学出版社 2020 年版,第 34 页。

3. 内部机构设置与职责权限

企业应当结合业务特点和内部控制要求设置内部机构，明确职责权限，将权利与责任落实到各责任单位。

（三）风险评估

风险评估是指识别和分析可能影响企业内部控制目标实现的各类不确定因素，估算其发生概率与可能带来的损失，并提前采取控制措施以避免风险发生或降低财务损失。风险的评估与控制不力可能造成企业经济损失，甚至导致财务危机，盈余管理压力下管理层可能会使用会计舞弊手段。因此，风险评估可间接降低会计舞弊现象发生的可能性。

根据《基本规范》规定，首先，企业应当持续收集与其经营相关的风险信息，准确识别与实现控制目标相关的内部风险和外部风险，并确定企业能够承担的风险限度，包括整体风险承受能力和业务层面的可接受风险水平。其次，企业应当按照风险发生的可能性及其影响程度等，对识别的风险进行分析和排序，确定关注重点和优先控制的风险。再次，企业应当根据风险分析的结果，结合自身风险承受度，权衡风险与收益，确定调整风险应对策略。最后，企业应当综合运用风险规避、风险降低，风险分担和风险承受等应对策略，实现对风险的有效控制。

（四）控制活动

控制活动在三个方面影响会计信息质量：一是直接针对会计信息质量的会计系统控制活动；二是不相容职务分离控制可较大程度保障会计处理的基础经济信息的真实性与可靠性；三是授权审批控制、预算控制、运营分析控制与财产保护等措施可保障企业经营安全与财产安全，避免产生不正常损失，使管理层在正常财务状况下失去或减弱会计舞弊的动力，间接减少虚假会计信息。

根据《基本规范》，企业应当结合风险评估结果，通过手工控制与自动控制、预防性控制与发现性控制相结合的方法，运用相应的控制措施，将风险控制在可承受度之内。控制措施一般包括：不相容职务分离控制、授权审批控制、会计系统控制、财产保护控制、预算控制、运营分析控制、绩效考评控制、重大风险预警机制和突发事件应急处理机制等。不相容职务分离控制要求企业全面系统地分析、梳理业务流程中所涉及的不相容职务，实施相应的分离措施，形成各司其职、各负其责、相互制约的工作机制。授权审批控制要求企业根据常规授权和特别授权的规定，明确各岗位办理业务和事项的权限范围、审批程序和相应责任。会计系统控制要求企业严格执行国家统一的会计准则制度，加强会计基础工作，明确会计凭证、会计账簿和财务会计报告的处理程序，保证会计资料真实完整；依法设置会计机构，配备会计从业人员。财产保护控制要求企业建立财产日常管理制度和定期清查制度，采取财产记录、实物保管、定期盘点、账实核对等措施，确保财产安全；严格限制未经授权的人员接触和处置财产。预算控制要求企业实施全面预算管理制度，明确各责任单位在预算管理中的职责权限，规范预算的编制、审定、下达和执行程序，强化预算约束。运营分析控制要求企业建立运营情况分析制度，经理层应当综合运用生产、购销、投资、筹资、财务等方面的信息，通过因素分析、对比分析、趋势分析等方法，定期开展运营情况分析，发现存在的问题，及时查明原因并加以改进。绩效考评控制要求企业应当建立和实施绩效考评制度，科学设置考核指标体系，对企业内部各责任单位和全体员工的业绩进行定期考核和客观评价，将考评结果作为确定员工薪酬以及职务晋升、评优、降级、调岗、辞退等的依据。最后，《基本规范》要求企业应当建立重大风险预警机制和突发事件应急处理机制，明确风险预警标准，对可能发生的重大风险或突发事件，制定应急预案、明确责任人员、规范处置程序，确保突发事件得到及时妥善处理。

(五)信息与沟通

信息与沟通可在两个方面提高会计信息的可靠性：一是信息的内部及时沟通可消除会计部门与其他部门的信息不对称，避免会计部门受蒙蔽而生产不实会计信息；二是与企业经营效率相关的信息收集、处理及其内部传递可大幅提高经营效率，良好的经营状况可减弱甚至完全消除会计舞弊的动因。

《基本规范》规定，企业应当建立信息与沟通制度，明确内部控制相关信息的收集、处理和传递程序，确保信息及时沟通，促进内部控制有效运行。企业应当对收集的各种内部信息和外部信息进行合理筛选、核对、整合，并将内部控制相关信息在企业内部各管理级次、责任单位、业务环节之间，以及企业与外部投资者、债权人、客户、供应商、中介机构和监管机构等有关方面之间进行沟通和反馈。企业应当利用信息技术促进信息的集成与共享，对信息系统开发与维护、访问与变更、数据输入与输出、文件储存与保管、网络安全等方面予以控制。企业应当建立反舞弊机制，坚持惩防并举、重在预防的原则，明确反舞弊工作的重点领域、关键环节和有关机构在反舞弊工作中的职责权限，规范舞弊案件的举报、调查、处理、报告和补救程序。企业应当建立举报投诉制度和举报人保护制度，设置举报专线，明确举报投诉处理程序。

(六)内部监督

会计信息质量可靠性的保障必须依托于内部监督机制的建立与执行,实践中,会计舞弊背后体现的是企业内部监督失效。

《基本规范》规定,要求企业应当根据本规范及其配套指引制定内部监督制度,明确内部监督机构和其他内部机构在内部监督中的职责权限,规范内部监督的程序、方法和要求。内部监督分为日常监督和专项监督;日常监督是指企业对建立与实施内部控制的情况进行常规、持续的监督检查;专项监督是指在企业发展战略、组织结构、经营活动、业务流程、关键岗位员工等发生较大调整或变化的情况下,对内部控制的某一或者某些方面进行有针对性的监督检查。企业应当制定内部控制缺陷认定标准,对监督过程中发现的内部控制缺陷,应当分析缺陷的性质和产生的原因,提出整改方案,采取适当的形式及时向董事会、监事会或者经理层报告。内部控制缺陷包括设计缺陷和运行缺陷。企业应当跟踪内部控制缺陷整改情况,并就内部监督中发现的重大缺陷,追究相关责任单位或者责任人的责任。企业应当结合内部监督情况,定期对内部控制的有效性进行自我评价,出具内部控制自我评价报告。

第四节 财务审计制度

一、审计的法律界定

(一)审计的概念与特征

1. 审计的概念

审计学上把审计定义为,由具有胜任能力的独立人员对特定主体财政财务收支活动及其相关经济资料进行审查,并将结果传达给利益相关者,以监督、鉴证、评价并促进受托经济责任履行的活动。[1]从文义上看,这个定义难以将财务报告内部控制审计、环境管理审计等非以财务收支划分为审计内容的类型。从法律专业角度看,我们可以采用美国会计学会对审计的如下界定:审计是一个客观地获取和评价与经济活动和经济事项的认定有关的证据,以确认这些认定与既定标准之间

---

〔1〕 朱锦余、刘云珊主编:《审计学》,立信会计出版社 2016 年版,第 2 页;秦荣生、卢春泉编著:《审计学》,中国人民大学出版社 2014 年版,第 7 页。

的符合程度，并把审计结果传达给有利害关系的用户的系统过程。

2. 审计的特征

（1）审计具有独立性与专业性。审计通常由会计师事务所等独立的第三方机构执行。内部审计虽然是由内部审计人员执行，但相对于企业内部业务、财务会计等部门而言，也具有相对的独立性。审计的专业性是指执行审计工作的人应为具有胜任能力的专业人士，在我国为获得注册会计师执业资格的会计师。根据《中国注册会计师审计准则第1101号——注册会计师的总体目标和审计工作的基本要求》（以下简称《1101号审计准则》），注册会计师，是指取得注册会计师证书并在会计师事务所执业的人员，通常是指项目合伙人或项目组其他成员，有时也指其所在的会计师事务所。

（2）审计的最终目的与功能是对审计对象的受托经济责任履行情况进行监督、鉴证或评价。审计的工作成果为审计报告，注册会计师应在审计报告中就受托审计事项发表审计意见，并将审计结果传达给授权方或委托方，或者包括股东、企业治理层和管理层、债权人、政府监管机构、社会公众以及潜在的投资者或债权人等利益相关者。

（3）审计功能的有限性。以财务审计为例，虽然其目的是对企业财务报表在重大方面是否按照企业会计准则的规定编制、是否公允反映审计对象的经营成果和财务状况，但审计只能提供合理保证，而非绝对保证。因此，《1101号审计准则》规定，注册会计师执行财务报表审计工作的总体目标有二：一是"对财务报表整体是否不存在由于舞弊或错误导致的重大错报获取合理保证，使得注册会计师能够对财务报表是否在所有重大方面按照适用的财务报告编制基础编制发表审计意见"；二是"按照审计准则的规定，根据审计结果对财务报表出具审计报告，并与管理层和治理层沟通"。第1141号审计准则重申，注册会计师只能就不存在"重大错报"提供"合理保证"，并指出"由于审计的固有限制，即使注册会计师按照审计准则的规定恰当计划和执行了审计工作，也不可避免地存在财务报表中的某些重大错报未被发现的风险"。

（二）审计的种类[1]

1. 按审计主体分类

根据审计主体不同，可分为国家审计、内部审计与民间审计。

---

〔1〕 朱锦余、刘云珊主编：《审计学》，立信会计出版社2016年版，第9－11页；郭莉、蔡竞云主编：《审计学》，立信会计出版社2016年版，第9－10页。

国家审计又称为政府审计,由政府审计机关实施的审计。我国国家审计的主体是由国务院设置的审计署,以及各个省市县等各级政府设置的审计厅、局。国家审计机关主要依法对政府部门、事业单位、国有企业以及其他使用国有资产的主体或项目进行审计监督。国家审计具有强制性,由审计机关依法对被审计单位进行主动强制审计。

内部审计是由部门或单位内部设立的专职审计机构或审计人员实施的审计,包括部门内部审计和单位内部审计两类。内部审计是内部控制的组成部分。

民间审计又称为社会审计,即由主管部门审核批准的注册会计师组成的会计师事务所接受委托而进行的审计。民间审计的主要特点是独立性、受托性和有偿性。商法实务中常见的主要是民间审计。

2. 按审计目的分类

按审计目的与审计内容不同,可分为财务审计、合规审计、绩效审计和经济责任审计。

财务审计又称为财务报表审计或会计报表审计,是指对审计对象财务收支的合法性、财务报表是否按照其应适用的编制基础而编制及其公允性进行审计。财务报表编制基础分为通用目的编制基础和特殊目的编制基础,前者在我国是指财政部颁发的企业会计准则。

合规审计是为了查明和确定审计对象是否遵循了特定标准,或者是否遵守将影响经营或报告的合同的要求而进行的审计。以企业内部控制审计为例,标准的审计意见通常为"我们认为,××公司在×年12月31日按照《企业内部控制基本规范》和相关规定在所有重大方面保持了有效的财务报告内部控制"。

绩效审计又称为经营审计,是指对被审计单位财务收支及其经营管理活动的效率和效果进行审计,其主要是审查和评价被审计单位经济活动的效率高低及效果好坏,并在如何以提高效率提出建议,其委托方通常为被审计单位自己。

经济责任审计全称为领导干部经济责任审计,是对领导干部在职期间的部门或单位收支真实性、合法性和效益性以及对有关经济活动应当负有的责任所进行的审计。经济责任审计是一种综合性审计,既包括对被审计单位的审计,也包括对被审计领导干部的审计;既包括对财政、财务收支活动和相关经济活动的审计,也包括被审计领导干部应当负有的经济责任;既涉及真实性和公允性、合规性和合法性的审计,也涉及合理性和效益性审计。

二、财务审计及其目标

（一）财务审计的概念

财务审计又称为财务报表审计，是最常见也是最重要的审计类型，是指对审计对象财务收支的合法性、财务报表是否按照其应适用的编制基础而编制及其公允性进行审计。实践中，除国有企业、国家控股与参股公司外，对企业的财务审计多为民间审计，即由注册会计师组成的会计师事务所接受委托而进行的审计。财务审计通常包括资产负债表、利润表、现金流量表、所有者权益（股东权益）变动表以及财务报表附注。

审计理论把民间审计定性为一种保证服务，财务审计属于保证服务中的鉴证业务。保证服务指由注册会计师提供的信息服务，由两个部分组成：提高信息可信度和将信息格式化或者赋予信息特定背景以方便做出决策。鉴证服务是保证服务的组成部分，服务内容是为信息的可信度提供保证。〔1〕具体来说，在财务审计中，会计师应该注意到资产负债表上的资产是否真实存在，公司对该资产是否具有所有权，资产评估是否符合会计准则要求。收集的证据要表明资产负债表中是否包含了公司的全部负债，资产负债表有没有因为重要负债被无意或有意地漏记而产生重大误导。关于利润表，会计师收集的证据要能够证实销售已经真实地发生，销售数量的记录准确无误；成本费用发生在当期并已经得到确认；最后，会计师应该考虑财务报表上的金额是否正确，并被合理分类记录是否全面有效。只有收集到支持这些重要声明的充足证据，会计师才能判断财务报表的编制是否符合会计准则的要求。〔2〕

从业务角度看，根据《中国注册会计师鉴证业务基本准则》，财务审计为注册会计师鉴证业务的一种，其与财务审阅业务、其他业务共同组成了注册会计师的鉴证业务。审阅业务与审计业务的不同在于审阅目标与保证程度。《中国注册会计师审阅准则第2101号——财务报表审阅》规定，财务报表审阅的目标是注册会计师在实施审阅程序的基础上，说明是否注意到某些事项，使其相信财务报表没有按照适用的会计准则和相关会计制度的规定编制，未能在所有重大方面公允反映被审阅单位的财务状况、经营成果和现金流量。标准审阅意见的典型表述是“我们没有

---

〔1〕［美］O. 雷·惠廷顿、［美］库尔特·帕尼：《审计学原理》，耿建新、刘松青译，中国人民大学出版社2015年版，第2页。

〔2〕［美］O. 雷·惠廷顿、［美］库尔特·帕尼：《审计学原理》，耿建新、刘松青译，中国人民大学出版社2015年版，第5－6页。

注意到任何事项使我们相信后附的财务报表没有在所有重大方面按照《企业会计准则第32号——中期财务报告》的规定编制”。财务审计的目标高于财务审计,需要对被审计单位的财务会计报告做正向评价,标准审计意见的典型表述为“我们认为,后附的财务报表在所有重大方面按照企业会计准则的规定编制,公允反映了××公司的合并及母公司财务状况以及××年度的合并及母公司经营成果及现金流量”。在保证程度方面,根据相关审计准则与审阅准则,审计报告提供的是合理保证,而审阅报告提供的是有限保证。

(二)财务审计的目标

1. 总体目标

根据《1101号审计准则》,注册会计师在财务审计工作中的总体目标有二:一是对财务报表整体是否不存在舞弊或错误导致的重大错报获取合理保证,使注册会计师能够对财务报表是否在所有重大方面按照适用的财务报告编制基础编制发表审计意见;二是按照审计准则的规定,根据审计结果对财务报表出具审计报告。在任何情况下,如果不能获取合理保证,且在审计报告中发表保留意见也不足以实现向预期使用者报告的目的,会计师应按照审计准则的规定出具无法表示意见的审计报告,或者在法律法规允许的情况下解除委托。

2. 具体目标[1]

为实现前述总体目标,会计师还需在被审计单位管理层认定的基础上确定具体审计目标。所谓“管理层认定”,指管理层声明已经按照适用的财务报告编制基础进行编制,在所有重大方面做出公允反映。这意味着管理层对财务报表各组成要素的确认、计量、列报以及相关的披露做出了基础认定,审计师的工作就是确认管理层认定是否恰当。

按照风险导向审计的理念和方法,会计师应将认定运用到各类交易和账户的余额、列报与披露三个类别中,认定层次也相应分为三类:与各类交易和事项相关的认定、与期末账户余额相关的认定、与列报和披露相关的认定。会计师应在管理层具体认定内容的基础上确定相应具体审计目标。

(1)与各类交易和事项相关的认定及其相应审计目标

第一,发生,即管理层认定记录的交易或事项已经发生,具与被审计单位有关;相应审计目标是确认已经记录的交易是真实的。

---

〔1〕 郭莉、蔡竞云主编:《审计学》,立信会计出版社2016年版,第47页。

第二,完整性,即管理层认定所有应当记录的交易和事项均已记录;相应审计目标是确认已经发生的交易确实已经记录。

第三,准确性,即管理层认定与交易和事项有关的金额及其他数据已经恰当记录;相应审计目标是确认已记录的交易是按正确金额反映的。

第四,截止,即管理层认定交易和事项已记录于正确的会计期间;相应审计目标是确认与资产负债表日接近的交易记录于该期间是恰当的。

第五,分类,即管理层认定交易和事项已记录于恰当的账户;相应审计目标是确认被审计单位记录的交易经过适当的分类。

(2)与期末账户余额相关的认定及其相应审计目标

第一,存在,即管理层认定记录的资产、负债和所有者权益是存在的;相应审计目标是确认记录的金额确实存在。

第二,权利和义务,即管理层认定记录的资产由被审计单位拥有或控制,记录的负债是被审计单位应当履行的偿还义务;相应审计目标是确认资产归属于被审计单位,负债为被审计单位的义务。

第三,完整性,即管理层认定所有应当记录的资产、负债和所有者权益均已记录,相应审计目标是确认已存在的金额均已记录。

第四,计价与分摊,即管理层认定资产、负债的所有者权益以恰当的金额包括在财务报表中;相应审计目标是确认与之相关的计价或分摊调整已恰当记录。

(3)与列报和披露相关的认定及其相应审计目标

第一,发生以及权利、义务,即管理层认定披露的交易、事项和其他情况已经发生,且与被审计单位有关;相应审计目标是确认财务报表中不存在没有发生的交易、事项,或与被审计单位无关的交易和事项。

第二,完整性,即管理层认定所有应当包括在财务报表中的披露均已包括;相应审计目标是确认应当披露的事项均包括在了财务报表中。

第三,分类和可理解性,即管理层认定财务信息已被恰当地列报和描述,且披露内容表述清楚;相应审计目标是确认财务信息已被恰当地列报和描述,且披露内容表述清楚。

第四,准确性和计价,即管理层认定财务信息和其他信息已公允披露,且金额恰当;相应审计目标是确认财务信息和其他信息已公允披露,且金额恰当。

三、财务审计目标的实现过程(审计程序)

在财务审计中,接受业务委托后,审计目标的实现过程通常包括计划审计工作、实施风险评估程序、实施控制测试和实质性程序以及出具审计报告四个阶段。[1]

(一)计划审计工作

计划审计工作是审计工作的起点,主要工作是:开展初步业务活动,根据被审计单位业务特点、审计重要性与可接受的审计风险,制定总体审计策略与具体审计计划。

初步业务活动主要包括初步评估审计风险,确定可接受的审计风险水平与审计重要性,配置胜任的项目组成员等。审计重要性是指被审计单位财务报表中可能存在的、不影响财务报表使用者作出经济决策和判断的错报及漏报的最大限额。在审计计划阶段,会计师需要确定针对特定被审计单位确定实际执行的重要性。根据《中国注册会计师审计准则第1221号——计划和执行审计工作时的重要性》,实际执行的重要性是指注册会计师确定的、低于财务报表整体的重要性的一个或多个金额,旨在将未更正和未发现错报的汇总数超过财务报表整体的重要性的可能性降至适当的低水平。如果适用,实际执行的重要性还指注册会计师确定的低于特定类别的交易、账户余额或披露的重要性水平的一个或多个金额。审计重要性的确定依赖于注册会计师的职业判断。[2]例如,针对15亿元营业收入的上市公司,注册会计师制定了5000万元以上、500万~5000万元、500万元以下3个档次的实际执行重要性,即形成5000万元以上营业收入的交易高度关注,低于5000万元高于500万元的为关注,低于500万元的不关注。

总体审计策略是指确定审计范围、审计方向、审计资源及时间安排等。审计范围主要包括采用的会计准则和相关会计制度、特定行业的报告要求以及被审计单位组成部分的分布等。审计方向指项目组的工作方向,主要包括:根据被审计对象的业务性质与业务规模确定适当的重要性水平,初步识别可能存在较高重大错报风险的领域,被识别为重要的组成部分和账户金额,评价是否需要针对内部控制的有效性获取审计证据,识别被审计单位、所处行业、财务报告要求及其他相关方面最近发生的重大变化等。总体审计策略中应包括审计资源的规划和调配,包括确定执行审计业务所必需的审计资源的性质、时间和范围等。

具体审计计划是依据总体审计策略制定的,是对实施总体审计策略所需要的审计程序的性质、时间安排和范围所作的详细规划和说明,又称为审计方案或审计程序表。

---

[1] 孟宪胜、冀锋昌编著:《审计学:实务与案例》,中国财政经济出版社2016年版,第63-64页。

[2] 孟宪胜、冀锋昌编著:《审计学:实务与案例》,中国财政经济出版社2016年版,第100-132页。

(二)执行风险评估程序——风险评估

1. 审计风险

风险评估中的“风险”指的是审计风险。[1] 根据《1101 号审计准则》,审计风险是指当财务报表存在重大错报时,注册会计师发表不恰当审计意见的可能性。从法律角度来看,审计风险是指根据法律法规规定,注册会计师在执行审计时因未尽专家义务而承担不利后果的可能性。审计风险取决于重大错报风险和检查风险,即“审计风险 = 重大错报风险 × 检查风险”,可理解为被审计单位会计错报风险与注册会计师未发现该错报的风险之叠加。

重大错报风险是指财务报表在审计前存在重大错报的可能性。重大错报风险分为财务报表层次的重大错报风险和认定层次的重大错报风险。财务报表层次的重大错报风险与财务报表整体存在广泛联系,可能影响多项认定,通常与内部控制的五要素有关,如管理层缺乏诚信、治理层未能对管理层进行有效监督等,也可能与宏观要素有关,如经济萧条、行业处于衰退期等。认定层次的重大错报风险是指与各类交易、账户余额和披露相关的认定发生重大错报的可能性。评估认定层次重大错报风险的目的在于确定所需实施的进一步审计程序的性质、时间安排和范围,以获取充分、适当的审计证据。认定层次的风险又可细分为固有风险与控制风险。固有风险是指即使不存在内部控制缺陷也存在重大错报的可能性。影响固有风险的因素与客户的性质及其经济环境有关,或与某一特定财务报表要素的性质有关,如技术进步超出预期而导致对存货价值的会计估计过于乐观。控制风险是指某项认定发生了重大错报但没有被单位的内部控制及时防止发现和纠正的可能性。控制风险与客户在实现与编制财务报表有关的目标时所设计和运行的内部控制有效性有关。

检查风险,是指注册会计师执行审计程序后没有发现相关认定存在重大错报风险。检查风险与审计程序及其执行的有效性有关。检查风险与固有风险和控制风险的不同之处在于:注册会计师不执行审计时就不存在检查风险。

简而言之,审计风险的大小由重大错报风险和检查风险构成;重大错报风险是指财务报表在审计之前就存在重大错报的可能性,重大错报可能存在于财务报表的整体,或者管理层对特定的某类交易、账户余额、列报与披露等方面的认定,重大

〔1〕 参见《1101 号审计准则》;孟宪胜、冀锋昌编著:《审计学:实务与案例》,中国财政经济出版社 2016 年版,第 132 – 137 页;[美]O. 雷 · 惠廷顿、[美]库尔特 · 帕尼:《审计学原理》,耿建新、刘松青译,中国人民大学出版社 2015 年版,第 103 – 105 页。

错报的原因可能是错误,也可能是舞弊;注册会计师在执行审计时未能识别或发现这些重大错报,就形成了检查风险,进而需要承担法律责任。

2. 风险评估程序

《中国注册会计师审计准则第 1211 号——通过了解被审计单位及其环境识别和评估重大错报风险》规定,风险评估程序是指注册会计师为了解被审计单位及其环境,以识别和评估财务报表层次和认定层次的重大错报风险(无论该错报由于舞弊或错误导致)而实施的审计程序。《1101 号审计准则》要求注册会计师在整个审计过程中运用职业判断和保持职业怀疑。需要运用职业判断并保持职业怀疑的重要审计环节主要包括:(1)通过了解被审计单位及其环境,识别和评估由于舞弊或错误导致的重大错报风险;(2)通过对评估的风险设计和实施恰当的应对措施,针对是否存在重大错报获取充分、适当的审计证据;(3)根据从获取的审计证据中得出的结论,对财务报表形成审计意见。

通过了解被审计单位及其环境,注册会计师应当运用职业判断识别和评估财务报表层次和认定层次的重大错报风险,并为设计和实施重大错报风险应对措施提供基础信息。

注册会计师需要了解被审计单位如下情况:一是其所有权结构、治理结构、组织结构、经营活动、投资活动与筹资活动等情况;二是包括重要项目的会计政策和行业惯例、重大和异常交易的会计处理方法、在新领域和缺乏权威性标准或共识的领域采用重要政策产生的影响、会计政策变更等在内的会计政策选择与运用情况;三是其目标、战略和经营风险;四是其财务业绩的衡量和评价政策。

被审计单位环境包括内外部环境,内部环境主要指内部控制环境,即是否建立并执行一套有效的内部控制机制,尤其是与审计相关的控制。外部环境包括行业、市场、法律、监管与宏观经济状况等。

(三)采取风险应对措施之一:执行控制测试

薄弱的内部控制环境可能引发广泛的重大错报风险,既包括财务报表层次的重大错报风险,也包括交易、账户余额或列报层次的重大错报风险。有效内部控制环境下,被审计单位内部产生的证据之可靠程度也越高。因此,审计需要执行控制测试程序。

《中国注册会计师审计准则第 1231 号——针对评估的重大错报风险采取的应对措施》,控制测试,是指用于评价被审计单位的内部控制在防止、发现并纠正认定层次重大错报方面的有效性的审计程序,执行控制测试的目的在于“为评价被审计单位的内部控制有效性获取审计证据”。注册会计师应当从以下方面获取证据:一是控制在所审计期间的不同时点如何运行的,二是控制是否得到一贯执行,三是控制由谁执行,四是控制以何方式运行(如人工控制或自动化控制)。在获取审计证据时,风险评估阶段的了解被审计单位内部控制及其执行只需抽取少量交易进行检查或观察,但在测试控制运行的有效性时,注册会计师需要抽取足够数量的交易进行检查或对多个不同时点进行观察。

实践中,注册会计师通过询问、观察、检查、重新执行、穿行测试等方法,以检查被审计单位由于内部控制缺陷而导致的重大错报风险。询问是指向被审计单位适当员工询问,获取与内部控制运行情况相关的信息,例如,询问信息系统管理人员是否存在未经授权接触计算机硬件和软件的情形,向负责审核银行存款余额调节表的人员询问如何复核,复核要点是什么,发现不符事项如何处理等。观察是指对不留下书面证据的内部控制运行情况进行观察,例如,观察仓库门是否锁好,空白支票是否妥善保管。检查指对留有书面证据的内部控制运行情况进行检查,例如,检查销售发票是否有复核人员签字,销售发票是否附有客户订购单和出库单等。当询问、观察和检查程序结合在一起仍无法获得充分证据时,注册会计师应当考虑重新执行,以证实控制是否有效运行。穿行测试,是指通过追踪特定交易在财务报告信息系统中的处理过程,以证实注册会计师对控制的了解、评价控制设计的有效性以及确定控制是否得到执行的审计程序。

(四)采取风险应对措施之二:执行实质性程序

根据《中国注册会计师审计准则第 1231 号——针对评估的重大错报风险采取的应对措施》,实质性程序是指用于发现认定层次重大错报的审计程序。执行实质性程序的目标是:通过设计和实施恰当的应对措施,针对评估的重大错报风险获取充分、适当的审计证据。无论评估的重大错报风险结果如何,注册会计师都应当针对所有重大类别的交易、账户余额和披露,设计并实施实质性程序。注册会计师实施的实质性程序应当包括下列与财务报表编制完成阶段相关的审计程序:将财务报表与其所依据的会计记录进行核对或调节;检查财务报表编制过程中做出的重大会计分录和其他调整。如果认为评估的认定层次重大错报风险是特别风险,注册会计师应当专门针对该风险实施实质性程序。

实质性程序包括下列两类程序:一是对各类交易、账户余额和披露的细节测试;二是实质性分析程序。

细节测试是对各类交易、账户余额和披露的具体细节进行测试,以识别财务报表认定是否存在重大错报,并获取与认定相关的审计证据。账户余额的测试用于认定某个账户的期末余额是否发生错报;交易类型的测试用于认定本期特定类型的交易是否已经恰当记录;信息披露的测试可以认定财务报表的信息披露是否恰当陈述。细节测试使用的方法包括询问、观察、检查、重新计算、监盘、函证等,如向应收账款债务人函证应收账款存在、数额的真实性,监督存货资产盘点等。

实质性分析程序是指注册会计师通过分析被审计单位财务数据之间或者财务与非财务数据之间的关系,以评价其财务报表信息。执行实质性分析的流程有四个步骤:首先,在以前可比期间财务信息、预算与业绩预测、不同财务信息间的关系、行业类似公司相关信息等数据的基础上,注册会计师根据职业判断形成对被审计单位特定账户余额或财务比率的预期;其次,确定可接受的、无需进一步调查的金额偏离预期的差异;再次,比较账户余额和财务比率与预期之间的差异;最后,调查和评估偏离预期的重大差异。[1]实质性分析程序可以单独或结合细节测试实施,由于其精确度可能受到诸多限制,所提供的审计证据在很大程度上是间接证据,证明力相对较弱。

四、财务审计报告

(一)财务审计报告的形式与内容

《中国注册会计师审计准则第1501号——对财务报表形成审计意见和出具审计报告》(以下简称《1501号审计准则》)规定,审计报告,是指注册会计师根据审计准则的规定,在执行审计工作的基础上,对财务报表发表审计意见的书面文件。

1. 财务审计报告的形式

《1501号审计准则》规定,审计报告应当采用书面形式,由注册会计师签名和盖章,并加盖会计师事务所公章。审计报告是审计工作的最终成果,是对审计工作进行的全面总结;是评价被审计单位受托经济责任履行情况的重要工具;是向使用者传达所需信息的重要手段;是表明审计师完成审计任务、承担审计责任的证明文件。[2]

根据2016年颁布的《1501号审计准则》第21条规定,审计报告应当包括下列要素:(1)标题;(2)收件人;(3)审计意见;(4)形成审计意见的基础;(5)管理层对

---

[1] [美]O.雷·惠廷顿、[美]库尔特·帕尼:《审计学原理》,耿建新、刘松青译,中国人民大学出版社2015年版,第113-115页。

[2] 朱锦余、刘云珊主编:《审计学》,立信会计出版社2016年版,第238页。

财务报表的责任;(6)注册会计师对财务报表审计的责任;(7)按照相关法律法规的要求报告的事项;(8)注册会计师的签名和盖章;(9)会计师事务所的名称、地址和盖章;(10)报告日期。

2. 财务审计报告的内容

根据《1501 号审计准则》规定,以“审计意见”为标题的如下内容应作为审计报告的第一部分:(1)指出被审计单位的名称;(2)说明财务报表已经审计;(3)指出构成整套财务报表的每一财务报表的名称;(4)提及财务报表附注,包括重大会计政策和会计估计;(5)指明构成整套财务报表的每一财务报表的日期或涵盖的期间。如发表无保留意见的审计意见,应当使用“我们认为,后附的财务报表在所有重大方面按照[适用的财务报告编制基础(如企业会计准则等)]的规定编制,公允反映了[……]”的措辞。如果适用的财务报告编制基础是域外标准,还应指明该域外准则,或者指明其所属的国家或地区。如出具非标准审计报告的,则根据《中国注册会计师审计准则第 1502 号——在审计报告中发表非无保留意见》《中国注册会计师审计准则第 1503 号——在审计报告中增加强调事项段和其他事项段》的规定措辞。

“形成审计意见的基础”部分应当包括以下内容:(1)说明注册会计师按照审计准则的规定执行了审计工作;(2)提及审计报告中用于描述审计准则规定的注册会计师责任的部分;(3)声明注册会计师按照与审计相关的职业道德要求独立于被审计单位,并履行了职业道德方面的其他责任;(4)说明注册会计师是否相信获取的审计证据是充分、适当的,为发表审计意见提供了基础。

“管理层对财务报表的责任”部分应当说明管理层负责下列内容:(1)按照适用的财务报告编制基础的规定编制财务报表,使其实现公允反映,并设计、执行和维护必要的内部控制,以使财务报表不存在由于舞弊或错误导致的重大错报;(2)评估被审计单位的持续经营能力和使用持续经营假设是否适当,并披露与持续经营相关的事项。如对财务报告过程负有监督责任的人员与前述管理层人员不同时,此部分还应当提及负有监督责任的人员。

“注册会计师对财务报表审计的责任”部分应当包括下列内容:(1)说明注册会计师的目标是对财务报表整体是否不存在由于舞弊或错误导致的重大错报获取合理保证,并出具包含审计意见的审计报告;(2)说明合理保证是高水平的保证,但并不能保证按照审计准则执行的审计在某一重大错报存在时总能发现;(3)说明错报可能由于舞弊或错误导致;(4)说明在按照审计准则执行审计工作的过程中,注册会计师运用职业判断,并保持职业怀疑;(5)通过说明注册会计师的责任,对审计工作进行描述。

(二)财务审计报告的出具程序

注册会计师编写并签发审计报告应遵循如下程序:

第一步,整理审计工作底稿,分析评价审计证据。项目组应当整理审计工作底稿,分析并评价所收集的审计证据是否充分、适当,能否具体形成审计结论,并评价审计结论的恰当性。

第二步,讨论报告内容,草拟审计报告。根据重要性原则,审计组应讨论并决定审计中发现的哪些问题应当写进审计报告,对被审计单位发表何种意见,应当要求被审计单位作出怎样的更正或调整,提出哪些改进意见或建议。

第三步,与被审计单位沟通审计报告,征求意见。根据《中国注册会计师审计准则第 1151 号——与治理层的沟通》规定,注册会计师应当与被审计单位治理层沟通审计中发现对被审计单位会计实务(包括会计政策、会计估计和财务报表披露)重大方面的质量的看法,据此,草拟的审计报告应提交给被审计单位征求意见。

第四步,复核审计报告草稿和被审计单位意见。根据《中国注册会计师审计准则第 1121 号——对财务报表审计实施的质量控制》,对上市实体财务报表审计,会计师事务所应当委派项目组成员以外的,具有足够、适当的经验和权限,对项目组作出的重大判断和在编制审计报告时得出的结论进行客观评价的合伙人、会计师事务所其他人员、具有适当资格的外部人员或由这类人员组成的小组担任项目质量控制复核人员,对上市实体的财务报表予以项目质量控制复核。对于非上市实体,由项目合伙人负责项目质量控制复核。

第五步,最终确定审计报告内容,签发审计报告。只有完成了项目质量控制复核,确信已获取充分、适当的审计证据,支持得出的结论和拟出具的审计报告,项目合伙人才能签署审计报告。

(三)财务审计报告的类型

1. 标准审计报告

标准审计报告,是指不含有说明段、强调事项段、其他事项段或其他任何修饰性用语的无保留意见的审计报告;包含其他报告责任段,但不含有强调事项段或其他事项段的无保留意见的审计报告也被视为标准审计报告。无保留意见,是指当注册会计师认为财务报表在所有重大方面按照适用的财务报告编制基础编制并实现公允反映时发表的审计意见。

2. 非标准审计报告

非标准审计报告，是指带强调事项段或其他事项段的无保留意见的审计报告和非无保留意见的审计报告。非标准审计报告的审计意见有四种类型：保留意见，否定意见，无法表示意见，以及带强调事项段的审计意见。根据《中国注册会计师审计准则第 1502 号——在审计报告中发表非无保留意见》规定，当存在下列情形之一时，注册会计师应当在审计报告中发表非无保留意见：(1)根据获取的审计证据，得出财务报表整体存在重大错报的结论；(2)无法获取充分、适当的审计证据，不能得出财务报表整体不存在重大错报的结论。

如果认为财务报表整体公允，但还存在下列情形之一时，注册会计师应当发表保留意见：(1)在获取充分、适当的审计证据后，注册会计师认为错报单独或汇总起来对财务报表影响重大，但不具有广泛性；(2)注册会计师无法获取充分、适当的审计证据以作为形成审计意见的基础，但认为未发现的错报(如存在)对财务报表可能产生的影响重大，但不具有广泛性。

在获取充分、适当的审计证据后，注册会计师如果认为财务报表没有按照适用的财务报表编制基础编制，未能在所有重大方面公允反映被审计单位的财务状况、经营成果和现金流量，错报单独或汇总起来对财务报表的影响重大且具有广泛性，注册会计师应当发表否定意见。

如果无法获取充分、适当的审计证据以作为形成审计意见的基础，但认为未发现的错报(如存在)对财务报表可能产生的影响重大且具有广泛性，注册会计师应当出具“无法表示意见”的审计报告。

根据《中国注册会计师审计准则第 1503 号——在审计报告中增加强调事项段和其他事项段》，强调事项段，是指审计报告中含有的一个段落，该段落提及已在财务报表中恰当列报或披露的事项，根据注册会计师的职业判断，该事项对财务报表使用者理解财务报表至关重要。为了提供更加准确和全面的信息，出现以下情形的，注册会计师可以在审计报告中提供下列补充信息：(1)尽管已在财务报表中列报或披露，但对使用者理解财务报表至关重要的事项；(2)未在财务报表中列报或披露，但与使用者理解审计工作、注册会计师的责任或审计报告相关的事项。

五、审计证据与工作底稿

(一)审计证据

审计证据是指注册会计师在审计程序中按规定程序收集的、形成审计意见所依据的所有信息。出具审计报告必须以具有充分证明力的审计证据为基础，审计的实质性程序本质上就是收集和评价审计证据的过程，执行审计程序、采用各种审计方法都是围绕收集审计证据这一目标进行的。通过审计证据的收集和评价，才能证明被审计单位财务报表的合法性和公允性，并证明注册会计师所做出结论和所提意见的正确性。

审计证据有实物证据、书面证据、口头证据和环境证据四种形态。实物证据是指通过检查库存现金、存货和固定资产等有形资产或观察等手段取得的、用以确定某些实物资产是否确实存在的证据，证明力最强。书面证据是指以书面形式存在的证据，也是审计中获取的主要证据类型，包括与审计有关的各种原始凭证、会计记录、合同、报告、函件等；按证据来源，书面证据分为外部证据和内部证据，一般来说外部证据比内部证据更加可靠，证明力更强。由被询问人员的回答所形成的证据为口头证据；其不足以证明事实真相，但注册会计师可以据以挖掘出有利于进一步调查的线索，最终收集到更加可靠的证据。环境证据也称为状况证据，是指对被审计单位产生影响的各种环境事件，包括被审计单位的内部控制状况、管理人员素质、管理条件和管理水平等。

审计证据的内容主要是两类信息：一是构成财务报表编制基础的会计记录中含有的信息，即会计账簿与会计凭证中记载的信息；二是被审计单位其他信息，包括被审计单位会议记录、内部控制手册询证函回函、分析师报告、与竞争者的比较数据，注册会计师通过询问、观察和检查等审计程序获取的信息，如通过监盘获取的存货存在性证据，以及注册会计师自己编制或获取的可以通过合理推断得出结论的信息，如各种计算表、分析表等。

（二）审计工作底稿

《会计师事务所质量管理准则第 5101 号——业务质量管理》（以下简称《5101 号审计准则》）规定，审计的业务工作底稿指注册会计师对执行的工作、获取的结果和得出的结论作出的记录。具体来说，审计工作底稿是注册会计师将制定审计计划、实施审计程序和得出审计结论的相关工作记录，以及审计程序中获取的、用于证明审计事项真实情况的相关审计证据，按照一定格式编制的档案性原始文件。

制作工作底稿是审计实施过程中极其重要的工作，也是控制与评价审计质量的主要手段与依据。所以，多个审计准则以专节规定了相应审计工作底稿应包括的具体内容，并且要求项目合伙人应当在审计过程中的适当时点复核审计工作底稿。例如，第 1141 号审计准则第 4 章第 11 节规定，在审计风险评估程序中，注册会计师应当将下列内容形成审计工作底稿：（1）项目组内部就由于舞弊导致财务报表重大错报的可能性进行讨论所得出的重要结论;(2)识别和评估的由于舞弊导致的财务报表层次和认定层次的重大错报风险。在执行风险应对措施时,注册会计师应当将下列内容形成审计工作底稿:(1)对评估的由于舞弊导致的财务报表层次的重大错报风险采取的总体应对措施;(2)审计程序的性质、时间安排和范围;(3)审计程序与评估的由于舞弊导致的认定层次的重大错报风险之间的联系;(4)实施审计程序(包括用于应对管理层凌驾于控制之上的风险而实施的审计程序)的结果。注册会计师应当在审计工作底稿中记录与管理层、治理层、监管机构或其他相关各方就舞弊事项进行沟通的情况。如果认为收入确认存在舞弊风险的假定不适用于业务的具体情况,注册会计师应当在审计工作底稿中记录得出该结论的理由。《中国注册会计师审计准则第 1231 号——针对评估的重大错报风险采取的应对措施》规定,执行实质性程序时,审计工作底稿应当能够证明财务报表与其所依据的会计记录是一致的或调节相符的。

思考题

1. 为什么需要企业会计信息的质量控制制度？我国企业会计信息质量控制制度由哪几个部分组成？
2. 实务中,会计舞弊主要有哪些手段？
3. 企业会计义务主要有哪几种？这些义务分别包括哪些具体内容？
4. 违反企业会计义务需要负哪些法律责任？
5. 企业内部控制机制包括哪些方面？为什么这些内部控制手段能对会计信息质量起到积极作用？
6. 企业财务审计的目标是什么？为实现审计目标,注册会计师需要执行哪些审计程序？
7. 财务审计报告有哪些类型？

第八章　公司法中的财务会计制度

导　读

本章共三节，主旨为介绍公司法中的财务会计制度。公司是企业的一种，除"公司财务、会计"一章规定外，《公司法》中的资本制度、治理制度均涉及企业财务会计。

第一节介绍财务会计的《公司法》立法。《公司法》专设"公司财务、会计"一章，在会计核算方面，规定了公司依法建立财务会计制度的义务，重申了公司依法建账义务，规定了年度利润、资本公积、盈余公积的特别核算规则；在会计报告方面，将公司编制年度会计报告的义务上升为法律，明确了公司向股东披露财务会计报告的方式。

第二节介绍公司资本制度中的财务会计。公司资本既是公司启动经营的初始财产，也是公司清偿债务的初始责任财产，还承担着最终吸收经营亏损的职能，对公司债权人利益保护有着重要价值。会计上的公司资本仅指公司实收资本，与法律上"注册资本"的含义不同。公司资本制度中，涉及财务会计的制度有三个：资本维持原则、公司利润分配规则与抽逃出资法律责任规则。资本维持既是公司法的基本原则，也是会计核算的基础逻辑，从会计角度看，资产维持说、净资产维持说、偿付能力维持说等难以实现，资本维持原则较为恰当的理解应该是：公司股东应足额缴纳出资，公司成立后应当依法会计核算与管理资产，防止股东从公司非法获得支付。股东利润分配请求权的行使需要两项法律事实：公司有可供投资者分配的利润，以及通过了分配利润的股东会决议；"可供投资者分配的利润"需要较为复杂的会计核算。公司一旦形成利润分配的股东会决议，相应资产数额的性质发生变更，从所有者权益变更为对股东的负债。实践中，股东抽逃出资通常会使用会计掩饰手段，主要是虚构利润、虚构债权、虚构债务、关联交易等，因此会在会计资料中留下抽逃出资的证据。

第三节介绍公司财务会计治理制度。公司治理层面的财务会计制度主要是公司财务会计事务的权力分配、公司财务会计监督以及股东财务会计资料查阅权。

根据《公司法》相关条文,包括会计核算、财务会计报告编制、会计档案保管等在内的会计事务,属于公司执行机关的职权范围。财务事务方面,预决算决定权、投资计划决定权与为股东担保的决定权属于公司权力机关,预算执行权与投资方案执行权属于公司执行机关,其他担保决定权与向其他企业投资的决定权依公司章程规定归属于权力机关或执行机关。《公司法》没有规定普通公司财务会计报告的编制程序;上市公司定期报告内容应当经董事会审议通过。公司董事、高级管理人员等未依法履行职责,导致公司未依法制作或者保存财务会计报告、会计账簿等文件材料,给股东或债权人造成损失的,负有相应责任的公司董事、高级管理人员应承担民事赔偿责任。治理层面的公司财务会计监督权由公司监督机关享有。为股东配置权利是公司治理制度的重要内容,在财务会计知情权方面,《公司法》规定了股东的财务会计资料查阅请求权,包括财务会计报告的绝对查阅权与会计账簿、原始凭证的附条件查阅权。

第一节　财务会计的《公司法》立法

一、公司的企业性质

(一)企业性

所谓企业,是指有计划地使用土地、资本、劳动力、信息等生产要素,通过向社会提供产品或服务以实现营利目的的经济组织。

企业首先是经济学上的概念。马克思主义经济学认为,企业是劳动分工和协作的产物,是一种具有更高劳动生产效率、从事商品生产和交换的经济单位,盈利是企业的基本目标。古典经济学认为,企业是一个追求利润最大化目标的理性经济人,其最大特征是:按照利润最大化原则,利用一定技术将土地、劳动力、资本等生产要素投入转化为产出。新制度经济学的代表人物罗纳德·科斯认为企业是为了节约市场交易成本而产生的,其以行政指挥方式在企业内部直接调配资源,本质上是市场手段以外的一种资源配置替代手段,其显著功能为“价格机制的替代物”。张五常认为,企业与市场在本质上都是合约,但企业合约的内容和形式不同于市场,人们根据交易对象和交易成本的不同选择使用企业类合约或市场类合约。

从经济功能上看,公司是企业的一种类型,也是有计划地使用各种生产要素组织生产或提供服务以实现营利目的的经济组织。在法律上,公司与其他企业的组织形式不同,这种不同体现在三个方面:一是公司设立的条件与其他类型企业不同,二是公司的内部治理结构及具体治理规则不同,三是以公司为一方主体对内对外所形成的组织法上的法律关系规则不同。

(二)企业类会计主体

根据我国《会计法》的规定,负有会计义务的主体分为两大类,一是企业,二是国家机关、社会团体、事业单位和其他组织等非企业主体。两者最核心的差别在于:企业具有营利目的,非企业主体无营利目的。因此,企业会计在会计要素、核算方法、会计科目等方面与其他会计主体有较大差别。

从会计角度看,公司是企业类会计主体。作为企业的一种,公司的财务管理与会计核算适用《会计法》、《企业财务会计报告条例》、《工作规范》、《企业财务通则》和一系列企业会计准则等法律、法规、规章及部门规范性文件的一般规定。但是,由于公司较之于其他类型企业具有更强的资合性,其财务会计制度有自己的特点,主要体现在"可供投资者分配的利润"这一项目的核算上,即公司分配当年税后利润时,应当提取利润的10%列入公司法定公积金,直至公积金累计额达到注册资本的50%以上。其他类型的企业,包括对外独立承担责任的农民专业合作社,都不强制要求提取公积金。

二、《公司法》中的财务会计规范

(一)《公司法》财务会计规范的性质

根据法律的传统分类标准,可把《公司法》中的财务会计制度分为三类,第一类是会计公法,第二类是财务与会计私法,第三类是兼具公私法双重性质的制度,如资本制度、利润核算与分配制度。所谓会计公法,是指调整国家与公司之间的、以约束和规范公司会计核算行为为主要内容的公司法规范,违反此类规范主要承担行政责任。财务与会计私法是指以公司财务治理、会计报告及股东财务会计知情权等为内容的公司法规范,违反此类规范造成相关主体经济损失的,需要承担民事责任。资本制度兼具公法与私法性质,股东违反资本制度不仅需要对债权人承担民事责任,还需要承担相关行政责任,情节严重达到入刑标准的,还可能承担刑事责任。

(二)《公司法》财务会计规范的内容

从各发达经济体的公司立法来看,财务会计制度都是不可或缺的重要内容之一。除少数国家规定了财务会计报告引发的私法外部关系外，有关条文的内容集中于两个方面，一是公司会计核算与财务会计报告的技术性规范，二是调整公司内部关系的财务治理规则。与之相比，我国公司立法最大的差别在于：有关公司会计核算与财务会计报告的技术性规范交给了会计立法与国家统一的会计制度，除有关公司的特别规则外，《公司法》只是简单重申公司应当依法办理会计事务。

与财务会计间接相关的主要是公司资本制度中资本维持原则理论，以及抽逃出资法律责任规则的适用。综上，本书认为，《公司法》中的财务会计制度主要由公司会计核算的特别规则、财务会计报告规则、公司资本制度、公司财务治理制度等四部分构成。本节第三部分介绍会计核算与财务会计报告的特别规则，资本制度与治理制度中的财务会计详见本章第二节与第三节。

三、"公司财务、会计"章的主要内容

根据"公司财务、会计"章条文涉及的主题，可将其分为四大类，分别是公司会计核算的特别规则、财务会计报告的特别规则、利润分配规则以及公司财务治理与管理规则。利润分配会导致资产流出公司，公司所有者权益减少，相关规则的目标在于维持公司资本，体现了公司资本维持原则，故于本章第二节"公司资本制度中的财务会计"具体介绍。个别条文侧面涉及公司财务治理，与其他公司财务治理规则联系更为紧密，于第三节"公司财务会计治理制度"介绍。

(一)公司会计核算的特别规范

1. 依法建立财务会计制度

如第七章所述，《会计法》规定了包括公司与其他企业在内的主体负有依法办理会计事务的义务。《公司法》从建立公司财务会计制度的角度强调了这项义务，第163条规定"公司应当依照法律、行政法规和国务院财政部门的规定建立本公司的财务、会计制度"。

2. 依法建账

如本书第七章第二节所述，企业依法处理会计义务的最重要内容是依法核算，具体内容有三：依法建账、依法记账与依法算账，其中依法建账包括依法设置会计科目和依法设置会计账簿，依法设置会计账簿的首要要求即为"一个主体只能设置一套会计账簿进行核算，不得私设账套"。《公司法》第171条第1款规定重申，"公司除法定的会计账簿外，不得另立会计账簿"。此处的"法"应做广义理解，如公司在我国港澳台或国外上市的，可依据发行地法律规定的会计标准另行设置账套进

行会计核算。

《公司法》还规定了违反本义务的行政责任,公司在法定的会计账簿以外另立会计账簿的,由县级以上人民政府财政部门责令改正,对公司处以50万元以下的罚款,情节严重的,处以50万元以上200万元以下的罚款;对直接负责的主管人员和其他直接责任人员处以50万元以下的罚款。

3. 公司利润核算的特别规则

企业是以营利为目的的经济组织,公司作为企业的一种,同样具有营利目的。商法认为,营利包括两个层次的含义:一是企业的经营行为以获取利润为目的,二是将所获取的利润分配给投资者。同时,相对于其他类型的企业,在外部关系上,公司具有极强的资合性,股东仅就其认缴的出资额或认购的股份对公司债务承担责任,公司以自有资产对债务承担独立责任。为保障公司的偿债能力,需要限制公司的利润分配行为,《公司法》中法定公积金、任意公积金与资本公积金就是为了这个目的而设计的相关制度。

《公司法》规定,公司分配当年税后利润时,应当提取利润的10%列入公司法定公积金;公司法定公积金累计额为公司注册资本的50%以上的,可以不再提取;公司从税后利润中提取法定公积金后,经股东会决议,还可以从税后利润中提取任意公积金。从会计上理解,前述规定确定了公司年度净利润的会计核算方法,即年度净利润应先提取10%的法定公积金,再根据公司自治文件的规定提取任意公积金,剩余部分加上以前年度的未分配利润,方为可供投资者分配的利润。公司违反法律规定,未依法提取法定公积金或依自治文件提取任意公积金的,应对公司承担返还所获违法分配的责任。

《公司法》还规定,公司以超过股票票面金额的发行价格发行股份所得的溢价款、发行无面额股所得股款未计入注册资本的金额以及国务院财政部门规定列入资本公积金的其他收入,应当列为公司资本公积金。此项规定确定了前述性质资产流入的会计性质,即处理此类资产流入时,应确认为资本公积金,不应确认为收入。公司将此类资产流入确认为收入进而增加公司利润的,为非法会计核算;以此为基数计算可分配利润的,则为违法分配利润。

(二)财务会计报告的特别规范

1. 财务会计报告的编制与审计

根据《企业财务会计报告条例》的规定,包括公司在内的所有企业均应于年度终了时编报年度财务会计报告,《公司法》将该项要求上升为法律。《公司法》规定,公司应当在每一会计年度终了时编制财务会计报告,并依法经会计师事务所审计;财务会计报告应当依照法律、行政法规和国务院财政部门的规定制作。一般认为这是我国公司法上的强制审计制度。

不过,实践中,由于审计增加了公司的经营成本,这条规定并未执行。从市场主体登记与信息公示相关规则的具体内容上看,市场监管机构并未要求公司提交审计报告,甚至没有要求公司提供财务会计报告,只需要公司向市场监管机构提供包括资产总额、负债总额、对外提供保证担保、所有者权益合计、营业总收入、主营业务收入、利润总额、净利润、纳税总额等信息在内的年度报告。[1]而且,相关规范并未要求此类信息向社会强制公开,企业有是否公开的选择权。

2. 财务会计报告的披露

利润作为损益类会计信息,其法律本质为私法上的法律事实。结合"有利润"这一事实法律规定的有关利润分配的公司决议,投资者获得了企业利润分配的请求权。对公司股东而言,财务会计报告所确认的利润总额、净利润、未分配利润等是公司可分配利润数额的计算基础,是股东投资目的及其分红权得以实现的重要法律文件,因此,股东有权获取公司财务会计报告。除股东行使知情权主动查询以外,《公司法》规定,有限责任公司应当按照公司章程规定的期限将财务会计报告送交各股东;股份有限公司的财务会计报告应当在召开股东会年会的20日前置备于本公司,供股东查阅;公开发行股票的股份有限公司必须公开披露其财务会计报告。

(三)公司财产管理规则

公司具有独立法人人格,公司财产独立于其他主体的财产,这是公司法的基础理论。为确保公司财产独立性,《公司法》特别规定,"对公司资产,不得以任何个人名义开立账户存储"。

---

〔1〕《市场主体登记管理条例》第35条规定:市场主体应当按照国家有关规定公示年度报告和登记相关信息。《企业信息公示暂行条例》第8条规定:企业应当于每年1月1日至6月30日,通过企业信用信息公示系统向工商行政管理部门报送上一年度年度报告,并向社会公示。当年设立登记的企业,自下一年起报送并公示年度报告。第9条规定:"企业年度报告内容包括:(一)企业通信地址、邮政编码、联系电话、电子邮箱等信息;(二)企业开业、歇业、清算等存续状态信息;(三)企业投资设立企业、购买股权信息;(四)企业为有限责任公司或者股份有限公司的,其股东或者发起人认缴和实缴的出资额、出资时间、出资方式等信息;(五)有限责任公司股东股权转让等股权变更信息;(六)企业网站以及从事网络经营的网店的名称、网址等信息;(七)企业从业人数、资产总额、负债总额、对外提供保证担保、所有者权益合计、营业总收入、主营业务收入、利润总额、净利润、纳税总额信息。前款第一项至第六项规定的信息应当向社会公示,第七项规定的信息由企业选择是否向社会公示。经企业同意,公民、法人或者其他组织可以查询企业选择不公示的信息。"

第二节　公司资本制度中的财务会计

一、公司资本制度的会计理解

（一）公司资本的功能

1. 公司资本的经济功能

资本首先是一个宏观经济学上的概念，在纯技术层面，它通常指投入社会再生产的财产，包括资金与实物性生产资料（原材料、生产工具等），与劳动力、土地、技术与信息（数据）等共同构成社会再生产必需的生产要素。在微观经济学语境中，资本通常指企业用于创造收入、获取利润的全部财产，包括土地和技术，甚至劳动力（人力资本）。在“公司资本”语境中，则通常是指股东作为权益投资者向企业缴纳的作为公司注册资本的财产，与债权人因履行交易契约而流入企业的财产（债权资本）相区别，是“权益资本”的组成部分。

公司资本是公司资产的初始来源，是股东为获取公司股权而支付或缴纳的对价，其经济功能在于启动与维持公司生产经营活动。从会计角度看，企业想要实现营利目的，必须与市场其他主体缔结并履行交易合同（通常是作为卖方出售商品或提供服务），才能得到营业收入进而获取利润。实践中，交易合同的缔结与履行通常需要公司拥有一定数量的启动资产，才能满足交付商品或提供服务的各项准备所需，进而才可能履行商品出售或服务提供合同。不同公司启动经营所需资产数量有多有少，根据股东信用、所处行业或市场状况等有所差别，启动经营的财产一般源于股东的初始投资。

2. 公司资本的法律功能

首先，公司资本构成了公司清偿债务的初始责任财产。公司与其他企业组织形式的最核心差别在于：公司被法律确认为法人，是独立的法律主体，以其自有资产对公司债权人独立承担责任，公司股东仅以其认缴出资额或认购股份为限对公司债务承担责任；在股东履行了出资义务或股份认购义务后，只要不存在损害公司独立人格与独立财产的行为，就不需要对公司债务承担法律责任。这意味着，债权人的债权能否得到实现，关键在于公司财产能否足以清偿债务，公司财产是清偿债务的责任财产，最初来源于股东履行出资义务或股份认购义务。

其次，根据公司法上的剩余财产分配规则，公司资本有着吸收最终经营亏损的功能。资产负债表的基本框架揭示了公司资产的两大类来源,一类是因债权人履行交易合同而流入的资产,另一类为非债务性来源的资产,也就是资产负债表上的所有者权益;账面上的所有者权益主要有两种来源,一是因公司股东履行出资义务或股份认购义务而向公司缴纳的财产,二是公司过往经营所获盈利中的留存部分,包括法定公积金、任意公积金与未分配利润。公司资本是债权人安全边际的重要组成部分,公司资本占比越大,债权人就越安全。如果公司持续经营,则以资本为基础的所有者权益部分形成的财产可用于清偿债务。如果公司结束经营,则债权人先分配公司财产,剩余财产才由股东等权益投资者分配,这种法定分配顺序使得公司资本承担着最终吸收公司经营亏损的功能。

(二)公司资本的含义

1. 公司资本的法律理解

法定资本制下,公司资本指公司注册资本,在有限责任公司为在公司登记机关登记的全体股东认缴的出资额,在股份有限公司为在公司登记机关登记的股本总额。从股东是否已经履行其认缴义务的角度,注册资本又分为认缴资本与实缴资本:认缴资本是股东在公司章程或认购协议中承诺缴纳的资本,同时也是股东的有限责任之限额;实缴资本是股东已经向公司实际缴纳的资本,在公司章程没有特别约定的情况下,它应当是股东行使具体股东权利的法律事实基础。

在授权资本制下,登记于登记机关的注册资本称为“发行资本”,授权董事会发行的股份所代表的资本称为“授权资本”。较之法定资本制,实行授权资本制的最大特点在于公司增加注册资本的法定程序截然不同。法定资本制下,公司增加注册资本需要由公司股东会形成决议,且需要有限公司全部表决权或股份公司出席会议股东所持表决权的2/3以上同意,实践中,倘若股东未达成一定程度共识,较难形成增加注册资本的公司决议。授权资本制下,授权范围内的注册资本增加将由公司董事会表决,即使股东未达成共识,形成增资决议的可能性也大大增加。

2. 会计上的公司资本

作为一种管理活动,会计行为的对象是资金或价值运动,包括资金流入、资金运用与资金流出三个环节,其中,资金流入是资金运动的起点。当公司股东履行其出资义务或股份认购义务时,其实际缴纳资本的行为之法律本质为履行资本认缴义务,经济后果是直接导致相应数额的经济利益或价值流入公司,使得公司的权益资本和总资产相应增加,会计应当予以核算。因此,会计意义上的公司资本仅指实收资本,在有限责任公司使用“实收资本”科目核算,在股份有限公司使用“4001 股本”科目,并通过资产负债表中的所有者权益项目下“实收资本(股本)”科目予以报告。

(三)公司与财务会计相关的资本制度

资本制度与治理制度共同构成了公司法的两大支柱。在公司设立时,资本是公司初始资产的来源,是公司清偿债务的初始责任资产;在公司存续过程中,资本是形成公司资产的两大来源之一,是债权人的安全边际,具有最终吸收经营亏损的经济功能。可以说,各国公司法历史上都有过或深或浅的“资本信仰”,尤其是在实行法定资本制的国家,我国亦然。

为保护公司债权人的利益,公司法设计了诸多相关规则,可分为两类:一是公司资本形成制度,二是公司资本维持制度。公司资本形成制度,是指公司设立或增加资本时公司及其相关内部主体应遵守的规则,主要包括出资形式、股东出资义务与责任制度,以及出资催缴义务及其责任制度。其中,与财务会计关系紧密的主要是抽逃资本法律责任相关规则的适用。公司资本维持制度,是指以公司资本维持原则为主旨、以约束股东从公司获得支付为核心内容的相关规则,主要包括减少注册资本、股权(份)回购、关联交易、利润分配等制度。其中,与财务会计关系紧密的主要是公司利润分配制度。

二、资本维持原则的理解

(一)资本维持原则内涵的不同观点

资本维持原则又称为资本充实原则,是公司资本三原则之一,虽然《公司法》与相关会计规范无明文宣示,但它不仅是公司法上的重要原则,也是企业会计核算的基础逻辑。在“资本维持”这一表述中,关于“维持”一词的理解,法学界先后出现了财产(资产)维持说、净资产维持说、禁止侵占说、不得返还说、偿付能力说等观点。

财产(资产)维持说为学界通说,它认为,资本维持原则是“公司应当维持与公司资本总额相应的财产”,以维持公司清偿债务的能力、保护债权人的利益。财产(资产)维持说中的“财产”或“资产”,指的是公司的总资产或资产总量。净资产维持说认为,债权人只能以资本额为标准而关心公司的财产,即关注与资本相维持的财产,并且这种财产不应是包括负债的总资产,而应是公司的净资产,它是公司交易中公司自身对债权人的最低担保。禁止侵占说认为,当公司向股东给付公司财产时,绝对不能侵蚀到用以维持公司注册资本数额所必要的公司资产;法律保护公司资产在原始资本金额范围内免遭股东侵害。不得返还说与禁止侵占说含义基本相同,不同之处在于:禁止侵占的行为主体是股东,不得返还的行为主体是公司。资本维持原则的"不得返还"内涵比较简单的表述是:资本维持并不是单纯要求公司必须维持资本而不得致其减损,而是禁止公司将资本非法返还给股东。偿付能力说认为,公司资产维持应采用资产负债表和清偿能力双重标准,使存续中的公司维持以资本为基础并能偿还到期债务、具有变现能力的资产,是否具备偿付能力以董事的对外承诺为标准。

(二)资本维持原则不同观点的分析

第一,资产与资本的等量关系无法维持。企业资产负债表的逻辑结构表明,资产与资本的等量关系在实践中无法维持。首先,公司设立时难以维持与注册资本数额相当的资产。认缴资本制下,在股东全部足额缴纳资本前,公司实收资本与登记机关公示的注册资本数额之间,不可能等量维持。2013 年我国实行全部认缴制后,公司设立时由实缴资本构成的资产甚至可能为零。即使全部注册资本实缴后,除非公司不经营、不产生任何收支,由股东实缴资本形成的实收资本才有可能与注册资本保持"维持"关系。其次,经营中的公司资产数量处于不断变动中,其与注册资本或实缴资本数额的等量维持关系难以判断。因为,只要公司有经营行为,就必然会产生收支并形成盈亏,或者对外负债形成更多资产,如银行贷款或收到原材料暂未付款,进而引发资产总额的增减,进而无法维持与资本的等量关系。

第二,净资产与资本的等量关系无法维持。依商业实践及我国公司立法,净资产与资本的等量关系也不太可能实现"维持"关系。首先,在公司账面存在未弥补亏损的情形下,如果不存在诸如股权溢价发行、出资财产增值等原因形成的资本公积金,其账面净资产必然小于注册资本。其次,我国公司法并无亏损情形下的股东补充出资义务,只要股东依公司章程履行了出资义务,即使经营中产生亏损,股东也无义务继续向公司出资,以使其净资产维持与注册资本的等量关系。

第三,禁止侵占说、偿付能力说等有其合理性。资本维持原则最主要的功能是限制股东非法从公司获得支付,其目的是保护公司债权人利益的目的。要实现保护债权人利益的目的,必须维持公司财产的独立性,其中必不可少的手段就是禁止股东侵占公司财产,或者限制股东从公司获得财产。偿付能力说的合理性在于:将资本维持原则的关注焦点集中于公司是否具有债务清偿能力,要求董事在减少资本或回购股份等情形下对外承诺公司的偿付能力,并承担不能清偿的法律责任。这些观点具有各自合理性,但存在如下问题:不能涵摄传统公司法理论认为属于资本维持原则的具体制度,如非货币出资的估价与高估的法律责任、禁止股票折价发行规则、抽逃资本的法律责任等。

（三）资本维持原则的内涵

资本维持是企业会计核算技术最重要的基础逻辑，法律上理解资本维持原则需要结合企业财务会计制度。本书认为，资本维持原则的内涵可归纳为：公司股东应足额缴纳出资；公司成立后应当依法会计核算与管理资产，防止股东从公司非法获得支付。

1. 股东足额出资

股东足额出资，是指股东必须依照法律和公司章程的规定及时、足额履行出资义务，使公司注册资本有相应的实际财产支撑。这个意义上的资本维持即为资本充实，包含两层含义。首先，股东必须及时履行出资义务，即股东应当依照法律、公司章程或认股契约的规定，及时交付出资或认股财产，并依法办理相关财产权转移手续。其次，股东必须足额履行出资义务，即股东应当依照法律、公司章程或认股契约的规定，全额交付出资或认股财产；以非货币出资的，不得对其价值予以高估，确保公司初始资产的真实。

为实现公司资本的充实，公司法设计了系列资本形成规则，包括非货币出资的估价与高估的法律责任，股份不得折价发行，以及违反出资义务与抽逃出资的法律责任等。其中，与财务会计关系紧密的主要是注册资本抽逃责任的相关规则之适用。

2. 依法会计核算与管理资产

出资义务完成后，股东的实缴资本演变为公司资产，资本维持原则的重心随之转为维持公司资产的独立性，防止公司资产不当减少。因此，“维持”一词可理解为“公司资产独立性的维持”。维持公司资产独立性的主要手段为依法进行规范的会计核算与财产管理，其具体内容必然包括公司不得向股东返还出资或股本，或者股东不得侵占公司财产。依法会计核算与管理资产的义务主体是公司，实际履行主体为公司董事、监事与高级管理人员，因此，实现依法会计核算与资产管理的前提条件是公司拥有健全的企业治理与有效的内部控制，是前述人员能够履行其对公司所负的勤勉义务。在健全的公司治理与有效的内部控制中，控股股东与实际控制人侵犯公司资产的发生概率小，或者发生后能得到及时发现、及时采取补救措施。这个目标的实现，需要建立完善资本维持原则下的配套制度，尤其是控股股东、实际控制人、董事、监事与高级管理人员的相应法律责任。

为维持公司资产独立性，防止公司资产非因亏损而减少，公司法设计了系列资本维持规则，包括与会计法律法规及统一会计制度相衔接的财务会计规则，减资规则，受限制的股权（份）回购规则，利润分配规则，控股股东、实际控制人、董事、监事与高级管理人员利用关联关系损害公司利益的法律责任，以及董事、监事与高级管理人员未尽勤勉义务导致公司资产不当减少的法律责任等。其中，与财务会计有最直接关系的主要是公司利润分配制度。

三、公司利润分配[1]规则

（一）利润的会计界定

《公司法》中的“利润”概念直接源于会计。根据《企业财务会计报告条例》，利润是指企业在一定会计期间的经营成果，包括收入减去费用后的净额、直接计入当期利润的利得和损失等；直接计入当期利润的利得和损失，是指应当计入当期损益、会导致所有者权益发生增减变动的、与所有者投入资本或者向所有者分配利润无关的利得或者损失；利润金额取决于收入和费用、直接计入当期利润的利得和损失金额的计量。

2019 年，财政部发布的《一般企业财务报表格式》对利润表列报的形式做出重大修改，将利润表上的企业经营成果分为两个部分披露，一部分为利润，另一部分称为“其他综合收益”。依据前述规定，法律意义的利润分配中的“利润”仅指利润表中“营业收入 -（营业成本 + 税金及附加 + 销售费用 + 研发费用 + 财务费用）+ 其他收益”的部分，不包括在利润表中被列为“其他综合收益”的部分。

（二）股东利润分配请求权的成就

股东是公司的权益性投资者，他们投资公司的核心目的通常是获取以分红为代表的投资收益。因此，分配利润是股东权利的核心内容之一，得到了公司立法的确认与保护。但是，在特定法律事实成就之前，股东的利润分配权只是一项抽象的权利，只有相应法律事实成就，才能成为一项可以向特定公司（义务人）行使的请求权。根据《公司法》相关规则，股东利润分配请求权的行使应当具备相应的法律事实前提。

1. 有可供投资者分配的利润

利润是企业六大会计要素之一，通过会计程序核算出来的利润是最重要的会

[1] 会计上也有“利润分配”的说法，指的是年度利润（收入减去费用后的余额）用于弥补亏损、缴纳企业所得税、提取公积金等的处理程序，与法律上的“利润分配”是完全不同的概念。

计信息,同时也是股东利润分配权可以实际行使的基础法律事实,即只有公司经过会计核算确定有利润,股东才有利润可分。无论是股东会决议分配利润,还是受欺压的小股东向法院申请强制分配利润,都必须以公司有利润为前提条件。因此,股东利润分配权的实现首先以公司有可供分配的利润为法律事实之一。

涉及股东具体的、可以实际行使的利润分配请求权中的“利润”数额,需要会计核算“可供投资者分配的利润”这一项目。《公司法》规定,公司分配当年税后利润时,应当提取利润的10%列入公司法定公积金;公司法定公积金累计额为公司注册资本的50%以上的,可以不再提取;公司的法定公积金不足以弥补以前年度亏损的,在依照前款规定提取法定公积金之前,应当先用当年利润弥补亏损;公司从税后利润中提取法定公积金后,经股东会决议,还可以从税后利润中提取任意公积金。据此,“可供投资者分配的利润”为“企业可供分配的利润 - 未弥补亏损 - 当年法定盈余公积金 - 当年任意公积金(如有)”后的余额;其中,“企业可供分配的利润”计算方式为“当年实现的净利润 + 年初未分配利润(或减去年初未弥补亏损) + 其他转入”;“当年实现的净利润”为当年收入减去费用后的余额再扣减企业所得税,“其他转入”为:公司股东会通过的亏损弥补方案决定用以前年度的盈余公积金弥补亏损的,用于弥补亏损的数额先转换为“企业可供分配的利润”,再于“可供投资者分配的利润”核算时扣减以弥补亏损。[1]

2. 通过了分配利润的股东会决议

公司是否分配利润属于公司意思自治的范围,除非有人滥用控制权损害其他股东利益,法律通常不干预公司的利润分配事务。因此,在不存在公司被不当控制的情况下,仅有“公司有‘可供投资者分配的利润’”这一事实还不足以触发股东可实际行使的利润分配请求权,还需要公司决定分配利润的股东会决议。不过,《公司法》并无这方面的明文规定,只是规定了有公司股东会职权之一为“审议批准公司的利润分配方案和弥补亏损方案”,相关规则是在公司法司法解释中间接规定的。最高人民法院《关于适用〈中华人民共和国公司法〉若干问题的规定(四)》(以下简称《〈公司法〉司法解释四》)规定,股东提交载明具体分配方案的股东会或者股东大会的有效决议,请求公司分配利润,公司拒绝分配利润且其关于无法执行决议的抗辩理由不成立的,人民法院应当判决公司按照决议载明的具体分配方案向股东分配利润。股东未提交载明具体分配方案的股东会或者股东大会决议,请求公

〔1〕 “企业可供分配的利润”中的“分配”为会计术语,指的是利润在“企业所得税”“盈余公积金”“未弥补亏损”等科目或项目间的分配,与“利润分配”这类法律术语中的“分配”含义截然不同;“利润分配”中的“分配”,指的是“可供投资者分配的利润”这一项目在权益投资者之间的分配。

司分配利润的，人民法院应当驳回其诉讼请求，但违反法律规定滥用股东权利导致公司不分配利润，给其他股东造成损失的除外。

前述公司法规则说明，正常情况下法律不干预企业的利润分配事务，核心原因是：在不存在中小股东被压迫等违背公平的情形下，是否分配利润涉及的是企业营利效率的问题，效率问题原则上由企业意思自治解决。公司是否分配利润首先涉及的是营利效率，因为分配利润将导致财产流出公司，资产负债表上所有者权益中的“未分配利润”数额变少，直接导致公司总资产与净资产减少；在其他因素不变的情况下，用于经营的总资产变少了，可能得到的利润也相应地减少。是选择股东眼下的利益（获得利润分配，落袋为安），还是公司以及全体股东长远利益（利润形成的资产留在公司，公司用于经营的资产更多，未来盈利更多），这是企业营利效率的问题，应通过企业自治解决。

（三）利润分配请求权的实现

在股东会没有通过利润分配决议之前，相应数额保留在公司资产负债表的“未分配利润”中，抽象地属于公司的全体权益投资者，故为“所有者权益”。股东会通过利润分配决议之后，股东利润分配请求权实现所需的法律事实全部成就，应当按照《公司法》规定，有限责任公司按照股东实缴的出资比例分配利润（全体股东约定不按照出资比例分配利润的除外），股份有限公司按照股东所持有的股份比例分配利润（公司章程另有规定的除外）。依据此规定及利润分配的股东会决议，决议分配的部分不再抽象地属于全体股东，在未实际支付之前，其法律性质演变为公司对特定股东所负之确定数额的债务，引发了相关会计科目的增减变化，相应数额应当进入“未付红利”项目，变成公司资产负债表中的负债。

从股东角度看，股东就应当得到分配的数额成为公司债权人，其抽象的股东分红权演变为可以实际行使的利润分配请求权，债务人为公司，债权额为依法或依股东决定（股份公司为章程）中规定之方法计算的数额。董事会作为公司股东会决议的执行机关，应当在法律规定或股东约定的时间内向股东履行债务清偿义务。就此项义务的履行，现行法没有规定具体规则，导致实践中有些公司迟迟不向股东支付应付红利，应当予以完善。

（四）违法分配利润的后果

《公司法》规定，公司违反本法规定向股东分配利润的，股东必须将违反规定分配的利润退还公司。实践中，公司违法分配利润的行为可能有：实际无利润但通过违法核算在账面产生“利润”，有利润但没有按照相关规定弥补亏损与提取公积金，或者特定股东超出应得数额获得分配等。有利润才能分配、依法弥补亏损与提取公积金是资本维持原则的要求，旨在保护公司债权人利益，是法律的强制性规定。违反前述规定将导致公司股东会决议全部或部分无效，股东所获得的“利润分配”将因相应法律事实不具备而失去权利基础，股东获得的超出应得数额之分配成为不当得利，超出部分应为无效，应当予以返还。

在公司内部，会计核算职权由高级管理人员行使，利润分配方案制订职权由董事与董事会行使，公司财务监督职权由监事或监事会等行使，如发生前述违法或违反公司章程的分配事实，说明他们未履行法定义务。如果违法分配利润给公司造成损失，应由他们与受违法分配的股东一起对公司违法分配利润而遭受的损失承担赔偿责任。

四、抽逃出资行为的认定

（一）抽逃出资的概念

对于抽逃出资的概念及相关制度存废，学界有颇多争议，有不少学者主张废除“抽逃出资”这个概念，但现行公司法尚未采纳这种观点。为理解现行公司法，我们需要从以下三个方面把握“抽逃出资”这个概念。

第一，抽逃出资行为的外在表现是股东无合法依据而获得公司财产，公司的财产减少，公司、其他股东以及债权人的利益因此受损。从会计角度看，正常经营情况下，资产流出的原因有两种情形：一是置办资产（会计上称之为“投资”），如买入办公楼需支付购买价款，投资建造厂房需要支付土地出让金、建筑材料购买价款、建筑工人工资以及其他配套支出；二是支付公司开展经营必须支付的日常费用，如办公楼或厂房租金、员工工资、产品原材料、水电费与其他各种费用。第一种支出一方面将形成有市场价值的企业财产，另一方面使得企业具备了提供产品或服务的基础设施，第二种支出将使企业具备向市场提供产品或服务的能力，当产品或服务实现销售时，企业即获得了营业收入，这类支出是获取营业收入的代价（费用）。因此，这两种支出通常都是有利于企业及其债权人的，其他原因的流出皆为非正常，如将资金无偿借给他人、支付诉讼费和律师费、依法院判决或仲裁裁决支付赔偿金等。股东抽逃出资的行为导致公司资产减少，公司用于清偿债权的责任财产相应减少，债权人的利益直接受损；另外，股东抽逃出资直接导致公司用于经营的财产变少，削弱了公司的盈利能力，直接损害了公司利益，间接损害了其他股东与公司债权人的利益。

第二，抽逃出资行为的法律性质为侵占公司资产，损害了公司、其他股东及公司债权人的合法权益。实践中，以抽逃出资为目的的侵占资产行为有直接与间接两种方式。直接抽逃行为比较简单，股东利用控制优势，将公司财产直接转移至自己的实际控制之下，事先不编造理由，事后也不予会计掩饰。间接抽逃行为较为复杂，事先需要为财产流出公司编造理由，如借款、虚假购买资产或原材料、支付超高额工资等，事后需要会计掩饰。谨慎的抽逃可能不与股东直接交易，而是与股东能控制的其他主体交易，基于虚假交易而流出的财产及其数额与抽逃股东的实缴资本也不一定有对应关系。更隐蔽者，甚至不从公司拿走财产，而是由公司为其债务担保，或者让公司加入其与他人的债务关系，使公司最终为股东偿还债务。但是，无论直接或间接，其最终结果都是导致公司财产非正常流出，此类行为的法律本质为侵占公司资产。

第三，通常情况下，抽逃出资目的的实现以抽逃者对公司的实际控制为前提条件。以连带责任担保这种较复杂的抽逃方式为例，全部抽逃目的实现需要经过至少三个环节：签订保证合同、调动资金以履行保证合同、会计掩饰因此导致的资金流出；不能控制第一、二个环节将无法实现侵占公司资产的目的，不能控制第三个环节，则可能被其他股东发现。所以，抽逃出资目的的实现，通常需要以抽逃股东的实际控制为前提。

综上，可将抽逃出资定义为：股东利用对公司的实际控制、以取回其实缴资本为目的的侵占公司资产之违法行为。

（二）抽逃出资的私法责任规则

《公司法》明文规定，公司成立后，股东不得抽逃出资；公司的发起人、股东在公司成立后，抽逃其出资的，由公司登记机关责令改正，处以所抽逃出资金额5%以上15%以下的罚款。

最高人民法院《关于适用〈中华人民共和国公司法〉若干问题的规定（三）》规定，公司成立后，股东行为符合抽逃出资界定且损害公司权益的，公司或者其他股东请求其向公司返还出资本息、协助抽逃出资的其他股东、董事、高级管理人员或者实际控制人对此承担连带责任的，人民法院应予支持；公司债权人请求抽逃出资的股东在抽逃出资本息范围内对公司债务不能清偿的部分承担补充赔偿责任、协助抽逃出资的其他股东、董事、高级管理人员或者实际控制人对此承担连带责任的，人民法院应予支持。

（三）抽逃出资的常见手段

《公司法》司法解释列举了实践中常见的四种抽逃出资手段：制作虚假财务会计报表虚增利润进行分配；通过虚构债权债务关系将其出资转出；利用关联交易将出资转出；其他未经法定程序将出资抽回的行为。

1. 制作虚假财务会计报表虚增利润进行分配

经会计核算后有利润才可分配，这是公司资本维持原则的要求，也是《公司法》的强制性规定。关于利润分配规则的会计角度理解，详见本节第三部分，此处不再赘述。

2. 虚构债权债务关系将出资转出

虚构债权，是指股东虚构相关交易后，将公司财产以履行该交易合同的理由转移至股东实际控制之下。例如，虚构公司将资金借给股东的借贷合同，公司因履行合同而向股东付款，成为股东的债权人。其与真实债权的差别在于公司不主动向股东主张债权。

虚构债务，是指股东虚构交易合同及股东已履行收款方义务的事实，以清偿债务为由将公司资产转移至股东实际控制之下。例如，让公司与第三人签订购买广告、咨询等服务的合同，在第三人并未实际提供服务的情形下确认公司接受了相关服务，以支付服务费的方式向第三人付款，再由第三人将相关财产转移给股东，实现间接抽逃出资。

3. 利用关联交易将出资转出

利用关联交易将出资转出，是指股东（或由其有关联关系的主体）与公司签订交易合同，公司以高于市场价格的合同价款购买资产、产品或者服务，以支付合同价款的方式实现相关资产转移给股东的目的。例如，股东向公司出售房产，但交易价格高于市场正常价格，在公司向股东支付交易价款时，高于市场价格的部分流出公司。

4. 其他未经法定程序将出资抽回的行为

其他未经法定程序将出资抽回的行为主要有：不编造任何理由直接转移公司财产，以减少注册资本为由向股东支付但并未遵循减资的法定程序，在法定条件不具备的情形下收购公司股权（份）等。

（四）抽逃出资的会计掩饰

由于我国企业财务会计法制的健全与严格执法，加之企业内部管理的需要（反映企业真实的资金运动、财务状况与经营成果)，实践中，对于导致财产流出公司的抽逃出资行为通常会通过会计核算予以反映，又因返还股东出资并非合法的核算依据，对抽逃出资导致了财产流出公司的事实，会计人员只能采取各种专业技巧予以掩盖。

1. 虚构利润

基于"收入－费用＝利润"会计核算逻辑，虚构利润需要从增加收入与减少费用两处着手；关于虚增收入与虚减费用的主要手段，详见本书第七章第一节中的"会计信息质量的主要威胁——会计舞弊"。因为利润涉及缴企业所得税，主要是所有权与经营权分离程度高的公司使用这种方式，所有者自己经营的公司较少这样核算。

2. 虚构债权

要使公司成为股东的"债权人"，必须以公司负有交付财产义务的合同为前提，如买卖合同与借款合同。以合同及其履行结果为记账的原始依据，合同约定的财产交付义务履行后，因相关交易是否为公司经营内容不同，会计处理也有所不同。以将资金以出借名义转移给股东为例，如果为小额贷款公司，应以"应收账款"科目核算该笔"债权"，普通公司则应计入"其他应收款"科目；因此，公司的"应收账款""其他应收款"等账簿及相应会计凭证上就留下了资产流向股东的痕迹。如果为买卖合同，会计处理有两种情形：在预设收款方可能"交付"买卖标的的情形下，在对方交付之前为预付合同价款，记"预付账款"科目；如果虚假确认收款方已经"交付"了买卖标的，则财产流出公司的原因是清偿买卖合同之债，详见"虚构债务"部分。

3. 虚构债务

在虚构债务情形下，资金流出公司的原因是为了购买固定资产、原材料或服务，且虚假确认了收款方已履行了交易标的的交付义务，基于相关会计科目之间的逻辑勾连，会计必须确认相应资产或费用。以虚假的原材料采购合同为例，既然确认了卖方已交付，必然应在"存货"科目增加相应数额。如为购买产品服务，在虚假确认已经接受了相关服务后，应将所支付的广告费确认为获取营业收入而支付的成本，进入"销售费用"科目核算。

4. 利用关联交易将出资转出

利用关联交易将出资转出的会计掩盖方式与虚构债权债务基本相同，差别在于相关会计资料记载的交易主体是否为抽逃出资的股东，或者其他与股东有关联关系的第三方。

5. 其他抽逃方式下的会计掩饰

在其他抽逃情形下，违法减少注册资本与收购公司股权（价）无需会计予以特别掩饰，只是相应会计确认的依据不足，且会计部门未履行《会计法》规定的监督义务。

不编造任何理由直接转移公司财产一般是在事前，抽逃行为完成后，出于公司财务管理需要，会计核算规范的公司事后还是需要处理财产流出的事实。除前述虚构利润、虚构债权债务等手段外，还可能将财产流出解释为开办费用或其他费用，进入“长期待摊费用”科目或其他相应科目予以核算。

第三节　公司财务会计治理制度

一、公司财务会计事务的权力分配

（一）公司财务会计事务的范围

1. “财务会计”的理解

“财务会计”在会计学和管理学上有着不同的含义。

会计学上的“会计”被分为财务会计与管理会计：财务会计指的是核算会计，即运用簿记系统的专业技术对企业的生产经营过程进行核算，从而为所有者、债权人及其他利益相关者提供会计信息；管理会计是企业管理者对财务会计信息的深加工与再利用，从而为企业经营管理决策作支撑。在这个意义上，“财务”是“会计”的修饰，关键词在于“会计”。

在管理学上，“财务”与“会计”均为管理行为的客体，两者为并列关系，“会计”发展为会计学，“财务”发展为财务管理学。财务管理学在美国又称为公司金融学（cooperation finance），关注于公司取得多少资产、哪种类型的资产，如何筹集购买资产所需的资本，以及如何经营企业以最大化企业价值相关的决策。[1]财务管理活动的内容包括预算管理、筹资管理、投资管理、资产管理、成本管理、会计核算管理、财务分析与评价、内部控制与税务管理等方面，涵盖了管理会计学的内容，但比管理会计学的范畴更大。

---

〔1〕［美］尤金·F. 布里格姆、［美］乔尔·F. 休斯顿：《财务管理》，张敦力等译，机械工业出版社 2018 年版，第 3 页。

2. 公司财务会计事务

对于公司财务会计事务的相关规则，我国《公司法》使用了"公司财务、会计"的表述，采纳的是管理学上"财务"与"会计"并列的逻辑。据此，本书认为，公司的财务会计事务在法律上应分为会计事务与财务事务两方面。从《公司法》条文内容上看，部分涉及了这两方面事务的决策与监督，本书统称为"公司财务治理规则"。

（二）会计事务

1. 会计事务的范围

如第七章所述，根据现行会计类法律、法规、规章及规范性文件的规定，包括公司在内的企业主要负有三项会计义务，即依法核算义务，编制与提供真实、完整财务会计报告的义务，会计资料保管义务。会计核算是指会计以货币为计量单位，对会计主体的经济活动过程与结果进行连续、全面、系统地记录、计算、加工、整理、汇总、编报并输出会计信息的行为或过程，包括建账、记账与算账三大环节。在对已发生的具体经济交易或事项进行记账、算账时，会发生确认、计量、记录与报告等会计行为，并于期末根据算账结果编制公司的财务会计报告。

在治理制度层面，法律需要解决的公司会计事务问题有三个：一是会计事务应由哪个公司机关负责处理，二是处理相关事务应遵循何种程序，三是相关主体未履行职责时应承担何种责任。

2. 会计事务的责任机关

关于会计事务由公司哪个机关行使的问题，《公司法》没有明确规定；依据会计法律规范推导，应由公司执行机关行使。

对于会计核算职权，《会计法》规定，会计主体应当根据会计业务的需要设置内部会计机构，或在其他内部机构中设置会计岗位，不具备设置条件的则应委托中介机构代理记账。由于董事会是《公司法》规定的经营管理事务的执行机关，除非公司章程有特别规定，决定公司内部管理机构的设置是执行机关的职权范围，且会计核算事务由公司内部会计机构具体负责（即使是委托中介机构代理记账的，《公司法》也未明确将聘请中介机构的职权配置给股东会），因此，会计核算事务职权属于公司执行机关。

关于财务会计报告的编制，《公司法》无直接规定，仅在"公司财务、会计"一章中规定，有限责任公司应当依照公司章程规定的期限将财务会计报告送交各股东；股份有限公司的财务会计报告应当在召开股东大会年会的20日前置备于本公司，供股东查阅；公开发行股票的股份有限公司必须公告其财务会计报告。因送交、置备或公开等行为的前提是财务会计报告已经编制完成,可以说,由公司执行机关编制财务会计报告已被立法者所默认。另外,《企业财务会计报告条例》规定,企业负责人对该企业财务会计报告的真实性、完整性负责;企业对外提供的财务会计报告,应由企业负责人和主管会计工作的负责人、会计机构负责人签名并盖章;设置总会计师的企业,还应当由总会计师签名并盖章。在上市公司,《上市公司信息披露管理办法》明确规定,上市公司董事长、经理、财务负责人应当对公司财务会计报告的真实性、准确性、完整性、及时性、公平性承担主要责任。综上,公司财务会计报告的编制与提供职权属于公司经营管理事务,由公司执行机关行使。

关于会计档案保管职权,《公司法》亦无特别规定,与会计核算事务共同作为公司日常管理事务,属于执行机关的职权范围。根据《会计档案管理办法》,单位会计部门依据国家统一的会计制度要求制作或获取的会计资料,应制作成为包括会计凭证、会计账簿、财务会计报告与其他会计资料在内的会计档案,并在规定期限内移交档案管理部门。

3. 会计事务的程序

关于公司治理层面的会计事务程序,主要指的是公司财务会计报告应经过怎样的内部程序才能成为法律意义上的财务会计报告,会计核算是公司管理层面的事务,适用国家统一的会计制度,无须进入公司立法。

关于公司财务会计报告,我国目前只有上市公司有明确规定。《上市公司信息披露管理办法》规定,上市公司的定期报告内容应当经上市公司董事会审议通过,未经董事会审议通过的定期报告不得披露。公司董事、高级管理人员应当对定期报告签署书面确认意见,说明董事会的编制和审议程序是否符合法律、行政法规和中国证监会的规定,报告的内容是否能够真实、准确、完整地反映上市公司的实际情况。监事会应当对董事会编制的定期报告进行审核并提出书面审核意见,说明董事会的编制和审议程序是否符合法律、行政法规和中国证监会的规定,报告的内容是否能够真实、准确、完整地反映上市公司的实际情况,并签署书面确认意见。董事、监事无法保证定期报告内容的真实性、准确性、完整性或者有异议的,应当在董事会或者监事会审议、审核定期报告时投反对票或者弃权票。董事、监事和高级管理人员无法保证定期报告内容的真实性、准确性、完整性或者有异议的,应当在书面确认意见中发表意见并陈述理由,上市公司应当披露。上市公司不予披露的,董事、监事和高级管理人员可以直接申请披露。

4. 未履行会计职责的法律责任

对内民事责任方面,《〈公司法〉司法解释四》规定,公司董事、高级管理人员等未依法履行职责，导致公司未依法制作或者保存财务会计报告、会计账簿等股东享有查阅权的文件材料，给股东造成损失的，股东有权依法请求负有相应责任的公司董事、高级管理人员承担民事赔偿责任。

对外民事责任方面，《〈公司法〉司法解释二》规定，在清算阶段，公司清算义务人怠于履行义务，导致公司主要财务账册、重要文件等灭失，无法进行清算的，债权人有权请求其对公司债务承担连带清偿责任。

（三）财务管理事务

1. 公司财务管理事务的范围

在财务管理学上，公司的财务管理活动包括预算管理、筹资管理、投资管理、资产管理、成本管理、会计核算管理、财务分析与评价、内部控制、利润分配及税务管理。其中，已进入《公司法》调整范围的有预算管理、投资管理、内部控制中的对外担保以及利润分配。

企业预算管理，是指企业在战略目标的指导下，对未来的经营活动和相应财务结果进行充分、全面的预测和筹划活动。财务预算管理是企业预算管理的核心部分。企业预算的本质是综合性财务计划，包括经营预算、资本预算和财务预算。经营预算是对企业收入、费用和利润作出的预计；资本预算是对企业的资本性投资方案所进行的计划和评价；财务预算则是在经营预算和资本预算的基础上所作出的现金流量的安排，以及一定时期内的损益表和一定时期末的资产负债表的预计。投资是指在某一社会再生产领域投入货币等资产以实现增值目的的经济活动。

财务管理中的企业投资管理，通常是指企业根据战略规划、使用资金置办新资产从而扩大经营规模的经营活动，如制造业企业产品供不应求需要建设新的生产线，或者开始新产品的研发制造。

根据《基本规范》的规定，内部控制是由企业董事会、监事会、经理层和全体员工实施的、旨在实现控制目标的过程；企业内部控制的规范目标有三个：企业合法合规经营（合规目标）、企业资产安全（资产目标）与财务报告及相关信息的真实完整（报告目标）。

2. 公司的财务管理职权

预算方案与决算方案是财务预算事务的主要内容，根据《公司法》的规定，公司财务的预算方案与决算方案应由股东会审议批准。据此，预算与决策的具体方案应由董事会制订，然后提交股东会审批；在规范运作的公司中，通常由财务部门起草预算与决策方案,交给董事会审议后,再提交股东会审批。[1]该事项为普通决议事项,适用简单多数决,除非公司章程有特别规定,有限责任公司由股东所持表决权过半数通过,股份有限公司经出席股东会会议的股东所持表决权的1/2以上通过。

从投资管理活动的内容上看,投资管理包括投资决策与决策执行;其中,投资决策进入了公司法的调整范围,投资决策的执行则隐含在公司整体权力的分配框架中,《公司法》未做特别规定。根据《公司法》规定,公司的经营方针和投资计划由股东会决定,执行投资计划的权力由董事会行使;公司向其他企业投资的,可按照公司章程的规定,由董事会或者股东会决议;公司章程对投资总额及单项投资数额有限额规定的,不得超过规定的限额。该事项为普通决议事项,除非公司章程有特别规定,适用简单多数决。

资产安全是企业内部控制的目标之一。除相互担保情形外,对外担保会使公司负上对经营无正向影响的或有债务,危及公司资产与财务安全,是企业内部控制的内容之一,也是法律应予特别规范的行为。《公司法》规定,公司对他人债务予以担保的决策机关可以是股东会或董事会,具体由公司章程规定;公司为公司股东或者实际控制人提供担保的,必须经股东会决议;受担保的股东或者实际控制人支配股东,不得参加表决;该项表决由出席会议的其他股东所持表决权的过半数通过。上市公司担保金额超过公司资产总额30%的,应当由股东会作出决议,并经出席会议的股东所持表决权的2/3以上通过。《公司法》还规定,董事、高级管理人员不得违反公司章程的规定,未经股东会或者董事会同意,将公司资金借贷给他人或者以公司财产为他人提供担保。

关于利润分配事务,根据《公司法》规定,应由公司股东会做出决议。实践中,由公司执行机关制订利润分配方案,再交由股东会表决。该事项为普通决议事项,适用简单多数决,除非公司章程有特别规定,有限责任公司由股东所持表决权过半数通过,股份有限公司经出席股东会会议的股东所持表决权的1/2以上通过。

二、公司财务会计监督

(一)公司治理层面的财务会计监督

1. 直接监督与间接监督

(1)直接监督

财务会计监督,是指由公司治理结构中承担监督职责的机关对公司的财务决

[1] 雷兴虎:《公司与非公司企业法基本问题研究》,湖北人民出版社2020年版,第267页。

策、财产使用与会计核算等行为进行监督,以防止董事与高级管理人员借职务便利损害公司及其股东的利益。财务会计监督是公司监督的重要内容,由公司内部执行监督职能的机关负责。在设有监事会的公司,由监事会执行财务监督职能;不设监事会但设有监事的,由监事或其他监督机构执行。

公司财务会计监督与会计监督不同。结合《会计法》"会计监督"一章规则的内容,本书将会计监督分为会计对内监督以及外部对会计的监督。前者可称为会计职能层面的会计监督,即除其核算职能外,会计还负有监督内部其他机构与人员经济活动之合法性、合理性的职能。后者则是指以国家机关、审计机构或全社会为监督主体,对企业的会计核算行为是否合法合规予以监督。总的来看,公司治理层面的财务会计监督与会计职能层面的会计内部监督存在如下不同:

第一,监督主体不同。公司治理层面的财务会计监督,其主体是公司内部执行监督职能的监事会,或监事、内部审计机构等承担监督职能的内部治理机关;会计职能层面的会计监督,其主体是企业内部执行会计核算职能的会计机构及其工作人员。

第二,被监督对象不同。公司治理层面的财务会计监督,其被监督对象是董事与包括财务负责人在内的高级管理人员;会计职能层面的会计监督,其被监督对象不仅应包括公司董事和高级管理人员,还应包括中层管理人员与普通员工。

第三,监督目的不同。公司治理层面的财务会计监督,其目的在于防止执行公司经营与管理事务的董事与高级管理人员借职务便利损害公司及其股东利益;会计职能层面的会计监督,其目的不仅在于防止包括董事、高级管理人员在内的全体企业内部人员损害公司及其投资者利益,还在于防止企业不合法经济活动损害国家利益。

(2)间接监督

公司财务会计的间接监督,是指公司聘请会计师事务所对公司进行审计,通过审计监督实现公司治理层面的监督。对此,依《公司法》规定,公司聘用、解聘承办公司审计业务的会计师事务所,由公司章程规定的机关审议决定。该事项为普通决议事项,除非公司章程有特别规定,适用简单多数决。

2. 财务会计监督的模式

现行《公司法》规定,我国公司监督模式有二:监事会监督与监事监督。在设立监事会以执行监督职能的公司,由监事会对公司财务会计进行监督,因此《公司法》规定"检查公司财务"为监事会的首要职权。在规模较小而未设监事会的有限责任公司,由监事行使公司财务会计监督的职权。

另外,在董事会中设置审计委员会是一种普遍的公司治理实践。例如,根据由财政部会同中国证监会、审计署、原银监会、原保监会制定的《基本规范》,大中型企业应当在董事会下设立审计委员会。金融机构、国有资本投资与运营公司等特殊公司的监管法律也规定,董事会应当设置审计委员会。在设置有董事会审计委员会的公司,由其担任公司财务会计的监督机关更为合理。

(二)财务会计监督职权的行使

财务会计监督是公司监督最重要的内容,根据《公司法》的规定,公司监督机关在财务会计监督职权的方式为"检查公司财务";监督机关发现公司经营情况异常,可以进行调查;必要时,可以聘请会计师事务所等协助其工作,费用由公司承担。由于前述法律规则含义不够清晰,实践中监事或监事会行使财务监督权存在较大障碍。

首先,由监事或监事会行使监督权的公司,其"检查公司财务"的职权范围是否及于公司会计核算事务,不够明确。学者认为,公司财务会计报告在提交股东会确认之前,监事会应当对其予以审核;审核内容主要包括财务会计报告是否真实、是否遗漏重大事项、是否与会计账簿相一致,编制方法是否得当,编制内容是否违反国家有关规定或公司章程。[1]本书赞同这种观点。

其次,公司监督机关行使财务监督权的司法保障不够充分。当监事行使财务检查权受阻而起诉时,在早期的司法实践中,有的法院甚至认为监事的财务监督权不能起诉,近年来虽然有法院确认了监事此项诉权,但有限责任公司监事通常同时兼有股东身份,有的法院将其确认为股东查阅权纠纷处理,进而以查账具有不正当目的而驳回原告诉讼请求。

三、股东财务会计资料查阅权

(一)财务会计资料查阅权的概念与性质

1. 财务会计资料查阅权的概念

股东会计资料查阅权,是指股东基于其股东身份所享有的依法查阅公司财务会计资料的权利,其上位概念是股东查阅权。股东查阅权是股东知情权这个集合性概念之下最重要的权利,如公司的法定披露义务不足以满足股东对公司信息的需求,股东就有主张查阅权的必要性与正当性。[2]财务会计资料承载着公司财务

---

〔1〕 雷兴虎:《公司与非公司企业法基本问题研究》,湖北人民出版社2020年版,第26页。

〔2〕 李建伟:《股东知情权研究》,法律出版社2018年版,第48页。

状况与经营成果方面的重要信息，在股东不参与经营管理的情形下，是消除股东对公司财务状况、经营状况、经营成果以及经营管理者履职状况等方面信息不对称的最有效手段，也是股东行使利润分配、表决、经营管理者评价等核心权利的决策基础，还可监督与制约公司经营管理者的履职行为，因此，财务会计资料是股东查阅权的最重要客体。

2. 财务会计资料查阅权的性质

(1)请求权

由于查阅标的被公司经营管理层实际占有与控制，股东查阅权的实现只能通过公司履行呈递义务的方式实现，故该项权利性质上为请求权。根据请求权行使是否负有条件或限制，股东查阅权在理论上有着绝对查阅权与相对查阅权之分；股东不受限制地查阅公司记录的权利为绝对查阅权，即股东在公司营业时间内在合理地点不需阐明理由即可查阅；受到某些实质限制的查阅权则为相对查阅权。[1]根据《公司法》的相关规定，股东享有绝对查阅权的客体仅限于公司财务会计报告，会计账簿与会计凭证则属于相对查阅权。

(2)固有权

财务会计资料查阅权的固有性源于股东知情权的固有性。股东知情权的固有性，是指未经权利人同意，不可被公司章程、决议或公司内部规范性文件剥夺或限制。因此，《〈公司法〉司法解释四》规定，公司章程、股东之间的协议等实质性剥夺股东依法享有的查阅或者复制公司文件材料的权利，公司以此为由拒绝股东查阅或者复制的，法院不予支持。

(3)兼具自益性与共益性

以行使权利是为了自己利益还是股东共同利益为标准，公司法理论将股东权利区分为自益权与共益权；自益权是股东为了自己的利益而行使的权利，共益权是股东为了全体股东的共同利益而间接为自己的利益而行使的权利。对于财务会计资料查阅权的性质，学界有共益权说、自益权说与折中说三种观点。[2]从股东行使该项权利可实现的功能看，我们认为折中说比较合理，即财务会计资料查阅权兼具自益性与共益性两种性质。

财务会计资料查阅权的自益性源于股东知情权的自益性，是股东实现投资目的的一项基础性与工具性权利；其基础性在于，它是股东实现其他股东权利的基

〔1〕 李建伟：《股东知情权研究》，法律出版社2018年版，第51页。

〔2〕 朱大明：《论股东会计账簿查阅权的监督功能——以查阅权的共益性为中心》，载《北方法学》2021年第1期。

础;其工具性在于,实践中股东行使知情权的目的往往不限于获得信息本身,而是在获得必要信息后采取进一步的法律行动,如请求盈余分配、对管理层提起诉讼等。[1]

财务会计资料查阅权同时具有显著的共益性。由于经营管理者在行使职权时可能损害公司利益,为了保护公司与全体股东的利益,有必要赋予股东"监督纠正权",以实现对于经营管理者的制约及责任追究。因此,应当允许股东行使会计资料查阅权。从这个意义上看,作为股东所享有的对公司经营监督权利的组成部分,股东会计账簿查阅请求权应当为共益权。[2]

(二)财务会计资料查阅权的行使

1. 财务会计报告查阅权

根据《公司法》的规定,法律未对股东查阅公司财务会计报告设置任何限制性条件,股东有权不受限制地查阅与复制。《公司法》还明确要求,有限责任公司应依公司章程规定向股东提供财务会计报告,股份有限公司应当将包括财务会计报告在内的资料置备于本公司,以备股东查阅。

2. 有限责任公司股东的会计账簿查阅权

《公司法》规定,有限责任公司股东要求查阅公司会计账簿的,应当向公司提出书面请求,说明目的。据此,有限责任公司股东享有公司会计账簿查阅权。

第一,从请求权主体上看,有限责任公司所有在任股东均享有查阅请求权。《公司法》并未对股东行使这项请求设置持股比例限制,在任股东均享有公司会计账簿与会计凭证的查阅权。并且,根据《〈公司法〉司法解释四》的规定,股东在起诉立案时无需自证股东身份,案件审理中被告能证明原告不具有股东资格的,再由法院驳回起诉。

司法实践中,对请求权主体的争议主要集中于已经转让了股权的原股东是否拥有查阅请求权。对此,理论界有绝对无权说、绝对有权说与相对有权说三种观点。绝对无权说认为,股东权是一种社员权,社员资格是取得社员权的前提,失去社员资格即失去社员权,也就失去包括知情权在内的全部股东权。绝对有权说认为,股东在转让股权后,仍有权查阅转让前与转让后的公司全部财务会计资料。相对有权说认为,股东在转让股权后,有证据表明公司隐瞒利润的,有权请求查阅其作为

---

[1] 李建伟:《股东知情权研究》,法律出版社2018年版,第1页。

[2] 朱大明:《论股东会计账簿查阅权的监督功能——以查阅权的共益性为中心》,载《北方法学》2021年第1期。

股东期间的会计资料，但只能通过诉讼方式行使。[1]主流观点支持相对有权说，主要理由为：诉请法院保护知情权的逻辑前提不是知情权本身，而是知情权背后的其他权利和利益，故不能简单将股东身份和知情权直接挂钩，将股东身份作为知情权的逻辑前提。[2]《〈公司法〉司法解释四》亦支持这种观点，规定了原告有初步证据证明在持股期间其合法权益受到损害的，法院应支持其请求依法查阅或者复制其持股期间的公司特定文件材料。

第二，从请求权行使方式上看，股东应以书面形式请求查阅，并说明目的。公司拒绝提供查阅的，股东可以通过诉讼方式行使请求权。根据学界主流观点，股东不能直接以诉讼方式行使查阅权，起诉前应履行前置程序：以书面形式向公司请求查阅并说明目的，被拒绝后才能进入诉讼程序。这既是对公司自治的尊重，也能防止股东滥用诉权。[3]

为保护股东利益，《公司法》只要求股东说明查阅目的，未要求其证明自己目的的正当性。关于目的说明义务是否有具体履行标准，绝大多数法院仅要求股东在前置程序对查阅目的做一般性说明，同时要求公司就股东目的不正当承担举证责任。诉讼实践中，绝大多数股东说明的目的为"了解公司实际经营状况、财务状况，更好地对公司事务参与监管，维护股东权益"，也有少数提出了"了解股权价值""调查危害公司及股东利益的行为""分红"等更具体的事由。[4]

2005年《公司法》明确规定该项权利后，因有的股东行使查阅权需要借助于会计专业人士，司法实践中出现了股东是否可以委托他人行使的争议，法院多以无立法依据为由不支持原告这一诉讼请求。[5]本书认为，公司财务会计报告与会计账簿具有极强的专业性，非专业人员难以从中发现问题，司法实践中的这种做法不利于保护股东知情权，公司立法应予以纠正。

第三，从对抗股东查阅权的角度来看，公司拥有不正当目的的抗辩权。《公司法》规定，公司有合理根据认为股东查阅会计账簿、会计凭证有不正当目的，可能损害公司合法利益的，可以拒绝提供查阅。公司的该项抗辩权应以书面形式行使，并应自股东提出书面请求之日起15日内书面答复股东，并说明理由。诉讼中，公司的不

---

〔1〕 蒋大兴：《超越股东知情权诉讼的司法困境》，载《法学》2005年第2期。

〔2〕 李建伟：《股东知情权研究》，法律出版社2018年版，第130－133页。

〔3〕 李建伟：《股东查阅会计账簿的"不正当目的"抗辩研究——〈公司法〉第33条第2款的法教义学分析》，载《当代法学》2021年第1期。

〔4〕 李建伟：《股东查阅会计账簿的"不正当目的"抗辩研究——〈公司法〉第33条第2款的法教义学分析》，载《当代法学》2021年第1期。

〔5〕 李建伟：《股东知情权诉讼研究》，载《中国法学》2013年第2期。

正当目的抗辩权主要涉及两个问题:一是举证责任,即应当由原告股东证明其目的正当,还是由被告公司证明其目的不正当;二是不正当目的的实质判断。

对于举证责任分配,依据《公司法》相关条文的文义解释,并不存在股东证明其目的正当的规定,而公司行使抗辩权则需以不正当目的为前提,这说明了"目的是否正当"的证明责任配置给被告公司的立法本意。对此,理论解释是:由于被告具有相对于原告的明显优势地位,所以"目的不正当"比"目的正当"更具有证明的可能性;进而,法律将具有前提性的股东说明目的的义务作为基础事实,当股东依法履行了说明义务这一基础事实时,法律就推定股东具有"正当目的"。〔1〕实践中,也鲜有裁决理由直接正面阐释正当目的,相反,多数法院以公司是否完成不正当目的证明责任的判断替代了股东目的是否正当的判断。〔2〕

关于不正当目的的判断,《公司法》做了"可能损害公司合法利益"这一较为抽象的界定,其核心为"公司利益"的判断。《〈公司法〉司法解释四》列举了四种应当认定为"不正当目的"的情形,包括:股东自营或者为他人经营与公司主营业务有实质性竞争关系业务;股东为了向他人通报有关信息查阅公司会计账簿,可能损害公司合法利益;股东在向公司提出查阅请求之日前的3年内曾通过查阅公司会计账簿,向他人通报有关信息损害公司合法利益;以及股东有不正当目的的其他情形。实践中,如刺探公司用户隐私、〔3〕把公司信息出售并用于广告宣传等,〔4〕即属于司法解释规定的其他不正当目的情形。

第四,从客体上看,股东的会计资料查阅权及于公司会计账簿与会计凭证。因2005年《公司法》只明确规定了会计账簿的查阅,司法实践中出现了查阅客体是否及于会计凭证的争议,多数法院通过扩张解释的方式支持了原告这一诉讼请求。〔5〕本书认为,会计凭证中的原始凭证是会计核算的事实依据,对原始凭证进行会计确认与会计计量后形成记账凭证,会计账簿全部内容由记账凭证转录而来,两者在会计核算上是一个整体;如果股东查阅权不及于原始凭证与记账凭证,则公司实际控制者完全可以制作虚假账簿欺骗股东,从而使《公司法》规定股东查阅权的立法目的落空。因此,《公司法》应当明确查阅客体包括会计账簿与会计凭证。

---

〔1〕 李建伟:《股东查阅会计账簿的"不正当目的"抗辩研究——〈公司法〉第33条第2款的法教义学分析》,载《当代法学》2021年第1期。

〔2〕 李建伟:《股东知情权诉讼研究》,载《中国法学》2013年第2期。

〔3〕 李建伟:《股东查阅会计账簿的"不正当目的"抗辩研究——〈公司法〉第33条第2款的法教义学分析》,载《当代法学》2021年第1期。

〔4〕 甘培忠、刘兰芳主编:《新类型公司诉讼疑难问题研究》,北京大学出版社2009年版,第157页。

〔5〕 李建伟:《股东知情权诉讼研究》,载《中国法学》2013年第2期。

思考题

1.《公司法》“公司财务、会计”一章的条文主要涉及哪些内容？
2.“公司资本”一词的法律含义与会计含义有何不同？公司资本的法律功能主要有哪些？
3. 在公司经营过程中，其资产或净资产能维持与资本的“相当”关系吗？应如何理解公司资本维持原则？
4. 公司股东行使利润分配请求权需要具备哪些法律事实？公司可用于股东分配的利润，其核算逻辑是怎样的？
5. 实践中，会计掩饰股东抽逃出资的行为有哪几种？
6. 公司财务会计治理制度包括哪几个方面的内容？具体包括《公司法》上的哪些规则？

第九章　金融法中的财务会计制度

导　读

金融业的监管必须依据财务会计资料并使用财务会计监管手段，本章以金融业的财务会计监管为主题，详细介绍了金融业财务会计监管的三种制度：金融企业的财务会计信息报送制度、资本监管制度与风险准备金制度，共三节。

第一节主要介绍金融、金融业、金融监管，金融财务会计监管的必要性、目标与主要制度，以及金融企业的财务会计信息报送制度。金融为“货币资金的融通”，包括货币发行与货币融通；在金融监管语境中，指已发行货币在经济领域或社会的融通，具体包括融资与投资两大环节。依国家标准，金融业包括货币金融服务、资本市场服务、保险业与其他金融业四大类。直接金融与间接金融是金融最重要的分类，这一分类影响金融企业具体财务会计监管标准的设计。金融业经营的信用性与负债性、杠杆性、营利性与金融风险的强负外部性，是金融监管的必要性所在。财政部也是金融企业财务会计的监管主体。金融企业财务会计监管的必要性有二：一是财务会计监管手段对防范金融风险有其他手段不能取代的独特功能，二是其他金融监管措施的实施必须借助金融企业的财务会计信息。金融监管的核心目标是保障金融安全与防范金融风险，财务会计监管通过维持金融企业的偿付能力而服务于该核心目标。金融企业会计信息是监管机构了解其监管对象并决定是否采取其他监管措施的主要依据之一，是评估既有监管措施是否得到执行及其执行效果的依据之一，也是判断金融系统与社会经济运行状况的重要依据。

第二节介绍金融业资本监管制度。金融企业资本监管制度中的“资本”有两种类型：注册资本与监管资本，其中注册资本制度具有维持金融企业静态偿付能力的作用，监管资本制度具有维持金融企业动态偿付能力的功能。监管资本主要是金融企业净资产中流动性最高、变现能力最强、能吸收经营损失的那部分，监管资本制度是金融监管制度的三大支柱之首。监管资本标准从以下两个方面维持金融企业的偿付能力：一是锚定金融企业的业务规模，从而实现其风险规模的限制，二是促进金融企业提高资产质量，从而使金融企业有足够资产应对风险所致损失。金融企业注册资本制度具有较高的最低注册资本数额、注册资本实缴制与出资形式主要是货币三个特点。金融业监管资本指标针对各金融业态的业务特点制定，金融企业开展业务会形成资产与负债，监管资本计算的基本思路是：资产减去负债后剩余的净资产，扣除监管机构认为不能用于承担损失的资产，再考量资产的风险折扣，从而计算出的数额应与金融企业的业务规模相适应。监管规范为不同金融业态设计了相应监管资本标准，在商业银行与保险公司等间接金融机构主要是资本充足率或偿付能力充足率中的最低资本要求，在信托公司和证券公司等直接金融机构为净资本监管标准。

第三节介绍风险准备金制度。广义的风险准备金包括资产减值准备与一般（风险）准备，都具有减少金融企业"可供投资者分配的利润"之功能，从而将更多财产留存在金融企业以应对未来风险。风险准备金的提取模式有两种，一种是从业务收入中提取，作为成本列支，另一种是从利润中提取，成为所有者权益中的一个项目。商业银行的存贷款业务为典型的间接金融，既需要从收入中提取贷款损失准备，以满足《商业银行贷款损失准备管理办法》规定的资产减值准备充足率标准，也需要从利润中提取一般风险准备，以满足《金融企业准备金计提管理办法》规定的标准。以基金管理公司为代表的直接金融机构需要以收入为基数，提取10%的一般风险准备。

第一节　金融监管法中的财务会计制度概述

一、金融与金融业的界定

（一）金融的界定

金融学认为，"金融"这一概念来源于西方的Finance，其本意是"货币财产及其管理"，具体可以理解为政府、企业及个人等主体有关货币财产及其管理的微观经济活动。在我国金融学界，一般将"金融"解释为货币资金的融通。也有学者认为，"金融"既可界定为涉及货币及信用，以及货币与信用结合为一体的形式生成、运作的所有交易行为的集合，也可以理解为凡是涉及货币供给，银行与非银行信用，以证券交易为操作特征的投资，商业保险，以及以类似形式运作的所有交易行为的集合。[1]总的来说,金融是围绕货币及其信用性流通而进行的社会活动。金融活动与相关行为的客体是货币,以其为核心的相关金融活动可划分为两大阶段,即货币发行与货币融通。

1. 货币发行

货币发行有双重含义:一是指货币从中央银行的发行库通过各商业银行的业务库流向社会,即将新发行的货币通过商业银行流向社会;二是指货币从中央银行流出的数量大于从流通中回笼的数量,即通过与金融机构交易使流出的货币数量大于回笼减少的货币数量。

发行货币是主权国家的重要权力之一,各国政府一般将其交由中央银行行使。根据《中国人民银行法》的规定,人民币是我国法定货币,中国人民银行是我国的中央银行,它在国务院领导下依法制定和执行货币政策,发行人民币,并管理人民币的流通。中央银行又被称为"银行的银行",通过向商业银行办理再贷款与再贴现,在公开市场上买卖国债、其他政府债券和金融债券及外汇等传统货币政策工具,以及运用常备借款便利、中期借款便利、抵押补充贷款等创新型货币政策工具,中国人民银行发行的人民币进入了流通领域。

金融学上,此阶段的金融涉及货币政策、利率、汇率等理论,属于宏观经济学中的货币银行学范畴。这一层面的金融与商法的交叉领域为中央银行法。

2. 货币融通

通过商业银行等金融机构,中央银行发行的货币进入社会生产与生活,从而开启金融的第二阶段——货币流通。站在金融机构的角度,该层面的金融包括融资与投资两个环节。

融资是资金融通业务的起点,解决了"钱从何来"的问题,是金融监管最重视的环节。融资完成、资金得以汇集后,必须使用资金以使其增值,此环节即为投资,解决的是"钱花向何处"的问题。以商业银行为例,通过接受储户存款,商业银行完成融资并形成了负债业务,在会计上形成了"吸收存款"这一负债科目,法律上成为储户的债务人;通过贷款业务,商业银行将资金贷放予借款人,从而完成了投资并形成了相应资产业务,也成了借款人的债权人。与融资环节更严格的监管相比,投资环节的监管稍弱,除商业银行的投资限制较多外,其他金融企业的投资拥有更多自主权。该层面的金融为微观金融,在美国等西方国家其属于应用经济学中的管理学范畴,这也是英文 Finance 一词的主要含义。

---

[1] 参见黄达、张杰编著:《金融学》(第5版),中国人民大学出版社2020年版,第111–112页。

从商法角度来看,无论是融资或投资,货币融通目的的实现都必须依赖于以货币本身作为交易标的的交易行为,其私法本质为以意思表示为核心要素的法律行为。借助于交易各方意思表示达成一致的合同及其履行,货币得以在投资方与融资方之间流动。该领域与商法的交叉点有两个:一是金融交易法,如证券法、保险法、信托法、证券投资基金法等部门法中调整平等主体间交易关系的规则与制度;二是金融监管法,即政府对金融机构及其经营制定并实施的金融监管制度。本章所涉"金融",指的是金融监管法中的财务会计监管制度。

(二)金融业的界定

根据国家标准:《国民经济行业分类》(GB/T 4754—2017)的分类,金融业属于服务业,具体分为货币金融服务、资本市场服务、保险业与其他金融业四大类。

1. 货币金融服务

货币金融服务分为五大类,分别为中央银行服务、货币银行服务、非货币银行服务、银行理财服务与银行监管服务。中央银行服务指代表政府管理金融活动,并制定和执行货币政策,维护金融稳定,管理金融市场的特殊金融机构的活动。货币银行服务指除中央银行以外的各类银行(含外资银行及其分支机构)所从事的存款、贷款和信用卡等货币媒介活动,包括商业银行服务、政策性银行、信用合作社、农村资金互助社与其他货币银行服务。非货币银行服务指主要与非货币媒介机构以各种方式发放贷款有关的金融服务,包括融资租赁、财务公司、典当、汽车金融公司、小额贷款公司、消费金融公司、网络借贷与其他非货币银行服务。银行理财服务指银行提供的非保本理财产品服务。银行监管服务指代表政府管理银行业活动,制定并发布对银行业金融机构及其业务活动监督管理的规章、规则。

2. 资本市场服务

资本市场服务分为证券市场服务、公开募集证券投资基金、非公开募集证券投资基金、期货服务、证券期货监管服务、资本投资服务以及其他资本市场服务。证券市场服务包括证券市场管理服务和证券经纪交易服务两类;证券市场管理服务指证券交易所、登记结算机构等非政府机关进行的证券市场经营和监管。证券市场交易服务指在金融市场上代他人进行交易、代理发行证券和其他有关活动,包括证券经纪、证券承销与保荐、融资融券、客户资产管理业务等活动。公开募集证券投资基金指由专业基金管理人管理,向不特定投资者公开发行受益凭证,依照《公开募集证券投资基金运作管理办法》运作,并在法律严格监管下进行投资的证券投资基金。非公开募集证券投资基金指由基金管理人或者普通合伙人管理,以投资为目的设立,依照《私募投资基金监督管理暂行办法》非公开募集与运作的投资基金,包括创业投资基金、天使投资与其他非公开募集证券基金。期货市场服务指非政府机关进行的期货市场经营和监管,包括商品期货交易所、金融期货交易所、期货保证金监控中心的活动。证券期货监管服务指由政府或行业自律组织进行的对证券期货市场的监管活动。资本投资服务指经批准的证券投资机构的自营投资、直接投资活动和其他投资活动。其他资本市场服务指投资咨询、财务咨询、资信评级服务,以及其他未列明的资本市场的服务。

3. 保险业

保险业包括人身保险、财产保险、再保险、商业养老金、保险中介服务、保险资产管理、保险监管服务以及其他保险活动。人身保险指以人的寿命和身体为保险标的的保险活动,包括人寿保险、年金保险、健康保险和意外伤害保险。财产保险指以财产及其有关利益为保险标的的保险,包括财产损失保险、责任保险、信用保险、保证保险等。再保险指承担与其他保险公司承保的现有保单相关的所有或部分风险的活动。商业养老金指专为个人和单位雇员或成员提供退休金补贴而设立的法定实体的活动(如基金、计划、项目等),包括养老金定额补贴计划以及完全根据成员贡献确定补贴数额的个人养老金计划等。保险中介服务指保险代理人、保险经纪人开展的保险销售、谈判、促合以及防灾、防损或风险评估、风险管理咨询、协助查勘理赔等活动,以及保险公估人开展的对保险标的或保险事故的评估、鉴定、勘验、估损、理算等活动。保险资产管理指保险资产管理公司接受委托开展的保险资金、商业养老金等资金的投资管理活动。保险监管服务指根据国务院授权及相关法律、法规规定所履行的对保险市场的监督、管理活动。其他保险活动指其他未列明的与保险和商业养老金相关或密切相关的活动,包括救助管理、保险精算等。

4. 其他金融业

其他金融业分为金融信托与管理服务、控股公司服务、非金融机构支付服务、金融信息服务、金融资产管理公司以及其他未列明金融业。金融信托与管理服务指根据委托书、遗嘱或代理协议代表受益人管理的信托基金、房地产账户或代理账户等活动,包括信托公司与其他金融信托与管理服务两类。控股公司服务指通过一定比例股份,控制某个公司或多个公司的集团,控股公司仅控制股权,不直接参与经营管理,以及其他类似的活动。非金融机构支付服务指非金融机构在收付款人之间作为中介机构提供部分或全部货币资金转移服务,包括第三方支付机构从事的互联网支付、预付卡的发行与受理、银行卡收单及中国人民银行确定的其他支付等服务。金融信息服务指向从事金融分析、金融交易、金融决策或者其他金融活动的用户提供可能影响金融市场的信息或者数据的服务，包括征信机构服务。金融资产管理公司指经批准成立的，以从事收购、管理和处置不良资产业务为主，同时通过全资或控股金融类子公司提供银行、信托、证券、租赁、保险等综合化金融服务的金融企业。其他未列明金融业包括两类：一是经金融监管机构批准设立的专门从事促进金融机构间资金融通和外汇交易等经纪服务的货币经纪服务公司；二是主要提供与资金分配（贷款除外）有关的其他金融媒介活动，包括保理、掉期、期权和其他套期保值安排、保单贴现、金融交易处理与结算，借款担保、发行债券担保等融资担保活动，以及信用卡交易的处理与结算、外币兑换等活动。

（三）金融业务分类：直接金融与间接金融

1. 直接金融与间接金融的定义

根据融资过程中是否经过金融中介，金融学上将金融业务的性质区分为直接金融与间接金融。直接金融是资金供给者和资金需求者无需经过金融中介的参与分别作为最后供给者和最后需求者，或者由资金供给者直接购入资金需求者的有价证券而实现资金融通的金融行为，主要包括民间借贷、商业票据、债券和股票。间接金融是指资金融通需要经过金融中介进行，金融中介机构通过发行各式资金凭证给资金供给者以获得资金，再以贷款或投资的形式购入货币资金需求者的债务凭证，以此实现供给者与需求者之间的资金融通，主要包括银行券、存款单、银行票据和保险单等。[1]

2. 直接金融与间接金融的法律特点

大多数情形下，直接金融与间接金融都有金融机构参与，仅从交易主体角度难以对其予以准确区分，我们认为，从交易所涉货币资金所有权是否发生转移、金融机构的权利义务以及投资风险与最终损失的承担等角度区分则更为清晰。

(1)货币资金的所有权是否转移至金融机构存在不同。以银行信贷业务和保险业务为典型的间接金融中，银行获取存款人存款，保险公司获取投保人保险费，其所涉及的存款与保险费资金的所有权转移至银行或保险公司。尽管我国相关立法对存款资金的所有权是否转移至银行的规定存在冲突，但从理论上分析，如果存款资金的所有权不转移至吸收存款的银行，银行在占有货币资金的基础上，通过发放贷款的方式对其予以处分并享有收益、承担风险即无法理基础。而且，从立法与司法实践中对存款人权利的实现手段与保护措施上看，其默认的前提是货币资金

〔1〕 参见薛风召、黄铭：《对直接金融和间接金融的简单比较》，载《经济研究导刊》2014 年第 12 期。

所有权已经转移,因此《商业银行法》明确将银行破产时储户对银行的权利列入破产债权,而非取回权。同理,保险费是保险公司开展保险业务的目标,也是保险机制中风险分散基金的来源。如果保险费的所有权不转移至保险公司,保险公司在发生保险事故时从风险分散基金中向被保险人、受益人给付保险金的行为也无法理依据。但在直接金融中,虽然表面上看其所涉及的资金也是从投资者汇集至金融机构,但其并未在金融机构与投资者之间产生资金所有权的转移。例如,依照《证券法》《证券公司监督管理条例》《公司债券发行与交易管理办法》的相关规定,证券公司在从事证券代理业务、证券资产管理业务以及证券经纪业务时,均应将所涉及的客户资金在指定的商业银行专户存放;证券公司破产或清算时,所涉及的客户资金不属于其破产财产或清算财产。依照《信托法》《信托公司管理办法》的相关规定,包含信托资金在内的信托财产不属于信托公司的固有财产;信托公司终止时,信托财产不属于其清算财产。

(2)金融机构在交易关系中的权利与义务不同。由于货币资金所有权是否发生转移存在不同,在直接金融和间接金融中,金融机构的权利义务(法律关系的内容)也完全不同。在间接金融中,资金从存款人、投保人等资金原始流出方流出后,银行与保险公司取得了资金所有权,其在监管允许的范围可自由决定如何使用;在义务方面,银行应依据存款类型向存款人还本付息,保险公司则负有了风险承担义务,并在保险事故发生后向被保险人或受益人支付保险金与必要费用,银行与保险公司主要是依照与存款人、投保人之间的约定履行合同义务。但在直接融资中则不然。股票、债券在一级市场发行时,证券公司是发行人的承销商,其与发行人依所签订的《承销协议》形成代理关系;股票、债券进行二级市场交易时,证券公司与交易各方的法律关系为经纪关系;在资产管理业务中,信托公司、商业银行理财子公司等金融机构与投资者之间的关系是信托关系。总之,直接金融中,金融机构只是代理人、经纪人或受托人,仅起到撮合交易的作用。因资金的所有权未转移至相关金融机构,其只能依合同约定的用途为投资者的利益而使用,金融机构对投资者更多的是履行以信义义务为代表的法定义务。

(3)投资风险与最终损失的承担者不同。由于货币资金所有权是否发生转移,以及金融机构的权利义务不同,在金融机构是否承担资金投资风险与损失这一最终结果上,间接金融与直接金融也完全不同。在间接金融中,如果银行将源于存款的资金贷于借款人不能收回,或者保险公司将来源于保险费的资金用于投资(如买股票)出现亏损,由银行、保险公司自己承担损失,其对存款人与被保险人的给付义务并不会因为损失而免除。因此,银行、保险公司等金融机构在间接金融中是风险与损失的最终承担者。但在直接金融中,由于资金融通的实质交易发生于投资方(资金原始流出方)与融资方(资金最终流入方),投资风险与损失由投资者自己承担,金融机构不承担投资风险;除非存在违反信义义务或其他法定义务的情形,金融机构对投资者的投资损失亦不承担法律责任。

二、现代金融业的经营特点

与其他行业经营相比,以货币融通为业而营利的金融业具有四个突出的经营特点。

(一)金融业经营的信用性与负债性

金融业经营的是信用,金融交易为无媒介物的信用交易。从交易标的的角度看,不同主体间的交易有媒介物与无媒介物之分。有媒介物的交易以实际存在的商品或服务为交易标的,货币在此类交易中扮演的是一般等价物,作为支付手段而在交易中起作用。金融交易不存在媒介物,货币本身就是交易标的,投资方根据交易合同向融资方支付货币时,作为合同"买方"的融资方不需要交付商品或服务,而是提供了自己的信用。因此,金融学界将信用解释为"以还本付息为条件的借贷行为"。[1]作为资金流转的"金融中介",金融最基本的特征和作用是采用还本付息的手段筹集和配置资金,调剂资金余缺。[2]从法律角度理解,信用是借贷关系中债务人的履约能力,即融资方按借贷合同约定向投资方支付相应货币及其时间价值的能力。以货币金融服务中的货币银行服务为例,存款人将货币存入商业银行账户,货币相应法律权利亦转移到商业银行,存款人得到的是商业银行按存款利率还本付息的承诺,此类交易得以进行的前提是商业银行有还本付息的履约能力。

从法律上看,融资方接受投资方交付的货币后,即成为投资方的债务人,其资产负债表上会增加相应的负债。依国家标准分类的四大类金融行业中,第一大类货币银行服务以及第三大类保险业,均为负债性金融业。从事货币银行服务的商业银行是最重要的资金融通渠道,存款人通过存款将资金交付给商业银行后,商业银行成为存款人的债务人,其资产负债表中增加了相应的负债,商业银行负有依存款种类向存款人还本付息的义务。保险业经营中,保险公司与投保人签订保险合

---

〔1〕 参见秦桂兰主编:《金融学》,立信会计出版社 2016 年版,第 39 页。

〔2〕 这是间接金融尤其是商业银行的主要特点;商业银行是最古老的金融业务,在现代金融体系中,是货币进入流通领域的最主要通道,也是金融体系中最重要的金融机构。因此,多数金融学理论是以商业银行为模版发展起来的,不能完全适用于直接金融。

同,投保人据此向保险公司缴纳保险费;保险公司则向被保险人负有风险承担义务,该义务在保险事故发生后具体表现为赔偿或支付保险金及相关费用。商业银行对存款人的义务与保险公司对被保险人的义务均构成其债务,两者不同的是,商业银行的负债为确定性债务,而保险公司的负债为射幸性债务。

(二)金融业经营的杠杆性

金融业经营的高杠杆性根源于其负债性。金融机构通过负债业务获取资金后,就会形成金融经营的杠杆(leverage)。"杠杆"一词最早源于物理学,本质上是事半功倍的省力方法,后来逐渐被引入经济金融领域,指用小部分资金(所有者权益)撬动十几倍甚至几十倍于本身的大规模资金(所有者权益+负债),从而获取高额利润。从微观角度来看,金融杠杆的实质是金融服务的提供机构通过负债扩张资产,使资产增加并使资产负债表扩张的行为。金融杠杆的核心是金融机构通过使用自有资金来驾驭负债的程度,金融加杠杆就是加负债。[1]总的来说,金融杠杆可以理解为金融企业通过负债使得资产规模得以扩大的手段;其在资产负债表上直观表现为:在所有者权益不变的情况下,金融机构的负债增加,从而使得资产总规模得以增加,因而加杠杆也被称为资产负债表的扩表行为。

杠杆的魅力在于提高效率。物理上使用杠杆可省力,经营上使用"杠杆"则可增加利润。以商业银行贷款为例,假设某城市商业银行资本金为1亿元,按1年期贷款利息率5%计算,该1亿元全部用于1年期贷款则可获利息收入500万元,按2021年银行全年约30%的成本收入比[2]计算,可获利润350万元;再假设其吸收了存款10亿元,扣除依监管标准不能用于贷款的部分(存款准备金率,假设为12%;不考虑其他信贷规模控制指标)后剩余约8.8亿元,可获利息收入4400万元,按30%的成本收入比计算,可产生利润3080万元,比不使用杠杆情形下增加了8.8倍利润。因此,金融机构有着为扩张业务规模而无限加杠杆的冲动。实践中,金融机构通过业务嵌套、拉长融资链条等途径来扩大其资产规模。在此过程中,金融机构的资产负债表就会随着各种业务的相互交叉开展而扩张,与此同时也就实现了

---

〔1〕 参见喻海东:《中国货币政策对银行流动性的影响研究——基于金融杠杆视角》,四川大学2021年博士学位论文,第22-23页。

〔2〕 成本收入比率=营业费用/营业收入×100%。根据银保监会披露2021年四季度银行业主要监管指标数据情况,2021年商业银行四个季度的成本收入比率分别为27.12%、28.08%、28.98%、32.08%。

金融的加杠杆。[1]

杠杆是柄“双刃剑”。在投资产生收益的情形下，使用杠杆可放大收益，但在亏损情形下，则会放大损失；无论收益或损失，其结果都会随杠杆倍数而成倍扩大。因此，金融杠杆应用不当，所造成的冲击也会成倍放大。经验表明，现代社会的金融风险主要是由金融机构的高杠杆造成的。

（三）金融公司的营利性

现代金融服务一般由以营利为目的的企业提供。以商业银行、证券、保险等传统金融业为例，根据《商业银行法》《证券法》《保险法》的相关规定，商业银行、证券公司、保险公司均应采取公司形式。根据《公司法》的规定，公司为企业法人，也是《民法典》第 76 条规定的营利法人。例如，依照《商业银行法》第 2 条的规定，商业银行是指依照《商业银行法》和《公司法》设立的吸收公众存款、发放贷款、办理结算等业务的企业法人。根据现行法，从事《国民经济行业分类》中营业性金融服务的金融机构都必须以企业为经营主体，除私募投资基金可采合伙形式外，均应采公司形式。

相对于其他社会组织，企业的最大特点为以营利为目的。所谓“营利”，是指取得利润并分配给股东等出资人。对金融业而言，即是通过提供金融服务而取得利润，并将其分配给股东等投资人。企业作为最典型的“理性人”或“经济人”，其所实施的经济行为都是力图以最小成本去获得最大经济利益。金融企业也不例外，最大限度扩大经营规模以最大限度获取利润，同样是其经营的原始动力。

（四）金融风险的强负外部性与传染性

在经济学中，风险指一种不确定性，经常表现为经济主体决策结果带来收益或损失的可能性。金融学对金融风险的普遍定义是：在金融服务交易中，给交易者带来损失的可能性；损失或是实际收益低于预期收益，或是实际成本高于预期成本。[2] 按照风险产生的原因，风险可分为信用风险、国家风险、市场风险、利率风险、流动性风险、操作风险、法律风险、声誉风险与偿付能力风险等。[3] 从法律角度分析，除市场风险（金融资产市场价格波动）、利率风险（市场价格因利率变动而变动）、操作风险（交易人员操作失误）外，其他风险产生的多数原因都是交易方违约，

---

〔1〕 参见喻海东：《中国货币政策对银行流动性的影响研究——基于金融杠杆视角》，四川大学 2021 年博士学位论文，第 22 – 23 页。

〔2〕 参见秦桂兰主编：《金融学》，立信会计出版社 2016 年版，第 364 页。

〔3〕 参见刘亚娟、王斌、徐文彬编著：《金融学》（第 2 版），经济科学出版社 2016 年版，第 303 页。

即金融交易的融资方不能按交易合同的约定对投资方履行合同义务，从而导致投资方的经济损失。融资方违约的原因可能是国家政策或法律允许其违约（国家风险与法律风险）、背信弃义（信用风险）、资产价值下跌或操作失误等导致的偿付能力不足（市场风险、操作风险、信用风险）等。相关金融监管规章对风险的法律分类主要是信用风险、市场风险与操作风险。

金融风险具有很强的负外部性，或者说，金融风险具有极强的外溢效应。外部性是经济学上的术语，又称为溢出效应或外部效应，是指经济主体的经济活动对其他主体和社会造成的非市场化的影响，或者经济主体从事经济活动的成本与后果不完全由该主体承担。外部性分为正外部性（positive externality）和负外部性（negative externality）：正外部性是经济主体的经济活动使其他主体或社会受益，而受益者无需花费成本；负外部性则相反，是经济主体的经济活动使其他主体或社会受损，而造成负外部性的主体并非所有不利后果的承担者。例如，A 银行因信用甄别工作出现重大失误，将资金贷予了无还本付息能力的借款人，如果 A 银行的资本足以吸收前述本息不能收回的损失，则风险没有外溢；但是，如损失超过 A 银行资本的吸收能力，其履约能力因此大打折扣，只能对其债权人 B 银行违约，虽然 A 银行的借款人未履行的是其与 A 银行签订的借款合同，但由于其违约行为导致了 A 银行对 B 银行的违约，A 银行借款人的违约行为所致风险具有外部性。

金融风险具有传染性。金融市场里的金融企业通常是由无数交易合同或直接或间接地联系在一起，以这些交易合同为纽带，所有金融企业组成了一个国家的金融系统。经验表明，当某个金融企业的债务人大面积违约，损失大到足够使其对自己的债权人违约或可能违约的情形下，就可能形成金融风险；如果违约现象顺着合同链条扩散到其他金融企业，就可能形成系统性金融风险，即金融危机。如果金融危机扩散到一定程度，将使众多储蓄者或投资者的资产严重缩水，则会将违约风险扩散至整个经济体系，从而形成经济危机甚至社会危机。

三、金融监管与金融财务会计监管

（一）金融监管

监管是监督与管理的简称，由具有管理强制权力的主体实施，其中主要是政府机关。在金融学上，金融监管有广义与狭义两个层面的含义。狭义的金融监管，是指一国法定的金融监管机构依法对特许经营的金融机构及其经营行为实施监督和管理，以维护正常的金融秩序，保障金融体系安全持续健康地运行，从而保护社会公众利益。广义的金融监管是指一国政府为弥补金融市场失灵造成的缺陷所做的制度性安排，其监管主体除金融监管机构以外，还包括社会中介组织、行业自律组织以及金融机构自身的内控、稽核部门，监管对象扩大至所有参与金融活动的个人和组织。[1]

2017年第五次全国金融工作会议后，我国明确了中央金融与地方金融的区分，并建立了国务院金融稳定发展委员会领导下的中央与地方两级监管的金融监管体制。商业银行、保险、证券、信托等为中央金融的范畴，实行的是“一委一行两会”的监管体制，即在国务院金融稳定发展委员会领导与协调下，由中国人民银行拟定重要法律法规草案和审慎监管基本制度；由原中国银保监会负责商业银行、保险与信托的微观审慎监管与消费者保护；由中国证监会负责证券业的微观审慎监管与投资者保护。2023年，我国金融监管体制再次改革，国务院将组建国家金融监督管理总局，作为国务院直属中央金融监管机构，负责银行业、保险业以及非银金融机构的功能、机构、行为等进行持续监管，以及包括证券业在内的全部金融业消费者权益的统一保护，加上证监会，形成了“一委一行一局一会”的中央金融监管框架。小额贷款公司、融资担保公司、区域性股权市场、典当行、融资租赁公司、商业保理公司、地方资产管理公司属于地方金融的范畴，在国务院金融稳定发展委员会领导与协调下，由国务院金融监管机构制订监管规则，由地方金融监管机构（各省市设立的地方金融监督管理局）实施监管。

（二）金融财务会计监管

本章所涉金融的财务会计监管制度属狭义金融监管的范畴，即由金融监管机构根据监管立法对金融企业的财务会计进行的监督与管理活动。由于地方金融组织的信用创造能力、负债规模与性质等与商业银行、保险公司等金融机构难以比拟，本章以后者的财务会计监管为主要内容。

就金融企业的财务会计监管而言，从实践角度看，监管机构除前述金融业监管机构外，还应当包括会计主管部门——财政部。财政部对金融企业的财务会计监管体现在两个方面：一是制定金融企业的特殊会计准则，二是对金融企业实施会计监督。金融企业经营的是货币，其与非金融企业在会计上最大的不同是：在非金融企业，承载货币价值的资产形态会随着采购、制造、销售等行为而变化，但金融业经营产生的资产始终都是金融资产。这就决定了金融企业的会计核算在科目设置、单据编制、会计程序和具体业务的会计核算方法等方面都与其他企业有显著的不同。

在我国金融监管的早期，商业银行的会计制度一度曾由金融监管机构——中

---

〔1〕 参见刘亮主编：《金融监管学》，复旦大学出版社有限公司2022年版，第3页。

国人民银行——制定。1987 年,中国人民银行颁布了《全国银行统一会计基本制度(试行本)》(已失效),2002 年颁布的《银行会计基本规范指导意见》(已失效)取代了《全国银行统一会计基本制度(试行本)》。随着国家统一的会计制度的建立与不断完善,2006 年,财政部制定发布新的企业会计准则,并在全国范围内推广实施。为提高会计信息质量和可比性,完善风险管理,金融监管机构决定银行业金融机构全面执行新会计准则,商业银行的会计核算与工商类企业的会计核算规则开始接轨。

根据《会计法》的规定,财政部门对包括金融企业在内的会计主体实施会计监督,监督内容主要包括四个方面:是否依法设置会计账簿;会计凭证、会计账簿、财务会计报告和其他会计资料是否真实、完整;会计核算是否符合《会计法》和国家统一的会计制度的规定;从事会计工作的人员是否具备专业能力、遵守职业道德。中国人民银行、证券监管、银行保险监管等金融监管机构则主要是对金融企业的会计资料实施监督检查。

四、金融财务会计监管的必要性

(一)金融监管的必要性

在阐释金融监管必要性的理论中,接受最广的是市场失灵理论。除根据市场需求以交易手段配置资金、实现调剂资金余缺的功能外,活跃的金融市场还发挥着价值发现、调节经济和节约信息成本的功能,金融市场对国民经济生活影响深远。然而,金融业属于特殊的高风险行业,金融企业的投机活动和金融创新,以及金融消费者的群体性、非理性活动,往往对金融市场的秩序造成严重的负面影响,金融市场的特性又导致金融风险极易从个体向集体蔓延,直至形成系统性金融风险危及整个国家乃至全球金融体系安全。而且,金融服务作为当今社会的一种公共基础产品,完全交由市场机制主导,无法充分实现金融消费者对金融产品的公平享有。总的来说,纯粹的市场机制只能解决效率的问题,安全、公平等非效率目标不仅不能依靠市场,反而必须对市场进行干预才可能实现,多次爆发的金融危机已充分地证明了这一点。因此,对金融进行严格监管已成为各国政府的共识。

(二)金融财务会计监管的必要性

成功的金融监管需要审慎会计制度的支持,审慎会计监管是审慎监管的核心内容。[1]要实现防范金融风险这个核心监管目标,必须使用财务会计监管手段,这

---

〔1〕 参见郭田勇主编:《金融监管学》,中国金融出版社 2020 年版,第 170 - 177 页。

是由金融业经营的特点以及实施金融监管的需要决定的。

首先，由于金融业经营的信用性、负债性与杠杆性叠加金融企业的营利性，如不采取财务会计方面的监管手段，必然产生金融风险。具体而言，金融企业天然有着无限扩张信用与负债、无限使用杠杆以扩大营业规模的冲动，一旦意外损失削弱了它的偿付能力，就只能向自己的债权人违约，成为其债权人的风险源头，进而使风险顺着交易合同网络而传染扩散。因此，监管者设计了金融企业的监管资本标准与相关制度，使它们的业务风险与资产特点相匹配，从而控制其无限扩张业务与无限使用杠杆的冲动。金融企业的投资者有利润分配权，即使企业丧失偿付能力，投资者之前已获分配的利润并不需要返还。在风险尚未暴露前，金融企业的投资者天然有着最大限度分配利润的冲动。如果不对这种冲动予以制度性限制，金融企业的偿付能力也会因利润分配而削弱，所以监管者设计了金融企业利润核算的风险准备金制度，使财产更多地留存于金融企业，以应对未来风险。

其次，金融监管的实施需要借助金融企业的财务会计信息。金融监管机构的金融监管手段主要是金融稽核，是中国人民银行或其他金融监管机构根据国家规定的稽核职责，对金融业务活动进行的监督和检查。无论是现场稽核还是非现场稽核，检查的对象都是各种报表、统计资料、记录等文件，这都严重依赖财务会计制度。[1]

五、金融财务会计监管的目标与主要制度

（一）金融监管的目标

金融的财务会计监管制度服务于金融监管的整体目标，其具体规则是根据实现整体目标的需要而设计的。从历史角度来看，各国金融监管目标的确定会随着经济发展变化而不断调整。现阶段，我国金融监管主要有四个方面的总体目标：一是确保金融稳定安全，防范金融风险；二是保护金融消费者权益；三是增进金融体系的效率；四是规范金融机构的行为，促进公平竞争。[2]在2017年第五次全国金融工作会议上，习近平总书记明确指出，“金融是国家重要的核心竞争力，金融安全是国家安全的重要组成部分”，并强调“防止发生系统性金融风险是金融工作的永恒主题”。可以说，金融监管的前述目标中，最核心的目标是保障金融安全与防范金融风险，金融监管制度或政策的设计宗旨必须是实现我国金融安全。

在金融监管的目标体系中，保障金融安全与防范金融风险是金融企业财务会

---

〔1〕 参见李健主编：《金融学》，高等教育出版社2018年版，第545页。

〔2〕 参见郭田勇主编：《金融监管学》，中国金融出版社2020年版，第9页。

计监管的首要与核心目标。从财务会计角度看，金融企业无论发生国家风险、法律风险、信用风险、利率风险或声誉风险，还是流动性风险、市场风险或操作风险等，最终都反映为“不能履行合同约定的支付义务”这一财务结果。从法律角度看，除市场风险、利率风险、操作风险外，多数风险产生的直接原因是债务人违约；在金融企业遭受的违约损失足够大的情况下，自己也会成为金融系统的风险之源，其直接表现也是违约。因此，为实现防范金融风险的目标，金融财务会计监管的具体目标应为确保金融企业的履约能力，即金融机构的偿付能力，这也是现代金融业财务会计监管制度设计的终极目标。

（二）金融财务会计监管的主要制度

为维持金融企业的偿付能力，金融监管机构设计了系列财务会计方面的监管制度，主要包括资本监管制度、风险准备金制度以及财务会计信息的报送制度。资本监管制度与风险准备金制度详见本章第二、三节相关内容，这里只介绍金融企业的财务会计信息报送制度。

1. 金融监管中财务会计信息的功能

财务会计信息的重要性是金融法与财务会计制度“重叠交错”的根源。金融企业发生了应予会计处理的交易或事项后，会计部门应依据会计准则对相关交易与事项进行会计确认、计量和记录，从而形成相应会计资料与会计信息。对金融监管来说，金融企业的会计信息具有至少以下三个功能：

（1）会计信息是监管机构了解监管对象并决定是否采取其他监管措施的主要依据之一。通过分析金融企业的财务会计报告，监管机构一方面可以从中了解其财产状况与经营成果，另一方面，通过会计信息的异常，监管机构可及时评估风险并采取相应的监管措施。

（2）会计信息是监管机构评估既有监管措施是否得到执行及其执行效果的依据之一。金融监管措施的实施将反映到金融业的会计信息中。例如，为限制房地产行业的贷款以避免可能引发的金融风险，中国人民银行与住房和城乡建设部2020年联合发布“三道红线”〔1〕的监管政策。实施一段时间后，通过金融企业的会计资

---

〔1〕 为房地产企业设置“三道红线”的目的是控制其有息负债规模，同时限制相应金融机构对房地产企业的贷款规模，以防范房地产企业贷款带来的金融风险。“三道红线”：一是剔除预收款后的资产负债率大于70%，二是净负债率大于100%，三是现金短债比小于1倍。踩中三道红线的企业不得再增加有息负债；踩中两道的，有息负债增长率不得超过5%；踩中一道的，有息负债增长率不得超过10%；一道不踩的，有息负债增长率不超过15%。

料,监管机构可以判断它们对房地产企业贷款是否增加、资产质量是否得到改善等情况,以此判断“三道红线”是否得到执行及其执行效果。

(3)金融业会计信息汇总后,能为监管机构判断金融系统与社会经济的运行状况提供依据。金融业务几乎涵盖全部国民经济参与主体,金融机构的收入和支出的变化反映着国民经济各个方面的变化,其会计信息可综合反映社会各类主体的经济活动。通过分析金融企业汇总后的会计信息,监管机构可评估金融系统的运行状况。

2. 报送财务会计报告的立法

由国务院金融监管机构监管的行业中,相关立法均明确规定,金融企业应向监管机构报送年度财务会计报告。以《商业银行法》为例,依该法规定,商业银行应当按照国家有关规定,真实记录并全面反映其业务活动和财务状况,编制年度财务会计报告,及时向金融监管机构和财政部门报送。除应向监管机构报送外,商业银行还应向社会公布经审计的财务会计报告。《证券公司监督管理条例》《保险公司管理规定》《信托公司管理办法》《公开募集证券投资基金管理人监督管理办法》《期货公司监督管理办法》《金融控股公司监督管理试行办法》等监管立法亦有类似规定。

根据各省地方金融监管立法,由地方监管的地方金融组织也应向监管机构报送财务会计报告。例如,中央与地方两层金融监管体制确立后,较早制定的《四川省地方金融监督管理条例》规定,地方金融组织应当按照规定向住所地人民政府负责地方金融工作的机构报送业务情况、财务会计报告、风险事件情况等重大事项。其他目前已经公布的十余个地方金融监管立法均有类似规定。

第二节　金融业资本监管制度

一、资本与资本监管制度的理解

(一)金融监管上的“资本”

金融业的经营具有强风险性与强风险的负外部性,金融机构的资本监管是阻止金融市场个体的损失与风险向整体金融系统扩散的重要缓冲措施。金融监管法上的“资本”包括注册资本和监管资本两种类型。相应地,资本监管制度也围绕这两者展开,分别为注册资本制度与监管资本制度。

1. 注册资本

金融企业的注册资本与普通公司的含义相同，是指记载于公司章程的注册资本总额。与普通公司不同的是，根据现行金融监管法，设立从事金融业务的公司实行最严格的法定资本制，即公司设立时须满足最低注册资本额要求，出资形式主要是货币，且章程所载注册资本数额应全部实缴，不允许分期缴纳。《商业银行法》、《证券法》、《保险法》、《信托法》、《证券投资基金法》以及融资担保、典当、小额贷款等地方金融组织的监管法律均有相关规定。例如，依《商业银行法》的规定，设立全国性商业银行的注册资本最低限额为 10 亿元人民币，设立城市商业银行的注册资本最低限额为 1 亿元人民币，设立农村商业银行的注册资本最低限额为 5000 万元人民币；注册资本应当是实缴资本。银行业监管机构可以根据审慎监管的要求调高注册资本的最低限额。

2. 监管资本

金融监管中的“监管资本”，是指在持续经营的金融企业的净资产基础上，结合其资产的实际价值、流动性、亏损吸收能力等因素，通过法律规定的计算方法计算出的资本数额。在银行业金融机构，相关监管法律直接称监管资本为“资本”或“总资本”；在保险公司为“最低资本”；在证券公司、信托公司等主要从事直接融资业务的金融企业则为“净资本”。

与法学或会计学上的“资本”相比，监管资本的内涵有显著区别。法学上的“资本”，通常是指公司的注册资本、认缴资本或实缴资本。注册资本是公司章程上记载的资本总额，得到股东承诺认缴的部分为认缴资本或已发行资本，股东实际缴纳至公司的则为实缴资本。会计上的“资本”有广义与狭义两种理解，狭义的资本指资产负债表上的实收资本，广义的资本又称为账面资本，是指企业资产负债表中的资产减去负债后的余额，即所有者权益。例如，商业银行的会计资本包括实收资本、资本公积、一般准备、未分配利润（累积亏损）和外币报表折算差额五个部分。[1]

从逻辑上看，实缴资本（法学）为实收资本（会计学），实收资本是账面资本（会计学）的组成部分，账面资本为账面净资产；账面净资产扣除由实际价值、流动性等因素决定的减项，再加上监管法认可、具有损失吸收功能的其他资本，即为金融企业的监管资本。可以说，监管资本的初始逻辑是金融企业净资产中流动性最高、变现能力最强的那部分，只是随着金融创新，市场上逐渐发展出一些本质属于债务的金融工具，因其同样具有损失吸收功能而被认定为监管资本，如永续债、资本债等。

---

〔1〕 参见刘亚娟、王斌、徐文彬编著：《金融学》（第 2 版），经济科学出版社 2016 年版，第 320 页。

(二)资本监管制度的功能

金融监管必须采取资本监管措施,这是公司资本的独特功能决定的。从法律角度看,公司资本的首要作用是形成公司创造利润的初始经营财产与清偿债务的初始责任财产,然后是吸收公司最终经营亏损,给予公司债权人类似于安全垫的保护;在由公司独立责任与股东有限责任两大基石构建的法律框架下,债权人的债权能否得到实现,关键在于公司的财产能否足以清偿债务。如果金融企业不能清偿到期债务,就可能成为金融风险爆发的原点。因此,金融企业资本监管的目的在于确保其履约能力或偿付能力。最低注册资本额、货币出资与资本实缴制等注册资本要求能在一定程度上维持金融企业的静态最低偿付能力;监管资本则可限制金融企业的业务规模,控制其杠杆水平,从而维持其动态偿付能力。

金融风险的最初表现是单个金融企业的违约或破产。因此,只要维持住单个金融企业(尤其是系统重要性金融机构)的偿付能力,使其不发生违约或破产,金融风险也就不会发生,资本监管制度的核心目标正在于此。总的来说,资本监管制度中的注册资本监管具有一定程度确保金融企业静态最低偿付能力的功能,监管资本则具有维持金融企业动态偿付能力的功能。在金融企业的设立阶段,资本监管制度表现为注册资本的限制性规则,主要体现为较高的最低注册资本数额、注册资本实缴制以及以货币出资为主,以注册资本为开展金融业经营的基础和对外承担责任的保障。在金融企业持续经营期间,资本监管制度主要表现为监管资本制度,其核心作用是以监管资本为锚,限制金融企业的负债规模与经营规模,终极目标是控制金融企业的杠杆水平。

(三)监管资本的制度逻辑

1. 监管资本及其制度目标

现代社会的金融风险主要是由金融企业的高杠杆造成的。美国2008年之所以发生次贷危机,其核心原因在于,2004年美国证券交易委员会取消了1975年"统一净资本规则"中对投资银行15倍杠杆比率的限制,使得投资银行可以将其表内杠杆率拓展到从前的两倍以上。这是导致雷曼兄弟、贝尔斯登和美林倒闭的首要原因。[1] 因此,要实现防范金融风险这个核心目标,必须控制金融企业的杠杆水平,

---

〔1〕 次贷危机发生后,美国前五大投资银行中的美林、雷曼、贝尔斯登倒闭,仅剩高盛、摩根士丹利;为防止这两家也倒闭,美国监管机构只得允许其从事储蓄银行业务,以缓解其资金链断裂的问题。参见朱澄:《金融杠杆水平的适度性研究》,中国金融出版社2016年版,第6页。

这就是监管资本制度的核心目标。

金融法上的监管资本制度,是指监管机构通过立法确定持续从事特定金融业务应当达到的资本标准,并在金融企业运营中持续监督,以使其满足监管资本标准的系统性法律制度。该资本标准在银行为资本充足率;在保险公司为最低资本额;在证券公司、信托公司、期货公司、商业银行理财子公司等主要从事间接金融的金融机构,则为净资本额。监管资本制度是确保金融企业偿付能力的重要制度,其测算必须依赖会计手段,故为法律、金融与企业财务会计三大学科交叉的重点领域。

持续经营中的金融企业的监管资本制度,是金融监管制度的三大支柱之首。金融业的监管制度通常由三大支柱构成:第一大支柱为定量资本要求;第二大支柱为监管机构的外部监管;第三大支柱为市场约束,主要体现在信息披露、信用评级等措施。其中,定量资本要求即为监管资本制度。监管资本主要是金融企业的净资产中流动性最高、变现能力最强、能吸收经营损失的那部分,以其为锚,通过相应监管资本指标的合理设置与持续监督,一方面可限制金融企业的负债规模或业务规模,使其与金融企业的损失承受能力相匹配;另一方面,在计算监管资本指标时,资产的风险程度是最重要的变量,资产风险越高,对监管资本的占用就越多,以此抑制金融企业经营高风险业务的冲动,促使其提高资产质量,最终实现确保其偿付能力的目的。

2. 监管资本制度的基本原理

监管资本制度之所以能起到维持金融企业动态偿付能力的作用,主要基于以下基本原理:

(1)以营利为目的的金融企业要获取营业收入,必须先开展使其获得资金的业务,主要是负债业务、资产管理业务或其他表外业务。负债业务需要依约履行支付义务,资产管理业务有违法行为的要承担赔偿责任;表外业务在给付条件成就后会进入资产负债表成为负债。

(2)除法律规定的用途外,金融企业自有或通过金融业务取得的资金必须用于投资,获取直接投资收益、管理费、代理费或交易对手付款等营业收入,才能形成企业利润。资金用于投资后,必然会形成现金以外的资产(金融企业的资产业务);资产的性质与形态不同,其风险因素与变现能力也不同。

(3)无论是表内负债,还是表外业务给付条件成就成为表内负债,清偿负债的物质基础均在于金融企业的资产。资产数量越多、质量越好,负债越少或资产管理业务的规模越小,则偿付能力越强;反之,则越弱。但是,风险与收益成正比,风险越小通常收益率越低;经营规模与收入则通常成正比,经营规模越小,收入就越低;所以，金融企业天然有着无限扩张信用与负债、无限使用杠杆以扩大经营规模、实现高收益的冲动。

(4)为限制这种冲动，监管机构需要对金融企业的资产质量进行评估，扣除没有经济价值的资产(第四章第一节所述“无经济价值的资产”)，有经济价值的资产应考量其风险因素并纳入计算模型，从而使经营者与监管机构掌握金融企业可用于偿付债务的真实资产数额。此意义上的资产扣减负债后的余额，才是能够用于吸收经营亏损、确保经营风险不外溢的监管资本。

(5)以不同金融业态的国际标准或历史经验确定的计算模型为依据，通过立法为金融企业确立监管资本的各种相对指标或绝对指标，要求其在经营中持续满足相应指标要求；不满足监管资本指标的金融企业，必须及时补充监管资本(主要是融入承担经营亏损的投资资金[1])，否则不允许扩大负债规模或业务规模，从而实现通过监管资本锚定金融企业的业务规模与杠杆水平的最终目的。

二、金融企业注册资本制度

设立金融企业时，实行的是最严格的法定资本制，主要体现在较高的最低注册资本数额、注册资本实行实缴制与出资形式主要是货币三个方面。

(一)较高的最低注册资本数额

金融业是以信用为基础的行业，拥有巨额资本是其建立良好社会信誉的基本前提。金融业也是以负债经营为基本特征的行业，巨额资本是保障业务相对人权益的基础。[2]在公司法不断降低普通公司最低注册资本数额直至为零的大势下，现代国家也没有放低金融企业最低注册资本数额的要求，而是规定了较高的最低注册资本数额。

对于金融企业最低注册资本数额，我国有两种立法模式，分别为多元最低注册资本制与单一最低注册资本制。

1. 多元最低注册资本制

多元最低注册资本制，是指法律为不同业务类型或经营地域范围的金融企业分别设置不同的最低注册资本数额。总的来说，经营地域范围大或业务风险程度高的，最低注册资本数额要求高；反之则低。

[1] 如发行普通股、优先股等权益性资本工具，以及次级定期债务、资本补充债券、次级可转换债券、永续债等债务性资本工具。

[2] 参见刘少军：《金融法学》，中国政法大学出版社 2016 年版，第 50 页。

（1）根据业务地域范围设置不同最低注册资本额。根据《商业银行法》的规定，设立全国性商业银行的，注册资本最低限额为10亿元人民币，城市商业银行为1亿元人民币，农村商业银行为5000万元人民币；银行业监管机构根据审慎监管的要求可以调整注册资本最低限额，但不得少于前述最低限额。

依照《保险法》的规定，设立保险公司的，注册资本最低限额为人民币2亿元；银行业监管机构可以根据保险公司的业务范围、经营规模调整其注册资本的最低限额，但不得低于前述最低限额。《保险公司管理规定》规定，保险公司以2亿元人民币的最低资本金额设立的，在其住所地以外的每一省、自治区、直辖市首次申请设立分公司，应当增加不少于人民币2000万元的注册资本；设立时已达到前述注册资本要求的，设立分公司时可以不再增加相应的注册资本；注册资本达到人民币5亿元，且偿付能力充足的，设立分公司不需要增加注册资本。

按照《融资担保公司监督管理条例》的规定，设立融资担保公司的，注册资本不低于人民币2000万元；省、自治区、直辖市根据本地区经济发展水平和融资担保行业发展的实际情况，可以提高前述注册资本最低限额。融资担保公司跨省、自治区、直辖市设立分支机构，注册资本不低于人民币10亿元。

（2）根据业务类型设置不同最低注册资本额。这以证券公司最为典型。根据《证券法》的规定，证券公司经营证券经纪、证券投资咨询与财务顾问业务之一的，注册资本最低限额为人民币5000万元；经营证券承销与保荐、证券融资融券、证券做市交易、证券自营与其他证券业务之一的，注册资本最低限额为人民币1亿元，经营前述业务中两项以上的，注册资本最低限额为人民币5亿元；中国证监会可以根据审慎监管原则和各项业务的风险程度，调整注册资本最低限额，但不得少于前述规定的限额。

2. 单一最低注册资本制

单一最低注册资本制，是指法律对特定金融业从业机构的最低注册资本只规定一个最低限额。信托公司、基金管理公司、期货公司、金融租赁公司、消费金融公司、商业银行理财子公司等金融企业实行这一模式。

根据相关规定，信托公司的注册资本最低限额为3亿元人民币或等值的可自由兑换货币；公募基金管理公司与期货公司为人民币1亿元；金融租赁公司为1亿元人民币或等值的可自由兑换货币；消费金融公司为3亿元人民币或等值的可自由兑换货币；商业银行理财子公司为10亿元人民币或等值自由兑换货币。监管机构可根据监管的需要调整或提高注册资本最低限额。

(二)注册资本实行实缴制

依照《公司法》的规定,普通的有限责任公司的注册资本实行认缴制;股份有限公司的注册资本实行实缴制。与此不同的是,无论是由中央还是由地方监管的金融企业,无论其采取有限责任公司还是股份有限公司的组织形式,中央和地方的相关监管立法均有“注册资本应为实缴资本”的强制性规定。

(三)出资形式主要是货币

除货币以外,普通公司股东可以用实物、知识产权、债权等可以用货币估价的财产出资作为公司注册资本,而且,2013 年《公司法》实施资本制度改革,取消了普通公司货币出资最低比例的要求。但在金融行业,相关金融法律明确规定,除证券公司与期货公司外,商业银行、保险公司、信托公司、公募基金管理公司、期货公司、金融租赁公司、消费金融公司、融资担保公司、商业银行理财子公司等,其注册资本的出资形式仅限于货币。其原理在于,主权国家发行的货币本身就是终极支付手段。

证券公司虽然可用公司经营必需的非货币财产出资,但其比例受到严格限制。根据《证券公司监督管理条例》的规定,证券公司的股东应当用货币或者证券公司经营必需的非货币财产出资,但非货币财产出资总额不得超过证券公司注册资本的 30%;非货币财产应当经具有证券相关业务资格的资产评估机构评估。

三、商业银行的监管资本制度

(一)商业银行的业务

根据《商业银行法》的规定,商业银行是指依法设立的吸收公众存款、发放贷款、办理结算等业务的公司制企业法人。银行业是最古老的金融业,也是现代社会最重要的金融业。我国金融环境以间接融资为主,银行业是我国第一大金融业。根据中国人民银行公布的统计数据,2022 年第一季度,金融机构总资产 396.39 万亿元,其中银行业为 357.9 万亿元,占比为 90.28%;金融机构总负债 360.27 万亿元,银行业为 327.66 万亿元,占比 90.9%,[1]远远超过了证券业、保险业等其他金融行业。

---

[1] 数据来源于中国人民银行网站(调查统计——2022 年统计数据——金融业机构资产负债统计),http://www.pbc.gov.cn/diaochatongjisi/resource/cms/2022/06/2022061416133250039.htm。

1. 商业银行的负债业务

形成商业银行资金来源的业务为负债业务，主要包括吸收存款、向中央银行借款，以及向同业拆借市场借款。存款是银行最重要的负债业务，一般占其负债总额的70%以上。[1]依金融学上的分类，存款为被动负债，因存款人是否将资金存入银行、数额多少、期限长短、存入时间等均取决于存款人，银行只能被动接受。中央银行借款是商业银行通过再贴现、再贷款等方式向中央银行借入的资金，中央银行是商业银行的最后贷款人。同业贷款中的"业"指金融业，具体指商业银行向其他金融机构(其中主要是商业银行)借入资金，以应对日常资金头寸不足的超短期借款。中央银行借款与同业借款为主动负债，是否缔结债权债务关系的主动权在于商业银行自身。

从法律角度来看，商业银行的负债业务都需要通过缔结本质为金钱借贷的合同而展开，资金转移到银行是债权人履行借贷合同的结果，由此产生的债权人分为三类。存款业务的债权人是存款人，中央银行借款的债权人是中央银行，同业借款的债权人是其他金融机构。监管资本的意义在于，通过最低资本要求限制商业银行的负债水平，以确保其有足够资产清偿前述债权人的债权。

2. 商业银行的资产业务

资金使用后会形成资产，故金融学上将商业银行使用资金的业务称为资产业务。例如，将资金贷出、相应资金转移至债务人后，在现金类资产消灭的同时，产生了相应应收账款类资产。金融学上，商业银行的资产业务分为现金资产业务、投资业务与贷款业务三大类。

现金资产业务包括库存现金、中央银行存款、存放同业存款、在途资金，是流动性最强的资产。

投资业务，是指商业银行将资金用于购买法律允许的有价证券，在我国主要是国债、地方政府债券、金融债券、中央银行票据、企业债券与公司债券等。依照《商业银行法》的规定，除国家另有规定外，商业银行在我国境内不得从事信托投资和证券经营业务，也不得投资于非自用不动产，或者向非银行金融机构和企业进行权益性投资。

贷款业务是指银行将资金按一定的利率贷给债务人，由此形成的金钱债权成为银行的贷款类资产，应收取利息形成营业收入。债权类资产的价值取决于债务人还本付息的能力，故金融学上依贷款期限长短、还款保障程度、风险程度等情形

---

〔1〕 参见吴琼、何丽丽主编：《货币银行学》，上海财经大学出版社2016年版，第59页。

将贷款进行不同分类。依期限长短可分为短期贷款与长期贷款,期限越长风险越大,反之越小。按保障条件可分为信用贷款、担保贷款(含抵押担保、质押担保与保证担保)、票据贴现,信用贷款风险最大,有抵押担保的贷款相对较小。按风险程度可分为正常贷款、关注贷款、次级贷款、可疑贷款、损失贷款等,根据行业经验,正常贷款损失概率为0,关注贷款损失概率不超过5%,次级贷款损失概率在30%～50%,可疑贷款损失概率在50%～75%,损失贷款的损失概率在75%～100%。[1]

商业银行监管资本标准的基本原理是"不同类型资产的风险(变现产生损失的可能性)不同"。因此,在计算金融企业监管资本指标时,须将依历史经验确定的资产风险纳入计算模型。以信用风险为例,《商业银行资本管理办法(试行)》(以下简称《商资试行办法》)第4章"信用风险加权资产计量"规定了各种类型资产的信用风险权重,除现金及现金等价物,对我国中央政府和中国人民银行债权,对信用评级为AA-的其他国家或地区政府及其中央银行债权,对多边开发银行、国际清算银行和国际货币基金组织债权,对我国政策性银行债权,持有我国中央政府投资的金融资产管理公司为收购国有银行不良贷款而定向发行的债券的信用风险为零(信用风险权重为0%)外,其余性质的资产均有风险,权重从20%～1250%不等。

3. 商业银行的表外业务

表外业务(off-balance-sheet activities)指商业银行从事的、不列入资产负债表且不影响资产与负债总额的业务,"表"即指资产负债表。表外业务在金融学上有广义与狭义之分,狭义的表外业务又称为中间业务,是指银行不运用自己的资金,代替客户办理款项收付、结算或其他委托事项而收取手续费的业务。除国际结算中以银行信用代替商业信用的信用证外,绝大多数中间业务是无风险的表外业务。广义的表外业务包括三个方面:一是无风险的中间业务;二是银行承担一定风险的表外业务,如贷款承诺、备用信用证、贷款销售与资产证券化、票据发行便利等;三是金融创新产生的风险极大的衍生产品业务,如即期交易、远期交易、调期交易、期权、远期利率协议与期货等。[2]

虽然表外业务不会影响商业银行的资产与负债,但一旦满足交易合同约定条件而负有给付义务或被法院判决承担给付责任,有风险的表外业务就会影响商业银行的资产负债表。因此,《商资试行办法》规定,商业银行计量各类表外项目的风险加权资产,应将表外项目名义金额乘以信用转换系数得到等值的表内资产,再按表内资产的处理方式计量风险加权资产。

---

〔1〕 参见秦桂兰主编:《金融学》,立信会计出版社2016年版,第179页。

〔2〕 参见刘亚娟、王斌、徐文彬编著:《金融学》(第2版),经济科学出版社2016年版,第136页。

(二)商业银行的监管资本

根据原银监会2012年发布的《商资试行办法》,商业银行的监管资本简称为“资本”或“总资本”,包括核心一级资本、其他一级资本和二级资本,计算逻辑上是会计上的账面净资产依据监管规则扣除各类减项后的余额。在原银监会2007年颁布的《商业银行资本充足率管理办法》[1]中,商业银行的资本分为核心资本与附属资本,《商资试行办法》颁布后,商业银行资本实行分级制度,分为一级资本与二级资本,一级资本又分为核心一级资本与其他一级资本。全部一级资本与二级资本之和依据监管规则扣除各类减项后,余额即为商业银行实有的监管资本。

1. 一级资本

一级资本分为核心一级资本与其他一级资本。根据《商资试行办法》,核心一级资本包括符合条件的实收资本或普通股、资本公积、盈余公积、一般风险准备、未分配利润与少数股东资本中的可计入部分。其他一级资本指符合条件的其他一级资本工具及其溢价、少数股东资本可计入部分,“符合条件”指的是符合《商资试行办法》附件1《资本工具合格标准》中规定的条件。

根据《资本工具合格标准》,核心一级资本工具应同时满足以下条件:(1)直接发行且实缴的。(2)按照相关会计准则,实缴资本的数额被列为权益,并在资产负债表上单独列示和披露。(3)发行银行或其关联机构不得提供抵押或保证,也不得通过其他安排使其在法律或经济上享有优先受偿权。(4)没有到期日,且发行时不应造成该工具将被回购、赎回或取消的预期,法律和合同条款也不应包含产生此种预期的规定。(5)在进入破产清算程序时,受偿顺序排在最后。所有其他债权偿付后,对剩余资产按所发行股本比例清偿。(6)该部分资本应首先并按比例承担绝大多数损失,在持续经营条件下,所有最高质量的资本工具都应按同一顺序等比例吸收损失。(7)收益分配应当来自可分配项目。分配比例完全由银行自由裁量,不以任何形式与发行的数额挂钩,也不应设置上限,但不得超过可分配项目的数额。(8)在任何情况下,收益分配都不是义务,且不分配不得被视为违约。(9)不享有任何优先收益分配权,所有最高质量的资本工具的分配权都是平等的。(10)发行银行不得直接或间接为购买该工具提供融资。(11)发行必须得到发行银行的股东大会,或经股东大会授权的董事会或其他人员批准。实践中,符合前述标准的一级资本工具只有有限责任公司的实收资本或股份有限公司的普通股。

---

〔1〕 已被《商资试行办法》废止。

其他一级资本工具应同时满足以下条件：(1)发行且实缴的。(2)按照相关会计准则，若该工具被列为负债，必须具有本金吸收损失的能力。(3)受偿顺序排在存款人、一般债权人和次级债务之后。(4)发行银行或其关联机构不得提供抵押或保证，也不得通过其他安排使其相对于发行银行的债权人在法律或经济上享有优先受偿权。(5)没有到期日，并且不得含有利率跳升机制及其他赎回激励。(6)自发行之日起，至少5年后方可由发行银行赎回，但发行银行不得形成赎回权将被行使的预期，且行使赎回权应得到银行业监管机构的事先批准。(7)发行银行赎回其他一级资本工具的，应符合以下要求：使用同等或更高质量的资本工具替换被赎回的工具，并且只有在收入能力具备可持续性的条件下才能实施资本工具的替换；或者，行使赎回权后的资本水平仍明显高于银行业监管机构规定的监管资本要求。(8)本金的偿付必须得到银行业监管机构的事先批准，并且发行银行不得假设或形成本金偿付将得到银行业监管机构批准的市场预期。(9)任何情况下发行银行都有权取消资本工具的分红或派息，且不构成违约事件。发行银行可以自由支配取消的收益用于偿付其他到期债务。取消分红或派息除构成对普通股的收益分配限制以外，不得构成对发行银行的其他限制。(10)必须含有减记或转股的条款，当触发事件发生时，该资本工具能立即减记或者转为普通股。(11)分红或派息必须来自可分配项目，且分红或派息不得与发行银行自身的评级挂钩，也不得随着评级变化而调整。(12)不得包含妨碍发行银行补充资本的条款。(13)发行银行及受其控制或有重要影响的关联方不得购买该工具，且发行银行不得直接或间接为购买该资本工具提供融资。(14)某项资本工具不是由经营实体或控股公司发行的，发行所筹集的资金必须无条件立即转移给经营实体或控股公司，且转移的方式必须至少满足前述其他一级资本工具的合格标准。实践中，符合前述标准的其他一级资本工具主要是非累积优先股〔1〕与次级永续债〔2〕。

一级资本中的"少数股东可计入部分"，是指商业银行参股的其他银行业金融

---

〔1〕 非累积优先股是指股息当年分配、未获分配部分不能累积至以后年度发放的优先股。优先股的核心权利是分配股息，根据未能分配的股息是否可累积到以后年度补发，优先股可分为非累积优先股与累积优先股。在发行人当年利润不足以支付全部优先股息的情况下，如未获分配的股息不能累积到以后年度补发，为非累积优先股；如可累积到以后年度补发，则为累积优先股。

〔2〕 永续债是指没有明确到期日或期限非常长、除非债务人破产否则理论上永久存续的债券。此类债券的持有人不能要求债务人清偿本金，但可以在二级市场上卖出债券获得本金，因其利率较高而被资本市场接受。以债务人破产时的债权清偿顺序为标准，永续债可以分为普通永续债与次级永续债。发行人破产时，普通永续债的债权人与其他债权人处于同一清偿顺位；次级永续债的债权人劣后于普通债权人而受偿。

机构(包括商业银行、城市信用合作社与农村信用合作社)资本盈余中的可计入部分。因为其他银行业金融机构也需要遵守资本充足率的监管标准,在其满足了自身资本充足率要求、存在资本盈余的情况下,扣除属于其他股东的资本盈余部分后,余额即为商业银行一级资本中的少数股东可计入部分。因此,其参股的其他银行业金融机构的超额核心一级资本之相应比例可计为股东银行的核心一级资本,超额的其他一级资本相应比例可计为股东银行的其他一级资本。二级资本中的"少数股东资本可计入部分"亦然。

2. 二级资本

《商资试行办法》规定,二级资本包括三种类型:二级资本工具及其溢价、超额贷款损失准备与少数股东资本可计入部分。

根据《资本工具合格标准》的规定,二级资本工具应同时满足以下条件:(1)发行且实缴的。(2)受偿顺序排在存款人和一般债权人之后。(3)不得由发行银行或其关联机构提供抵押或保证,也不得通过其他安排使其相对于发行银行的存款人和一般债权人在法律或经济上享有优先受偿权。(4)原始期限不低于5年,并且不得含有利率跳升机制及其他赎回激励。(5)自发行之日起,至少5年后方可由发行银行赎回,但发行银行不得形成赎回权将被行使的预期,且行使赎回权必须得到银行业监管机构的事先批准。(6)商业银行需替换或赎回二级资本工具的,应符合以下要求:使用同等或更高质量的资本工具替换被赎回的工具,并且只有在收入能力具备可持续性的条件下才能实施资本工具的替换;或者,行使赎回权后的资本水平仍明显高于银行业监管机构规定的监管资本要求。(7)必须含有减记或转股的条款,当触发事件发生时,该工具能立即减记或者转为普通股。(8)除非商业银行进入破产清算程序,否则投资者无权要求加快偿付未来到期债务(本金或利息)。(9)分红或派息必须来自可分配项目,且分红或派息不得与发行银行自身的评级挂钩,也不得随着评级变化而调整。(10)发行银行及受其控制或有重要影响的关联方不得购买该工具,且发行银行不得直接或间接为购买该工具提供融资。(11)某项资本工具不是由经营实体或控股公司发行的,发行所筹集的资金必须无条件立即转移给经营实体或控股公司,且转移的方式必须至少满足前述二级资本工具的合格标准。实践中,符合前述要求的金融工具主要是二级资本债。

根据《商资试行办法》的规定,二级资本中的"超额贷款损失准备",是指商业银行实际计提的贷款损失准备超过预期损失的部分。《商资试行办法》对超额贷款损失准备计入二级资本设置了最高比例,例如商业银行采用权重法计量信用风险加权资产的,超额贷款损失准备计入二级资本的比例不得超过信用风险加权资产的

1.25%;采内部评级法的,可计入比例不得超过0.6%。

3. 商业银行资本扣除项

监管资本主要是金融企业净资产中流动性最高、变现能力最强的那部分,会计上的账面净资产为资产负债表上的所有权权益,是资产减去负债后的余额。但是,会计上的资产并不都是有市场价值的财产,有些只是费用资本化后尚未摊销为成本的会计技术性资产,因此,在计算商业银行的资本时,必须扣除这类资产。

《商资试行办法》专节规定了商业银行的资本扣除项,计算资本充足率时,商业银行应当从核心一级资本中全额扣除以下项目:(1)商誉。(2)其他无形资产(土地使用权除外)。(3)由经营亏损引起的净递延税资产。(4)贷款损失准备缺口。(5)资产证券化销售利得。(6)确定受益类的养老金资产净额。(7)直接或间接持有本银行的股票。(8)对资产负债表中未按公允价值计量的项目进行套期形成的现金流储备,若为正值,应予以扣除;若为负值,应予以加回。(9)自身信用风险变化导致其负债公允价值变化带来的未实现损益。为防止商业银行规避监管,《商资试行办法》规定,商业银行之间通过协议相互持有的各级资本工具,或银行业监管机构认定为虚增资本的各级资本投资,应从相应监管资本中对应扣除。商业银行直接或间接持有本银行发行的其他一级资本工具和二级资本工具,应从相应的监管资本中对应扣除。

为确保核心一级资本的质量,《商资试行办法》对少数股东可计入部分等所占比例从四个方面予以限制:(1)对未并表金融机构的小额少数资本投资[1],合计超出本银行核心一级资本净额10%的部分,应从各级监管资本中对应扣除。(2)商业银行对未并表金融机构的大额少数资本投资[2]中,核心一级资本投资合计超出本行核心一级资本净额10%的部分应从本银行核心一级资本中扣除;其他一级资本投资和二级资本投资应从相应层级资本中全额扣除。(3)除前述应予以全额扣除的递延税资产外,其他依赖于本银行未来盈利的净递延税资产,超出本行核心一级资本净额10%的部分应从核心一级资本中扣除。(4)未在商业银行核心一级资本中扣除的对金融机构的大额少数资本投资和相应的净递延税资产,合计金额不得超过本行核心一级资本净额的15%。

---

〔1〕 小额少数资本投资,是指商业银行对金融机构各级资本投资(包括直接和间接投资)占该被投资金融机构实收资本(普通股加普通股溢价)10%(不含)以下,且不符合《商资试行办法》第12条、第13条规定的并表标准的资本投资。

〔2〕 大额少数资本投资,是指商业银行对金融机构各级资本投资(包括直接和间接投资)占该被投资金融机构实收资本(普通股加普通股溢价)10%及以上,且不符合《商资试行办法》第12条、第13条规定的并表标准的资本投资。

(三)商业银行监管资本标准

1. 资本充足率的概念

资本充足率(Capital Adequacy Ratio,CAR),也被称为资本风险(加权)资产率,是指商业银行实有资本总额与加权风险资产总额的比率。资本充足率是保证商业银行正常运营和发展所必需的资本比率,反映了商业银行遭到损失之后,该银行能以自有资本承担损失的程度。其是衡量银行经营安全性和稳健性的重要指标。根据《银行业监督管理法》,资本充足率属于银行业金融机构审慎经营规则的内容,具体规则可由法律、行政法规规定,也可由银行业监督管理机构依照法律、行政法规制定。

根据《商资试行办法》的规定,监管机构对商业银行资本充足率的监管要求分为四个层次:第一层次为最低资本要求,含核心一级资本充足率、一级资本充足率和资本充足率三项指标;第二层次为储备资本要求和逆周期资本要求;第三层次为系统重要性银行附加资本要求;第四层次为针对特殊资产组合的特别资本要求和针对单家银行的特定资本要求,即第二支柱资本要求。

前述监管资本标准体系来源于《巴塞尔协议Ⅲ》。巴塞尔协议全称为《关于统一国际银行资本衡量和资本标准的协议》,由巴塞尔银行监管委员会[1]于1988年7月颁布。2008年次贷危机后,通过对此次危机形成机理的深刻反思,巴塞尔银行监管委员会于2010年年底发布第三版巴塞尔资本协议,后经一系列改革与修订,在2017年12月发布《巴塞尔协议Ⅲ:后危机改革的最终方案》,简称《巴塞尔协议Ⅲ》。我国2009年加入巴塞尔银行监管委员会,作为成员国,需通过国内法实施巴塞尔协议确定的商业银行资本监管要求。根据《巴塞尔协议Ⅲ》的要求,原银监会废止了《商业银行资本充足率管理办法》,发布《商资试行办法》,建立起新的商业银行资本监管标准体系。2012年次贷危机也促成了中国银行业监管从微观审慎监管转向微观与宏观审慎相结合的转变,2016年中国人民银行将原有的差别准备金动态调整与合意贷款管理机制升级为“宏观审慎评估体系”;在由资本杠杆率、资产负债、流动性、定价行为、资产质量、外债风险、信贷政策执行情况七个方面为重点组成的宏

[1] 1974年,为应对布雷顿金融体系解体和石油危机造成的商业银行倒闭风险,十国集团(成员国为比利时、加拿大、法国、德国、意大利、日本、荷兰、瑞典、英国和美国)的央行行长们在巴塞尔成立了银行监管实践委员会,后更名为巴塞尔银行监管委员会。该委员会通常在巴塞尔召开会议,每年3次例会,工作目标是“加强国际合作以堵塞监管漏洞,深化对监管的理解,提高全球银行监管质量”。

观审慎评估体系中,资本充足率是核心监管要求。

2. 最低资本要求及其计算

(1)最低资本要求

《商资试行办法》规定了我国银行业金融机构必须满足的三个监管资本指标,即资本充足率、一级资本充足率与核心一级资本充足率。其中,资本充足率不得低于8%;一级资本充足率不得低于6%;核心一级资本充足率不得低于5%。其计算方法为:

资本充足率 =(总资本 - 对应资本扣减项)/风险加权资产 ×100%

一级资本充足率 =(一级资本 - 对应资本扣减项)/风险加权资产 ×100%

核心一级资本充足率 =(核心一级资本 - 对应资本扣减项)/风险加权资产 ×100%

(2)风险加权资产

所谓风险加权资产,是指商业银行资产乘以相应风险权重后的得数,整体反映商业银行资产的风险大小。如"商业银行的资产业务"所述,不同资产业务会产生不同性质资产,不同资产产生损失的可能性也不同。例如,人民币100元的现金资产风险极小,而同样成本为100元的债权类贷款资产,其风险依债务人的履约能力不同而有差别。因此,在计算商业银行资本充足率时,不能对所有资产一视同仁,应依其风险程度予以区别对待。这种区别对待反映在风险加权资产的计算上:在监管资本总额确定的情况下,风险加权资产越大,资本充足率越低;反之,风险加权资产越小,资本充足率越高。《商资试行办法》规定,商业银行风险加权资产包括信用风险加权资产、市场风险加权资产和操作风险加权资产;商业银行应当按照《商资试行办法》相关规定分别计量信用风险加权资产、市场风险加权资产和操作风险加权资产。

第一,表内资产的风险加权。对于资产业务产生的表内资产,《商资试行办法》附件2《表内资产风险权重、表外项目信用转换系数及合格信用风险缓释工具》将其分为12大类,分别是现金类资产、对中央政府和中央银行的债权、对我国公共部门实体的债权、对我国金融机构的债权、对在其他国家或地区注册的金融机构和公共部门实体的债权、对一般企业的债权、对符合标准的微型和小型企业的债权、对个人的债权、租赁资产余值、股权、非自用不动产与其他资产,并明确了不同类型资产的风险权重。具体如表9-1所示:

表 9-1 表内资产风险权重

项目	权重
1.现金类资产	
1.1 现金	0
1.2 黄金	0
1.3 存放中国人民银行款项	0
2.对中央政府和中央银行的债权	
2.1 对我国中央政府的债权	0
2.2 对中国人民银行的债权	0
2.3 对评级 AA-(含 AA-)以上的国家或地区的中央政府和中央银行的债权	0
2.4 对评级 AA-以下,A-(含 A-)以上的国家或地区的中央政府和中央银行的债权	20%
2.5 对评级 A-以下,BBB-(含 BBB-)以上的国家或地区的中央政府和中央银行的债权	50%
2.6 对评级 BBB-以下,B-(含 B-)以上的国家或地区的中央政府和中央银行的债权	100%
2.7 对评级 B-以下的国家或地区的中央政府和中央银行的债权	150%
2.8 对未评级的国家或地区的中央政府和中央银行的债权	100%
3.对我国公共部门实体的债权	20%
4.对我国金融机构的债权	
4.1 对我国政策性银行的债权(不包括次级债权)	0
4.2 对我国中央政府投资的金融资产管理公司的债权	
4.2.1 持有我国中央政府投资的金融资产管理公司为收购国有银行不良贷款而定向发行的债券	0
4.2.2 对我国中央政府投资的金融资产管理公司的其他债权	100%
4.3 对我国其他商业银行的债权(不包括次级债权)	
4.3.1 原始期限 3 个月以内	20%
4.3.2 原始期限 3 个月以上	25%

续表

项目	权重
4.4 对我国商业银行的次级债权(未扣除部分)	100%
4.5 对我国其他金融机构的债权	100%
5. 对在其他国家或地区注册的金融机构和公共部门实体的债权	
5.1 对评级 AA－(含 AA－)以上国家或地区注册的商业银行和公共部门实体的债权	25%
5.2 对评级 AA－以下,A－(含 A－)以上国家或地区注册的商业银行和公共部门实体的债权	50%
5.3 对评级 A－以下,B－(含 B－)以上国家或地区注册的商业银行和公共部门实体的债权	100%
5.4 对评级 B－以下国家或地区注册的商业银行和公共部门实体的债权	150%
5.5 对未评级的国家或地区注册的商业银行和公共部门实体的债权	100%
5.6 对多边开发银行、国际清算银行及国际货币基金组织的债权	0
5.7 对其他金融机构的债权	100%
6. 对一般企业的债权	100%
7. 对符合标准的微型和小型企业的债权	75%
8. 对个人的债权	
8.1 个人住房抵押贷款	50%
8.2 对已抵押房产,在购房人没有全部归还贷款前,商业银行以再评估后的净值为抵押追加贷款的,追加的部分	150%
8.3 对个人其他债权	75%
9. 租赁资产余值	100%
10. 股权	
10.1 对金融机构的股权投资(未扣除部分)	250%
10.2 被动持有的对工商企业的股权投资	400%
10.3 因政策性原因并经国务院特别批准的对工商企业的股权投资	400%
10.4 对工商企业的其他股权投资	1250%
11. 非自用不动产	

续表

项目	权重
11.1 因行使抵押权而持有并在法律规定处分期限内的非自用不动产	100%
11.2 其他非自用不动产	1250%
12. 其他	
12.1 依赖于银行未来盈利的净递延税资产(未扣除部分)	250%
12.2 其他表内资产	100%

第二,表外项目的信用转换。为防范商业银行将表内业务伪装成表外业务规避监管资本要求,《商资试行办法》规定,商业银行计量各类表外项目的风险加权资产,应将表外项目名义金额乘以信用转换系数得到等值的表内资产,再按表内资产的处理方式计量风险加权资产。

商业银行承担交易损失的风险越大,信用转换系数越高,这是信用转换系数规则设计的基本逻辑。根据《商资试行办法》的规定,各项表外业务的信用转换系数如下:

①等同于贷款的授信业务的信用转换系数为100%。

②原始期限不超过1年和1年以上的贷款承诺的信用转换系数分别为20%和50%;可随时无条件撤销的贷款承诺的信用转换系数为0%。

③未使用的信用卡授信额度的信用转换系数为50%,但授信对象为自然人、授信方式为无担保循环授信且对同一持卡人的授信额度不超过100万人民币的未使用信用卡授信额度,则为20%。

④票据发行便利和循环认购便利的信用转换系数为50%。

⑤银行借出的证券或用作抵押物的证券,包括回购交易中的证券借贷,信用转换系数为100%。

⑥与贸易直接相关的短期或有项目,信用转换系数为20%。

⑦与交易直接相关的或有项目,信用转换系数为50%。

⑧信用风险仍在银行的资产销售与购买协议,信用转换系数为100%。

⑨远期资产购买、远期定期存款、部分交款的股票及证券,信用转换系数为100%。

⑩其他表外项目的信用转换系数均为100%。

3. 其他资本要求

(1)储备资本

根据《商资试行办法》的规定,除前述最低资本要求外,商业银行还应当计提风险加权资产的2.5%作为储备资本,且该资本应由核心一级资本满足。加上该项监管资本标准,非系统重要性商业银行的核心一级资本充足率监管标准为7.5%。

(2)逆周期资本

逆周期资本是一种"以丰补歉"的动态调整机制,其基本原理是,监管机构在经济繁荣时期提高资本充足率标准,要求商业银行在最低资本要求和储备资本要求之上计提逆周期资本,以备经济下行周期银行资本充足率下降、吸收损失需求上升的需要。这是一项灵活的、需要监管机构根据宏观经济状况自由裁量的资本要求。因此,《商资试行办法》规定了逆周期资本要求为风险加权资产的0~2.5%,由核心一级资本来满足。2020年9月,银行业监管机构发布的规范性文件提出,根据当前系统性金融风险评估状况和疫情防控需要,逆周期资本缓冲比率初始设定为0,不增加银行业金融机构当下的资本管理要求。同时,监管机构将综合考虑宏观经济金融形势、杠杆率水平、银行体系稳健性等因素,定期评估和调整逆周期资本缓冲要求。

(3)系统重要性银行的附加资本

根据《系统重要性银行评估办法》的规定,系统重要性是指金融机构因规模较大,结构和业务复杂度较高,与其他金融机构关联性较强,在金融体系中提供难以替代的关键服务,一旦发生重大风险事件而无法持续经营,可能对金融体系和实体经济产生不利影响的程度。根据监管资本制度的基本原理,"太大而不能倒"的重要金融机构需要提高监管资本要求,使其有足够损失吸收能力。根据《商资试行办法》的规定,系统重要性银行在满足最低资本要求、储备资本和逆周期资本要求基础上,还应满足一定的附加资本要求,由核心一级资本满足。

系统重要性银行有国内与全球之分;根据《系统重要性银行评估办法》的规定,国内系统重要性银行分为四组,加上全球系统重要性银行,我国系统重要性银行共五组,其系统重要程度由低到高,第五级为全球系统重要性银行。《系统重要性银行附加监管规定(试行)》规定,第一组到第五组的银行分别适用0.25%、0.5%、0.75%、1%和1.5%的附加资本要求。银行业监管机构可以根据宏观经济形势、金融风险变化和银行业发展实际对系统重要性银行附加资本要求进行调整,报国务院金融稳定发展委员会审议通过后实施。

(4)第二支柱资本要求

商业银行监管的第二支柱是指监管机构的监督检查,包含银行内部资本充足评估程序和监管机构的复核与评估机制两部分内容,与第一支柱(资本充足率要求)、第三支柱(市场约束)共同组成商业银行全面风险管理的监管框架。依照《商资试行办法》的规定,商业银行除应满足前述最低资本、储备资本、逆周期资本等要求外,根据风险判断或监督检查结果,银行业监管机构有权针对特定资产组合或特定商业银行提出更高资本要求,以确保其资本充分覆盖风险。

(5)杠杆率监管要求

《商资试行办法》规定,除前述资本充足率监管要求外,商业银行还应当满足杠杆率监管要求。商业银行杠杆率,是指商业银行持有的、符合有关规定的一级资本净额与商业银行调整后的表内外资产余额的比率。根据《商业银行杠杆率管理办法》的规定,商业银行并表和未并表的杠杆率均不得低于4%;杠杆率的计算公式为:

$$杠杆率=\frac{一级资本-一级资本扣减项}{调整后的表内外资产余额}\times 100\%$$

如商业银行杠杆率低于最低4%的杠杆率要求,监管机构可以采取以下纠正措施:①要求商业银行限期补充一级资本;②要求商业银行控制表内外资产增长速度;③要求商业银行降低表内外资产规模。

四、保险公司的监管资本制度

(一)保险公司及其偿付能力

1. 保险公司及其业务

传统保险的基本原理是面临共同风险的群体(危险共同体)共同承担其成员因风险所致损失的一种风险分担机制。现代保险由保险公司经营,已从传统保险的风险分担演变成了风险转移,即通过支付保险费购买保险公司的保险服务,投保人将保险标的的风险转移给了保险公司。因此,当保险事故发生时,保险公司有能力依保险合同约定支付相应保险金与相关费用是风险成功转移的关键,确保其偿付能力故而成为保险监管的核心目标。

保险公司股东之所以出巨资成立保险公司,其根本目的在于获取利润;要获取利润,就必须先获得营业收入。实践中,让保险公司获取营业收入的业务主要包括销售保险产品以收取保险费的保险业务,以及使用现金类资产投资而获取投资收益的投资业务两类。

保险业务是指保险公司向投保人销售保险服务、收取保险费收入的业务,为其负债业务。根据《保险公司偿付能力监管规则第1号:实际资本》(以下简称《1号规则》)的规定,保险公司的业务分为寿险业务与非寿险业务。寿险业务是指保险公司经营的以人身为保险标的的保险,但不包括短期意外险、短期健康险和短期寿险;非寿险业务是指保险公司经营的财产保险以及短期意外险、短期健康险和短期寿险。保险产品的成功销售以保险合同签订为标志;保险合同签订后,投保人依合同约定应向保险公司支付保险费,同时保险公司负有了相应风险承担义务,并在保险事故发生后演化为赔偿或支付确定金额的保险金与相关费用的义务。此即保险业经营之负债性的体现,只是其负债具有或然性。这意味着,虽然保险费收入随着保险产品销售而增加,但同时保险公司承担的风险也增大,保险事故发生时其需要支付的保险金和相关费用也就越多。

保险公司将自有资金与收到的保险费等现金类资产进行投资、使其保值增值的活动,是其投资业务。所有投资均有损失风险,投资收益与风险成正比,风险越大则投资收益也越高;或者说,想获取高额投资收益就需要承担高投资风险,保险公司的投资业务也不例外。

2. 保险公司偿付能力监管

正因为保险公司营业收入主要来源于保险费与投资收益,为了获取高额利润,其股东与经营管理者有着以下两种冲动:一是无限扩张负债以获取更多保费收入;二是从事高风险投资以获取高额收益。但是,负债越多,尤其是在保险事故大规模发生的情况下,其履行保险合同义务的能力(偿付能力)越弱;投资风险越高,遭受损失的可能性也同比增大,损失发生后保险公司履行保险合同的能力越弱。因此,监管机构必须对此予以监管,适当控制其负债与高风险投资的冲动,以确保在或有负债转化为确定负债的情形下保险公司有充足的偿付能力,此即保险公司偿付能力监管制度。目前我国执行的是第二代偿付能力监管制度,简称"偿二代"监管。

偿付能力,是指保险公司对保单持有人履行赔付义务的能力。与商业银行"三支柱"监管制度框架类似,保险业"偿二代"监管体系也以偿付能力监管三支柱为核心内容,从"第一支柱——定量资本要求、第二支柱——定性监管要求和第三支柱——市场约束机制"对保险公司的偿付能力进行监管。在防范风险方面,三个支柱各有侧重:第一支柱是通过定量资本监管手段,防范能够量化的偿付能力相关风险;第二支柱是通过定性监管手段,防范难以量化的偿付能力风险;第三支柱是通过信息披露等手段,发挥市场约束力量,强化第一支柱和第二支柱的效果。在此监管框架中,属于第一支柱的最低资本要求是最重要的监管措施,主要由 2008 年发布、2021 年修订的《保险公司偿付能力管理规定》规定。

(二)保险公司的实际资本与资本分级

1. 实际资本及其计算

根据 2021 年修订的《1 号规则》,实际资本是指保险公司在持续经营或破产清算状态下可以吸收损失的财务资源,为认可资产减去认可负债后的余额。

(1)认可资产

认可资产是指保险公司的资产中处置不受限制,并可用于履行对保单持有人赔付义务的资产;不符合前述条件的资产,则为非认可资产。从监管规则对外延的列举来看,认可资本基本指本书在第四章界定的"有经济价值的资产"。非认可资产主要是三类,一是无经济价值的会计技术性资产;二是经济价值难以确定的资产;三是名义上属于保险公司但处置受限制的资产。

根据《1 号规则》的规定,认可资产包括:第一,现金及流动性管理工具,指保险公司持有的现金以及通常可用于现金管理的金融工具。其中,现金包括库存现金、活期存款等;流动性管理工具包括通知存款、货币市场基金、买入返售金融资产、商业银行票据和拆出资金等。第二,投资资产,指保险公司资金运用形成的资产,包括定期存款、协议存款、政府债券、金融债券、企业债券、公司债券、权益投资、资产证券化产品、保险资产管理产品、商业银行理财产品、信托计划、基础设施投资、投资性房地产、衍生金融资产、其他投资资产等。第三,长期股权投资,指保险公司对被投资单位实施控制、共同控制、重大影响的权益性投资,包括对子公司、合营企业和联营企业的权益投资。第四,再保险资产,包括应收分保准备金、应收分保账款和存出分保保证金等。第五,应收及预付款项,包括应收保费、应收利息、保单质押贷款、应收股利、预付赔款、存出保证金、其他应收和暂付款项等。第六,固定资产,包括自用房屋、机器设备、交通运输设备、在建工程、办公家具等。第七,独立账户资产,指投资连结保险等各投资账户中的投资资产。第八,其他认可资产,包括使用权资产、递延所得税资产(由经营性亏损引起的递延所得税资产除外)、应急资本等。

非认可资产包括:第一,无形资产(土地使用权除外)。第二,由经营性亏损引起的递延所得税资产。第三,待摊费用和长期待摊费用。第四,有迹象表明保险公司到期不能处置或者对其处置受到限制的资产。第五,文物、艺术作品和动植物标本。第六,保险业监管机构规定的其他非认可资产。其中,有迹象表明保险公司到期不能处置或者对其处置受到限制的资产是指:其一,被依法冻结的资产。其二,为他人担保而被质押或抵押的资产(为自身担保的抵押物和质押物除外)。其三,由于交易对手或被投资企业出现财务危机、被接管、被宣告破产等事项,导致保险公司处置受到限制的资产。其四,当地的管制、政治动乱、战争、金融危机等原因,导致保险公司对其处置受到限制的境外资产。其五,其他到期不能处置或处置受限的资产(保险公司参与证券出借业务所出借的证券,以及因开办政策性保险业务须存入指定银行的款项除外)。

(2)认可负债

依照《1 号规则》的规定,认可负债是指保险公司无论在持续经营状态,还是破产清算状态下均需要偿还的债务,以及超过监管限额的资本工具;不符合前述条件的负债,为非认可负债。

认可负债包括以下类别:第一,保险合同负债,包括未到期责任准备金和未决赔款责任准备金。第二,金融负债,包括卖出回购证券、应付返售证券、保户储金及投资款、衍生金融负债等。第三,应付及预收款项,包括应付保单红利、应付赔付款、预收保费、应付分保账款、应付手续费及佣金、应付职工薪酬、应交税费、存入分保保证金、租赁负债等。第四,预计负债,指按照企业会计准则确认、计量的或有事项的有关负债。第五,独立账户负债,指保险公司对投资连结保险等提取的投资账户负债。第六,资本性负债,指保险公司发行的资本工具按照银保监会有关规定不能计入资本的部分。第七,其他认可负债,包括递延所得税负债、现金价值保证、所得税准备等。

保险公司的下列负债为非认可负债:第一,保险公司根据财政部有关规定对农业保险业务提取的大灾风险保费准备金。第二,保险公司发行的符合核心资本或附属资本标准、用于补充实际资本且符合计入资本相关条件的长期债务,包括次级定期债务、资本补充债券、次级可转换债券等。第三,保险业监管机构规定的其他非认可负债。

2. 保险公司资本及其分级

(1)保险公司资本的界定

保险公司的资本是指符合监管规则规定的存在性、永续性、次级性、非强制性、外生性等特征且具有损失吸收能力的净资产。其中,存在性指其应当是实缴资本;永续性是指应当没有到期日或具有符合监管规定的较长期限;次级性是指破产清算时的受偿顺序应当在保险合同负债和一般债务之后;非强制性是指本金的返还和利息(股息)的支付不是保险公司的强制义务,或者在特定条件下可以返还或支付;外生性是指保险公司不得以任何形式直接或间接为非内源性资本提供者提供资金或融资便利。

(2)资本分级

根据资本吸收损失的性质和能力,《1 号规则》将保险公司资本分为核心资本和附属资本。核心资本是指在持续经营状态下和破产清算状态下均可以吸收损失的资本,可细分为核心一级资本和核心二级资本。附属资本是指在破产清算状态下可以吸收损失的资本,可细分为附属一级资本和附属二级资本。不同类别资本在存在性、永续性、次级性、非强制性、外生性等方面的标准如表 9 - 2 所示:

表9-2　保险公司资本类别及分级标准

<table>
<tr><td rowspan="2">标准</td><td colspan="2">核心资本</td><td colspan="2">附属资本</td></tr>
<tr><td>一级核心资本</td><td>二级核心资本</td><td>一级附属资本</td><td>二级附属资本</td></tr>
<tr><td>存在性</td><td>实缴的</td><td>实缴的</td><td>实缴的</td><td>实缴的或符合保险监管机构规定的形式</td></tr>
<tr><td>永续性</td><td>没有到期日，且发行时不应产生该工具将被回购、赎回或取消的预期</td><td>没有到期日或者期限不低于10年，发行5年后方可赎回并且不得含有利率跳升机制及其他赎回激励</td><td>期限不低于5年</td><td>期限可以低于5年</td></tr>
<tr><td>次级性</td><td>能吸收经营损失和破产损失；破产清算时的受偿顺序排在最后；发行人或其关联方不得提供抵押或保证，也不得通过其他安排使其在法律或经济上享有优先受偿权</td><td>能吸收经营损失和破产损失；破产清算时的受偿顺序列于保单持有人和一般债权人之后，先于核心一级资本；发行人或其关联方不得提供抵押或保证，也不得通过其他安排使其在法律或经济上享有优先受偿权；有到期日的，应当含有减记或转股条款，当触发事件发生时，该资本工具能立即减记或者转为普通股</td><td>能吸收破产损失；破产清算时的受偿顺序列于保单持有人和一般债权人之后，先于核心资本</td><td>能吸收破产损失；破产清算的受偿顺序列于保单持有人和一般债权人之后，先于附属一级资本</td></tr>
<tr><td>非强制性</td><td>任何情况下本金返还和收益分配都不是保险公司的强制义务，且不分配收益不被视为违约</td><td>有到期日的，支付本金或利息后偿付能力充足率不达标时，不能支付本金或利息；可以设定递延支付条款或取消支付条款</td><td>可以设定本息递延条款；发行人无法如约支付本息时，该资本工具的权益人无权向法院申请对保险公司实施破产</td><td>可以不设定本息支付的约束条件</td></tr>
<tr><td>外生性</td><td colspan="4">资本工具发行人不得直接或间接为投资人购买该工具提供融资；投资人不存在通过关联交易、多层嵌套金融产品、增加股权层级等方式套取保险资金，用于购买该工具的情形</td></tr>
</table>

(三)保险公司的最低资本要求

1. 最低资本与最低资本监管

根据 2021 年修订的《保险公司偿付能力监管规则第 2 号:最低资本》,最低资本是指基于审慎监管目的,为使保险公司具有适当的财务资源,以应对各类可资本化风险对偿付能力的不利影响,监管机构要求保险公司应当具有的资本数额,由量化风险最低资本、控制风险最低资本及附加资本组成。保险公司的最低资本监管,是指保险公司应当按照监管规则规定的方式计算其应当拥有的最低资本数额,并使自己的实际资本不低于前述最低资本要求,否则业务将受到相应限制的保险监管措施。

保险业以风险为其经营内容。在保险理论上,保险风险分为固有风险与控制风险。固有风险是指在现有的正常的保险行业物质技术条件和生产组织方式下,保险公司在经营和管理活动中必然存在的、客观的偿付能力相关风险。控制风险是指因保险公司内部管理和控制不完善或无效,导致固有风险未被及时识别和控制的偿付能力相关风险。可见,固有风险是保险公司因经营保险业务而必然面临的风险,控制风险则是不同保险公司因治理与风险管理水平高低不同而未能识别与管理固有风险的风险。固有风险中,只有保险风险、市场风险和信用风险可以量化为最低资本要求。[1] 因此,在现行监管规则中,保险公司的最低资本要求主要是固有风险中的保险风险、市场风险和信用风险的最低资本要求与控制风险最低资本要求。

《保险公司偿付能力监管规则》第 3 号至第 9 号分别规定了不同保险业务固有风险最低资本的计量方法。控制风险虽然不能直接量化为最低资本要求,但可以通过保险监管机构对保险公司风险管理能力进行评估,再根据评估结果间接计算为最低资本要求。

2. 最低资本要求——偿付能力充足率

根据 2021 年修订的《保险公司偿付能力管理规定》,保险公司偿付能力监管指标包括两大类,即偿付能力充足率与风险综合评级。偿付能力充足率即为最低资本要求,计算方式为"偿付能力充足率 = 实际资本/最低资本",包括核心偿付能力

〔1〕 保险风险,是指赔付水平、费用水平等的实际经验与预期发生不利偏离,导致保险公司遭受非预期损失的风险。市场风险,是指利率、权益价格、房地产价格、汇率等不利变动,导致保险公司遭受非预期损失的风险,包括利率风险、权益价格风险、房地产价格风险、境外资产价格风险和汇率风险。信用风险,是指交易对手不能履行或不能按时履行其合同义务,或者交易对手信用状况的不利变动,导致保险公司遭受非预期损失的风险,包括利差风险和交易对手违约风险。

充足率与综合偿付能力充足率。前者是指保险公司实际核心资本与最低资本的比值,衡量保险公司高质量资本的充足程度,监管要求不得低于 50%;后者是指保险公司实际资本与最低资本的比值,衡量保险公司资本的总体充足程度,监管要求不得低于 100%。风险综合评级是指对保险公司偿付能力综合风险的评价,衡量保险公司总体偿付能力风险的大小,要求在 B 类及以上。不符合前述三项指标中任一者,为偿付能力不达标。

对于核心偿付能力充足率低于 50% 或综合偿付能力充足率低于 100% 的保险公司,监管机构将采取以下措施:监管谈话;要求保险公司提交预防偿付能力充足率恶化或完善风险管理的计划;限制董事、监事、高级管理人员的薪酬水平;限制向股东分红。另外,监管机构还可以根据其偿付能力充足率下降的具体原因采取以下措施:责令增加资本金;责令停止部分或全部新业务;责令调整业务结构,限制增设分支机构,限制商业性广告;限制业务范围、责令转让保险业务或责令办理分出业务;责令调整资产结构,限制投资形式或比例;对风险和损失负有责任的董事和高级管理人员,责令保险公司根据聘用协议、书面承诺等追回其薪酬;依法责令调整公司负责人及有关管理人员,以及监管机构认为必要的其他措施。采取前述措施后偿付能力未明显改善或进一步恶化的,可由监管机构依法采取接管、申请破产等监管措施。

(四)资本保证金

资本保证金,是指保险公司成立时依法定比例提取,并向监管机构指定的金融机构缴存,除清算时用于清偿债务外不得动用的资金。依《保险法》规定,保险公司应当按照其注册资本总额的 20% 提取资本保证金,存入保险业监管机构指定的银行,除公司清算时用于清偿债务外,不得动用。

根据《保险公司资本保证金管理办法》的规定,保险公司应当选择两家或两家以上商业银行作为资本保证金的存放银行;保险公司应当开立独立银行账户存放资本保证金,且存款期限不得低于 1 年;除清算时用于清偿债务或存放银行不再符合监管条件外,保险公司不得动用资本保证金,不得在存款期内变更资本保证金存款的性质,也不得用于质押融资。

五、信托公司的净资本监管制度

(一)信托公司的业务

1. 固有业务

固有业务是指信托公司使用固有财产开展的业务。固有财产即信托公司自有资产，主要源于股东初始投资与累积经营收益。从法律角度看，固有财产的方式主要是定性，是信托公司享有最终利益的财产或权利；从会计角度看则是定量，即列入了信托公司资产负债表的资产。

依照《信托公司管理办法》的规定，信托公司固有业务项下可以开展存放同业、拆放同业、贷款、租赁、投资等业务；投资业务限定为金融类公司股权投资、金融产品投资和自用固定资产投资；除非监管机构另有规定，信托公司不得以固有财产进行实业投资。

2. 信托业务

信托业务是指信托公司以信托财产开展的业务。信托财产，是指信托公司以受托人身份在信托法律关系中取得、持有并管理的财产。虽然英美法系有受托人拥有信托财产法律上的所有权的传统，现代信托法上也有受托人为信托财产所有人的理论，但会计准则与会计实务并未把信托财产计为信托公司的财产，信托财产并不纳入信托公司的资产负债表。

根据相关监管规则及其主要逻辑，信托业务有两种分类方式。一是依信托财产来源分类，据此分为集合资金信托与单一资金信托：前者是指作为信托财产的信托资金源于两个或两个以上的委托人；后者指信托资金仅源于一个委托人。二是依信托的功能分类，据此分为融资类信托、投资类信托与事务管理类信托。融资类信托是基于融资方的融资需求而发起的信托业务；投资类信托是基于委托人的信托财产保值增值需求而发起的信托业务；事务管理类信托的金融性较弱，主要是指委托人交付财产给信托公司，指令信托公司为完成信托目的从事事务性管理的信托业务，如动产信托、不动产信托、股权代持信托、家族信托、遗嘱信托等。

3. 其他业务

其他业务是信托公司固有业务与信托业务以外的业务，主要是中介服务，如企业财务顾问、证券承销、基金托管、居间、咨询、资信调查等。

（二）信托公司的净资本监管逻辑

1. 净资本监管的基本思路

由于信托公司开展的各项业务存在一定风险并可能导致资本损失，所以应当按照各项业务规模的一定比例计算风险资本，使其与净资本建立对应关系，以确保信托公司各项业务的风险都有相应的净资本支撑。

基于此核心目标，信托公司净资本监管的基本思路是：首先，要求信托公司计算应有的风险资本。所谓风险资本，即支撑信托公司既有业务之风险所需要的应有的资本。其次，计算信托公司实有的净资本。最后，将信托公司实有的净资本与应有的风险资本进行比较，看其是否满足净资本监管标准。

2. 风险资本

金融企业开展业务（尤其是资产端业务）都有可能产生风险，信托公司也不例外。因信托公司开展各项业务所存在的风险可能导致资本损失，故而应当按照各项业务规模的一定比例计算风险资本，确保全部业务风险有相应的净资本来支撑。因此，风险资本是支撑信托公司既有全部业务风险所需要的应有资本数额。依照《信托公司净资本管理办法》的规定，信托公司开展固有业务、信托业务和其他业务，应当计算风险资本。

风险资本计算公式为：风险资本 = 固有业务风险资本 + 信托业务风险资本 + 其他业务风险资本。其中，固有业务风险资本 = 固有业务各项资产净值 × 风险系数；信托业务风险资本 = 信托业务各项资产余额 × 风险系数；其他业务风险资本 = 其他各项业务余额 × 风险系数。

资产是金融企业开展业务后的载体与财务结果，业务风险的计算主要是资产风险的计算。业务类型不同，所形成的资产不同，面临的风险也相应不同。因此，监管机构应确定风险资本的计算系数。例如，按照监管机构公布的信托公司风险资本的计算系数，同为上市公司股票，固有业务的风险系数为信托业务的 33 倍；同为收取固定收益的债券，固有业务的风险系数为信托业务的 50 倍。固有业务风险高于信托业务风险数十倍，其核心原理是：依托固有财产开展的固有业务，风险与损失完全由信托公司自己承担，但在信托业务中，除非信托公司存在违反受托人义务的情形，否则风险与损失应由信托财产承担。

（三）信托公司净资本及其监管标准

1. 净资本及其计算

根据《信托公司净资本管理办法》的规定，信托公司的净资本，是指根据信托公司的业务范围与其资产结构的特点，在净资产的基础上对各固有资产项目、表外项目和其他有关业务进行风险调整后得出的综合性风险控制指标。

作为信托公司的监管资本，净资本是信托公司净资产中流动性最高、变现能力最强的部分，其计算方式为：首先，先计算信托公司的净资产，即资产扣减负债后的余额；其次，计算各类资产的风险扣除项，风险扣除系数由监管机构确定；再次，计算信托公司或有负债风险扣除项；最后，确定并计算其他风险扣除项。总的来说，净资本 = 资产 − 负债 − 各类资产的风险扣除项 − 或有负债的风险扣除项 − 信托业监管机构认定的其他风险扣除项。

2. 净资本监管标准

信托公司净资本监管标准主要从总量、与风险资本的比值、与净资产的比值等三个维度设计。在总量上，根据《信托公司净资本管理办法》的规定，信托公司净资本不得低于人民币 2 亿元；与风险资本的比值上，净资本不得低于各项风险资本之和的 100%，即应有的风险资本不得少于实有的净资本；与净资产的比值上，净资本不得低于净资产的 40%，以确保信托公司净资产的流动性。

六、证券公司的净资本监管制度

（一）证券公司的业务

证券公司是金融市场的重要参与者，具有交易、结算托管、支付、融资和投资五项基本职能，它面临的金融风险有可能形成负面连锁反应，直接威胁到整个金融体系的稳定和安全。与其他金融企业监管资本逻辑类似，证券公司的净资本监管标准的设计与其业务直接关联。根据《证券法》的规定，经中国证监会核准，证券公司可以开展以下八项业务：证券经纪，证券投资咨询，与证券交易、证券投资活动有关的财务顾问，证券承销与保荐，证券融资融券，证券做市交易，证券自营以及监管机构核准的其他证券业务。

（二）证券公司的净资本

2000 年前，我国证券公司的风险监管以净资产为主；2000 年，我国对证券公司启动了以净资本为核心的风险监管体系，主要是最低资本指标与以净资本及资产流动性为基础的其他风险控制指标。依照中国证监会 2020 年修正的《证券公司风险控制指标管理办法》的规定，证券公司的净资本由核心净资本和附属净资本构成。其中：核心净资本 = 净资产 − 资产项目的风险调整 − 或有负债的风险调整 −/+ 中国证监会认定或核准的其他调整项目；附属净资本 = 长期次级债 × 规定比例 −/+ 中国证监会认定或核准的其他调整项目。在计算证券公司资本杠杆率时，需要计算其核心净资本。

关于核心净资本中的或有负债风险，证券公司应当根据公司期末或有事项的性质（如未决诉讼、未决仲裁、对外提供担保等）、涉及金额、形成原因和进展情况、可能发生的损失和预计损失进行相应会计处理。对于很可能导致经济利益流出公司的或有事项，应当确认预计负债；对于未确认预计负债，但仍可能导致经济利益流出公司的或有事项，在计算核心净资本时，应当作为或有负债，按照一定比例在净资本中予以扣减,并在净资本计算表的附注中披露。

(三)证券公司的净资本监管标准

1. 最低净资本标准

不同业务类型面临的经营风险不同,以此为基础,《证券公司风险控制指标管理办法》规定了证券公司不同业务的最低净资本标准:

(1)证券公司经营证券经纪业务的,其净资本不得低于人民币2000万元,且净资本按营业部数量平均折算额(净资本/营业部家数)不得低于人民币500万元;

(2)证券公司经营证券承销与保荐、证券自营、证券资产管理、其他证券业务等业务之一的,其净资本不得低于人民币5000万元;

(3)证券公司经营证券经纪业务,同时经营证券承销与保荐、证券自营、证券资产管理、其他证券业务等业务之一的,其净资本不得低于人民币1亿元;

(4)证券公司经营证券承销与保荐、证券自营、证券资产管理、其他证券业务中两项及两项以上的,其净资本不得低于人民币2亿元。

除前述最低净资本标准外,《证券公司风险控制指标管理办法》还分别规定了自营业务与融资融券业务的具体净资本标准,以控制证券公司特定业务的规模。例如,自营股票的规模不得超过净资本的100%,证券自营业务规模不得超过净资本的200%;对单一客户融资业务规模不得超过净资本的5%,对单一客户融券业务规模不得超过净资本的5%。

2. 以净资本、资产流动性为基础的其他风险控制指标

除前述最低净资本要求外,证券公司还应持续符合下列风险控制指标:

(1)风险覆盖率不得低于100%,风险覆盖率 = 净资本/各项风险资本准备之和 × 100%;

(2)资本杠杆率不得低于8%,资本杠杆率 = 核心净资本/表内外资产总额 × 100%;

(3)流动性覆盖率不得低于100%,流动性覆盖率 = 优质流动性资产/未来30天现金净流出量 × 100%;

(4)净稳定资金率不得低于100%,净稳定资金率 = 可用稳定资金/所需稳定资金 × 100%。

第三节 风险准备金制度

一、风险准备金的定义与功能

(一)风险准备金的定义

1.广义与狭义的风险准备金

根据金融会计与相关法律文件,风险准备金有广义与狭义之分,财政部《金融企业准备金计提管理办法》规定的是广义的风险准备金,但金融会计学界采纳的是狭义界定,两者的差别在于是否将计为成本的资产减值准备纳入风险准备金的范围。

依照《金融企业准备金计提管理办法》的规定,广义的准备金又称为拨备,是指金融企业对承担风险和损失的金融资产计提的准备金,包括资产减值准备和一般准备。资产减值准备,是指金融企业对债权、股权等金融资产(不包括以公允价值计量并且其变动计入当期损益的金融资产)进行合理估计和判断,对其预计未来现金流量现值低于账面价值部分计提的,计入金融企业成本的,用于弥补资产损失的准备金;一般准备,是指金融企业计算风险资产的潜在风险估计值后,扣减已计提的资产减值准备,从净利润中计提的、用于部分弥补尚未识别的可能性损失的准备金。

狭义的风险准备金仅指一般准备或一般风险准备,是金融企业按一定比例从净利润中提取的、用于弥补尚未识别的可能性损失的准备金。〔1〕

本书采广义界定。

2.风险准备金与责任准备金

责任准备金是指在以承担或有负债为其营业的金融企业,在或有负债尚未转化为确定负债前,为确保未来负债确定时有足够资产清偿债务,应当从营业收入中提取的、用于将来清偿合同债务的准备金。责任准备金与风险准备金的核心目的相同,都是防止金融企业违约。区别在于,责任准备金是为了防止经营或有负债的金融企业于债务确定时对该类债务之债权人违约;风险准备金则是为了防止金融企业因遭受意外损失而对所有债权人违约。

实践中,以承担或有负债为营业的金融业主要是保险与融资担保。在保险行业,某一保险合同签订后,该合同项下的保险事故是否发生是不确定的,故而该合

〔1〕 参见李晓梅编著:《金融企业会计精讲》,东北财经大学出版社2015年版,第305页。

同项下的债务为或有负债。但是,如果考察该种类型的全部保险合同,则保险事故一定会发生,保险公司必然要履行支付保险金的义务。因此,在保险公司确认当年利润前,需要通过保险精算方法估算此类保险事故的发生概率与需要支付的保险金数额,再从此类保险合同所创造的营业收入中提取保险合同责任准备金,作为保险公司当年的费用,并将其确认为保险公司的负债,在保险公司资产负债表中以"保险合同准备金"项目列示。"保险合同准备金"具体包括未到期责任准备金、未决赔款准备金、寿险责任准备金与长期健康险责任准备金。

融资担保公司以为债务人提供融资的连带保证为营业内容,以债务人支付的担保费形成营业收入。其与保险业经营的相同之处在于,虽然单个债务人是否向债权人违约不确定,但就全部被担保的债务人而言,发生违约事件存在一定概率,需要在违约实际发生之前提取责任准备金,为将来因特定债务人违约而向债权人履行连带责任保证合同做准备。因此,按照2010年批准发布的《融资性担保公司管理暂行办法》相关规定,融资担保公司应提取未到期责任准备金与担保赔偿准备金。[1]

(二)风险准备金制度的功能

如第一节所述,现代金融服务一般由企业型经营主体提供,而金融业经营有着强风险性,其风险具有极强的负外部性,且受经济周期的影响极大,如果不对其采取有别于普通企业的利润核算方法,就可能导致资产过多地以利润分配的方式流出金融企业,在损失实际发生丧失偿付能力。因此,对金融企业实行风险准备金制度的核心目的是:通过提取额外的风险准备金,使金融企业的可分配利润数额得以减少,实现将更多财产留在企业,应对未来的经营风险的终极目的。因此,《金融企业准备金计提管理办法》规定,准备金计提不足的,原则上不得向股东等投资者分配利润。所以,风险准备金制度有着限制金融企业的利润分配行为的功能。

二、风险准备金的提取模式

风险准备金的目的在于减少金融企业的可分配利润,从会计的角度来看,增加费用或者在"可供投资者分配的利润"这一项目核算前设置特别扣减科目,都可以实现这个目的。因此,风险准备金的提取有两种方式,一是从利润中提取,二是从收

---

[1] 国务院于2017年颁布的《融资担保公司监督管理条例》第18条规定"融资担保公司应当按照国家有关规定提取相应的准备金"。实践中,两项责任准备金的提取仍是按《融资性担保公司管理暂行办法》的规定执行。

入中提取。

1. 从利润中提取的一般风险准备

从利润中提取的风险准备金又称为一般风险准备,或者一般准备[1]。根据财政部颁布的《金融企业财务规则》与《金融企业准备金计提管理办法》,金融企业应当于每年年度终了时对承担风险和损失的资产计提一般风险准备;一般风险准备是所有者权益的组成部分;当年利润在弥补亏损后,应当按照提取法定盈余公积金、提取一般(风险)准备金、向投资者分配利润的顺序处理;一般准备余额原则上不得低于风险资产期末余额的1.5%。

2. 从收入中提取的风险准备金

从收入中提取风险准备金,是指监管规则要求金融企业在核算利润时,从收入中提取风险准备金,风险准备金成为企业当期费用的一部分,提取数额跟随其他费用一起进入当期利润表,使当期利润因费用增加而相应减少;同时,历年累积提取的此类风险准备金作为负债的一部分进入金融企业的资产负债表。实行这种提取模式的有商业银行、保险公司等;另外,它们也需要提取一般风险准备。

三、风险准备金制度的主要内容

1. 风险准备金制度的法源

金融企业的风险准备金制度是金融、会计与法律的交叉领域,法律渊源较为复杂,不同金融业态的立法模式有所不同。

在《银行业监督管理法》中,风险准备金被称为损失准备金,作为审慎经营规则的具体内容之一而被提及,具体规则由监管机构另行制定。从利润中提取的一般风险准备依财政部《金融企业财务规则》《金融企业准备金计提管理办法》执行;从收入中提取的资产损失准备金依原银监会发布的《商业银行贷款损失准备管理办法》执行。《保险法》只规定了责任准备金,未涉及风险准备金,除农业保险依《农业保险大灾风险准备金管理办法》执行外,保险业一般风险准备的提取依据为财政部规范性文件《金融企业财务规则——实施指南》。依照《证券法》的规定,证券公司应当提取风险准备金,有关其提取、管理和使用的具体规则由中国证监会会同财政

[1] 传统金融会计学认为,一般准备是从利润中提取的风险准备,但中国证监会制定的《公开募集证券投资基金风险准备金监督管理暂行办法》规定,基金管理人和托管人的风险准备金从管理费中提取,中国人民银行、银保监会、中国证监会、国家外汇管理局《关于规范金融机构资产管理业务的指导意见》也明确规定,资产管理这种直接金融业务的一般准备均以管理费为基数提取。

部制定，实践中亦依《金融企业财务规则——实施指南》[1]执行。《证券投资基金法》规定公开募集基金的基金管理人应当从管理基金的报酬中计提风险准备金；其具体规则由中国证监会的部门规章——《公开募集证券投资基金风险准备金监督管理暂行办法》构建。

目前，由监管机构而非财政部门制定、专门用于规范风险准备金的成文法规范主要有《商业银行贷款损失准备管理办法》《公开募集证券投资基金风险准备金监督管理暂行办法》《农业保险大灾风险准备金管理办法》等。《商业银行贷款损失准备管理办法》由原银监会制定，其规范的贷款损失准备为资产减值准备。《公开募集证券投资基金风险准备金监督管理暂行办法》由中国证监会制定，性质为一般风险准备，但与金融会计学上界定的一般风险准备略有不同，其规范的风险准备金是从管理费收入中提取的，而非从利润中提取。《农业保险大灾风险准备金管理办法》仅适用于保险公司农业保险业务中的大灾风险。

2. 资产减值准备制度的主要内容

银行业金融机构执行的《商业银行贷款损失准备管理办法》是最为典型的金融企业资产减值准备的成文法。其主要内容包括两个方面。

(1)贷款损失准备的性质

《商业银行贷款损失准备管理办法》规定，贷款损失准备是指商业银行在成本中列支、用以抵御贷款风险的准备金，不包括在利润分配中计提的一般风险准备。

(2)贷款损失准备充足率

《商业银行贷款损失准备管理办法》规定，商业银行贷款损失准备的充足性由贷款拨备率和拨备覆盖率两个指标判断。商业银行的贷款拨备率基本标准为2.5%，拨备覆盖率基本标准为150%，以该两项标准中的较高者为商业银行贷款损失准备的监管标准。其中，贷款拨备率为贷款损失准备与各项贷款余额之比；拨备覆盖率为贷款损失准备与不良贷款余额之比。

---

[1] 根据《金融企业财务规则——实施指南》第11条"关于金融企业利润分配的规定"的规定，从事保险业务的金融企业，应按本年实现净利润的10%提取总准备金，用于巨灾风险的补偿。从事证券业务的金融企业，应按本年实现净利润的10%提取交易风险准备金，用于弥补证券交易的损失。从事期货经纪业务的金融企业，应按本年实现净利润的10%提取风险准备金，用于风险的补偿。从事信托投资业务的金融企业，应按本年实现净利润的5%提取信托赔偿准备金，用于弥补亏损；信托赔偿准备金累计总额达到公司注册资本的20%时，可不再提取。主营担保业务的企业，应按本年实现净利润的10%提取一般风险准备金，用于弥补亏损。从事金融租赁业务的金融企业，应按本年实现净利润的1%提取一般风险准备金，用于弥补亏损。属于财务公司性质的金融企业，应按本年实现净利润的1%提取一般风险准备金，用于弥补亏损。金融企业提取的前述一般风险准备金不得用于分红转增资本。

3. 一般风险准备金制度的主要内容

《公开募集证券投资基金风险准备金监督管理暂行办法》是首个适用于基金业一般风险准备的系统性成文规范，比较具有代表性，其主要内容有三项。

(1)提取比例

《公开募集证券投资基金风险准备金监督管理暂行办法》规定，基金管理人应当每月从基金管理费收入中计提风险准备金，计提比例不得低于基金管理费收入的10%；风险准备金余额达到上季末管理基金资产净值的1%时可以不再提取。基金托管人应当每月从基金托管费收入中计提风险准备金，计提比例不得低于基金托管费收入的2.5%；风险准备金余额达到上季末托管基金资产净值的0.25%时可以不再提取。

(2)风险准备金的保管与投资

《公开募集证券投资基金风险准备金监督管理暂行办法》规定，基金管理人与托管人应当选定一家具有基金托管资格的商业银行开立专门的风险准备金账户，用于风险准备金的归集、存放与支付。该账户不得与其他类型账户混用，不得存放其他性质资金。托管人为商业银行的，不得在本行开立自己的风险准备金账户。

在保证安全性与流动性的前提下，基金管理人与托管人可以对已提取的风险准备金进行自主投资管理，或开展一定形式的委托投资。基金管理人的风险准备金可投资于银行存款、国债、中央银行票据、中央企业债券、中央级金融机构发行的金融债券，以及中国证监会规定的其他投资品种，但风险准备金专户应当保持不低于风险准备金总额10%的现金或者到期日在一年以内的政府债券。风险准备金投资管理产生的各类投资损益，应纳入风险准备金管理，发生的各项费用和税收，可以由风险准备金承担。基金托管人风险准备金的投资管理活动在符合所在行业监管机构有关规定的基础上，参照前述要求执行。

(3)风险准备金的使用

《公开募集证券投资基金风险准备金监督管理暂行办法》明确规定，风险准备金主要用于弥补因基金管理人或托管人违法违规、违反基金合同、操作错误或因技术故障等原因给基金财产或基金份额持有人造成的损失，以及中国证监会规定的其他用途。

基金管理人发生需要使用风险准备金的情形时，应当经相关基金托管人复核后，交由风险准备金存管银行办理，并在使用风险准备金后2个工作日内将相关情况书面报告中国证监会。基金托管人发生需要使用风险准备金的情形时，应当经相关基金管理人复核后，交由风险准备金存管银行办理，并在使用风险准备金后2

个工作日内将相关情况书面报告中国证监会。

思考题

1. 从法律角度看,直接金融与间接金融的分类标准有哪些?直接金融与间接金融的分类在哪些方面影响金融企业的财务会计监管制度?
2. 为什么需要对金融业进行监管?金融的财务会计监管制度有哪些独特功能?
3. 金融财务会计监管的目标是什么?其主要制度有哪些?
4. 资本监管制度的主要功能是什么?注册资本与监管资本对金融企业偿付能力的维持分别起到何种作用?
5. 与普通公司相比,金融企业的注册资本制度有哪些特点?
6. 为什么监管资本相关指标能起到锚定金融企业业务规模的作用,其基础逻辑是怎样的?
7. 根据《商业银行资本管理办法(试行)》,商业银行的监管资本标准包括哪些?
8. 根据《保险公司偿付能力监管规则》的规定,保险公司的监管资本标准包括哪些?
9. 信托公司的净资本监管逻辑是怎样的?其具体监管标准有哪些?
10. 证券公司的净资本监管标准有哪些?
11. 简述风险准备金能够维持金融企业偿付能力的基础逻辑。